М.М.БАХТИН

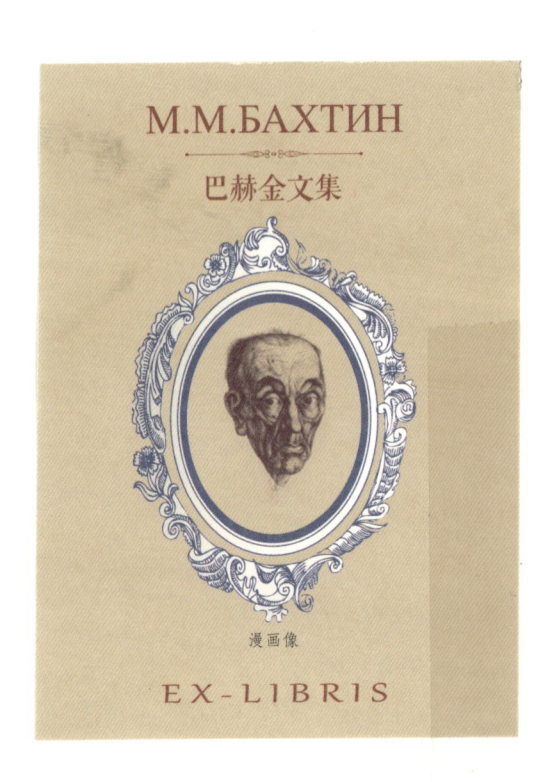

巴赫金文集

漫画像

EX-LIBRIS

М.М.БАХТИН

巴赫金文集

〔苏〕米哈伊尔·巴赫金 著

钱中文 主编

第一卷

卢小合 贾泽林 凌建侯 译

陕西师范大学出版总社 西安

图书代号　WX24N1106

图书在版编目（CIP）数据

巴赫金文集．第一卷 /（苏）米哈伊尔·巴赫金著；钱中文主编．—西安：陕西师范大学出版总社有限公司，2024.8
　ISBN 978-7-5695-4087-1

　Ⅰ．①巴…　Ⅱ．①米…②钱…　Ⅲ．①巴赫金(Bakhtin,Mikhail Mikhailovich 1895-1975)—文集　Ⅳ．①C52

中国国家版本馆 CIP 数据核字（2023）第 255569 号

巴赫金文集　第一卷
BAHEJIN WENJI　DI-YI JUAN

〔苏〕米哈伊尔·巴赫金　著
钱中文　主编

出 版 人	刘东凤
出版统筹	杨　沁
特约编辑	李江华　黄　勇
责任编辑	王　越　胡　彤
责任校对	李　昊
封面设计	高　洁
版式设计	李宝新
出版发行	陕西师范大学出版总社
	（西安市长安南路 199 号　邮编 710062）
网　　址	http://www.snupg.com
印　　刷	三河市宏达印刷有限公司
开　　本	710 mm×1000 mm　1/16
印　　张	28
字　　数	375 千
版　　次	2024 年 8 月第 1 版
印　　次	2024 年 8 月第 1 次印刷
书　　号	ISBN 978-7-5695-4087-1
定　　价	159.00 元

读者购书、书店添货或发现印装质量问题，请与本社联系、调换。
电话：（029）85308697

巴赫金

《巴赫金文集》编辑委员会

主　编　钱中文
副主编　白春仁　卢小合
委　员　钱中文　白春仁　卢小合　周启超
　　　　张　杰　夏忠宪　万海松

总　序

在巴赫金的诗学与哲学之间
——行为构建、人的构形及其存在形式

一、一桩难解的学案
——文本规范与思想共享

中译《巴赫金全集》已经出过两版,现在重新编辑、增补、校订新的《巴赫金文集》。新编与过去的版本的不同之处,一是过去取名"全集",原非编者本意,现改为"巴赫金文集",实至名归。二是新编文集增加了一些新的译文,特别是巴赫金关于长篇小说的理论文章和经俄罗斯编者修订后的小说理论著作,对《陀思妥耶夫斯基诗学问题》所做的重要补充与修订,全文译出了巴赫金60至70年代间写的大量笔记,还有作为附录的巴赫金论文答辩时的速记。三是对原有的编排形式做了一些调整。但十分重要的是将原来收入"全集"第一、二卷中署名瓦·沃洛希诺夫与巴·梅德维杰夫的三本著作与一些论文,即《弗洛伊德主义　批判纲要》《马克思主义与语言哲学》《文艺学中的形式方法》以及《生活话语与艺术话语》等撤离出来。这涉及巴赫金著作文本的基本面貌与规范,也涉及这些著作的作者著作权问题。这些著作从20世纪70年代开始,被归入巴赫金的名下,或称"巴赫金小组"著作,后称"有争议的文本"。

1970年,在莫斯科大学举办的巴赫金75岁寿辰纪念会上,主办会议的学者在会议总结中语言含糊但有的地方又以肯定的语调提出,沃洛希诺夫与梅德维杰夫的这些著作实际上为巴赫金所著。柯日诺夫、鲍恰罗夫(后来两人成为巴赫金文化遗产的合法继承人)对巴赫金常常进行家访,70年代初,当他们和巴赫金谈及这些著作的作者所有权时,巴赫金往往不愿触及这事,很快将谈话转到其他方面,态度暧昧。有时谈及《马克思主义与语言哲学》一书时,巴赫金夫人在旁边说,这是由巴赫金一字一字口授给沃洛希诺夫写出来的。巴赫金听后没有表示不同意见,只是说,他的朋友们那时需要出版著作,而他需要用钱。1973年,著名俄罗斯语文学家维亚契斯拉夫·符·伊万诺夫发文,提出梅德维杰夫与沃洛希诺夫的三本著作应是巴赫金所著,它们似乎都出于巴赫金之手。同年,当莫斯科大学教授杜瓦金访问巴赫金进行口述录音时,巴赫金顺便提到,他青年时期有个亲密的朋友沃洛希诺夫写了《马克思主义与语言哲学》一书,但是接着说"现在这本书可说有人要归于我的名下",然后并无下文,口气犹豫。1975年,巴赫金去世。鲍恰罗夫在1977年苏联《哲学问题》第7期刊出的巴赫金的《作者问题》一文的按语中,以及在1979年由他编辑出版的巴赫金的《话语创作美学》一书的注释中,提出梅德维杰夫署名的《文艺学中的形式方法》一书的基本文本,实际上出于巴赫金之手,并将自己摘引自沃洛希诺夫的《马克思主义与语言哲学》的引文,都归到了巴赫金名下。

  1982年,美国的白银世纪出版社出版了《文艺学中的形式方法》一书,在该书的《出版说明》中,编者经过有关材料的综合,明确宣称,三书作者均为巴赫金一人,"在最好的情况下,梅德维杰夫和沃洛希诺夫可能参加了编辑工作"[①]。这一说明影响极大,相当部分的西方巴赫金研究家都持这种观点,在俄罗斯学界也是如此。

  这种现象延续到90年代,1993年,巴赫金研究家马赫林在迷宫出

---

① 见《巴赫金全集》中译第2卷《文艺学中的形式方法》一书的题注,河北教育出版社,2009年。

版社出了一套"带有面具的巴赫金"丛书,其中梅德维杰夫与沃洛希诺夫署名的三本著作,仍被列为巴赫金的作品。

上面这些情况,对于当时及后来有关20年代俄罗斯文艺学中形式主义、语言哲学、弗洛伊德主义等问题的研究,产生了很大影响。不少学者在自己的著述中摘录沃洛希诺夫与梅德维杰夫著作的引文,都将其作为巴赫金的权威话语。在最好的情况下,一些论文在行文与注释中让巴赫金/沃洛希诺夫或巴赫金/梅德维杰夫共署,这种方式在70年代初的托多罗夫研究巴赫金的著作中就已出现。

其实,对于从70年代开始将梅德维杰夫与沃洛希诺夫的三本著作及一些论文归到巴赫金名下的观点,持有不同意见的大有人在。一是80年代初,著名学者阿韦林采夫就说到,那些有争议的文本就其客观原因来说是无法解决的。所以有关作者版权的一事是应该公开,有争议的文本的出版,应该使用作者真名。而且就著作权一事,据闻原署名作者的后裔,要求归还父辈的版权,这几乎是名正言顺的事。二是俄罗斯国内外学者提出了不同意见,从一般研究文章到一些国际学术讨论会上都有争议,于是就出现了"有争议的文本"的论题,而且这一现象持续了好几十年。

80年代与整个90年代,在俄罗斯出现了巴赫金的研究高潮,出版了大量论文、不少论文集与专著,有巴赫金大词典词汇专题研究,还有《巴赫金学》以及以巴赫金提出的专有术语命名的杂志。同时,就巴赫金等三人的著作引起的争论也有所深入。1991年,一位与巴赫金先后执教于莫尔多瓦大学同一文学教研室的尼·瓦西里耶夫教授(其父曾与巴赫金长久共事于同一教研室),就上述现象撰文公开质疑,其中一篇《是巴赫金,还是沃洛希诺夫?》[1]在巴赫金研究界产生了影响,有的学者称这篇文章是"居心叵测"。

瓦西里耶夫就巴赫金和他两位朋友的学术活动做有专门的研究,

---

[1] 尼·瓦西里耶夫:《是巴赫金,还是沃洛希诺夫?》(有关强加给巴赫金的一些著作与论文的著作权问题),俄罗斯《文学评论》,1991年第9期。

他详细地搜集、查阅了他们生活过的城市和彼得堡大学、艺术学院等单位里的档案材料,揭示了巴赫金和他这两位朋友的学历、专业知识、研究方向、20年代发表文章数量、在高校与研究所修业或在不同学术机构担任的各种职务、活动等不同方面的内容。同时他也就出版于同时期的巴赫金的《陀思妥耶夫斯基创作问题》与他两位朋友的论著的主题、方向、篇章安排、语言修辞、叙事风格、"他人言语"、方法论等方面,进行了对照与比较,肯定了三人著作、思想的共同之点,但也指出了其差异也大。瓦西里耶夫提出,沃洛希诺夫在苏联庸俗社会学的马克思主义语言观的形成中,起过一定的作用。沃洛希诺夫将阶级斗争学说用来解释极为复杂的语言文化现象,提出"符号是阶级斗争的舞台",在谈及"言语体裁"研究的重要性时,提出"这些形式的类型学是马克思主义最迫切的任务之一……这些形式完全为生产关系和社会政治制度所决定"。所以如果把《马克思主义与语言哲学》算作巴赫金的著作,那么巴赫金就要相应地承担书中某些庸俗社会学倾向的责任。巴赫金自称"从来在任何程度上也算不上是一个马克思主义者",但他也不是反马克思主义者。自从两位朋友的著作归属了巴赫金之后,在某些研究人员心中,特别是西欧左派学者那里,在巴赫金的学术生涯中,就有了一个马克思主义时期。那么《马克思主义与语言哲学》中哪些部分算是马克思主义的呢?如果进行文本细读,一般正确的话语都是安放在章节的开头部分,而深入到问题自身的实质时,原来开头的那些话语的意思,在文本中就销声匿迹了,留下的却是该书最有价值的部分。2013年,瓦西里耶夫出版了自己的文集,书名是《巴赫金与"巴赫金小组"现象》,其中部分篇章专门探讨了"巴赫金小组"是个"难解之谜"[①]。这与阿韦林采夫的观点大体接近,同时他也试图提出有效的研究办法。

事实上沃洛希诺夫与梅德维杰夫两位都是很有才华的学者,年轻

[①] 尼·瓦西里耶夫:《巴赫金与"巴赫金小组"现象》,莫斯科,黎波拉克姆书屋,2013年。

时期与巴赫金长期相处,过从甚密,很多思想共享。20世纪20年代他们都已发表过不少论文,从事过不少文化活动,在当时各自的学术研究领域里都是佼佼者,而并非等闲之辈。1980年莫斯科艺术出版社出版了《1917—1932年苏联美学思想史论——资料选编》,其中的"艺术创作的规律性及其研究原则"一栏,收有多家论说,其中有什克洛夫斯基的《艺术即手法》、艾亨鲍姆的《论悲剧与悲剧性》、弗里契的《艺术社会学史概论 我们的首要任务》、阿斯穆斯的《捍卫虚构》等,同时也收有沃洛希诺夫的《生活话语与艺术话语》以及梅德维杰夫的《体裁问题》①等。

1993年,鲍恰罗夫发表了一篇记述与巴赫金多年交往的回忆性文章,该文回应了瓦西里耶夫所说的巴赫金不可能具有那么广博的知识,撰写了《马克思主义与语言哲学》与其他著作的论点。鲍恰罗夫认为,这一论点缺乏说服力,因为20年代新的"生物哲学"中的"时空体"思想就已为巴赫金所接受,并于后来移植到小说理论中。同时,鲍恰罗夫提供了他几次家访巴赫金时所听到的巴赫金关于"有争议的文本"的作者就是巴赫金自己的说法。这似乎已是确凿无疑,而且还有旁证。但是,鲍恰罗夫明确地提出了"证据说"这一观点,这让人感到无懈可击而令人折服。他说:"即便是巴赫金本人提供的出自他的亲口的申明也不足以解决问题。""虽然相关的见证不少,但它们不足以成为证据。"②

1996年,俄罗斯学者筹备了多年的《巴赫金文集》七卷本开始在莫斯科出版,最先问世的是第五卷,扉页之后有个编辑说明,说明这是巴赫金的学术版文集,作品按发表时序编排,各卷自有主题;编者对各卷文本做过精心的考订,并附有研究性的、详尽的注释。七卷文集的最后一卷为"巴赫金小组"著作汇编,即"有争议的文本"汇集,这就是

---

① 格·别拉娅编《1917—1932年苏联美学思想史论——资料选编》,莫斯科,艺术出版社,1980年。
② 谢·鲍恰罗夫:《关于一次谈话及其相关问题》,俄《新文学批评》,1993年第2期。

说,这时巴赫金与梅德维杰夫等人的著作权问题还未获得彻底解决。同年,中文版的《巴赫金全集》正在编辑之中,编者颇费时日地根据当时自己和我国一些学者无私提供的多种巴赫金著述,编排了中译六卷本初目,参阅了俄文版《巴赫金文集》的各卷论著的主题,最后定下中译本各卷编排顺序,将沃洛希诺夫与梅德维杰夫等人的著作编入了第一、二卷,并在目录中的著作名称后面,均署上了沃洛希诺夫与梅德维杰夫的姓名,以保持原有风貌。中文版《巴赫金全集》六卷本与俄文版七卷集虽然在著作编排上存有差别,但编辑宗旨与原则以及收入的著作大体是一致的。2009年,《巴赫金全集》中译第二版刊印,有七卷,收入了巴赫金关于俄罗斯与外国古代文学史的讲稿笔记。

2012年,俄文版的《巴赫金文集》七卷出版齐全。这一浩大工程从1996年开始,前后历时十七年,加上第五卷的准备与编辑时间,大约有二十来年。原计划中有关拉伯雷研究的一卷扩展为一、二两卷,而经过时间的磨合与汰洗,最终还是将原计划中的第七卷——"巴赫金小组"著作,即"有争议的文本",从《巴赫金文集》中撤了下来。因为一,明摆着有个版权法律问题,这是难以逾越的坎;二,没有任何实证材料可以证明那些著作不是署名作者所写,修改著作的原有署名,是没有法律根据的;三,反之,也没有任何具体的实证材料可以证明这些著作出于巴赫金之手,这方面肯定性的旁证虽然不少,但需要的是实证材料,由于口说无凭,所以终究难有定论。不过,作者与著作权问题的解决,终于尘埃落定,即将"有争议的文本"移出了《巴赫金文集》。

当然,这不是说,巴赫金早期的研究与他的两位朋友的著作毫无关联。他们作为曾经存在了十来年的小组的成员,如前所说关系极为密切,在生活、学术的交往中,有很多方面,存在着思想上的共享。巴赫金对20年代的这些著作即对"有争议的文本"与他自己的《陀思妥耶夫斯基创作问题》一书的评价是:它们"有着共同的语言观与言语作品观","共同的观念与工作中的接触之存在,并不会降低这几本书中的每一本的独立性和原创性"。就是说,它们有着"共同的观念""共同的语言观"与"言语作品观"。当然这两位朋友的其他方面的著作与巴赫金后来的著作相比,就不具有这种"共同的观念",那是属于另一层面的问题了。鲍恰罗夫为此谈到,"共同的观念"包括题材上的、观念上的、术语上的、文体上的比较性研究,尚是有待深入探讨的问题。可以肯定,巴赫金参与了这些著作的酝酿过程,交换过思想,提出过不少意见,修改甚至口述过一些段落,后来沿用过某些术语,例如首次见于《马克思主义与语言哲学》的"他人言语"与对于基督教思想等这样极为重要的观念,后来在巴赫金署名的著作里,赋予了它们以更深的新意,拓展、丰富与发展了语言哲学。

俄罗斯的《巴赫金文集》不再将沃洛希诺夫与梅德维杰夫的著作收编其中,具有原则性的意义,这一做法对巴赫金的著作做了规范化的处理,明确了巴赫金著作的文本范围,使巴赫金的研究回归巴赫金自身,这正是国际巴赫金研究界所期待的。这一举措,必然有利于推动巴赫金研究的深入,为未来巴赫金思想的探讨,展现了一个新的前景。但是,20世纪20年代的三人著作,在创作思想上确实存在着观念上的共同性与同一性,问题在于如何在文本思想的复杂多面共生与历史地、细致地分析它们之间的思想共享,合与分,同一与分野,以及同一问题上各自不同的理解深度与差异,把握到什么分寸与程度。

此次,我们仍按《巴赫金全集》(2009年第二版)重新整理、编排,另加入了以前没收录的巴赫金逸作,把梅德维杰夫和沃洛希诺夫的作品作为附卷编入此版《巴赫金文集》。

半个多世纪以来,巴赫金的思想一直处于哲学、人文科学的前沿,备受赞扬。一位前贤说过,如果一个学者的思想被过度地阐释,而成为一种理论崇拜与时髦,其思想不免会被滥用、曲解与庸俗化。上世纪60到80年代,巴赫金的思想传播开来后,很多俄罗斯与外国的人文学者纷纷撰文,出现了不少优秀著作,同时也出现了一些因条件限制而理解不深的文章,甚至不少攀附应景的文章,它们引用巴赫金的观点,不证自明,将其视为绝对真理。这种现象,俄罗斯学者早就注意到了。上面提及的鲍恰罗夫的文章,就指出了不少矛盾现象;尼·瓦西里耶夫指出的问题正是这种现象的变形。90年代中期巴赫金研究家尼·塔马尔钦科主编的《巴赫金大辞典——词目表》的编者前言中,就学界对巴赫金学说的滥用,也颇有微词。他认为,一些人对于巴赫金关于陀思妥耶夫斯基的研究说些与巴赫金的思想毫不相关的东西的现象,也是存在的;或是相反,一些人做了巴赫金思想的"主人公",他们不能离开巴赫金思想,但确实的论据不足。于是他组织一批专业学者撰写论文式的大型词条,以求正本清源①。同时,有关巴赫金的传记、编年已有多种,但是不少文章对巴赫金的出身、学历、履历等问题,却也莫衷一是。2017年莫斯科青年近卫军出版社的"名人丛书"出版了阿·卡洛瓦什柯的《巴赫金传》。该书作者多方收集资料,进行考证,指出了巴赫金对自己的身世与家族、学历与履历的自述多有失实之处在学历方面,巴赫金并没有接受过完整的中学与大学教育,他所读过的中学,特别是大学,都无他的档案可查②,他的大学学历也很模糊。巴赫金多次为求职而填写的履历表格,由于当时制度的要求重视学历文凭,而不得不如此这般应对,确实有他的难言之隐。该书作者认为在杜瓦金对巴赫金的访谈录中,也存在这类问题,对巴赫金初期的著作评价不高。看来闻名于20世纪的俄罗斯思想家、人文科学家巴赫金,经历了一条自学成材的艰难道路。

  巴赫金研究在我国已有多年,出现了一批很有学术水平的著作,特别是好几位巴赫金著作的中文译者,研究成绩斐然。这次《巴赫金文集》再度出版,作为主编,我邀请他们为各卷撰写译者前言。他们对巴赫金的各个方面有着深刻的理解,我的总序尽量避开他们的论述角度,探索一些可以深入的方面。当然在论述一些问题的交叉之处可能

---

① 尼·塔马尔钦科编《巴赫金大辞典——词目表》,莫斯科,国立莫斯科人文大学,1997年。
② 阿·卡洛瓦什柯:《巴赫金传》,莫斯科,青年近卫军出版社,2017年,第37—46页。传记作者因巴赫金自述中多有失实之处,几次比之为"赫列斯达柯夫"习气。

会有歧见,但合起来看就是一篇多声部的大序,它们对于读者也许会有一些启迪意义。

二、现代行为的危机

1919年巴赫金发表了短文《艺术与责任》①。该文提出人类文化的三个领域——科学、艺术与生活——的整体和部分的问题,认为各个部分具有内在的联系。现在艺术与生活之间产生了不和谐的情况,两者不相为谋,生活与艺术创作之间发生了失衡现象,部分与整体处于分裂状态,在个人身上不能得到统一。艺术自认为与生活无关,诗人任凭灵感创作,生活则认为无所求于艺术。巴赫金的短文指出,要保证诸因素在个人身上的相互联系,则个人必须在自己身上做出统一的回应。"生活与艺术,不仅应该相互承担责任,还要相互承担过失。诗人必须明白,生活庸俗而平淡,是他的诗之过失;而生活之人则应知道,艺术徒劳无功,过失在于他对生活课题缺乏严格的要求和认真的态度。""艺术与生活不是一回事,但应在我身上统一起来,统一于我的统一的责任之中。"②作者强调了艺术应当面向现实生活,最大的要求就是对生活负责,并且相互负责。至于说到生活庸俗而平淡在于诗之过失,这就失之偏颇了。

巴赫金的短文就其写作的文化背景来说,首先,它的内容正是这时期巴赫金与朋友们一起不断探讨、谈论的主题。而且,就在巴赫金发表《艺术与责任》的同时,与他同处的他的挚友,受过新康德主义创始人柯亨、卡西尔等人亲炙,已经撰写过一些论文的卡甘,几乎同时发

---

① 俄语原词为Ответственность,责任的意思,用于一定人称如自我负责、为某人负责、为上帝负责,而具有人称的伦理价值空间中的责任,在《论行为哲学》等文中,使用很广。同时此词也有给予某人回答、回应与应答的意思。责任一词,在康德的《道德形而上学基础》一书中,有详细的探讨。
② 巴赫金:《艺术与责任》,载钱中文主编《巴赫金全集》第1卷,河北教育出版社,2009年,第1—2页。

表了《艺术、生活与爱》一文。与巴赫金的短文中的"责任"紧相呼应,卡甘直截了当地发问:"一,好像存在着独立于人们生活之外的纯艺术;二,好像存在着独立于艺术关系之外的人们的生活。事实上,两者都并不存在。……真正的艺术是生活的艺术和为生活的艺术……在所有的关系中,所有的每一个人都需要艺术,应该以自己的每一步的生活来创造它,否则,生活将是没有爱的生活。"卡甘明确地认为艺术不能独立于生活之外,而应回应生活,艺术是一种生活的艺术和为生活的艺术,在两者关系中艺术自有其特定的责任。其次,更为重要的是,巴赫金的这一短文就其指向来说,并非空穴来风。19世纪下半叶到20世纪头20年,俄罗斯文化、哲学、宗教、文艺思想愈趋多元,诗歌、绘画、音乐中的派别十分活跃。诗歌中的高蹈派固然余绪犹存,而随后的颓废主义、象征主义、未来主义、形式主义等派别,可说是轮番争锋,就艺术与生活的相互关系争论不断。1913年,鲍·艾亨鲍姆著文说道:"在所有的其他问题中,现在特别要尖锐地提出的问题是:艺术应该如何对待生活,艺术从生活中吸取什么,拒绝什么。"他对那些主张"在生活与诗歌之间并不存在任何区别"的作家评价甚高,这就把生活与艺术画上等号了。可他又说"艺术不应使我们摆脱生活,而是相反,应使我们在自身的生活中更像艺术家"。他认为,在俄罗斯的象征主义(日尔蒙斯基语)首先是阿克梅主义者和他们的同盟者业已凯旋,这一流派强调物体的象征性、用词的音响、对原始主义的向往;但在颓废派的创作中正好相反,他们提出"诗歌和生活都宣布彼此是相互敌对的"。这时维·什克洛夫斯基著文宣称"艺术即手法",他推崇未来主义,把这一流派之外的作家称作低级的人,但又宣称:"你们离开了生活,想把艺术变成宠物狗,这样,你们也就被艺术所驱逐。"而诗人勃留索夫又另有主张,认为象征主义是19世纪现实主义的继续,"我们要求诗人,他不仅以诗歌不倦地带来自己的'神圣的祭献',而且还应有他每一时刻的生命、每一感情——自己的爱,自己的恨,成功与堕落。让诗人创作的不是源于书本,而是自己的生命"。这时期有关生活与艺术关系的说法相当驳杂与矛盾,争论也多,巴赫金所发的短文,其实只是"首都的争论在外省的一个回声"①。

20年代初的几年,巴赫金写作了《论行为哲学》《审美活动中的作者与主人公》与《话语创作美学方法论问题》以及有关陀思妥耶夫斯基的书稿。这些论著大部分都未最终完成,也未做过修订,其中特别是《论行为哲学》,行文晦涩,但从中可以看到巴赫金的道德哲学、美学的思想建构与美学的伦理化倾向。在《论行为哲学》一书中,他透露试图建构系统哲学的计划,一是探讨实际体验的现实世界的基本建构因素,二是探讨作为行为的审美活动,艺术创作伦理学,三是政治伦理学,四是宗教伦理学。这一构架可以让人看到巴赫金建构"第一哲学"的设计与德国哲学的影子,但是在那个不安定的社会制度发生激变的环境中,这种"第一哲学"的庞大计划与他崇尚的东正教宗教思想而设计的伦理哲学,是难以实现的。

《论行为哲学》是《艺术与责任》在理论上的进一步的拓展,虽然它只是一部残缺不全的文稿,但信息量很大。它以"责任"为重心,贯穿全篇,责任是通过行为而实现的,这是试图在行为本体之上建立的一种道德哲学。在巴赫金的《论行为哲学》里,行为大体相当于行动、活动,包括肢体活动在内,含义宽泛,当然,也并非所有行为都与责任相关。这部著作提供了不少富于建设性的思考,勾勒了一种不同于抽象的理论哲学中的伦理哲学的轮廓,这应是俄罗斯哲学思维的一个进展,虽然这篇著作直到上世纪80年代才公开发表。下面,我们对它的基本思想略作展开。

在《论行为哲学》里,巴赫金像当时其他著名的哲学家一样,表达了对19世纪末20世纪初欧洲文化、旧的抽象理论哲学思潮的不满。关于这点,俄罗斯哲学家弗拉·索洛维约夫早在19世纪下半期就指出,西方的哲学危机,就在于这是一种"纯粹思辨的定向"的哲学,一种"抽象的、在专门进行理论认识的意义上的哲学"②。就以康德道德哲

---

① 上面所引的各种资料观点,均转引自卡洛瓦什柯:《巴赫金传》,青年近卫军出版社,2017年,第97页、第98页、第99页、第100页。
② 瓦·津科夫斯基:《俄国哲学史》下卷,张冰译,人民出版社,2013年,第23页。

学中的"绝对命令"来说，巴赫金认为，"绝对的命令把行为变为了具有普遍意义的法规，不过这法规没有确定的实际的内容，这只是法规本身，是单纯的法规观念；换言之，法规内容就是法规性本身，行为应是合乎法规的"。康德要把行为当作绝非偶然的现象，是带有强制性的，有其正确的一面。但是法规性这一概念，只是在论证这种行为的合理性，追求判断是否具有理论上的合理性，这样，就把行为划入了纯理论的范围中去，自然只有通过纯理性去判断。"于是，行为被抛进了理论世界中去，而理论世界对法规性只有空洞徒劳的要求。"[①]

延续多年的现代哲学危机实际上是文化危机的核心。巴赫金认为欧洲文化的"现代危机从根本上说就是现代行为的危机。行为动机与行为产品之间形成了一条鸿沟……金钱可能成为建构道德体系的行为的动机……全部文化财富被用来为生物行为服务。理论把行为丢到了愚钝的存在之中，从中榨取所有的理想成分，纳入了自己的独立而封闭的领域，导致了行为的贫乏。托尔斯泰主义和各种文化虚无主义就是由此而来"[②]。

一些新兴的哲学派别，极力挣脱形而上的抽象理论，而将其分解为文化与其他具体学科的多个方面，探讨了不同层面上所具有的价值，但在根本上没有解决问题。原因在于它们"不能够说明行为和行为在其中实际而负责地实现的那个世界"，不能弥补"文化世界与生活世界相互割离的、不可逾越的、行为与责任互不相合的裂痕"，即使当时流行的哲学派别如实证主义、实用主义也没有做到。他认为，有的新康德主义者自称他们主张的这种实践理性的哲学，已达到显而易见的高度，在德国哲学界颇有声势。但是巴赫金批评说，"这种科学的哲学却只能是专门的哲学，即文化诸领域及这些领域统一体的哲学(是由文化创造的诸客体出发，从它们的内在发展规律出发所作的理论阐

[①] 巴赫金：《论行为哲学》，贾泽林译，载钱中文主编《巴赫金全集》第1卷，河北教育出版社，2009年，第27—28页。下面引自该书皆仅列文章名称及页码。
[②] 巴赫金：《论行为哲学》，第55页。

说)",仍然是脱离了现实存在的纯思辨哲学。它对世界的认识也只是纯粹思维的世界构图,是纯粹意识的产物。在这种困境下,俄国哲学界"一些人转向历史唯物主义……另一些人则从神哲学、神智论等类似的学说中寻找哲学上的满足。它们从中世纪与东方的参与性思维中吸取真实的智慧,但是作为统一的观念这不是多个世纪以来参与性思维的个别观点的简单的综合。由于方法论上的缺陷,即使是历史唯物主义,在现实与预设,存在与责任方面,未能做出方法论上的区别"①,也即在现实与存在的相互责任方面未能做出方法论上的重要区别。

那么,如何在方法论方面进行更新呢?如何使行为面向现实存在呢?巴赫金指出:"在我那唯一的现实中历史地一度出现的东西,比起仅仅是头脑里想到的东西,其分量可以说是无比地重。……历史上实有的唯一的存在,比起理论科学的统一的存在,要更大也更重;……但这当然不是我们在其中生生灭灭、在其中实现我们负责行为的那个唯一的存在;它与活生生的历史是根本不相容的。"②这就是说那个生生灭灭的现实,才是我们活生生的存在,是历史上唯一的存在。巴赫金的行为与存在的方法论观点有着坚实的哲学基础,是有别于康德思想与新康德主义的。

自然,这里所说的存在的世界,是有人参与的活生生的现实生活事件,对于"我"来说,它总是"我"个人的活动,是"我"具体参与、存在的表现形式,存在以事件或道德事件而呈现,这被巴赫金称为"存在即事件"。"理论需要了解的不是理论构架和虚构[?]的生活,而是实际发生的道德事件亦即存在。"科学的理论思考着的世界,"是在现实行为中通过负责的意识而进入到统一的和唯一性的存在的事件之中。但是,这种唯一性的存在即事件,已不是思考出来是东西,而是存在着

---

① 本段引文在1983年俄文旧版本曾被删节,2003年正式出版的俄文版《巴赫金文集》第1卷经考订做了复原(见该书第22页),本文作者校订后补译如上。文中所说转向历史唯物主义的应是指别尔嘉耶夫短暂时间内的观点,转向神哲学、神智论的则是指梅列日科夫斯基、布尔加科夫等人。
② 巴赫金:《论行为哲学》,第11页。

的东西,是通过我与他人无限地和实际地实现着的东西,其中也在我的认识行为中实现着;这个存在被体验着,以情感意志方式被确认着"①。这样,存在即事件是"我与他人"的一种有着道德关系的事件,并为"我与他人"的情感意志所体验。抽象理论如逻辑学、系统的认识论、认知心理学,就它们的理论建构的特征来说,都是从它们纯粹的理论构架去认识和描绘世界的,是一种二元论思维的产物。它们从认识本身出发,把理论演绎出来的这种世界当作唯一的实际的世界,并在此基础上构建起来所谓的"第一哲学",就成了虚设的幻影。

　　按照巴赫金的说法,现代哲学的"致命的理论化",正在于这些哲学在方法论上不了解存在即事件的含义,在于它们排除或"摆脱唯一的自我"。就这些学说来说,它们也承认存在,但是由于排除了存在中的"我",因此未能将存在落到实处,虚化了"实处"。我作为世界的一个因素,投入了我的生命,如果排除了我的唯一而实际地参与存在的事实,那我业已投入了我的生命的这个实际的存在便被否定了,这样,对于存在的实际,我无法作出回应,负起责任。"在理论世界中不可能允许我的生活有任何实际的目标,我在其中无法生活,无法负责地进行各种行动;这个理论世界不需要我。其中就根本没有我。……我并不生活在理论存在之中;假如它是唯一的存在,那就不会有我了。"②可是,我因我的行为而存在着,我是一个具体的人:"我的的确确存在着……我以唯一而不可重复的方式参与存在,我在唯一的存在中占据着唯一的、不可重复的、不可替代的、他人无法进入[?]的位置。"③我的唯一的位置,就是我存在之在场的基础。在行为的进行过程中,别人之所以无法替代我的这个主体,就因为我是站在我的唯一的时间维度与空间维度的位置之上,它们都是独一无二的、不可重复的,我在这个特定时间与特定条件之中,别人无法与我重合而进入我占有的位

---

① 巴赫金:《论行为哲学》,第15页。
② 巴赫金:《论行为哲学》,第12页。
③ 巴赫金:《论行为哲学》,第40页。

置,这就是我的唯一性与不可替代性。"确认自己独一无二地不可替代地参与存在这一事实,意味着自己是当存在不囿于自身的情况下进入存在的,意味着自己进入了存在的事件之中。"①

同时,在行为存在的进展中,如果没有了我与我的参与,排斥了我的生活,那就必然会排除我的行为的主体性,人为地使我失去我的主动性、积极的参与性。由于抽象理论宣告了那个能够进行实际思考的"我"的缺席,必然幻化了我本应有的责任,排除了我对于现实行为的判断,于是使我本身失去了我的生活希望与理想,使我缺失生活的目标,最后也就使生活变得苍白而失去价值。这就是为什么出现了行为与责任相互分离的原因,行为成为失去了对象的活动,使得文化世界与生活世界相互抵牾,现实成了一个没有了生命的东西,引发了现代行为的危机。

要解决现代行为危机,看来要以人的行为作为存在的本体,在行为的构成中,来更新行为的内涵,让行为成为一种具有责任的活动、有价值的活动,在此基础上,以"人"为中心,使得行为活动的动机与产品一致起来,让文化世界与生活世界融合起来,解决两者之间的隔阂。

三、行为建构及人的构形

那么如何理解"实际的行为"的构成呢?巴赫金关于"行为"的含义,有诸多描述,就其内涵特性我们稍作一些梳理,了解一下行为自身、选择、责任、价值与价值判断、应分、参与性的最后指向,以及具有价值的人的构形。

要将行为与实际生活联系起来,与具体的我联系起来,人通过行为而成为一个具体的人,一个具体的我。行为"只与独一无二的单个的人与物发生关系",它包容了我个人的思想及其内容,也即我的含义

---

① 巴赫金:《论行为哲学》,第43页。

与思索,这时它才是我的真正的实际存在。"行为可视、可听、可以触觉、可以思考"(心理因素),静态的我,只是一个抽象的我。没有我的行为,事件难以发生,我"只有从实际的行为出发,从唯一的完整的承担统一责任的行为出发,才能够达到统一又唯一的存在,达到这一存在的具体现实"。行为是我的各种实际生活现象与实际活动,是个一长串的复杂的行为过程、我的整个生活。"行为不是从自己的内容方面,而是在自己实现过程中了解到、接触到统一和唯一的生活存在,在这个存在中把握自己",而且是整个自己。"行为从内部观察,看到的已不仅是统一的而且是唯一的具体的背景,这是行为最终要囊括自己的含义和自己的事实的背景,行动要在其中力求负责地实现唯一性的事实与含义二者的具体统一。"①行为的过程,是一个有生命的、生生不息的、生成着的、无止境的整体。

行为是一种选择,是一种显示人的主动性的活动。选择表现了我的行为动机,受制于行为主体的明确的、形象的意图与指向,包括主体的语调在内,或是也可以表现为我行为的多种无形的或潜在的感情思想的诉求与把握,或是我的行为正是对他人行为自我负责的回应,是一种伦理性的社会性的行动的反应,因而选择性的行为动机本身,就是不同的感情与思想倾向表现。"真正的作为行为的思维,是含有情感与意志的思维,是带着语调的思维,而且这种语调要深入地贯穿于思想的所有内容因素。情感意志的语调在行为中覆盖着思想的全部含义内容,并把这内容同唯一的存在即事件联系起来。正是情感意志的语调,在唯一的存在中起着定向的作用,并在其中实际地确定着含义内容。"②因此行为"与没有人称、不属任何人的、与任何选择没有关系的理解,表现了极大的对立。……行为总是某人的行为,它是选择,是主动性,是一种责任,它蕴含了被分析的单个的人物的范畴"③。就

---

① 巴赫金:《论行为哲学》,第 30 页。
② 巴赫金:《论行为哲学》,第 35 页。
③ 阿韦林斯基:《逐页注释》,俄文版《巴赫金文集》第 1 卷,俄罗斯斯拉夫文化语言辞书出版社,2003 年,第 440 页。

上述情况来看,行为的选择表现了我的主体性特征与我的思想,使它们在行为中不断得到展现、延伸,拓展了我的内涵。

行为是一种责任,这是巴赫金行为哲学的核心之一。责任生根于行为之中。巴赫金有关责任的观点,与康德的《道德形而上学基础》无疑有着密切的联系。康德从自由出发构建道德观念,他认为道德属于"实践—行为","道德伦理是对于行为的评价","责任是道德哲学的核心问题之一","责任乃是社会存在的一个支柱"。他就道德提出三个命题:"一个行为要具有道德价值,其必须是出自责任而被为之。……一个出自责任的行为,其道德价值并不来自通过此行为而要实现的目的,而是来自行为被规定的准则。……责任是出于尊重规律而做出的行为的必然性。"[1]康德的有关道德的命题,道德价值与责任的自发性、不计利害关系等观点,是有价值的,它教人在任何条件下"应当"如何行动,同时提醒人们在采取任何行动之前,你的行动之责任,已是"先天地"被设定了[2]。这里就发生了道德与责任的理论规范问题,也即如何论证它们获得合理性的依据,并力图使之成为普遍行为准则。但是如前所说,巴赫金认为,这种论证显然只能通过纯理论的判断,即社会学的、经济学的、美学的、科学的判定。当行为被抛进了理论世界中,那理论世界对法规的规定也只是空洞的要求。

在行为即事件的过程中,重要的是我的负责行为因我的个人自觉的行动而发生,它不能从抽象的理论出发而获得。在责任的形成中,重要的是个人内心需要,并对于自己的唯一性、自己的存在,承担起责任,甚至变为责任的中心。要"通过实际承认我的实际参与而把这思考纳入到统一而又唯一的存在即事件中去,才能够从这思想中产生出我的负责行为。而且,我身上的一切都应成为这样的负责行为,如我的每一动作、姿态、感受、思想、感情;只有具备这个条件,我才真正地

---

[1] 康德:《道德形而上学基础》,孙少伟译,中国社会科学出版社,2009年,第11页、第12页。
[2] 叶秀山等主编《西方哲学史》第1卷,江苏人民出版社,2004年,第132页、第134页、第135页。

在生活,没有把自己同现实存在的本体根基分割开来"①。责任要求我实现我的唯一位置与不可替代性,这是责任应分的意识。同时,行为的责任又是我面向他人行为的互动与反应。其实,我的选择也好,我的行动、感情与思想也好,我的肢体动作也好,它们作为负有责任的意识表现,既是面向自我的,也是面向他人的回应。巴赫金指出,现代哲学中那些所谓"合逻辑的东西"(包括曾被他推崇一时的德国的新康德主义者柯亨的思想),正是由于脱离了"负责的意识",变成了模糊不清的东西,成了一切自在的、偶然的因素。

在行为的发生过程中,选择与责任必然会伴随着价值判断的现象而发生。行为选择的话语,包括了个人的意志语调在内,形成价值的取向甚至道德价值,体现着主体的责任感。判断价值是行为构成的必不可少的因素,在构建价值和体验世界过程中,我自然是最主要的角色,这时,"自为之我是行为发源的中心,是肯定和确认一切价值的能动性的发源中心,因为这是我能负责地参与唯一存在的那个唯一出发点,是作战司令部,是在存在事件中指挥我的可能性与我的应分性的最高统帅部"②。对于事件生成中的行为价值,可以从两个方面对它进行解析:一是从它本身的含义内容来说,通过理性的分析与检验,理解其价值因素的组成;二是更重要的是要将这种理性的检验,置于我的历史活动的过程中,使其获得历史感,生成独特的、唯一的、具有历史特征的、新的文化价值精神。负责的行为是唯一的价值中心,"任何普遍认同的价值都只有在个人情境中才能成为真正有价值的东

---

① 巴赫金:《论行为哲学》,第44页。巴赫金将责任分为二类:"一是对自己的内容应负的责任(专门的责任),一是对自己的存在应负的责任(道义的责任)",而专门的责任又是道义责任的组成因素,只有通过这两方面的责任统一起来,"才能克服文化与生活之间恼人的互不融合、互不渗透的关系"。对于责任的分类法,《巴赫金传》(第124—125页,青年近卫军出版社,2017年)作者卡拉瓦什柯认为这种分类带有某种人为色彩,他以为内容与存在在实践中是不能分开的。对这种作为研究的必要的方法论手段的看法可备一说。
② 巴赫金:《论行为哲学》,第60—61页。

西"①。人的行为多种多样,在价值判断上有高低上下之别,但是其本身应当具有血性与良心、怜悯与同情的崇高的道德情愫。

在行为的进行过程中,应分的观念是个重要的因素。所谓应分之事,即在任何时候我不能不参与到存在即事件之中,参与到唯一的生活中去,以实现我的责任与价值。应分总是出自我的内心需求与负责行为,"我的唯一性是实有的,……我是实际的、不可替代的,因而我理应实现自己的唯一性。从我在存在中所占据的唯一位置出发,面向整个的现实,就产生了我的唯一的应分"②。唯一性的应分,就其与责任的关系来看,其实就是我的行为理应如此,就是我必须这样做,就是"不可替代性、唯一的不可不为性、行为的历史性"③。这是我对行为过程持有的一种态度与行动方针。

这样看来,应分不具有行为的内容与专门的理论内涵,它只是我在当下出现于我的意识中的某种态度取向,一个特定的判断。这样就不存在审美的、科学的伦理的应分,它只能在与那些相关方面的有价值的东西发生联系时,方能得到显现。所以任何理论原则和定义都不具应分因素,它们可以在事件整体中各自彰显价值,但不能使用应分来加以证明。应分是它们之外又对它们具有一种影响力的现象,是主体进行考察、评价行为与责任担当的一个必不可少的要素。如果我们要求正确的思想,那么,"真理性本身真的就固有应分的因素吗?只有当真理(它自身拥有价值)与我们实际认识行为联系起来时,才会产生应分的问题。这种联系是历史上不可重复的联系,总是个人的行为"。在谈及应分与道义关系时,巴赫金强调了"须有发自主体内心的主体的回应行为,即承认应分的正确"④。这就要求作为道德主体的我,能够知道什么是与在何时是合乎道德的应分,即一般意义上的应分,"因

---

① 巴赫金:《论行为哲学》,第37页。
② 巴赫金:《论行为哲学》,第42页。
③ 巴赫金:《论行为哲学》,第27页。
④ 巴赫金:《论行为哲学》,第7页。

为没有专门的道德方面的应分"①。

巴赫金上述所说应分的几个方面的问题,实际上都是针对德国哲学说的。他指出,行为的应分性不是像康德所说的抽象的行为法规,而是实际的具体的行为因素,康德的道德律令中的"应该""应当"教人如何行动,但这是理论化了的东西,个人的、唯一性的因素被排斥了,应分成了理论自身,结果后来成了新康德主义的一个高度形式化的范畴(李凯尔特)。在康德主义基础上发展起来的形式理论,更加忽视了个体的行为性,将应分范畴理解为理论意识的范畴,即将其进一步地理论化了。

这里还有更为重要的一环,即在整个行为过程中要使选择、责任、价值、应分等方面相互协调,形成唯一的、统一的存在即事件,其中参与性思维是个极为重要而不可或缺的环节。"参与性思维在所有宏伟的哲学体系中都占据着主导地位"②,在巴赫金看来,首先,参与性思维要我必须负责地参与行为之中。由于我在这一存在中的在场,使得我自己成为事件整体的唯一的一部分。其次,参与性思维是一种行动着的思维,是我协调一切行为的思维。我在事件的流程中感受、思考了事件,必然会在其中加入评价的语调,可以使我的价值逐步获得实现,甚至可以用无尽的现实性来充实时空,使其获得新的含义价值,使价值得以深化。联系到这点,那"数学上可能的时与空(可能的无限过去和无限未来)会富有价值地浓缩起来;似乎从我的唯一性辐射出众多光束,它们穿透时间,确认历史上的人类,用价值之光照亮一切可能的时间,照亮时间性本身,因为我实际上参与到时间性之中。那些时空概念如无限、永恒、无尽、非时间和非空间的理想性和诸如此类的东西,是生活、哲学、宗教、艺术中我们情感意志的参与性所司空见惯的。……因与我的参与唯一性相结合而闪耀价值的光芒"③。对于参

---

① 巴赫金:《论行为哲学》,第8页。
② 巴赫金:《论行为哲学》,第10页。
③ 巴赫金:《论行为哲学》,第60页。

与者来说,那些个别的、独一无二的人、天空、地面、树木,还有时间、人与物的价值,都可以直觉地感到它们内在的生命,它们都出现在统一的烛照中,都出现在唯一的负责意识中,并在其中得以实现。① 整个文化也好,个别思想、个别的行为成果也好,都在个人唯一的实际的事件性思维中统一起来。

不过,参与性思维至此仍在进行之中,在具有责任的行为事件的绵延中,它不能结束,也不会结束。在行为世界的构建中,构建什么呢?这个构建出来的主角就是"人"。参与性必然引出参与者,而参与者不只是我一个人,而一定是两个人——"我与他人",或是"我与你",两个主体,他们形成一种对应的责任关系,这是行为活动的最为基本的构建。如果没有后者,自为之我参与什么呢?我去哪里参与呢?因此,重要的是在这一存在中,不仅看到了不可重复的我,而且还有"我与他人"的存在,"整个存在同等地包容着我们两人",即"我和你",或是"我和他人的你",你和我,或是你和他人的我,或他人的你②。这两个主体在参与中的对立与对位、应答与负责,构成了巴赫金道德哲学的中心问题。作为我的"人"的构成,实际上是在我参与现实行为的连续不断的过程中形成的,我一旦进入行为事件过程,其实那时的"我"已不是原来的我,原来的我因参与事件而改变了自己,我成了事件中的真实的"为他人之我"。"他人"也已不是纯粹的他人,因为在参与中,由于他的移位而变更,已非原来意义上的他人,而成了"为我之他人"。行为活动中没有笼统的人,有的是参与性中的具体对

---

① 巴赫金:《论行为哲学》,第32页。
② 白银时代俄罗斯宗教哲学盛行,门派众多,非马克思主义的学者探讨伦理哲学摆脱不了宗教思想的影响。巴赫金所论述的一些重要观念,如"我—他人",借自柯亨,而"他人""他人之我"在20世纪初的俄国、西方哲学中探讨甚多,同时这些讨论也与俄罗斯东正教的思想密切相关,如"我"与"你"与"我们"等。"人在自己个人的自我意识中具有神的位格的现象,而在类的存在中具有三位一体的形象,不仅认识到自己是'我',而且是'你'和'我们'"(谢·布尔加科夫:《东正教——教会学说概要》,徐凤林译,商务印书馆,2005年,第132页)。这里仅举布尔加科夫著作为例。

位的"我与他人",正是他们构成了行为世界的格局。巴赫金说:"这个世界是围绕着一个具体的价值中心而展开的。这是一个可以观察、可以思考、可以珍爱的中心。这个中心就是人,在这个世界中一切之所以具有意义和价值,只是由于它与人联系在一起,是属于人的。一切可能的存在和任何可能的意义都是围绕着人这个中心和唯一的价值配置起来的。"①现实生活文化中的一切价值,如科学价值、审美价值、政治价值(包括伦理价值、社会价值,还有宗教价值),全都围绕着人的构形而生成;"所有的时空价值和内容含义价值,以及种种关系,都聚拢到这些情感意志的中心因素上,即:我、他人和为他人之我"②。于是,"我与他人",这两个互为联系而具有不同价值的中心,使得生活中的各个事物、因素,围绕着他们而获得不同的价值,成为行为世界构形的最高原则。在参与性中"我与他人"的互为负责的构建,是唯一的、统一的价值构建。这是不断流动着的、变化着的构建,是唯一位置中的具有应分色彩的构建,"而唯一的位置首先就体现着我与他人两者在价值上的对立"③。

那么,在这个参与的行为过程中,作为负有责任、自有价值的我的主体性、能动性如何发挥出来呢?要发挥到什么程度,走向什么结果,使行为动机与行为产品一致起来,填平欲壑,促进物质生活与精神生活相互融合,以完善行为的现实世界的构建呢?巴赫金说:"从自身、从自己的唯一位置出发去生活,完全不意味着生活只囿于自身;唯有从自己所处的唯一位置上出发,也才能够作出牺牲——我以责任为重可以发展成以献身为重。"④这就是说,在我的唯一的位置上,我会作出回应,我的生活、我的行为并非完全为了自我,我必须成为"为他人之我",我对他人负有责任。这种责任,在参与的应分关系中,凭借我的理想,激发了我的担当,实现了我的理想与价值,以至使我因所选择

---

① 巴赫金:《论行为哲学》,第62页。
② 巴赫金:《论行为哲学》,第54页。
③ 巴赫金:《论行为哲学》,第75页。
④ 巴赫金:《论行为哲学》,第48页。

的行为可以达到自我牺牲的地步。我以自我牺牲而真正成了"为他人之我",这是我在行为的现实世界中构建的理想的实现,这正是我的参与性的道德行为即事件的最高境界。责任的高尚的品性,价值的提进与升华,也就决定了行为动机与行为产品的品格。

《论行为哲学》在说明责任行为的牺牲精神时,似乎响起了宗教伦理思想的一个泛音。巴赫金引用了《新约》中基督离世的一个情节。他说:"基督离去的主动性的伟大象征,正是在圣餐中,在血肉的分离中,忍受着不间断的死亡之苦。作为离世的象征,在事件世界中他是活着的,发生着积极的作用。正是作为象征,他已不在尘世,而我们却活着,与他同在,让我们更有信心。基督离去的世界,已经不再是那个不曾有他的世界,这从根本上成了另一个世界。"①在参与者的积极性发挥到了极致之后,它们又互为充实,共同构建,以至使原有世界的面貌为之一变。这里,甘愿为芸芸众生的原罪、过失、罪过、苦难、忏悔,给以包容、宽恕、同情、怜悯、赦免,而自己去苦修,去为他人负重,去赎罪,负起拯救他人灵魂而自觉地达到牺牲以至献身,那就是甘愿为众人去受苦受难、普度众生、被钉上十字架的基督了。这是一种世俗的,又是宗教的、圣洁的悲悯情怀,关于这点,我们后面还要谈及。

巴赫金在《论行为哲学》的最后一段,引用了两个价值的对立的含义,这里的两个价值的对立不是我与你,而是我与"绝对的自我排除"(或译"虚我")②,这与上面所说的"自我牺牲"的思想是相互呼应的。俄罗斯的"基督在福音书中与卑贱者为伍,常和穷人、病人和受苦之人

---

① 这一段引文,是这一著作 1983 年最初刊印的俄文版的行文中没有的。后经俄罗斯编者修订原手稿后,将这段文字做了复原。这段文字十分重要,它从一个方面明确地表现了巴赫金内在的东正教宗教思想,现经本文作者补译后引用如上。可参阅俄文版《巴赫金文集》第 1 卷,2003 年,第 19 页。一般人对耶稣与基督两个名称的区分不大了解,耶稣是主在地上为人的名字,基督是主复活后,被神高举时,为神所立的名称。

② "自我排除"(虚我)是当时宗教伦理哲学中的一个热门话题。基督本有上帝形象,在隐蔽神性之后,反虚自己成为人的模样。

在一起"①,为了做到这点,他有意识地虚化了自己神性的形象,道成肉身,以普通人的形象出现于人群之中,所谓"基督降临"即是。他为众人赎罪而被钉死在十字架上,三天之后复活了。他之死作为象征好像离世而去,但却修成了"绝对的自我排除"。可以这样理解,实际上他作为事件的参与者,实现了自己的唯一性、不可替代性,因负着自觉的责任而以其神性的现身,仍旧活在受苦受难者的中间,他的自我牺牲,成为一种"利他主义"的象征。不过,一谈到利他主义,巴赫金认为,在当时的伦理学中,这种利他主义的道德原则尚未得到恰当的表述。他以为,建立新的伦理哲学,应与基督教所奉行的牺牲、献身的精神结合起来,因为"这就是整个基督教道德的含义所在,由这个含义又引发出了利他主义道德"②。这一思想在他的《审美活动中的作者与主人公》一书中也有所表现,他认为"要把他人从一切苦难中拯救出来,而由自己来承受;或者说应实行利他主义"。《新约》里的格言是"你们各人的重担要互相担当"③。"自我排除"(虚我)这一思想的论说,在19世纪末与20世纪头几十年里的德国哲学与俄罗斯宗教哲学中,是个热门的话题,说法也多。④

关于巴赫金思想中的宗教哲学意识,过去在俄罗斯相当长的一段时间里,学术界基本上没有提起过。上世纪80年代初,在《论行为哲学》首次刊发时,刊布者出于政治原因的考量,删节了其中涉及基督教思想的一些段落,直到90年代初之后,巴赫金文化遗产的继承人柯日诺夫与鲍恰罗夫在各自的回忆中,才公开了在与巴赫金的多次交往中巴赫金就宗教、东正教传统思想所发表的看法,我们在上面引用的删节的部分在后来正式出版的《巴赫金文集》中做了复原。柯日诺夫回

---

① 叶夫多基莫夫:《俄罗斯思想中的基督》,杨德友译,学林出版社,1999年,第34页。
② 巴赫金:《论行为哲学》,第75页。
③ 巴赫金:《审美活动中的作者与主人公》,卢小合译,载钱中文主编《巴赫金全集》第1卷,河北教育出版社,2009年,第135页。见原编者注:参看《新约》的格言,《加拉太书》,第6章,第2节。
④ 有兴趣的读者可参阅俄文版《巴赫金文集》第1卷,2003年,第351—382页注释。

忆说:"60年代里,在萨兰斯克,有一回,他曾经一连好几个小时,一直延续到午夜,给我讲上帝,讲宇宙。他的那种讲述,真使我震撼不已,回到旅馆后彻夜不眠。"而关于基督与诸种教会信仰的问题,"巴赫金曾经不假思索地(好像是在说这是一件早就解决了的事情)说道,一个人,一个心系俄罗斯之人,能信仰的正是东正教,而且也只能是东正教"。更进一步,巴赫金还不止一次地"肯定宗教对于一个思想家的最高意义。只有宗教能够确定地不去限制思想的自由,因为一个人若是没有某种信仰,便绝对地无法生存,对于上帝信仰之缺失,就会不可避免地转向偶像膜拜——也就是会被局限于时间与空间的框架之内某种东西的信仰,而这种东西是不能提供真正的、丰满的思想自由的"[①]。看来,巴赫金是一位东正教思想的信奉者。

东正教是俄罗斯文化传统的组成部分,在俄罗斯立国中起到举足轻重的影响,它是俄罗斯文化、艺术与文学内在底蕴的组成部分。在神秘主义的氛围中,东正教被赋予了亘古不灭之光。它树立了自己信奉的、不可动摇的神祇,由它规范了的种种宗教仪式,渗入人们共同的日常生活的准则之中,这些规则是具有某种约束力的伦理行为的训规戒律,道德信条。它铸就一种价值观念,来分辨与度衡人们的德行与罪恶,肉体与精神的善恶与救赎,以及人与神的所谓交流、沟通的多种手段,领悟着人间的善与恶,接受天堂与地狱的神示,从而不间断地维系着、调整着一种宗教伦理的人际关系,从一个方面支撑着人们社会生活的某种稳定状态。它促使芸芸众生在上帝的名义下团结起来,成为一种普遍的信仰。排除东正教的思想,很难深入了解俄罗斯文化与俄罗斯文学的内在精神。巴赫金的行为哲学构建中最后所说的自我牺牲而至献身的理论,对于俄罗斯来说可能有其文化宗教传统,但对于我们来说恐怕只有褪去其宗教色彩才有成效。西方人因文化、宗教

[①] 柯日诺夫:《巴赫金与其读者——沉思及回忆》,见周启超等主编《剪影与见证 当代学者心目中的巴赫金》,南京大学出版社,2014年,第61页。

传统普遍信教，甚至包括许多闻名世界的大科学家在内，究其原因，大概意在使得自己在精神上有所依托，行为上有所约束，反思自我，自我救赎。在这点上，东西方的世俗信仰是不同的。在今天被搅动了的世界大局中，西方原有的宗教向善的道德与精神，已是荡然无存了，一些人是双面人，一面是所谓基督教徒，转过身来却是无恶不作的反人类罪行者。

的确，人是要有信仰的，这样他才会有生活的信念和目标，才会有生存下去的勇气。当然，信仰未必就是宗教，信仰可以是一种科学思想，号召人们与它同行，去追求一种美好的社会理想，以至为它可以牺牲，可以献身。不过，科学思想的探索永远是进行式的，自然科学相当明确，它的对象是自然界，无限多样，形态多变，深不可测，永无穷尽。社会科学就复杂多了，社会科学是一种人的主体性的或是群体性的科学，它是随着社会的进展而变动不居、不断更新、众说纷纭的科学，都在追求人间真理，有的表达了一种真知灼见，价值高一些，有的就少一些，也有的甚至是一种谬误，受到人们盲目的信仰。它们探讨、实验的对象是整个社会的人的命运，一旦实验失败，那时信仰崩溃，维系着人际关系相对平衡的社会、伦理、宗教的各种戒律与规矩，就会遭到猛烈的摧残与破坏，人们的行为就失去了原有的约束，他们需要的就只剩下了金钱与生物式的满足，使得整个社会陷于无序。人际伦理关系的遽变、道德沦丧，使人堕落到"百事可为"的地步。而"百事可为"也正是19世纪中期俄罗斯文学(如陀思妥耶夫斯基)开始探索中的一个实际问题。

那么，巴赫金追求一种什么样的哲学呢？他80岁那年(1975)，柯日诺夫曾应几位朋友之约，写过一篇关于巴赫金的生平概述的短文，后呈巴赫金过目，巴赫金看后完全同意柯日诺夫关于他的哲学思想的这一描述："德国的哲学思维(巴赫金不止一次地说过，只有德国才拥有真正的业已形成的、在其准确含义上的哲学——柯日诺夫)之系统性、客观性、连贯性与俄罗斯的宗教创作之宇宙般的广度与深度之有机的融合,曾作为一种理想而呈现出来。"①俄罗斯学术与宗教哲学的关系十分紧密,但巴赫金所说的宗教哲学创作的"宇宙般的广度与深度",是个宗教哲学问题,需要进行专门研究。

巴赫金的行为哲学,从现实的人的生活行动出发,把行为作为人的基本活动与相互之间的关系而形成行为即事件,探讨人的伦理关系。行为的选择、责任、价值、应分、参与、信仰、行为动机与行为产品,在行为世界的构建中,确立了"人"的存在的最高原则。这个人是具有情感思想的、负有责任的、唯一的、个性化的、不可重复的人,是"我与他人""我与你"的构形。我为"他人的你"祈祷、受难、赎罪、拯救,而至牺牲,以求达到行为责任的统一的使命。这是一种带有一定宗教色彩的伦理哲学和以它为基础的哲学人类学,观点相当复杂,涉及面很多,我们自然不能都表示同意。但是就其行为构建的积极方面来说,不容置疑,是有助于我们对于伦理哲学的认识的,对于只讲物质追求、感情思想可以随意买卖的当代生活来说,能够促进我们从精神方面去深度思考问题,提升我们行为的品格,在弥补生活与文化之间的失衡方面,是有一定的参考意义的。

四、复调、对话哲学及人的存在形式

20世纪20年代上半期,巴赫金撰写了《审美活动中的作者与主人公》《话语创作美学方法论问题》(都是未完成之作);1929年,出版了《陀思妥耶夫斯基创作问题》一书;30年代至40年代初,写作了几部有关长篇小说理论的著作和有关拉伯雷创作问题的著作②。1963年,

---

① 柯日诺夫:《巴赫金与其读者——沉思及回忆》,见周启超等主编《剪影与见证 当代学者心目中的巴赫金》,南京大学出版社,2014年,第60页。
② 如巴赫金的《长篇小说修辞问题》《长篇小说的话语》《教育小说及其在现实主义历史中的意义》《论教育小说》《长篇小说的时间形式和时空体形式》《长篇小说话语的发端》《长篇小说理论问题》《作为文学体裁的长篇小说》《长篇小说理论与历史问题》等;此外还有有关拉伯雷《巨人传》的长篇著述等。

巴赫金修订了《陀思妥耶夫斯基创作问题》,增加了大量篇幅,更名为《陀思妥耶夫斯基诗学问题》(后面简称《诗学问题》)出版。1965年,《拉伯雷的创作和中世纪与文艺复兴时期的民间文化》巨著问世。此外,在60年代与70年代上半期,写作了不少论文如《语言体裁问题》《文本问题》,以及不少笔记、短论等。其中,关于陀思妥耶夫斯基的旧著与拉伯雷的书稿的两本著作的修订与补充尤为用力,它们应是巴赫金主导思想的体现。这里主要讨论《诗学问题》。

在《诗学问题》一书里,巴赫金仍然把"我"与"他人",转化为"作者与主人公"这对基本范畴,不过在其中极大地改变了两者之间的形式与性质。如果过去在《论行为哲学》里,主要是谈人的行为、存在、事件、在场、责任、应分、参与性思维,并在这一基础上构建了有思想感情、有责任与担当的人,那么现在通过对"我与他人"、意识、自我意识、个性、价值、复调、交往、对话、新的艺术形式的探讨,进一步转向了人的存在、他的存在构形的方式,把"我与他人"更加具体化。在这些论著里,巴赫金更为深层地建立了人的相互依存、交往的存在形式,人的最具价值、境界的独特存在方式,一种独具一色的对话哲学,使人成为社会的鲜活的人。这些问题在20世纪受到不少哲学家,特别是存在主义哲学家的不断追问,巴赫金在这方面作出了独树一帜的回答。当然,这不是通过纯粹的哲学形式,而是以诗学的形式来探讨文学问题的,同时这又是一种充满诗意的哲学研究,以诗学的形式承担哲学的探索,是一种诗性哲学。诗学和哲学在这里交相辉映,为人文科学思想的研究与发展提供了一种不同学科相互交叉、互为阐发的新形式。我们从这两个方面简要地展开一些探讨。

从诗学方面看,巴赫金在《诗学问题》中一开始就说,陀思妥耶夫斯基的小说是一种多声部的复调小说。他说的"复调"借自乐曲,只具象征意义。由于这方面的研究较多,本文只是极其简要地描述一下多声部复调的特征。

复调小说是"有着众多的各自独立而不相融合的声音和意识,由具有充分价值的不同声音组成真正的复调——这确实是陀思妥耶夫斯基长篇小说的基本特点"。既然是多声部的,那么对于这类小说,除了阅读,还必须听。音乐中的复调难以转述,只能去听,小说中的复调同样如此。听什么呢?众多不同的、不相融合的声音与意识,各自独立,它们各自发声,显示着自己的充分价值,这里"不是众多性格和命运构成一个统一的客观世界……这里恰是众多的地位平等的意识连同它们各自的世界,结合在某个统一的事件之中,而互相间不发生融合"①。作家听到、发现各种声音,并将其吸收到小说的对话之中,他"善于倾听世界和全部人类生活,作为艺术家善于目睹人类意识、人类生活的对话本质。这不是什么哲学命题,这是在作品中被实现了的艺术视觉"②,这是一种全新的艺术立场,是通过作家独特的艺术视觉的发现而构成了复调的主要特征之一。这里的倾听,是一种细听不同声音的聆听。陀思妥耶夫斯基小说中的复调性,不排除与他的性格有着一定的联系,他生性犹豫不决,社会立场摇摆不定,有癫痫病。这种人的意识特别复杂,你刚说出一个意见、想法,他马上作出灵敏、极速的反应,并转到另一侧面,或是思想对立一面,或是更为深层的问题。如果它们真是形成复调的因素之一,那么正如德国作家托马斯·曼说,那也不会使复调掉价,因为各种不同的对话声音留下了。复调对小说里的人物来说固然"是一种苦难,但对人们来说是一支乐曲"③。

　　复调小说中的作者与主人公的关系发生了重大的变化。过去小说中作者与主人公两者之间的种种制约关系,现今被表现为两者之间的平等关系,两个独立的个体相互交往的对话关系。作者作为独立的自我意识,自身也会参与对话之中,这是一种艺术观照的新形式。他

---

① 巴赫金:《陀思妥耶夫斯基诗学问题》,白春仁、顾亚铃译,载钱中文主编《巴赫金全集》第5卷,河北教育出版社,2009年,第4页。下文引用该文注释称《诗学问题》,皆为2009年版。
② 巴赫金:《〈陀思妥耶夫斯基诗学问题〉一书的增补与修订》,俄文版《巴赫金文集》第6卷,俄罗斯辞书、俄罗斯语言出版社,2002年,第303页。
③ 巴赫金:《〈陀思妥耶夫斯基诗学问题〉一书的增补与修订》,俄文版《巴赫金文集》第6卷,俄罗斯辞书、俄罗斯语言出版社,2002年,第302页。

反对把自己的人物加以物化,即把主人公当作纯粹的客体予以描绘,而是将所见所闻的鲜活的生活本身,在其审美观照之下,置于一个无形的审美形式的框架之中。小说中的主人公,对于作者来说,不是"他",而是"你",或另一个的"他人之我"。"主人公在思想观点上自成权威,卓然独立,他被看作是有着自己充实而独到的思想观念的作者",却不是一个客体。"陀思妥耶夫斯基恰似歌德的普罗米修斯,他创造出来的不是无声的奴隶(如宙斯的创造),而是自由的人;这自由的人能够同自己的创造者并肩而立,能够不同意创造者的意见,甚至能反抗他的意见。"[①]这里完全是自由的人的对话,包括作家自身在内。他同自己、他人或是第三者说话,离开这些方面,他将找不到自己。作家作品中的人物,都是两个"交谈的主体",一个主体不能谈论另一主体,只能与之交谈。如果要窥见他们的心灵,那么必须把其作为人与人的对话、心灵与心灵的对话。"只有在交际中,在人与人的相互作用中,才能揭示'人身上的人',揭示给别人,也揭示给自己",揭示"人类心灵的隐秘",这成为陀思妥耶夫斯基所说的"最高意义"上的现实主义。[②] 这里,"人身上的人"不是一般的心理分析,而是需要进入双方的心灵隐秘,让他们在对话中揭示其思想的深层真实。

  巴赫金认为,陀思妥耶夫斯基的复调小说,把思想当作了"艺术描写的对象",创造了思想的生动形象。那么思想是什么?来自何处?生动的思想形象又是什么?他认为思想只有与他人发生对话时,才能开始自己的存在与成形,同时寻找新的语言表现形式,衍生新思想。"人的想法要成为真正的思想,即成为思想观点,必须是在同他人另一个思想的积极交往之中。这他人的另一个思想,体现在他人的声音中,就是体现在通过语言表现出来的他人意识中。恰是在不同声音、不同意识互相交往的连接点上,思想才得以产生并开始生活。"[③]巴赫

[①] 巴赫金:《诗学问题》,第4页。
[②] 巴赫金:《诗学问题》,第334页。
[③] 巴赫金:《诗学问题》,第112页。

金说,陀思妥耶夫斯基把思想看作是不同意识、不同声音演出的生动事件,对思想与意识进行艺术的观察和艺术的描绘,使人看到,作家把握的思想,原来都是作家"在实现生活当中发现的,听到的,有时是猜测到的;也就是说这是已经存在或正进入生活的富于力量的思想"①。他善于听到自己时代的伟大对话关系中的声音,同时也会把握住其中的单个声音,以及不同声音之间的对话与相互作用。这里有"居于统治地位的主导的思想……听到了尚还微弱的声音,尚未完全显露的思想;也听到潜藏的、除他之外谁也未听见的思想;还听到了刚刚萌芽的思想、看到未来世界观的胚胎"②。人的意识、思想、生活是无穷无尽的,因此所表述的意识、思想的对话,也是难以完成的。创造思想的人,使人深刻地理解人类思想、思想观念的对话性本质。

对于思想的这种深刻的理解,使得作家极为重视主人公对于世界的感受,并去感受主人公之间强烈不同思想的意愿,所以巴赫金说陀思妥耶夫斯基创作了思想形象。他看到小说中的主要人物"都是冥思苦想的人,每个人都有种'伟大的却没有解决的思想',他们全都首先'要弄明白思想'。……主人公的形象不可能离开思想的形象。我们是在思想中并通过思想看到主人公,又在主人公身上并通过主人公看到思想"③。小说中各自怀有思想的主人公,那种宁可"不要百万家产",也要想方设法弄明白自己与他人苦苦探索的思想的态度,使得他们因寻找"真理"而深深地陷于苦恼与紧张得几乎崩溃的对话之中。小说的主人公"是思想的人;这不是性格,不是气质,不是某一社会典型或心理典型"④,而是个性。前面说到创造"人身上的人",其实也只有在思想的对话环境中才能被揭示出来。"一切受到意识光照的人的生活……本质上都是对话性的——这一艺术发现使他成了伟大的思

---

① 巴赫金:《诗学问题》,第115页。
② 巴赫金:《诗学问题》,第115页。
③ 巴赫金:《诗学问题》,第111页。
④ 巴赫金:《诗学问题》,第108页。

想艺术家。"①

　　从时空关系来说,巴赫金认为,统治了欧洲多个世纪的长篇小说,基本上是一种顺着历史脉络发展起来的人物成长的小说,人物都有各自的历史。小说描绘主人公纷杂的社会际遇,相互之间紧张的对话、激烈的争论,但是最后由作者渐渐把它们收入其预设的一个大一统的结论的框架之中,最终成为一种独白型小说,这是一种历时性的艺术。陀思妥耶夫斯基的小说不写主人公的来龙去脉,他们没有如何成长的历史,而总是处在同一的层面之上,相逢于同一的艺术空间。主人公与主人公总是相互诘问、进行挑剔性的对话,各种人物的矛盾与冲突的方方面面,爆发于同一时间与同一艺术画面,显示多样思想在对话中的撞击与表述。他们不是同声齐唱,而是各表意见,争论辩驳,异声和唱。作家的长篇小说中的事件,往往只发生于几天之中,主人公只关心当下的纠结、论辩与对话,在艺术层面上形成一种共时艺术或是瞬间艺术。这自然是陀思妥耶夫斯基小说艺术的重大创新,但也往往由于缺乏历史性而成为他的致命弱点。

　　把上述几个方面联结起来,复调实际上组成了一幅幅多声部的、杂语化的小说,对话则显示了它们的取向,赋予它们以灵魂,贯穿整个小说。小说人物总是就人的罪与罚、生与死、善与恶、权力意志与罪行、宗教性的忏悔与救赎、上帝是否存在等终极思想进行着紧张的探索与对话,这里既有体裁方面的整体杂语化的、线索平行结构性的大型对话,气度恢宏,气氛极度紧张,又有各自内在的思想表述,各自评述自己内心矛盾的微型对话,还有微型对话中不经意流露出来的人的心底的对语,读来扣人心弦。这样的对话难有最终结果,谁也不能给出定论,形成了小说人物与连绵的悬念的构形,这已不是单声结构的统一体,单一思想、意识,甚至艺术意志的统一体了。

　　巴赫金的对话理论,在文学理论中阐释了一种新的主体性思想,

---

① 巴赫金:《诗学问题》,第112页。

它已有别于他以前有关作者与主人公的各种制约关系。他的主人公可以与作者平起平坐、相互对立的这些观点,曾经引起一些学者的质疑与批评,他们以为巴赫金不懂得主人公不过是文艺作品的一个成分,自始至终是由作者创造出来的;以为这是巴赫金"去作者化"的表现,巴赫金是去作者化的"始作俑者",认为这与后现代主义思潮无异。这种批评与评价显然是一叶障目了。巴赫金怎么会不了解这些常识呢!如前所说,读者对于陀思妥耶夫斯基的作品,除了阅读,还是要用耳朵听的,他的主人公是不受作者制约的自由的人。那么如何解释这种矛盾状态呢?巴赫金几次说道:"我们确认的主人公的自由,是在艺术构思范围内的自由。从这个意义上说,他的自由如同客体性主人公的不自由一样,也是被创造出来的。……主人公的自由是作者构思的一个因素。主人公的议论是作者创造的……就像另外一个他人说出的,就像主人公本人说出的一样"①。原来巴赫金所说主人公的自由与独立,是在作家构思范围内的自由与原则上说,这是一种相对的独立与自由。所以那种被指责为"去作者化"的理论观点,就得到了合理的澄清与解释。指责巴赫金的上述那些观点的人,主要未能理解陀思妥耶夫斯基创作的新的艺术立场,没有看到或是不承认在欧洲小说发展与演化中存在着一条复调对话的艺术路线,因此把作家的复调小说独白化了。陀思妥耶夫斯基的主人公的意识与思想,并非作家杜撰,而是作家"新的艺术思维"的产物,由此建立了多种对话的艺术形式。

　　文学与文化的创新,都是在原有的文学与文化的继承的基础上获得新的思想,得到创新与发展的。陀思妥耶夫斯基的小说与欧洲长篇小说发展中的狂欢化体裁这一路线密切相关,而且把这种复调小说传统发展到了一个新的高峰。欧洲小说体裁有"三个基本来源",三条线索,即史诗、雄辩术与狂欢体,而原来欧洲的长篇小说在多个世纪的发展中,主要是沿着前两种修辞路线发展的,这类小说正是史诗型的、雄辩型的独白型体裁,作者思想在其中起着主导作用,而陀思妥耶夫斯

---

① 巴赫金:《诗学问题》,第84—85页。

基的小说恰是一种发展了狂欢体的对话小说,属于欧洲小说发展中的第三条路线,它源远流长。那么它的源头在哪里呢?巴赫金指出,陀氏小说中的对话类型,与陀氏极为熟悉的基督教的《圣经》中的对话极为相似。后来巴赫金进一步追本溯源,提出作家继承的是狂欢体的、杂语化的"对话型"小说,"苏格拉底对话"与"梅尼普讽刺"的变体型小说①。苏格拉底的对话思想是通过《柏拉图对话集》表现出来的,它的最重要的特征,在于人们在对真理的思考与追求过程中,调动了相互之间"争辩",显示了强烈的对话性特征。这是这一体裁的核心。对话是为了追求真理,在有关终极性的话题的争论中,真理则在人们共同对话中诞生。所以在苏格拉底的对话中,主人公都是有思想的人物,他们各自独立,是思想家,这样开始出现了"思想家式的主人公"。但在柏拉图创作的后期,他的作品中原有的苏格拉底式的思想对话形式慢慢地淡化了、解体了,转而成为独白型的体裁,这种体裁形式的作者以为真理在握,最终形成了后世各种哲学派别与宗教教义的独白型世界观。不过在苏格拉底对话解体之后,出现了多种对话体,其中就有梅尼普讽刺,它直接植根于狂欢体的民间文学与狂欢节,而狂欢体则又可以追溯到"远古宗教仪式上笑的形式",它"对古基督文学(古希腊罗马时期)和拜占庭文学(并通过它进而对古代俄罗斯文化),产生了十分巨大的影响"②。发展到中世纪、文艺复兴时期,狂欢节普遍地进入日常生活而形成一种狂欢式的世界感受,随之渗入了文学体裁,而后各种文学体裁被深刻地狂欢化了。据巴赫金说:"17世纪下半期以后,狂欢节几乎已完全不再是狂欢化的直接来源;先已狂欢化了的文学,其影响取代了狂欢节的地位。这样一来,狂欢化就成为纯粹属于文学的一种传统。"③狂欢化的梅尼普体的特征复杂多样,各种体裁可以相互穿插,素材的高低上下互为兼容,往往可以把毫不相关、

---

① 巴赫金:《诗学问题》,第140页。
② 巴赫金:《诗学问题》,第146页。
③ 巴赫金:《诗学问题》,第170页。

不可思议的情节与惊险情节连接起来,显示了这一体裁的嘈杂的杂语化的对话因素与"深层对话性的哲理核心"。这种"深层对话性的哲理核心"不仅表现在狂欢体文学的创作中,而且深深地根植于基督文学中。"古基督文学的基本叙事体裁,即《福音书》《圣徒事迹》《默示录》和《圣徒与殉难者言行录》,是同古希腊罗马时期的天神故事联系着的,而后者在纪元后的头几个世纪里是在梅尼普体的轨迹中发展起来的。在各种基督文学体裁中,这一影响急剧增强,特别靠的是梅尼普体中的对话因素。在这些体裁里,尤其是在大量的《福音书》和《事迹》中,形成一种基督文体特有的对话性的古典的对照法……"① 梅尼普体特有的狂欢化特征,掺入了经典的福音书,也强烈地表现于作为伪经的基督文学里。对此,巴赫金在论及时专门作注说明:"陀思妥耶夫斯基不仅非常熟悉典范的基督文学,也非常熟悉伪经文学。"② 同时他指出,陀思妥耶夫斯基的世界观,是一种"宗教乌托邦"的世界观,这种世界观"把对话看成为永恒,而永恒在他的思想里便是永恒的共欢、共赏、共话。在长篇小说里,这表现为对话的不可完成性"③。这样,巴赫金便揭示了陀思妥耶夫斯基对话思想的多种源头,并成为这一文学传统的继承者。他多次谈到,陀思妥耶夫斯基的创作达到了这种狂欢体的复调小说的高峰,而这一文化传统多个世纪以来未曾为学者们注意过。④

从诗性哲学的层面上说,如果过去的思维形式基本上停留在反映与被反映的独白型的层面上,全都围绕着作家的个人意识而展开,那么巴赫金在陀思妥耶夫斯基的小说里看到了人的单个意识是不能自

---

① 巴赫金:《诗学问题》,第174页。
② 巴赫金:《诗学问题》,第175页的作者注。
③ 巴赫金:《诗学问题》,第335页。
④ 在19世纪末20世纪初的德国哲学中,对话思想的研究逐渐流行开来。巴赫金曾提到,19世纪末德国学者希采尔于1895年出版了他的《对话和古代史诗到19世纪末文学形式的对话史》两卷专著,可见文学中的对话艺术,早已引起了西方文学研究界浓厚的兴趣。可参见俄文版《巴赫金文集》第5卷《夹在1号笔记本的内容提纲》的注释,俄罗斯辞书出版社,1996年,第645页。

足的，生活实际上都以杂语化的形式表现出来，因而意识总是复数的，它只能存在于意识与意识的关联之中，这样必然存在着众多意识的声音。比如"我要想意识到自己并成为我自己，必须把自己揭示给他人，必须通过他人并借助于他人。……离群、隔绝、自我封闭，是丧失自我的基本原因。关键不是在内心发生了什么事，而是在自我意识与他人意识的交界处，在门槛上发生了什么事。一切内在的东西，都不能自足，它要转向外部，它要对话；每一内在的感受都处在边界上，都与他人相遇；这种紧张的交会，便是感受的全部实质。这是最高程度的社会性（不是外在的、实物的社会性，而是内在的社会性）"①。意识并不具有自足性，意识的社会性特征是内在的、与生俱来的，意识的社会性不能外加于它，其根本上是受内在因素支配的，我的意识必然要依靠他人的意识才能存身。巴赫金对于意识的这一阐发十分精彩，可以说超出了一般认识论的操作，具有高度的学术性与理论价值。

由于意识都有着自主性，它们的出现必然都是对于他人意识的反应，成为意识的意识，如前所说，它们必然要求由内而转向外部，通过他人意识表现自我的意识和展示自身的主体性，否则这个自我主体就不可能存在了。这样，就由意识转到了人，由此可以说，意识的深层的社会性特征，也成了人的社会性的内在本质特征。当众多的自我意识冲破了自身的外壳，当意识与意识对位，当作者与主人公对位，就形成了人与人的行为，成为存在即事件，"两个声音才是生命的最低条件，生存的最低条件"，于是就在众多意识的相互之间形成了交往与对话关系。

人存在于交往、对话之中，可以说，人的存在及其本质特征，就意味着进行对话与交往。在交往与对话中，人能够显示自身的根本存在的形式构形。这时，那种"对话的基本公式是很简单的：表现为'我'与'他人'对立的人与人的对立"②。他总是"我"，或者"为我之他

---

① 巴赫金：《关于陀思妥耶夫斯基一书的修订》，白春仁、顾亚铃等译，载钱中文主编《诗学与访谈》，河北教育出版社，1998年，第377—378页。
② 巴赫金：《诗学问题》，第335页。

人","人实际存在于我和他人两种形式之中('你''他'或者'man')"①。进一步说,"我存在他人的形式中,或他人存在我的形式中"②。"我离不开他人,离开他人我不能成其为我;我应先在自己身上找到他人,再在他人身上发现自己",即人应是相互反映,相互接受,达及相互理解。"证明不可能是自我证明,承认不可能是自我承认。我的名字我是从别人那里获得的,它是为他人才存在的(自我命名是冒名欺世)。"③没有他人就没有我,反之亦然,个体作为存在,通过他人的反映而显示自己,而他人通过我的观照也才得以存在。"人的存在本身(外部的和内部的存在)就是最深刻的交际。……存在意味着为他人而存在,再通过他人为自己而存在。人并没有自己内部的主权领土,他整个地永远地处在边界上。"④巴赫金深刻地揭示了人的互为存在的依存性,所以当"对话结束之时,也是一切终结之日。因此,实际上对话不可能,也不应该结束"⑤。

人在对话中的存在形式的构形,实际上是一种多层次现象。人无时无刻不处于对话的关系之中,即使他们互不认识,不相为谋,界限模糊,但相互依存,命运与共,成为一个社会共同体,他们之间往往存在着不同的矛盾与冲突,而对话则是提供解决的根本途径,虽然有时难有对话发生。对话实际上无处不在,有时是公开的,有时是隐蔽的,我们可以把这种最为普遍性的存在,称作非实体的"关系性"存在形式的构形。另外,虽然人以群集,但是就个人来说,在芸芸众生之中,真正因交往而认识的人大约就几个圈子,或是家属群,或是各类同学群,或

---

① 巴赫金:《关于陀思妥耶夫斯基一书的修订》,白春仁、顾亚铃等译,载钱中文主编《诗学与访谈》,河北教育出版社,1998年,第387页。
② 巴赫金:《关于陀思妥耶夫斯基一书的修订》,白春仁、顾亚铃等译,载钱中文主编《诗学与访谈》,河北教育出版社,1998年,第388页。
③ 巴赫金:《关于陀思妥耶夫斯基一书的修订》,白春仁、顾亚铃等译,载钱中文主编《诗学与访谈》,河北教育出版社,1998年,第379页。
④ 巴赫金:《关于陀思妥耶夫斯基一书的修订》,白春仁、顾亚铃等译,载钱中文主编《诗学与访谈》,河北教育出版社,1998年,第378页。
⑤ 巴赫金:《诗学问题》,第335页。

是同事朋友群,或是社交集团,或是因生活需要与社会发生的一般联系,其中不乏思想的矛盾与冲突,但总体上说,这应是人的"相遇性"①对话中存在形式的构形了。

但是,人的存在形式的构形还可以进行进一步的追问:什么是最具价值、最有品位的人的存在形式?实际上,多样的人的存在形式,就出现于他们交往与对话的交界线上、连接点上,思想的碰撞之处、交锋的边缘上。正是在这些交界线与边缘上,人相逢于第三世界,出现了两个葆有自己主体的不同意识的互动,思想的相互激发、质疑、诘问、对立与对话,各自穿越他人的反射与反照,通过他人的反馈与自己的反思,而看到了自身所看不到的东西,其中既有外在表层的方面,又有内在隐秘的因素,进而探及各自的心灵深处,产生了一种应答性的理解。在应答性的理解中,冲突与交融是个必然的过程,结果是产生了我因他人之意识而被丰富了的我,也即生成了一个新的我;同样,也产生了一个被充实了的新的他(或你)。在不能结束、不可完成的对话中,人无止境地更新着自己,创造着新思想、新生活与新世界,构造着创造的胜境。人的不断延绵更新的存在形式,提升了人的存在的价

---

① 这里借用马丁·布伯的说法,但含义不同。关于"我与你"的问题,巴赫金极有可能受到柯亨的影响,从后者的哲学方面看,他是一位新康德主义者,又是位犹太宗教哲学家。柯亨在《人与人之间》一书中谈及"我与你"时说过:"只有'你',对'你'的发现,才能够使我意识到我的'我'的存在,正是'你'才使'人格'出世。"另一位著名的犹太哲学家马丁·布伯在1923年出版的《我与你》一书里,从宗教的角度专门探讨了"我与你"的关系。布伯把"我与你"与"我与它"称作"原初词"。"我与它"是我与物先验之根的单纯的二元对立的关系,是一种绝对的单一关系,而"我与你"则是人与人的相互关系。"经验世界屈从于原初词'我—它'。原初词'我—你'则创造出关系世界。""泰初即有关系。它为存在之范畴,欣然之作为,领悟之形式,灵魂之原本;它乃关系之先验的根,它乃先天之'你'。""'你'经由神恩与我相遇,而我无从通过寻觅来发现'你'。不过,向'你'倾吐原初词正是我的真心活动。'你'与我相遇,我步入与'你'的直接关系里。"布伯又说,"人通过'你'而成为我";"人可以在相遇者身上发现'你'"。布伯的这种学说,被称为"相遇"哲学、"关系"哲学,甚至"对话"哲学,也是很有价值的,在20世纪的欧洲很有影响。不过,由于其作为犹太教哲学的一种阐发,所以先验的宗教气氛十分浓郁。本处借用了其概念,在阐述上有所不同。可参见马丁·布伯著《我与你》,陈维纲译,三联书店,1986年,第5—9页。

值,在含义丰富的境界中,在思想的交锋点上、两者的边缘上,演变而为具有责任、理想的人的存在形式,思想家或思想者的存在形式,完成了其不断进化的构形。这是巴赫金最为用力阐释的人的存在形式的构形(其实这样的人,又与巴赫金的话语哲学是深刻地联系着的,但这一问题需要进行专门的探讨)。这样的人的存在形式,也是费孝通先生的中国式的表述——"各美其美,美人之美,美美与共"的那种存在的境界吧。独白式的个人意识、唯一的意志力量,一般做不到这点,因为那种单一的声音自身,不具交往对话的资质,什么也解决不了,或是只能望着自身孤独虚幻的身影而聊以自慰,因为它在存在中失去了多种相关性。

至此,《论行为哲学》中的人,是有着思想感情、具有责任和担当,因交往对话而获得了人的深刻而内在的社会性本质特性,进而各自不断更新着自己的意识,在交往对话声中不断地创造着新思想的人。

这里还要简要地谈一下诗学和哲学的相互关系问题。巴赫金的著作是文化诗学、历史诗学。但是我们看到,他的诗学研究,是一种类似于以往并未细分的人文科学的研究方法,一种新颖的跨学科的历史文化研究方法。透视陀思妥耶夫斯基诗学的"艺术形式""艺术视觉"的研究,使巴赫金得出了过去文学理论所无法得出的一系列新的理论观念,而这些理论观念又是深深哲理化了的新的文学理论观念。

但是,巴赫金的诗学著作又可以从哲学(不是逻辑哲学)方面去理解,他在诗学中所阐发的许多观念,又确确实实是被陀思妥耶夫斯基赋予了新意的生活哲学思想,它们都是些有关人类生活的终极问题、哲学问题的艰辛的探索,包括宗教探索在内。那些深刻地表现于他的各种小说中的问题,如罪与罚、善与恶(恶的自由与强制性的善)、权力与反抗、强权与犯罪、原罪与赎罪、忏悔与拯救、自由与宗教、犯罪与法律、爱欲与哲学、上帝与真理等,并非是从其宗教、哲学观出发的,它们只以现实生活为本,从其主人公们的异声和唱的众生相中搜寻出来。当然,小说中的部分思想与问题也常常明白地显示于他的哲学、政论中。临终前几年,他在致友人的信中说到他准备写作一部长篇小说《大罪人传》,其中每部中篇小说有各自的名称。"贯穿于小说所有部分中的主要问题正是我一辈子自觉和不自觉地为之苦恼的那个问题:上帝的存在。主人公在他的一生中时而是无神论者,时而是信徒,时而是宗教狂者和教派信徒,时而又是无神论者。"①《大罪人传》后来虽未写成,但他所要表达的思想,已经部分地散见于其小说之中。别尔嘉耶夫谈到,陀思妥耶夫斯基"为苦难和对苦难人的怜悯折磨得精神失常,苦难和同情成为他的作品基本主题","他不仅揭示了俄罗斯人道主义的危机,而且像尼采一样揭示了人道主义的世界性危机……拒绝对'最高的和最美的东西'的崇拜,反对对人的本质的乐观主义的认识,他转向了'实际生活的现实主义'……揭示了人的本质深处的全部矛盾的现实主义"。他为人辩护,为人的个性辩护,在上帝面前他要保护人,"但是,他也揭露人类自我肯定、不信宗教和空泛的自由的命中注定的结果。在陀思妥耶夫斯基那里,当人走向崇拜、走向自我崇拜(指小说中的人物。——引者)时,同情心和人性就转化为残忍性和非人性。人们称他为'残酷的天才'不是偶然的"。②他的长篇小说中描写的有关人的种种生活情状,也是20世纪的人在生存中所遇到的令人无比伤痛的境遇。这样,在巴赫金那里,诗学与哲学是共通的,互补的,相互渗透的。他以特有的诗学形式,深刻地表达了其新的哲学的内涵,这些动人心魄的哲学思想(并非理论的)以独特的方式体现于其独树一帜的诗学形式中,所以巴赫金多次自称是"哲学家"了。

陀思妥耶夫斯基小说所表现的思想,与其政论以及宗教方面所表现的思想,往往极为抵牾,后者是实实在在的独白型的著作。在陀思妥耶夫斯基的研究中,巴赫金明显地将这类著作放于一旁,不予置喙。对于作家的宗教世界观,即有意无意地苦恼了陀思妥耶夫斯基一辈子

---

① 陈燊主编《陀思妥耶夫斯基全集》第22卷,河北教育出版社,2010年,第729页。
② 尼·别尔嘉耶夫:《俄罗斯思想:十九世纪末至二十世纪初俄罗斯思想的主要问题》,雷永生等译,三联书店,1995年,第88页、第89页。

的"上帝的存在"①问题,也即作家在自己的长篇小说里反复探索的问题,巴赫金虽然自有一番见解,但声言不好将自己的说法表达出来。所以每当触及这一问题时,他只好踯躅于自己的斗室,来来回回地走动,犹豫再三,最终弃之一边。他的《诗学问题》与《民间文化》等著作研究所构成的诗学观念、历史诗学,深刻地改造了当今的文学理论、文学史论与文化史论;同时,这些著作无疑又是一种极具文化价值的新型的哲学著作,它们拓展了一种流行于当今的对话哲学。这种对话哲学摆脱了过去哲学的原有的逻辑推理,成为20世纪哲学新的转向的一个组成部分。作为先声,克尔凯郭尔的记叙体故事《非此即彼》《克尔凯郭尔日记选》、尼采的《悲剧的诞生》《查拉图斯特拉如是说》等,都独创性地表述了关于人的存在的多样形式的探索。前面论及的差不多同时期的马丁·布伯的《我与你》、稍后的海德格尔的《林中路》及其"诗与思"的思考、萨特的《恶心》与加缪的《局外人》《西西弗神话》等著作,以各自特有的叙事方式,推进了"存在"哲学的深入。巴赫金的《诗学问题》通过"复调"极为精辟地揭示了对话的多种方式与人的存在的独特形式,以对话哲学给读者以启示。

对陀思妥耶夫斯基的文学作品与其作品中的哲学问题进行研究,早在19世纪末就开始了,如梅列日可夫斯基的《托尔斯泰与陀思妥耶夫斯基》(1900—1902),罗赞诺夫的《关于"宗教大法官"的传说》(1903—1904),舍斯托夫的《无根据颂》(1905)、《开端与终结》(1908)、《在约伯的天秤上》(1929),别尔嘉耶夫的《俄罗斯思想》(1946)等。还有如叶夫多基莫夫的《俄罗斯思想中的基督》、津科夫

---

① 上帝存在与否的问题是19世纪末几十年与20世纪初20多年里俄罗斯宗教哲学里探讨得最多的问题,这方面派别众多,著作宏富。我国学者徐凤林教授认为:"在俄罗斯宗教哲学中,上帝不是至高无上的外在权威,而是在人的内心深处揭示出来的,或者说是在人生的痛苦与悲剧中找到的。只有沉入到自己灵魂的最深处,才能'与活的上帝相遇'。所以,在俄罗斯观念中,'拯救'与'恩典'也不是来自外部,而是在人的生命之中对上帝的内在把握,是对生命的精神改造。甚至天堂与地狱、天使和魔鬼,都只存在于人的心里,是人的精神生命之不同状况的表现。"(见弗兰克《俄国知识人与精神偶像》中译本前言,徐凤林译,学林出版社,1999年)

斯基的《俄国哲学史》(1953)、弗洛罗夫斯基的《俄罗斯宗教哲学之路》(1980)、德国学者赖因哈德·劳特的《陀思妥耶夫斯基哲学》(1950),以及其他学者有关宗教哲学的著作。它们都从陀思妥耶夫斯基的多种长篇小说中探讨了作家的宗教哲学思想,有不少深刻见解,但是由于未曾发现作家新的艺术思维的独创性,所以都没有涉及其创作核心——对话哲学的含义。

巴赫金将对话扩展为一种宽泛的人的存在关系和人的存在形式构形的对话哲学,具有深刻的现代性。他说:"人类的意识和生活按其本性说,过去一直是,将来依然是对话性的。"对于"与声音融合在一起的思想决定着内在之人的整个命运,人和人类的全部命运,要求持有对话性的立场"[1]。在当代的哲学思潮中,我们见到巴赫金对人的存在及其形式讲得如此富于理性、如此深沉,这正是使当代读者持续不断地对他的著作感到莫大兴趣的原因吧。

钱中文

---

[1] 巴赫金:《〈陀思妥耶夫斯基诗学问题〉一书的增补与修订》,俄文版《巴赫金文集》第6卷,俄罗斯辞书、俄罗斯语言出版社,2002年,第303页、第321页。1982年,巴赫金的《诗学问题》的部分文本开始译介到我国,其时将"对话"一词译为"对语"。1983年本文作者在有关复调小说的论文中,改译为"对话",似更确切一些;稍后在本文作者的其他有关巴赫金的论文中继续使用此词。接着出现了一批有关巴赫金对话的论著,之后有关巴赫金的研究日益拓展开来,"对话"一词不断进入我国文论界。大约上世纪90年代中期开始,"对话"一词不胫而走,进入了政论界、报刊与社会生活,到后来甚至到今天,把什么关系都称作"对话",以致有失其本意了。在中外文化的典籍中,其实"对话"一词早就存在,只是样式、含义不同,它以公开的形态或以隐形的潜在形态表现着,这是又一专题性问题。

译者前言

1919年，年轻的巴赫金刚踏出校门，就写了《艺术与责任》一文，文章虽短，却提出了他为之奋斗一生的问题，就是文化与生活的关系。他认为，当时的学术界存在着文化与生活的脱节：艺术轻视生活，不对生活承担责任，而生活也不对艺术承担责任。要改变这种情况，他提出科学、艺术和生活应该在人身上获得统一，而且用"责任"把它们统一起来。他，巴赫金，以身作则，为此一诺而践行了一生。

一

我们在《论行为哲学》以及《审美活动中的作者与主人公》中，同样看到这一问题，不过，问题的实质转移到"我与他人"的关系上。

"行为哲学"，就是"道德伦理哲学"，即在唯一的真实的现实世界中，人的行动、生活的准则或原则的伦理问题。与亚里士多德把"存在"界定为"第一哲学"不一样，巴赫金把道德哲学称作"第一哲学"（新康德主义有此观点）。这一改变，不但让人的存在高居于其他一切哲学之上，而且使人要对其他的一切负有责任。巴赫金从这点出发，批判了"理性伦理学""物质伦理学"或"形式伦理学"，因为它们的本质特征在于忽视了人的实践、"参与性"，也就是忽视了人的责任问题；从而他提出"实践伦理学"（这点与康德相近）。

1

在这种"行为哲学"的指导下,巴赫金提出了"存在即事件"(бытие-событие)的思想。在这里,如果注意到上面的说法,这里所表现出的主要思想应该是"存在即共存"(событие 一词有共存 co-бытие 之义),也就是"我与他人"的共存。应该说明,这里的"他人"是指与我相对的一切客体:他人、国家、社会、自然。因而,在《论行为哲学》以及《审美活动中的作者与主人公》中,巴赫金提出人的基本行动要素,即"自为之我""为我之他人"以及"为他人之我","现实生活和文化的一切价值,全都是围绕着现实行为世界中这些基本的建构点配置的;这里说的是科学价值、审美价值、政治价值(包括伦理价值和社会价值),最后还有宗教价值"[①]。也就是说,人类社会中的一切价值都是围绕着他们的关系,即"我与他人"的关系展开的。

在上述"我与他人"的关系中,第三个因素"为他人之我"是"我和他人"这一关系的核心点。巴赫金认为,我,自为之我,应该融于他人之中,这就是说,从道德意义上说,要为他人负责,为"他人"而付出一切。这就是巴赫金的哲学人类学观点。

正因为共存,而出现了"责任"问题,责任是联系"我与他人"的纽带。就社会而言,人与人之间没有相互间的"责任",即没有社会责任,就如同一盘散沙,失去了凝聚力;如果没有责任、道义的约束,那么也像巴赫金所举的火炮一例所言,成为"可怕的、毁灭性破坏力量。一切技术手段如果脱离了唯一的整体而听凭它按照自己内在规律发展,都是可怕的"[②]。人的一切行为,需要道义、社会责任来约束。

在"责任"这一问题上,巴赫金赞同康德的思想:共存之人既要为自然、他人立法,也要为自身立法。这就是"他律"与"自律"问题。巴赫金感叹地说,现在人们把康德的这一"哥白尼革命"置于脑后了。这里指出了"自律"的缺失。但过分"自身立法"而束缚了人性的自由,

---

[①] 钱钟文主编《巴赫金全集》第1卷,河北教育出版社,2009年,第54页。以下只注明卷数与页码。

[②] 第1卷,第9—10页。

听命于理性而成为形式伦理学,也成为巴赫金的一个靶子。巴赫金提出人的创造力、人的情感意志语调参与到行为哲学之中,无疑是对康德形式伦理学的某种修正。

在"负责精神"中,还要指出的一点是"出于责任"问题。"出于责任",就是说行为以"责任"为出发点,与此同时,还要用"责任"规范行为、约束行为,直至形成一个完整的责任行为。从这一点来看,巴赫金的行为责任要比康德的圆满些,因为他强调了行为的全过程。不过,在如何对待"出于责任"的行为方面,康德要严格得多。比如,有的行为不是出于责任,而是出于"爱好"与"快乐",即使"合乎责任",在康德的道德观中,也被认为是"不道德"的,更不用说以金钱为目的的行为了。巴赫金虽然比康德宽松些,但对以金钱为目的的行为,同样嗤之以鼻。

总而言之,在唯一真实的存在的现实生活中,巴赫金的行为哲学思想,"我与他人"哲学观点,是在与西方古典哲学家,还有俄罗斯的哲学宗教思想家的对话中,在他们的三棱镜的反照下形成的自身的历史文化哲学思想。

二

现实的第一自然中是如此,在第二自然中,即在文化领域中,特别在美学领域中,巴赫金同样表现出与行为哲学中相同的观点。在这里,"我与他人"的双主体关系,演绎成"作者与主人公"的关系了。

在这里,首先应该指出,外位性是巴赫金构建现实的行为哲学的前提条件,也是他的美学思想的始源和出发点。外位性思想贯穿于他的全部创作中:真实世界中以及文化世界中(特别是在审美世界中)。"我与他人"的关系、"作者与主人公"的关系,以及作者与同时代的读者、未来的读者的关系,同时代读者与未来读者、过去读者的关系,以及在这一关系中引出的对话、狂欢化等等,都是由外位性决定的。这里的外位性首先是时空的外位性。时空的外位性决定了上述真实世界和文化世界中的人的立场,也决定了巴赫金的观点。

巴赫金对"作者与主人公"的关系的论述,就是以"外位性"为出发点的。他叙述了作者与主人公的三种原则性关系,是作为文学艺术中的人来看待的,这就与20世纪中期兴起的文学结构主义叙述学的纯粹形式上(即"叙述视角"上)的研究大相径庭。

这三种原则关系是:第一,作者外位立场的脆弱,自然主义作品是如此;第二,作者控制着主人公,伪古典主义以及浪漫主义的作品是如此;第三,主人公就是作者自己,自传性作品是如此。主人公与作者的两个圆圈似乎是重叠的。

上述分类是巴赫金在"我与他人"这一原则下区分的。他把主人公作为小说中的人来看待。由于这种情况,主人公是"作者的我"之外的"他人"。这样,同样提出了双主体的关系。应该着重指出一点:双主体(或多主体)是巴赫金一切创作的出发点。有了"双主体",便存在着对话的可能,也具有了对话的基石。有了对话的基石,方能发展成对话的满园春色。

巴赫金在论述作者与主人公的关系时,说道:"主人公和作者相互斗争,或者彼此接近,或者分道扬镳;不过要充分地完成作品,必须要两者截然分开而由作者取胜。"[①]"作者取胜"的积极性,即使后来巴赫金大谈"对话"时,也没有否定过。

相反,巴赫金看到了主人公的积极性、重要性,因为,处在审美价值中心的是"整个主人公与之相关的整个事件","一切伦理和认识价值都属于"主人公。这样的主人公是要抗争的。巴赫金多次提到这种斗争的潜对话性质。在这里,我引一段巴赫金说主人公要与作者"平起平坐"、要潜对话的话语:"当只有一个统一而又独一无二的参与者时,不可能出现审美的事件。一个绝对的意识,没有任何外位于自身的东西,没有任何外在而从外部限制自己的东西,是不可能加以审美

---

① 第1卷,第293页。

化的。……审美事件只能在有两个参与者的情况下才能实现,它要求有两个各不相同的意识。一旦主人公与作者互相重合,或者一起坚持一个共同的价值,或者互相敌对,审美事件便要结束……"①上述论断存在着潜对话性质,是对话之蓓蕾。

这里巴赫金显然是把主人公作为人来看待,作为与作者的我不同的"他人"来看待。那么,巴赫金又是如何对待"他人"的呢?我们在《审美活动中的作者与主人公》一文中,看到巴赫金对文化领域的"我与他人"作了详细的描写,他同样超出"作者与主人公"的关系而进入现实中的人际关系之中。下面我们分几个方面来谈一谈。

哲学-神学中的"我与他人"。上面提及巴赫金把"自为之我""他人之我""为他人之我"视为现实生活和文化的一切价值的配置中心,或曰基本构建点②。而在这三者的关系中,巴赫金把"为他人之我"作为"我""自我"意识的最高境界来看待。巴赫金说:"我要藏到一个他人和许多他人之中,我只希望成为他人眼中的他人,以他人身份彻底融入他人的世界,甩掉世界上唯一之我(自为之我)的重负。"③巴赫金的这一思想是一以贯之的,早在20年代初,他就写下了同样的话:"(人的)内在的价值上的自我界定,通过他人也为了他人而从属于外在的界定,自为之我融于为他人之我。"④用通俗的话说,就是把自己奉献给他人,而这里的他人的含义是社会、国家、家庭、别人等等与自为之我相对立的对象。巴赫金的"为公"思想昭然若揭。

巴赫金以此观点论述了"我与他人"的关系史。在伊壁鸠鲁之前,"自为之我"还未从他人中独立出来,在古希腊时期,他人这一范畴的特殊性也未确立,而在新柏拉图主义者的眼里,一切事物也还都是"自为之我",他人的重要性还未确立,他人没有发言权。只有到了基督教时期,强调了他人范畴的主导地位。这时出现了"自为之我"与"为我

---

① 第1卷,第118页。
② 第1卷,第54页。
③ 第4卷,第463页。
④ 第1卷,第150页。

之他人"的对立的结合,继而是"神的人化"与"人的神话"的对立的结合。体现在基督身上:把牺牲留给自己,而对他人则施以仁爱……为他人而放弃自己的一切。

在文艺复兴时代为肉体正名后,"人"的概念不断发展丰富,个性之自我也被分离出来。双主体得到确立,他人得到重视。而自我意识也得到加强,"我应该在价值上外位于自己的生活,并视自己为他人中的一员"。这不是抽象的思维,而是要在实际生活中,在审美上表现出来,于是提出要在我身外占据一个权威的价值,只有如此体验生活,只有借助他人范畴,我的躯体才能获得审美意义。"一切创作上颇有成效、富有新意、唯一而不可逆转的事件,无不如此。"①游戏,只要加上一个他人,就会变成艺术;而艺术,没有了他人,也就成为游戏。"他人范畴的主导作用"可见一斑。

巴赫金就是以这种双主体的思想对美学中的表现主义和印象主义作了批判,认为它们都是美学中的"贫乏派",原因是两者都缺少了一个主体:前者不见作者,而后者不见主人公。

即使在话语中,巴赫金也强调他人话语的重要性,孩子的说话,首先学的是自己的母亲、亲人;就是大人,平时的话语,绝大部分都是别人说过的。因此巴赫金更加重视他人的话语,因而他对杂语、对话、多种声音的青睐,也就是可以理解的了。巴赫金还谈到人从童年起的人生价值的形成和实现,"只能是他人"。

在主人公的时间整体中,其实说的是内心之人,即心灵问题。心灵是他人时间,而精神是我的时间。因此,心灵具有审美属性,而精神却没有。在这对矛盾中,巴赫金重视的显然是与躯体同样的道理:"他人时间"相对于"我的时间"来说,更为重要。

谈及时间,就自然而然地涉及"死亡"问题。死亡问题,不仅是生物学问题、心理学问题、本体论问题,还是宗教问题。因此,就出现了"我之死"与"他人之死","内部死亡"与"外部死亡"在质上的区别。

---

① 第1卷,第188页。

就生物学上的死亡而言，人以及一切有生命的东西、无生命的东西，以及扩大到宇宙、天体行星等等，都存在着"死亡"。这些都可以归纳为生物学上的死亡、自然界的死亡。但还有一个心理伦理学的死亡问题。这时，对待死亡基本上有两种认知：一种是清醒地认识死亡，接受死亡。"死亡"不是让生命失去意义，而是让生命更有价值，生命因"死亡"而大放异彩。这在大义凛然、视死如归等术语中表现出来。但也有人对死亡有一种恐惧——鄙俗的恐惧，有的人则麻木，有的人则表现为胆怯。因而，从这里可以看出，"死亡"表现出多重价值取向。在死亡问题，上面提及的"我之死"与"他人之死"的不同，就具有不同的价值取向。这表现在担心自己的死而向往长寿与害怕他人之死而竭力保全其生命有本质的不同。医生的高尚道德就表现在这里。不过，作为生物学上的本能，保护自己的生命，也是符合道德伦理的。

这种现象在宗教上表现得更加突出。神话，甚至迷信的产生与出现，便是这种思想的有力证据。所有宗教，不管国外的还是国内的，或多或少都在宣扬永生、死而复活、长生不老等。这就把内部之死同外部之死，"我之死"与"他人之死"视为同一。在我国，一些"大师"宣扬不死，至今仍在我国大地上招摇过市，不能不说是一种悲哀。

"我之死"与"他人之死"的又一个区别，就是对他人之死的体验存在着审美功能。内心预感自己之死而采取的一些做法，没有审美功能，不是一种审美活动。而担心他人之死，却具有审美功能，原因是有一个他人在场。死后我对他人的一系列行为，如立碑后的记忆、缅怀的圣餐，以及此后的追忆故人，特别是记忆，成为审美上把握他人的金钥匙。

三

含义（смысл）一词，在俄国文化中，可以说是巴赫金最早使用的。而且，在巴赫金的早期思想中，含义占有十分重要的地位，同时，它极其鲜明地表明了巴赫金的哲学美学思想。

本来在人文科学中,含义与意义(значение)是不分家的,由于弗雷格的分析哲学的流行,也由于阐释学的兴起,含义与意义分了家。简言之,意义是作者创造的,而含义是读者的体验、阐释、理解、研究的结果。"与意义不同,含义指明作者话语的构思、任务和意向,非语言的语境,符号(记号)的应用情境"。

把含义与人的行为、人的内在世界、心灵、时间联系在一起的观点,在人文科学中,属于存在主义学派的观点。海德格尔的《存在与时间》、萨特的《存在与虚无》、梅洛-庞蒂的《行为的结构》等著作均有对含义的论述。存在主义哲学把一切哲学问题都归于人的存在。巴赫金早期的哲学美学思想,他的含义理论,正是如此。(巴赫金说过与海德格尔相近的话)

含义与人的行为的关系。巴赫金说:"我们能信心十足地实现行为,是在我们的行为不是发自自我的时候,而好像受制于这一或那一文化领域含义所要求的内在必然性。"[①]表明行为是由含义的必然性决定的。巴赫金认为,含义概念植根于文化领域,却先验于个人存在,起着重要的作用,是由于含义与人的行为中的实际情况结合在一起。这表现在能动的含义真实,就是情感意志语调。这是"行为中真实的含义内容"[②]。他还说,"我活着(我思考、我感觉、我行动),是活在自己生活的含义内容中"[③]。

含义的生成。巴赫金说:"体验——这是含义在存在中留下的痕迹,这是含义在存在中的反照。体验,就其自身内部而言,它的活力并不来于自己,而是来于这个外在但可把握的含义,因为体验一旦不能把握含义,它自身便不存在了;体验是对含义和事物的态度,离开这一态度自身便不存在;……含义从属于个人存在的价值,从属于体验的

---

① 第1卷,第23页。
② 第1卷,第35页。
③ 第1卷,第216页。

肌体。当然,体验会随身带走自己那设定的含义之余绪,因为它没有这种余绪就空洞无物了……"①他在另一处说道:"在我的体验的确定内涵(情感、愿望、追求、思想的确定内涵)中,对我本人来说,唯一珍贵的就是那个设定的、处于实现之中的含义和事物,只是为了它我才去体验。"②那个"外在的可把握的含义"就是作者所创造的意义或自然存在物,含义是人的双手或头脑创造的智慧结晶。含义作为主人公的整体组成部分,正是这种思想的描述。我们在这里看到了巴赫金与康德、弗雷格、海德格尔、萨特、蒂利希、施佩特、雅斯贝斯等人以及俄国神学哲学家如索洛维约夫、别尔嘉耶夫等人在含义这一问题上的对话与联系。

含义的性质。含义是"我"体验的产物,因此,具有主观性质。巴赫金说:"我内心的任何的含义预设,即使是最全面最完善(为了他人并在他人内心进行的界定)的含义预设,总是主观的预断。"③"我的统一体是含义的统一体……他人的统一体是时空的统一体。……唯心主义是自我体验的现象学,而不是体验他人的现象学。"④等等,无不表明了主观性一面。但是,我们应该看到,含义是"我"对事物、现象的体验,其结果虽然带有主观性质,但也有客观成分。弗雷格把望远镜镜面上的月亮映象看作含义,就是实证。在我国,与此相似,众所周知的"瞎子摸象",体现了意义与含义的分野。瞎子摸出来的是含义,虽是主观的产物,但共同构成了大象的客观概念,故是客观存在物的反映。而巴赫金在《审美活动中的作者与主人公》一文中,常常把含义同事物并列在一起加以评说,也表明了这点。

含义是未完成的,是属于未来的,是与现在和过去相对立的。巴赫金说:"存有含义的未来同不具含义的现在和过去是敌对的,这就像

---

① 第1卷,第222—223页。
② 第1卷,第231页。
③ 第1卷,第231页。
④ 第1卷,第218页。

任务与尚未完成相敌对,应分与现实相敌对,赎罪与罪过相敌对。"①"我所具有含义的未来世界,与我的过去和现在所拥有的世界,相互间是格格不入的。"②还说,"我要界定我自己,确定地……不能通过表示时间存在的范畴,而要通过尚未存在的范畴,通过目的和含义的范畴,要在与我过去和现在一切实有相对立的具有含义的未来之中。存在对自己而言,意味着自己尚待实现(已无可实现,此地一切全在,那就意味着精神上的死亡)"③。未来是含义的本质特征。

含义是表现未来的,含义都是预设的,过去是没有含义的。时间的唯一性和真实性是一条时间流。因而,时间也与死亡联系在一起,因为死而失去了未来。所以,"死是含义上的失败与荒唐"。"死是给含义作出了总结"。然而,含义是无穷无尽的。含义是不会死亡的,它有"自身的复活节"。含义给人文科学提供了无穷无尽的研究,含义的未来立场成为激励"行为之人"勇往直前的方向。巴赫金激动地说:"试问,令我昂首挺胸,举目向前的内在信心来自何处呢?是那没有愿望和设想作补充和后继的单纯的现状吗?在这里,自己尚待实现也是骄傲和自满的一个支点,在这里,自我界定的价值中心也移向了未来。……我的自我界定的实际重心只能落于未来之中。"④对未来充满了期待与信任,不是海德格尔的"烦"所能比拟的。

与此同时,还要提一下与本卷关系不大,但在思想上却大有关联的巴赫金在60至70年代再次提出的含义问题。这时他把含义与对话衔接起来,即发现了含义的对话本质。我们在这里用几段话来说明。他说:"我把对问题的回答称作含义。不能回答任何问题的东西,对我们来说,就没有含义。"⑤作品中的作者形象与主人公形象,在巴赫金看来,他们的关系也具有对话关系:"这些形象(语言和风格)在

---

① 第1卷,第229页。
② 第1卷,第230页。
③ 第1卷,第231页。
④ 第1卷,第234页。
⑤ 第4卷,第461页。

作品中,不是作为语言学的实体而并列的,它们在这里进入一种特殊类型的复杂而能动的含义关系之中。这类关系可以界定为对话关系。"①"完整的表述——这已不是语言单位(也不是'语流'或'言语链'的单位),而是言语交际的单位,它具有的不是意义(значение),而是含义(смысл)(亦即与真、美等价值相关联的整体含义,并要求包括评价在内的应答性理解)。"②然而,巴赫金感叹说,当前的理论界对此不甚理解:"不同的含义整体、不同的含义立场,亦即不同表述,它们相互关系的特殊的对话本质,也未得到理解。"③这完全因为,一个含义不可能存在未得到共识,含义只能是"含义链条中的一个环节",因为"不可能有'自在含义',含义只能为其他含义而存在,即只能与其他含义一起共存"④。此外,巴赫金还把含义界定为"共通性""世界性""全时性"本质,"无穷无尽"、永不死亡,又不知何时复活的特性。含义在人文科学中的首要地位应引起我们的特别关注。

上述只是简单地阐释了巴赫金的含义观,由此可以看出,他已经摆脱了存在主义的羁绊,畅游在历史文化学领域的汪洋大海之中了。

卢小合

---

① 第4卷,第317页。
② 第4卷,第331页。
③ 第4卷,第327页。
④ 第4卷,第462页。

目 录

艺术与责任 …………………………………………… 1
论行为哲学 …………………………………………… 3
 绪论 ………………………………………………… 3
 第一部 …………………………………………… 50
审美活动中的作者与主人公 ………………………… 67
 第一章 （缺） ………………………………… 67
 第二章 （片段） ……………………………… 67
 第三章 主人公的空间形式 …………………… 104
 第四章 主人公的时间整体 …………………… 181
 第五章 主人公的含义整体 …………………… 214
 第六章 作者问题 ……………………………… 254
 第七章 俄国文学中作者与主人公问题（缺） …… 271
话语创作美学方法论问题 …………………………… 272
 第一部 文学作品的形式、内容与材料问题 …… 273
  第一章 艺术学与普通美学 ………………… 273
  第二章 内容问题 …………………………… 288
  第三章 材料问题 …………………………… 304
  第四章 形式问题 …………………………… 316
戏剧家托尔斯泰 ……………………………………… 331

列夫·托尔斯泰《复活》序言 …………………………………… 340

附录
发言与讲座 ……………………………………………………… 362

题注 ……………………………………………………………… 384

艺术与责任

一个整体如果各部分只是以外在联系结合于空间和时间之中，却没有内在的统一含义贯穿其间，该称之为机械的整体。这一整体的各个局部，尽管并列一起，相互联系，但内在地却扞格不入。

人类文化的三个领域——科学、艺术和生活——只能在个人身上获得统一，个人将它们纳入自己的统一体，但这种联系有可能成为机械的联系。遗憾的是，情况多半正是如此。艺术家与人幼稚地、通常是机械地集于一身；个人由于"生活的困扰"暂时转向创作，进入"灵感、美声、祈祷"的另一个世界。结果如何呢？艺术过于大胆而自信，过于激昂动情，要知道这里它对生活是不承担什么责任的；生活当然追赶不上这样的艺术。"我们哪成呀！"生活说，"人家是艺术，可我们只是庸庸碌碌的日子。"

当个人置身于艺术之中时，生活里就没有了他，反之亦然。两者之间没有统一性，没有在统一的个人身上相互渗透。

是什么保证个人身上诸因素间的内在联系呢？只能是统一的责任。对我从艺术中所体验所理解的东西，我必须以自己的生命承担起责任，使体验理解所得不致在生活中无所作为。但与责任相联系的还有过失。生活与艺术，不仅应该相互承担责任，还要相互承担过失。诗人必须明白，生活庸俗而平淡，是他的诗之过失；而生活之人则应知道，艺术徒劳无功，过失在于他对生活课题缺乏严格的要求和认真的态度。个人应该全面承担起责任来：个人的一切因素不仅要纳入他生活的时间序列里，而且要在过失与责任的统一中相互渗透。

无须借口什么"灵感"来为不负责任开脱罪名。那种轻视生活而自己也为生活所轻视的灵感，不是灵感而是迷狂。所有关于艺术与生活的关系，关于纯艺术等等的老问题，其正确的而非虚假的含义，其真正的精神，仅仅在于：艺术与生活想要相互地减轻自己的任务，取消自己的责任，因为对生活不承担责任时较为容易创作，而不必考虑艺术时则较为容易生活。

艺术与生活不是一回事，但应在我身上统一起来，统一于我的统一的责任中。

卢小合　译

论行为哲学

绪　论

　　……即使是审美活动也无法把握存在的流逝过程和存在的无际的事件性这一因素。审美活动的产品就自己的含义说，并不是实际形成中的存在；它在自身的存在中要参与这一现实的存在,需要经过实际的审美直觉的历史行动。即使是审美直觉，仍不能把握唯一的事件性，因为事件性中的各个形象已经发生客观化，即就其内容说已被从现实的唯一形成过程中抽取出来，不再参与现实过程之中（如果还参与其中，那则是作为观照者〔созерцатель〕生动活跃的意识中的一个因素）。

　　推论性理论思维（自然科学的和哲学的）、历史描述和审美直觉，有一个对我们的论题至关重要的共同方面：所有上述这些活动都表明，该行为活动的内容含义与其历史的实际存在之间、与其实在而唯一的可体验性之间，从根本上就是分隔开来的。这一行为因此而丧失了自己的价值性，丧失了生动形成和自我定型的整体性。这一行为唯有作为一个有生命的、完整的（？）和无止境的整体，才是真正实际存在的,才能参与这一唯一的存在即事件①,唯有这样的行为才充分而不息地存在着,生成着,完善着。它是事件即存在的真正活生生的参与者,因为行为就处于这种实现着的存在之中,处于这一存在的唯一的整体之中。但这种参与性并不反映到这一存在的内容含义方面,因为后者总是要在某些含义领域,如科学、艺术、历史的统一体中,完全和彻底地得到自我确定;而这些客观领域,除了参与其中的那一行为之外,就其含义来说,并不是实际存在着的东西,正如我们曾指出过的那样。这样一来,便出现了彼此对立、相互绝对隔绝和不可逾越的两个世界:文化的世界和生活的世界。后者是我们在其中创造、认识、思考、生灭的唯一世界;一个是我们的活动行为得以客观化的世界,另一个则是这种行为独一无二地实际进行和完成的世界。我们活动和体验的行为,有如具有两副面孔的雅努斯神,面对着不同的方向:一面对着客观的统一的文化领域,另一面对着不可重复的唯一的实际生活。这两副面孔由于不具有统一和唯一的方向,因而也就不能面对一个唯一的统一的东西而彼此作出界定。唯有现实存在的唯一性事件才能成为这种唯一的统一的东西,而所有理论活动和审美活动则应被看作是事件的某个方面,不过这种关系当然已不是用理论术语和审美术语来表述的了。行为必须获得一种统一性,才能使自己体现于两个方面——在自己的含义中和在自己的存在中;行为应将两方面的责任统一起来,一是对自己的内容应负的责任(专门的责任),一是对自己的存在应负的责任(道义的责任)。而且专门的责任应当是统一而又唯一的道义责任的一个组成因素。只有通过这一途径,才能克服文化与生活之间恼人的互不融合、互不渗透的关系。

---

① 存在即事件,原文为 бытие-событие,是作者通过比喻(存在犹如事件)创立的术语,强调存在(现实中自然界和社会的生活)是人的行为世界,事件世界。与此相近的提法还有"存在的事件""存在犹如事件"。——译者

我的每个思想连同其内容,都是由我个人自觉负责的一种行为,而我的全部而唯一的生活,作为一连串的行为过程,正是由这些行为构成的,因为我的整个生活可看成是一个复杂的行为:我以自己的全部生活实现着行为,而每个单独的行为和体验都是我的生活即一连串的行为过程的一个方面。这个思想作为一个行为,是完整的东西:一方面是思想的含义内容,另一方面是思想存在于我的真正意识之中的事实,这是独一无二的完全特定的我,在特定的时间和特定的条件下的我,亦即思想实现的全部具体历史过程。这两个方面,即含义方面、个人与历史方面(事实方面)在评价这一思想(作为我的一个负责的行为)时是统一而不可分割的。不过却可以把思想的内容含义方面单独地抽出来,即把它视为具有普遍意义的一个判断。对于这一含义方面来说,个人与历史的方面则全然无关紧要,如作者、时间、条件及其生活中的道德统一性。这种具有普遍意义的判断,是属于相应理论领域中的理论整体的;判断在这整体中所处的地位,完完全全地决定着这一判断的价值。当把一个思想作为个人行为来评价时,这一思想判断的理论价值是要全部考虑和包括在内的;对判断所具价值的评价,是行为构成中的一个必不可少的方面,尽管判断不能囊括行为的全部。但对判断的理论价值来说,个人的历史的方面是全然不重要的,判断是否要变成其作者的负责行为是全然不重要的。在具有理论价值的判断之中,没有实际在思考的我在,没有对自己的思维行为负责的我在。具有理论价值的判断,它的一切方面,都不肯容纳我个人的负责行为的积极性。无论我们在判断的理论价值中区分出哪些方面,如形式(综合范畴)与内容(物质、经验现实与感情现实)、对象与内容等,所有这些方面具有的价值,都绝不包括个人行为(思想者的行为)这一因素在内。

人们试图把应分①看作是一个高度形式化的范畴（李凯尔特的肯定与否定），这种尝试是建立在误解之上的。应分所能表明的，只是在当下的特定条件下恰是在我的意识中实际存在着这一特定判断，即只能表明个体事实的历史具体性，而不能表明判断在理论上是正确的。要想使判断成为对我来说是应有之义的东西，理论上是正确的这一点是必不可少的，但仅有这一点还不够，因为判断并不因为正确就可以成为思维的一种应分的行为。我要斗胆地作一并不贴切的类比：一种行为从技术方面说无可挑剔地正确，但这并不足以证明它在道义上是有价值的。与应分比较而言，理论上的正确只是技术性的东西。如果说应分仅是判断的一个形式因素，那就不会出现生活与文化创造之间的脱节、具体行为（即我的独一无二的生活整体中的一个因素）与判断的内涵（即这一或那一客观的理论科学的整体中的一个因素）之间的脱节；而这则意味着认识与生活、文化与生活有着统一而且唯一的背景环境。但这种东西当然是并不存在的。断定一个判断是正确的，就是说将它纳进某种理论整体中去，而这个理论整体完全不是我生活的那个唯一的历史整体。

谈论某种专门的理论方面的应分是没有意义的，因为既然我在思考，我就应该正确地思考；正确性、真理性是思考的应分之事。那么真理性本身真的就固有应分的因素吗？只有当真理（它自身拥有价值）与我们实际认识行为联系起来时，才会产生应分的问题。这种联系是历史上不可重复的联系，总是个人的行为；它完全不涉及判断所拥有的客观理论价值；这个行为获得评价和负有责任，全在主体唯一的实际生活的统一背景中。要成为应分之事，仅仅具有真理性是不够的，还须有发自主体内心的主体的回应行为，即承认应分的正确。而这一行为根本不触及判断的理论构成和价值。为什么我只要思考就必须思考得符合真理性呢？从对真理性的认识论定义中完全推断不出真

---

① 应分，原文是 долженствование，兼有应当、应该（一种态度）和责任、义务（应尽之事）两层意思，强调义不容辞，是此文核心范畴之一。——译者

理性的应分,这一点根本不包含在真理性的定义中,也不能从中推导出来;这一点只能从外部引入和塞进去(胡塞尔语)①。一般说来,任何一个理论定义和原理自身,都不包含应分的因素,也不能从中推导出来。审美上的、科学上的、伦理上的应分是不存在的,存在的是具有审美、理论和社会等方面价值的东西;应分的因素只能与这种有价值的东西结合起来。但相对于应分这一因素来说,所有这些价值只是一种技术性的东西。这些原理分别在美学、科学和社会学的整体中获得自己的价值。而应分的因素则存在于我的独一无二的负责的生活整体中。一般说来(这一点我们还将在下面详说),很难谈有什么道德的、伦理的规范,很难说存在着确定内容的应分因素。应分不具有确定的和专门的理论内涵。应分因素可以施加于一切在内容上有价值的东西上,但是任何一个理论原理在自己的内容中都不包含应分因素,也不能用应分因素来证明。不仅不存在科学上的、美学上的和其他方面的应分,而且也不存在专门的伦理上的应分,后者指的是一套特定的内容上的规范。一切有价值的东西都以自己的价值为各种不同的专门学科提供立说的根据,留给伦理学的则已空无一物(通常所谓的伦理规范,主要是一些社会性规章;等到建立起相应的一些社会性学科时,这些规章将会为相应学科所采纳)。应分是一个特殊的行为范畴(而一切,甚至思想和感情,都是我的行为),是我意识中的某种取向,这个取向的结构则正是需要我们从现象学方面来加以揭示的。虽说特定的并能自具价值的道德规范并不存在,但却存在着具有特定结构(当然不是指心理和生理结构)的道德主体,能够研究的正是这一

---

① 德国哲学家胡塞尔(1859—1938)的一个观点认为:探求真理的义务不可能从认识论中引导出来。此处以另一种说法援引这一观点,与下文作者所说道德义务不可能从伦理学中推导出来是一致的。巴赫金的论证思路与胡塞尔有重大相似之处,如胡塞尔的现象学强调"经验"与其中事物的"意向性"两者形成不可分割的统一体,而巴赫金使用的关键概念"事件""事件性""行为"便很接近胡塞尔的"经验"。区别在于巴赫金提出了责任问题,而这是胡塞尔没有的。在这一点上巴赫金继承了19世纪本国文化的传统,可以说他是地道的俄国思想家。陀思妥耶夫斯基的作品不仅是他思考的对象,也是他思想的来源。——原编者

主体:因为他能知道什么是和在何时是合乎道德的应分,确切些说,是一般意义上的应分(因为没有专门的道德方面的应分)①。

我要负起责任的这一能动性,不会进入判断的内容含义方面,这一点看起来是与下述情况相矛盾的:判断的形式方面,判断构成中的超验因素,恰是我们理性的能动因素;一些综合性范畴正是我们引申出来的。我们已把康德实现的哥白尼式的转折忘记了②。然而,超验的能动性,真的就是我的行为中我个人要对之负责的那个历史的又是个人的能动性吗?当然任何人都不会肯定类似的说法。发现我们认识中的超验成分,还并没有能够开辟出从认识内部(即从其内容含义方面)进入历史的又是个人的实际认识活动的通道,也未能克服它们之间的脱节和相互间的不可渗透性;于是不得不为这种超验能动性虚构出纯理论上的、历史上并不实际存在的主体③,一般意识、科学意识、认识论上的主体。当然,这种理论上的主体每次都必须体现为某个现实的、真正思考着的人,以便他连同他的内在生活的整个世界(这是他认识的对象),能够与实际的历史和事件的存在(他只是这个存在中的一个因素)联系到一起。

总之,由于我们把判断同实现这一判断的历史实际行为的整体分割开来,又把这判断归之于这种或那种理论体系之中,这样一来便无法从判断的内容含义方面,进而达到应分,达到实际的唯一的存在的事件。从理论的认识内部出发来克服认识与生活的二元论,思想与唯一具体现实的二元论,就此所做的一切尝试都是徒劳无功的。当我们把认识的内容含义方面与实现这种认识的历史行为割裂开来之后,我们只有通过飞跃才能从认识达到应分,才能到脱离了实际认识行为的

---

① 正因为巴赫金的思考从本质上说一直围绕着伦理问题,所以他特别重视剖析知识分子头脑里惯有的一种错觉:存在着绝对的和自足的伦理。这一错觉成了产生道德虚无主义的取之不尽的源泉。——原编者
② 把康德哲学中的宇宙中心转移论同哥白尼的转移论相对比,本来源自康德的著作(见《纯粹理性批判》的第2篇前言)。——原编者
③ 此处"历史上"一词,作者用于"事件上"这一哲学含义,与通常理解的抽象意义不尽相同。——原编者

含义内容之中去寻找实际的认识行为,而这无异于是想揪着自己的头发上天。被分隔出来的认识内容,是受认识活动的内在规律性支配的,认识活动正是按照这种规律性发展,仿佛是自行其是。由于我们已经进到里面,亦即实现了抽象活动,我们就已为认识行为的自有的规律性所控制;确切些说,我们作为体现负责能动性的个人,在其中已是根本不存在了。这同技术世界的情形一样:技术世界有着自己内在固有的规律,这个世界正是按照固有规律一往无前地发展,尽管它早已回避而不再思考它的文化目的,因此可以从恶而不是向善;例如火炮就是这样按自己的内在规律不断完善,从原本合理防御的手段变为可怕的、毁灭的破坏力量。一切技术手段如果脱离了唯一的整体而听凭它按照自己内在规律发展,都是可怕的。它随时可能闯入这个唯一的生活整体而成为一种不负责任的可怕的破坏性力量。

抽象理论的世界是自成规律的,它与现实的独一无二的历史性是根本格格不入的,但由于这个世界只限于在自己的范围内活动,它的独立也就是有道理的和不可破坏的。同样,哲学的一些专门学科,如逻辑学、认识论、认识心理学、哲学生物学,它们的存在也就是有根据的了。这些学科正是试图同样从理论上,即以抽象认识的方式来揭示可从理论上认识的世界,它的结构及原则。但是作为理论认识对象的世界,却想将自己充作整个的世界,不仅是一个抽象的整体,而且是尽可能完整的具体而独一无二的存在;换句话说,理论认识试图建立起第一哲学(prima philosophia)①,或以认识论的形式,或以[2 词不清]②(生物的、物理的及其他类别的)。如果以为这是在哲学史上占主导地位的一种倾向,那是完全不对的;这是现代的一个独有的特点,可以说仅见于19世纪和20世纪。

参与性思维在所有宏伟的哲学体系中都占据着主导地位,有的是

---

① "第一哲学",语出亚里士多德,表示哲学的本体基础,为进一步的哲理思考作奠基之用。——原编者

② [ ]号为原编者所加,下同。——编者

有意识的和明确表现出来的(特别在中世纪),有的是无意识的和隐蔽的(在19世纪和20世纪的各种体系中)。"存在""现实"这类术语的分量似乎变得轻了许多。康德用来反对本体论论据[?]的那个经典的例子,即一百个真实的塔列尔不等于一百个仅在脑子里想到的塔列尔①,已不再那么令人信服了;事实上,在我那唯一的现实中历史地一度出现的东西,比起仅仅是头脑里想到的东西,其分量可以说是无比地重;但是在理论的天平上称得的东西即使加上对它经验性存在的理论描述,如果脱离了它那具有历史价值的独一无二的性质,也未必就比仅仅头脑里想到的东西有更重的分量。历史上实有的唯一的存在,比起理论科学的统一的存在,要更大也更重;但是这种分量上的差别,对有生动体验能力的意识来说虽是显而易见的,却无法用理论范畴加以界定。

这种从行动—行为中抽象出来的含义内容,可以拿来组合成某种公开的[1词不清]和唯一的存在,但这当然不是我们在其中生生灭灭、在其中实现我们负责行为的那个唯一的存在;它与活生生的历史是根本不相容的。面对理论思维建构起来的脱离了个人负责的历史行为的世界,我无法将实际的我纳入其中,无法将我的生活纳入其中作为这个世界的一个因素。倘若这里建构的是整个世界、整个存在(指原则上的、设定的整个存在,即体系性的存在,当然这时的理论体系可能是一个开放的体系),那就需要纳入其中。不过到了那里,我们会成为已然确定的、先就设定的、已属过去的、最终完成了的人,多半不是活着的人;我们会让自己脱离生活,脱离负有责任的、充满风险的、没有完结的成长行为,投入不动感情的、原则上已经现成完结了的理论上的存在中去。只是在认识过程中这个存在像是未完成的、设定的,但正是作为实有的存在来设定的。显然,要想做到这一点,起码要

---

① 康德反驳本体论论据,见《纯粹理性批判》(第2卷,第3章,第4节)。此处引用有误。原意是10个实有的塔列尔(德国旧时3马克银币)不比我脑里的10个塔列尔多。——原编者

具备以下条件,即撇开行为中那些绝对随意的(随意却又负责)、绝对新鲜的、有创造性的、行将面临的东西,也就是说撇开行为赖以有活力的东西。在理论世界中不可能允许我的生活有任何实际的目标,我在其中无法生活,无法负责地进行各种行动;这个理论世界不需要我,其中根本没有我。理论世界所以能出现,就在于从原则上摆脱了我的唯一的存在这个事实,摆脱了这一事实的道德含义,如同世上根本没有过我一样。我的唯一而实际地参与存在(我也在其中)的这个事实,对我来说是核心的事实,对于理论存在的概念却是无足轻重的,不能给这个概念增加或减少一分一厘。有我或是没有我,理论的存在在含义上都是不会变化的。它不能决定我的生活(作为一种负责的行为),不能为实践的生活(行为的生活)提供任何准则,我并不生活在理论存在之中;假如它是唯一的存在,那就不会有我了。

当然,由此恐怕不应得出结论,说相对主义是正确的。相对主义否定真理的独立性,试图将真理变成某种相对和有条件的东西,变成与其真理性格格不入的一种实际生活因素或其他某种因素。照我们的观点来看,真理完全应保有它的独立性、方法论上的纯洁性和自我确定性;正是在自己拥有纯洁性的条件下,真理才能负责地参与存在亦即事件;如果真理自身内部就是相对的,那么生活亦即事件是不需要它的。真理的价值是自足的、绝对的而又永恒的,因而负责的认识(познание)行为要考虑到它的这一特点和它的这一本质。某个理论原理的价值,完全不取决于原理已被人认识或是未被人认识。牛顿定律即使在牛顿发现它们之前,本身就有了意义,并不是由于被发现才第一次获得意义;不过从作为被认识了的因素,作为参与了唯一的存在即事件的因素的角度说,这些真理那时尚未为人所知。而这一点是极其重要的,认识真理的行为所具有的意义就在于此。如果以为这些自在的永恒真理在牛顿发现它们之前就已经存在,就像美洲在哥伦布发现之前就已经存在那样,那么这种想法是极其错误的;不能把真理的永恒性与我们的暂时性对立起来,不要把永恒性看作是一种无限的延续性,而我们的一切时间只不过是某一时点、某一时段。

　　存在的实际历史所具有的暂时性,只是抽象认识到的历史所包含的一个因素;真理的超时间价值这一抽象因素,只可能与历史认知对象的暂时性这一同样抽象的因素相对比;而整个这一对比都超不出理论世界的范围,也只有在其中才有意义。但是真理的整个理论世界具有的超时间价值,却可以整个地容纳在存在即事件的实际历史之中。当然,这种容纳不是在时间上或空间上(时间与空间都是些抽象的因素),价值是作为一个能丰富存在的因素而被容纳的。只是以抽象的科学范畴认识的存在,从根本上就与同样从理论上抽象认识到的含义格格不入;而实际的认识活动,并不是从抽象的理论成果(即从公认的判断)出发,而是作为负责的行为,却可使任何超时间的价值与唯一的存在即事件联系起来。不过,通常以永恒的真理与我们的恼人的暂时性相对立的做法,并不具有理论的意义;这一观点包含有某种评价意味,带有了一种情感愿望的性质:你看,这是永恒的真理(这很好),可我们有的是恼人的转眼即逝的短暂生活(这不妙)。这里我们遇到的就是所谓的参与性思维的一例,它试图为了设定的东西而牺牲自己实有的东西,并取一种悔悟的语调。但是这种参与性思维,恰好是在我们所肯定的存在即事件的那一构架过程中发生的。这就是柏拉图的主张①。

　　还有更为草率的一种理论主张——试图将理论认识的世界纳入统一的心理存在中去。心理存在是理论思维的抽象产物,然而很难把生动的思维行为想象成心理过程,然后把心理过程与理论的存在及其一切蕴含联系到一起。心理存在与超验价值一样,是一种抽象的产物。这里我们就犯了一个纯属理论上的大错误;我们把宏大的理论世

---

① 作者在这里表示了一个有充分根据的思想:柏拉图区分"真实存在"的稳固性和"虚假存在"的脆弱性,绝非简单地引述事实,而是要人采取相应的态度,即期待人能作出能动的选择,用巴赫金的话说是能动的行为,人应该避免假象而追求真实。——原编者

界(它是所有学科的对象,整个理论认识的对象)变成了一个狭小的理论世界(作为心理认识对象的心理存在)。当心理学局限在自己的范围内,把认识只看成是一个心理过程,并把认识活动的内容含义和认识行为的个人责任二者翻译成心理存在的语言时,心理学做的是对的;然而当它奢望变成哲学的认识,并把自己的心理阐释充作实际上的唯一存在而不容许同样合理的超验的逻辑阐释时,它就犯了一个极大的错误,不仅是纯理论上的,而且也是哲学实践上的错误。

在生活亦即行为中,我极少会同心理存在发生关系(除了我以心理学家身份出现的时候)。当负责地而且有效地活动于数学领域时,例如探讨某个定理,可以设想但却完全无法实现这样一种尝试,即把数学概念当成心理存在来对待。这样的行为当然不会实现,因为行为并不是在心理世界中运作和生活。当我研究定理时,我感兴趣的是它的含义,我负责地把它用于已被认识的存在中(这是科学的真正目的),可对我这一实际的负责行为能作怎样的心理学上的说明,我则是一无所知,而且也无必要知道,尽管这种说明对心理学家来说,从其所要达到的目的来看是[1 词不清]正确的①。

试图把理论的认识加于用生物学范畴、经济学及其他学科范畴所表现出来的唯一的生活,同样也是一种空洞而抽象的泛泛之论;换言之,一切类型的实用主义所作的尝试莫不如此。这里全是把一种理论变成了另一种理论的一个因素,而不是变成实际的存在即事件的一个因素。理论需要了解的不是理论架构和虚构[?]的生活,而是实际发生的道德事件亦即存在——实践理性,而这则是每个认识者都要负责地去做的事,因为他要对自己的每一个完整的认识活动承担责任,也就是说因为认识活动作为我的行为,连同其全部内涵都纳入了我的整体的责任之中,而我正是在这个整体的责任中生活和行动的。希图从

---

① 这里需要强调指出,胡塞尔一贯反对他在 19 世纪实证主义者那里发现的心理主义。——原编者

理论世界的内部出发而达到实际的存在即事件，一切这类的尝试都是徒劳的；不可能从认识本身出发而把理论上认识的世界扩大为实际的唯一的世界。但是从具体行为出发，而非从行为的理论阐说出发，却可以把握住它的含义内容，这一内容整个地包含在这一行为之中，因为行为确实是在存在中实现的。

作为科学思维内容的世界是一种独特的世界，它虽然是独立的，却并不封闭，而是在现实行为中通过负责的意识而进入统一的和唯一性的存在的事件之中。但是，这种唯一性的存在即事件，已不是思考出来的东西，而是*存在着的*东西，是通过我和他人无限地和实际地实现着的东西，其中也在我的认识行为中实现着；这个存在被体验着，以情感意志方式被确认着；在这种整体的体验和确认中，认识则只是其中一个方面。独一无二的唯一性是无法加以思考的，而只能亲证。全部理论理性只是实践理性（即唯一主体在唯一存在的事件中决定道德取向的理性）的一个方面。使用非参与性的理论意识的诸范畴是不能为这种存在作出明确定义的；为此只能使用实际参与（即行为）的诸范畴，使用参与地有效地体验具体的唯一性世界的诸范畴。

现代生命哲学（它试图把理论世界包括到现实生活的统一体中去）的特点是把生活在某种程度上加以审美化，稍许遮掩了纯理论主义的那种过分明显的漏洞（把宏大的理论世界纳入狭小的理论世界中去）。理论因素和审美因素在生命哲学的这些论点中通常是融为一体的。这也是柏格森生命哲学所作的最重要尝试[①]。他的所有哲学建构的主要缺点（在有关他的研究文献中不止一次地被指出过），在于没能把学说中各种不同性质的因素进行方法论上的解析。他以哲学直觉同悟性的、分析性的认识相对立。但他对哲学直觉所作的定义，从方

[①] 柏格森（1859—1941）是20世纪初引起轰动的哲学家，他的吸引力在于他的著作在探索一种新的哲学方法，是19世纪唯物主义和实证主义所不可思议的方法。在谢林之后，这是最为广阔的思维方法，对同时代的诗人产生过影响，首先是贝玑，还有瓦莱里。——原编者

法论上说也是不够清楚的。毫无疑问,这样一来,柏格森在实际使用直觉这个词时,还是把悟性认识当作必不可少的因素包括到这一直觉中去了(空洞的理论化)。洛斯基在他那部关于柏格森的杰出著作中①,对此作了极为明确的揭示。如果从直觉中排除这些悟性成分,那剩下的就是纯粹的审美观照(созерцание)了,还掺杂微不足道的一点实际的参与性思维。然而审美观照的产物,同样也脱离了有效的直观活动,而且不是这种直观行为的必有结果,因此审美观照也难以把握住唯一的存在即事件,它的独一无二的特点。脱离了实际观察主体的审美观照世界,并不是我生活其中的现实世界,尽管现实世界的内涵方面植入了活生生的主体之中。主体及其生活(这是审美观察的对象),同这一观察行为的主体,两者之间原则上是不能沟通的,犹如理论认识中的情形一样。

我们在审美观察(видение)的内容里,找不到观察者的行为活动。统一的观察活动把行为的内容与行为的存在实现两方面不可分地加以净化提高,并对两方面负起统一的责任。但这个统一的观察活动所引出的统一而两面的反射,却不会进入审美观察的内容方面。从这一观察出发无法进入生活。这与下述情况并不矛盾:可以把自己和自己的生活变成审美观察的内容;这一观察行为本身不会进入内容,审美观察不会变成自白;如果变成自白,它就不再成其为审美观察。的确,有一些作品就是处在审美和自白(即在唯一性存在中的道德取向)的边缘上。

审美观照的一个重要(但不是唯一)方面,就是对观赏的个体对象进行移情②,即从对象的内部,置身其间进行观察。在移情之后接踵而来的,总是客观化,即观赏者把通过移情所理解的个体置于自己身外,使个体与自己分开,复归于自我。只有观赏者复归于自我的这个意

---

① Н.О.洛斯基:《柏格森的直觉哲学》,彼得堡,1922年第3版。——原编者
② 移情 вживание,同 вчувствование,这一术语先已见于赫尔德和浪漫主义者著作中,但对"生命哲学"的美学最为典型。——原编者

识,才能从自己所处位置出发,对通过移情捕捉到的个体赋以审美的形态,使之成为统一的、完整的、具有特质的个体。而所有这些审美因素——统一、完整、自足、独特,都是外在于所观察个体自身的;在他的自身内部,对他和他的生活来说,这些因素并不存在;他自己不靠这些因素活着;只有在他身外,这些因素才有意义,才通过移情得以实现,对移情所寄的粗糙材料赋予审美形态并使之客观化;换句话说,现实生活的审美反射,从原则上说并不是生活的自我反射,不是生活过程、生活的真实生命力的自我反射。审美反射的前提,是要有另一个外在的移情主体。诚然,不应以为先有纯粹的移情因素,之后依序出现客观化、成形化的因素;这两个因素实际上是不可分的,纯粹的移情只是审美活动的统一行为中一个抽象的因素,不应把它理解为是一个时段;移情与客观化两个因素是相互渗透的。我积极地移情于个体,因而也就一刻都不完全忘掉我自己和我在个体身外所处的唯一位置。不是对象突然控制了消极的我,而是我积极地移情于他;移情是我的行为,只是因此移情才富有成效和新意(叔本华与音乐)①。通过移情可以实现某种东西,这既是移情对象所没有的,也是我在移情行为之前所没有的;这种东西丰富着存在即事件,存在已不再是原样了。而这个创造新事物的行为,已经不可能是存在自身的审美反射,否则存在便会旁落在行为主体及其责任之外了。单纯地移情,与他者重合、失掉自己在唯一存在中的唯一位置,这些要有一个前提条件,即承认我的唯一性和位置的唯一性是无关紧要的,对世界存在的本质不产生影响。但是,如果承认自己的唯一性对存在并不重要,结果必然导致存在也不再具有唯一性了,那么我们所理解的存在,仅仅是一个可能的存在,而不是至关重要的、实际的、唯一的、永远实实在在的存在,不过这样的存在是不可能形成的,不可能有生命力的。如果在一种存在中我的唯一位置被认为是无关紧要的,那么这个存在以它的蕴含永远

---

① 这是指叔本华在《作为意志和表象的世界》第3部以及补充第39章《音乐的形而上学》里表述的有关欣赏音乐的一些见解。——原编者

不可能理解我，不过这样的存在已不是事件，没有事件那种内涵了。

然而单纯的移情根本是不可能的。假如我真的淹没在他人之中（两个参与者变成了一个——是存在的贫乏化），即不再是唯一的，那么我不存在这一点就永远不会成为我的意识的一部分，不存在不可能成为意识存在中的一个因素，对我来说根本没有这个意识存在，换言之，存在此刻不能通过我得以实现。消极的移情，沉迷、淹没自我——这些与摆脱自己或自我摆脱的负责行为毫无共同之处；在自我摆脱中，我是以最大的主动性充分地实现自己在存在中的唯一地位。那个由我从自己唯一的位置上负责地摆脱自己的世界，不可能成为没有我的世界，不可能成为对我的存在漠然置之的世界。主动性的伟大象征，离世的基督，在圣餐礼中，在他忍受着不间断的死亡的血肉的分离中，在事件世界中，他活着和行动着；在他不存在的世界上，我们活着，为他做圣餐礼，得到安稳。基督离去的世界，已经不再是那个不曾有他的世界，这从根本上成了另一世界。

正是这个发生了基督生灭事件的世界，它的事实和它的含义，从根本上说既不能用理论的范畴，也不能用历史认识的范畴，同样不能用审美直觉来加以说明。在第一种情况下，我们认识到的是抽象的含义，但却失掉了实际历史进程的唯一事实；在第二种情况下，我们认识到了历史的事实，却失掉了含义；在第三种情况下，我们既把握了事实的存在，也把握了其中的含义（作为世界个性化的因素），然而却失掉了对世界所持的立场、自己的应分的参与；总之，在任何情况下我们都没有把握世界进程的全部，即唯一性的事实、进程、内涵、意义与我们的参与性的统一和相互渗透（因为处于这一进程中的世界是统一的又是唯一的）。

试图在审美观察行为的成果中找到自己，无疑是试图将自己抛入虚空之中，无疑是试图放弃自己的基于外在于任何审美存在的唯一位置上的主动性，放弃在事件即存在中充分实现这一地位。审美观察的行为，是凌驾于所有审美存在即审美成果之上的，而且是属于另一世界，处于实际的事件即存在的统一体中，并把审美世界也同这个统一体联系起来,作为统一体的一个因素。单纯的移情也就是使行为消失在其成果中,而这当然是不可能的。

审美观察如果不超出自己的界限,便是一种有充分理由的观察,但是由于它老是想成为对统一和唯一存在(从其事件性方面)的哲学观察,它便必然把抽象分解出来的局部充作实际存在着的整体。

审美移情(不是指失掉自我的单纯的移情,而是引出客观化的移情)不可能提供关于唯一存在(在丰富的事件性方面)的情形,而只能提供对外在于主体的存在的审美观察(也包括观察主体本人,但却是外在于自己主动性的主体,是消极性的主体)。对事件参加者的审美移情,还并不就是对事件的把握。即使我看透了我面前的这个人,我也了解自己,可我还应该掌握我们两人相互关系的实质,把我们联系在一起的统一而又唯一事件的实质;在这个唯一事件中,我们两个当事者,即我和我的审美观察的客体,都应当在存在的统一体中得到评定[?]。这个整体存在同等地包容着我们两人,我的审美观察活动就发生在其中,这已不可能是审美存在了。只有从我的这一负责的行为而不是从行为的抽象成果出发,才可能达到这一存在统一体。只有从我的参与性出发,才能理解每位参与者的功能。理解对象就意味着理解我对他的应分的态度(我的应取的方针),意味着理解他在唯一的存在即事件中同我的关系。这就要求不是摆脱自己,而是表现出我的负责的参与精神。只有从我的参与性出发,才能理解作为事件的存在,而离开了行为,在可见的内容含义中是找不到这个唯一的参与性的。

然而审美存在毕竟要比理论世界更接近于实际的生活存在,因此唯美主义的诱惑才那么令人信服。在审美的存在中是可以生活的,也确实有人在生活,但那是他人而不是我;那是他人过去的生活,被珍爱地观照过的生活;在我身外的一切东西都同他们保持着相互呼应的关系,唯有我不能在其中找到我自己,我在其中能找到的只是我的一个替身,我在他身上扮演某种角色,也就是戴上一个已死去的他人的面具。而在现实生活中,这个演员和整个的人却还要为表演得是否恰如其分负有审美责任,因为整个表演都是一种负责的行为,是他——表演者的负责行为,而不是所演人物——主人公的负责行为;整个审美世界只是事件即存在的一个因素,当然这个因素是通过事件参加者的负责的意识与行为才实现的;审美理性是实践理性的一个方面。

由此可见,无论从理论认识还是从审美直觉出发,都没有办法与唯一的实际的事件存在相沟通,因为在含义内容(成果)与行为(现实的历史进程)之间没有相互渗透,不能统一起来;原因是确定含义和观察所见时,根本上抛开了作为参与者的自我。而这会使得哲学思维(它从原则上便极力要成为纯理论性思维)在某种意义上一无所获;目前它毫无疑问就处于这种状态。其中夹杂的某些审美成分,造成了具有较大生命力的幻觉,然而也只是幻觉而已。那些希望并善于以参与精神进行思考(即不把自己的行为与行为成果分割开来,而是力求把它们看成是在统一而又唯一的生活背景中不可分割的东西)的人,觉得哲学本应该解决终极性问题,现在却往往言不及义。尽管哲学的一些道理有某种价值,但却不能够说明行为和行为在其中实际而负责地实现的那个世界。

这里的问题,不只在于浅尝辄止、不求甚解,即没有足够地评价现代哲学在个别文化领域的方法论方面所取得的极其重要的成就。可以而且应该承认:在完成自己专门任务的领域中,现代哲学(特别是新康德主义)已经达到显而易见的高度,并终于制定出完全科学的方法(而各种类型的实证主义,包括实用主义在内,都还做不到这一点)。不能否认,我们时代在接近建立科学的哲学这一理想方面已经取得了高度的成就。但是这种科学的哲学却只能是专门的哲学,即文化诸领域及这些领域统一体的哲学(是由文化创造的诸客体本身出发,从它们的内在发展规律出发所作的理论阐说)①。这一理论哲学因此而不能奢望成为第一哲学,后者不是关于统一的文化创造的学说,而是关

---

① 对新康德主义的这一批评是十分准确的,只要看看卡西尔的活动所表现出的倾向就可以明白了。——原编者

于统一和唯一的存在即事件的学说。这种第一哲学尚不存在,而且建立这种哲学的途径似乎也被忘在脑后。富有参与精神的思考者因此而对现代哲学深表不满,这就促使他们中的一些人转向历史唯物主义这种观点。不管其所有的不是与缺陷,对于参与性的意识来说,历史唯物主义的魅力在于:它试图这样来建构自己的世界——使特定的、具体历史现实的行为在其中获得地位,使不断追求不断行动的意识在其中能有所遵循。在这里我们可以把这一问题搁置一边,即通过哪些方法论上自有矛盾的历史唯物主义,能够从其最为抽象的理论世界中突围出来,对于我们重要的是,被它完成突围,正是它的力量所在,是它获得成功的原因。另一些人则从神哲学、神智论等学说中,寻找哲学的知足,他们从中世纪与东方的参与性思维中吸取真实的智慧,但是作为统一的观念,这不是多个世纪以来参与性思维的单个观点的简单综合。因方法论的缺陷,即使是历史唯物主义,在现实与给予、存在与责任方面,也未能从方法论上作出区分。

  对于有参与精神和严格要求的意识来说,有一点是清楚的:现代哲学的世界,即理论性的和理论化的文化世界,在一定意义上是真实的,具有价值。但同样清楚的是:这个世界并不是这一意识在其中生活并在其中负责地实现自己行为的那个唯一的世界,这两个世界彼此是不能沟通的,没有根据可以使理论的和理论化文化的表意世界纳入并参与到唯一的存在即事件中去。现代人感到信心十足、见识渊博、头脑清楚,是在那个根本没有他在的地方,在文化领域和人们创作的内在规律的独立世界中。然而,在同自己打交道之处,在自己是行为发生的中心之处,即在现实的唯一的生活中,现代人反而感到信心不足,见识贫乏而思想模糊。易言之,我们能信心十足地实现行为,是在我们的行为不是发自自我的时候,而好像受制于这一或那一文化领域内涵所要求的内在必然性;这里由前提到结论,一路上都是圣洁无邪地顺利,因为这路上没有我本人。但我这个思考过程,内在圣洁纯净的过程,应该摆到哪里去呢?归到意识的心理学?也许应归之于相应学科的发展史？归到我的已逐项支付的支出预算？或许应归入我每日的时间表，就像从五点到六点的课程？要么归入我的学术职责？所有这些可能的理解和方面，本身就像在某种真空里游荡，没有任何落脚生根之处，既不在统一空间之中，也不在唯一空间之中。而现代哲学没有为这种沟通提供原则，这正是它的危机所在。行为被分裂成两半，一半是客观性的含义内容，一半是主观性的进行过程。从前一半中产生出整个文化体系，它是统一的，而以其严格的明晰度看又的确是极为出色的。另一半如果没有因为完全无用（除了含义内容之外，只剩了纯粹和完全的主观因素）而被扔掉，最好的情形是从中可以挤压出、可以获得某种审美的和理论的东西，例如柏格森的 durée，统一的 élan vital①[12 词不清]。不过，不论在前一个或是后一个世界里，都没有为实际的负责的行为留下一席之地。

现代哲学还是知道伦理学和实践理性的。甚至康德赋予实践理性的首要意义，仍受到现代新康德主义的尊崇。当我们谈论理论世界并把它与负责行为加以对比分析时，我们只字未提现代的伦理理论，而后者恰恰是与行为打交道的。然而，现代哲学中虽有伦理的含义，却对事情并无任何补益[1 词不清]；对抽象理论化的种种批评几乎全都适用于伦理体系。因此在这里我们将不再对现有各种伦理学说进行详尽的剖析；有关个别伦理学说（利他主义、功利主义、柯亨伦理学②等等）以及与其相关的种种专门问题，我们将在此文相应的地方提及。这里我们只想指出，实践哲学就其主要流派而言，区别于理论哲学之处只是在对象上，而不在方法上，也不在充斥着空谈玄理思维方式上，即它对于解决这一任务来说，学派与学派之间并无区别。

所有伦理体系，一般都区分为物质的和形式的两种，这种区分完全是合理的。针对物质（内容）伦理学，我们有两个原则性的反对看

---

① durée（法语）——绵延，指事件性的时间；élan vital（法语）——生命冲动。两词都是柏格森哲学的关键概念。——原编者
② 柯亨（1842—1918），德国哲学家，新康德主义马堡学派创始人。——译者

法;针对形式伦理学,我们有一个原则性的反对看法。物质伦理学试图找到并论证专门性的具有道德内容的准则;这有时是具有普遍意义的准则,有时则从一开始就是相对性质的准则;但它们全都是适用于每个人的。一种行为只有在它完全由相应的道德准则加以规范的时候,具有确定的普遍的内容的时候,才是符合伦理要求的行为。第一个原则性的反对看法我们在上文已有所涉及,它是这样的:专门属于伦理的准则是不存在的,每一个含有内容的准则都必须由相应的学科——逻辑学、美学、生物学、医学、某一社会科学对其价值作出专门的论证。诚然,在伦理学中,除了那些在相应学科中得到专门论证的准则之外,总有一定数量的准则(通常把它们视为基本准则)从未得到论证,甚至很难说出它们在哪种学科中能够得到论证。尽管如此,却也令人对之感到信服。不过就自己的结构来说,这些准则与各学科的准则毫无区别。所以冠之以"伦理性"准则的称呼,一点也不会减少从科学上证明其真理性的必要性。这项任务对于上述这些准则来说还有待完成,不论它将来是否能够解决;每一个含有内容的准则,都应提高到专门的科学原理的水平上;在此之前,它只能还是实际有用的一种概括和推想。未来得到哲学论证的社会科学(它们现在的状况却极为可怜),将极大地减少这类不植根于任何学科的游移不定的准则。在多数情况下,这类准则在方法论上都属于各种不同原则和评价的不加区分的混合体。例如,功利主义的最高原理就应当由心理学、法哲学和社会学这三个专门学科来研究,其科学价值应受这三个学科检验。而应分这一因素本身,亦即把理论原理变为准则这一点,在物质伦理学中则完全没有得到过论证;物质伦理学甚至找不到与应分沟通的途径,因为在肯定存在着专门伦理准则的同时,物质伦理学只是盲目地认为,道德上的应分为某些含有内容的原理本身所固有,直接从它们的含义内容中引出,即认为某种理论原则(伦理学的最高原则)就自身的含义来说就能够成为应分的原则,当然这是以存在着主体——人作为前提的。伦理上的应分是从外面加上去的。物质伦理学甚至不明白此处潜藏着什么问题。有人试图从生物学上来论证应分,这实际上是一种不值一议的误解。由此可见,所有包含内容的准则,甚至[1词不清]已被科学证明了的准则,与应分的关系都是相对的,因为应分是从外面添加上去的。我能以 ex cathedra① 的心理学家、社会学家、法学家的身份,同意这个或那个原理,但要断言它因此将成为规范我行为的准则,那就意味着绕过了一个基本问题。即使对我实际上赞同这一讲坛原理的价值(这是我的一个行为)这个事实来说,光有原理自身的价值,光有我的心理领会能力都是不够的。还需要某种发自我自身的东西,这就是对于理论上自身拥有价值的原理,我的意识所采取的道义上应分的方针。恰恰正是意识的这一道义取向,为物质伦理学所不了解,它绕过了这一问题,没看见这个问题。任何一个理论原理都不可能直接地论证说明行为的必要性,甚至是实际完成了的思考行为。一般说来理论思维是不应提出任何准则的。准则是一个针对他人的意志取向的特殊形式,它本身主要是为法(法规)和宗教(训诫)所固有的;而其(作为准则)真正的必须遵循的程度,不是根据含义的内容来判定,而是根据其来源(意志取向)的实际权威性,或传达的真实性和准确性(征引法规、文字、公认文本、注释、真伪的考据,或者更从原则上引述生活的基准、立法的基准,经文的确证的神祇灵感)来判定。准则的内容含义所具有的价值,只有用意志取向(即立法者、上帝)来加以论证说明。不过当准则处在创造准则的意识中,在其创立的过程中(即讨论其理论的、实用的价值的过程),它还不构成准则,而是一种理论的判断(讨论过程是这样的,如,这样做对不对或是否有益,即对某人是否有利)。在法与宗教之外的所有其他领域中,准则(规范)都是以语言形式单纯地传达某些理论原理有条件地适用于特定的目的;如果你想要或你需要某种东西,那么鉴于……(这里是理论上有价值的一个原理),你必须如此这般地行动。这里恰好没有什么意向,因之也没有权威,整个体系都是开放的:如果你想要。权威的意

---

① 拉丁语:从讲坛上,即利用自己特殊的权威。——原编者

向(它创立准则)这个问题,是法哲学、宗教哲学的问题,是实际道德哲学(它是基本科学、第一哲学)的问题之一(立法者的问题)。

物质伦理学的第二个缺点即它的共有性,认为应分这个因素可以适用于任何人。这个错误当然是从前述缺点派生出来的。既然准则的内容取自具有科学价值的判断,而形式[1 词不清]是从法或戒条中吸取来的,那么准则的共有性就是必不可免的了。应分的共有性,同样也是形式伦理学的一种缺点,我们下面就转而讨论形式伦理学。

形式伦理学没有我们上面分析过的物质伦理学的那个根本缺点(当然是指形式伦理学原则,而不是它的实际的具体实现;具体实现中通常也出现[3 词不清]纳入内容准则的情况,康德也是如此)。形式伦理学的出发点是完全正确的一个看法,即应分乃是一个意识的范畴,是无法从某种特定的物质内容中引导出来的一种形式。但是,完全在康德主义基础上发展起来的形式伦理学,接下去却将应分范畴理解为理论意识的范畴,即将其理论化,结果便忽略了个体的行为。然而应分恰恰是一个针对个体行为的范畴,甚至乃是个体性本身的范畴,即指行为的唯一性、不可代替性、唯一的不可不为性、行为的历史性。命令祈使的坚决而绝对的性质,被偷换成具有普遍的意义,被理解成一种理论上的真理性。

这种绝对的命令把行为变成了具有普遍意义的法规,不过这法规却没有确定的实际的内容,这只是法规本身,是单纯的法规观念;换言之,法规内容就是法规性本身,行为应是合乎法规的。这种看法有其正确方面:(1)行为应当是绝对非偶然的;(2)应分对我来说的确是绝对不可不为的,是强制性的。然而法规性这个概念却远为宽泛,除了上述两点之外,还包括与应分绝对不相容的成分:一是法律的共性,一是法规世界的那种理论共遵性移到了这里。法规性的这两个方面使行为进入了纯理论的范围,只关注判断是否具有理论上的合理性;绝对命令恰恰是靠自己的这一理论上的合理性[2 词不清]具有共性和普遍意义。康德正是要求这一点;规范我们行为的法规,应当是合理有据的,应能成为普遍行为的准则。但这种合理性是如何论证的呢? 显然只能通过纯理论的判定:社会学的、经济学的、美学的、科学的判定。于是,行为被抛进了理论世界中去,而理论世界对法规性只有空洞徒劳的要求。

第二个缺点有如下述:法规是意志自己加给自身的,意志自己独立地把完全合乎规定立为自己的法规,这是意志的内在法规。我们这里看到的情形,完全如同创立独立的文化世界一样。意志作为行为,创立出法规,然后服从于这一法规;即它作为个体的意志,消失在自己的行为成果之中。意志划定一个圈子,把自己关在其中,从而排除了个体和历史实际的行为主动性。我们这里遇到的,是与理论哲学中同样的一种空想:那里有的是理性的能动性,而我所有的历史的、个人负责的能动性,与理性的能动性是毫无共同之处的,对我的这一能动性来说,理性的这一抽象的能动性只是消极的不得不备的东西;而在这里,意志的情形也是如此。所有这一切从根本上歪曲了现实的道德上的应分,而且全然无法使我们了解行为的实际状况。意志在行为中的确是创造性地起着能动作用,但却完全不要创立准则、普遍原理。法规,这是一种专门行为的产物,是思想行为的产物;但即使思想的行为,在形成原理的内容意义方面也是没有主动性的,它的有效能动只在于把自有价值的道理同现实的历史的存在结合起来(这是实际的认识因素,意即是承认);行为表现出能动,是在它创造的现实的唯一的成品中(如真正实际的活动、讲出的话语、思得的想法,这时实际法规中的抽象价值仅仅是其中因素之一)。对于法规的含义价值来说,行为的能动性只表现为实际上承认这一价值,对价值作有效的肯定。

由此可见,致命的理论化(摆脱唯一的自我)也存在于形式伦理学中;在这里实践理性的世界实际上是一个理论世界,而不是实际完成行为的那个世界。已在纯理论世界中实现了的行为(这个纯理论世界同样只需要对之进行理论性的探讨),只可能从康德和康德主义者的形式伦理角度进行描述和理解,而要从这里同现实世界中的活生生的行为沟通,那是不可能的。推崇实践理性,实际上是推崇理论领域,优先地将其置于所有其他领域之上,其原因仅在于这是最空洞和最无效的浮泛之物的领域。要求符合法规的那种法规,是一个空洞的纯理论公式。这样一种实践理性,最不可能论证说明第一哲学了。形式伦理学的原则根本不是行为原则,而是对已实现的行为从理论上进行可能的分析概括的原则。形式伦理科学本身是没什么效能的,它只是[1词不清]现代文化哲学的一个领域而已。但当伦理学力图成为各门社会科学的逻辑时,则又当别论了。在这种情况下,先验方法则更为富有实效。然而这样一来,有什么必要把社会科学的逻辑独立为伦理学,并且谈论实践理性的优先地位呢?当然,不值得为用词进行争论,因为这样的道德哲学可以有也应该有,但又可以也应当创立另一种道德哲学——如果不是唯一名副其实,也要更加名副其实的哲学。

　　总之,我们认为,希图第一哲学、统一又唯一的存在即事件的哲学,把自己的目标定在内容含义方面、客体化了的成果上,从而摆脱唯一的实际行为以及行为的作者(从事理论思维的、审美观照的、道义行动的),一切这种尝试都是缺乏根据而根本没有结果的。只有从实际的行为出发,从唯一的完整的承担统一责任的行为出发,才能够达到统一又唯一的存在,达到这一存在的具体现实;第一哲学只能以实际行为作为自己的目标。

　　行为不是从自己的内容方面,而是在自己实现过程中了解到、接触到统一和唯一的生活存在,在这个存在中把握自己,而且是整个的自己,不只是内容方面,还有自己实际的唯一的事实方面;行为从内部观察,看到的已不仅是统一的而且是唯一的具体的背景;这是行为最终要囊括自己的含义和自己的事实的背景,行动要在其中力求负责地实现唯一性的事实与含义二者的具体统一。为此当然不能把行为看成是一个从外部观察或进行理论思考的现象,而是要从行为的内部,联系它的责任来观察。行为的这种责任概括着行为的所有因素:既有含义的价值,又有事实的进程以及其全部的具体历史性和个体性;行为的责任只知有统一的层面和统一的背景;只有在这里,能够兼顾各种因素;只有在这里,理论价值、历史事实、情感意志的语调构成统一的东西。而且,统一体的所有这些因素,抽象地考察时意义有大小的不同,在这里却不是变得贫乏了,而是得到全面而深刻的把握;这也就是说,行为具有统一的层面和统一的原则,把各因素总括在行为的责任之中。

负责的行为本身就足以克服任何假设性,因为负责行为是一种决定的实现;这实现已是别无选择、无可挽回的事;行为是最后的结果,是全面而最终的结论;行为在统一的、唯一的和已属最后的情境中归纳、对比、解决了含义与事实、一般和个别、实在和观念的问题,因为所有这些都包括在行为要负责的这一动机中;正是在行为中能够一劳永逸地从可能性进入唯一性中。

完全不必担心行为哲学会重返心理主义和主观主义。主观主义、心理主义都是相对于客观主义(逻辑的)来说的,而且[1 词不清]只是在把行为抽象地分成为客观含义与主观实现过程的时候;就行为的总体来说,它自身内部并没有任何主观的和心理的东西;行为就其自身的责任说,要求自己具有正确性,这一正确性涵盖了上面所举的两个方面,正如同涵盖一般(普遍价值)和个别(现实)一样。行为的这种统一而唯一的正确性,是一种综合的正确性。

同样没有理由担心行为的这种统一而唯一的综合的正确性是一种非理性的东西。行为从整体上看,是大于理性的;它还是负责的。理性只是责任的一个因素[1 或 2 词不清],是"如太阳光下灯的反射"(尼采语)般的光明。

整个现代哲学都脱胎于理性主义,彻底浸透着理性主义的成见,即使在有意摆脱这种成见的地方情况也是如此。这成见就是:只有合逻辑的东西才是明晰和合理的。其实,合逻辑的东西脱离了负责的意识,都是自发而模糊不清的,就如同一切的自在存在一样。逻辑的清晰性和必需的循序性,如果脱离了负责意识这个统一而唯一的中心,会成为混沌而自发的力量,其原因正在于逻辑所固有的内在必然性这种规律在起作用。理性主义的这一错误,还表现在视客观因素为理性因素,视主观、个体、单一因素为非理性、偶然因素,而把客观因素与主观、个体、单一因素对立起来。在这里,由行为中抽象分离出来的客观因素,被赋予了行为的全部理性(这里的理性自然不可避免地被削弱了),而此外的所有主要的因素都被宣布[?]为主观的过程。然而,整个先验的[?]客观文化实际上都是混沌而自发的,全然脱离了负责意识的统一而唯一的中心;诚然,完全地脱离实际上是不可能的,而由于我们实际上在思考着整个客观文化,它也就闪耀着借自我们责任的光芒。只有从外部视作生理、生物和心理事实的行为,才可能显得是一种自发的和混沌不清的行为,有如一切抽象的存在;而从内部负责地进行行为的本人,却有着鲜亮清晰的光照,借以把握自己的目标。一个事件对于行为的参与者来说,可能是各个方面都很清楚而明确的。然而这是否意味着他是从逻辑上理解这一事件呢? 也就是说他清楚的是否只是那些一般的、形诸概念的种种方面和关系呢? 不是,他清楚地看到的还有他所喜欢的那些个别的独一无二的人们、天空、地面、树木[9 词不清],还有时间,与此同时他又了解这些人与物的价值,具体而实际得到确认的价值;他还直觉到他们的内在生活和愿望;他还明白自己和这些人与物之间相互关系的实际含义和应有含义(此一情势的实质);他也清楚行为的应分性,不是抽象的行为法规,而是实际的具体的应分,是由行为在这一事件的情境中所占的唯一地位决定的应分。所有这些构成整个事件的各种因素,都处在统一的烛照中,都存在和预设在他的统一而唯一的负责意识中,并在统一而唯一的负责行为中得以实现。而这样的事件从整体上不可能概括在理论术语之中而不失掉自己的事件性含义,亦即行为从责任上理解到的并设定为自己目标的那种含义。这样想是不对的:事件的具体实情,即行为者在统一的负责行为中看到、听到、体验和理解的实情,是无法言传的,只能在行为进行时加以体验,却不可能准确而清楚地表述出来。而我以为,语言更适于表达具体实情,而不是纯粹的抽象逻辑因素。纯粹抽象的东西确是不可言传的,一切词语对纯粹的含义来说都太具体了,都会歪曲和模糊它的内涵价值和纯净性。因此,在抽象思维中我们从来不能充分无遗地利用词语。

语言是在服务于参与性思维和行为中历史地发展起来的,它开始为抽象思维服务只是在今天。为了表现发自内部的行为和行为所在的唯一的存在即事件,需要调动语言的全部内含:它的内容含义(词语表概念)、直观形象(词语表形象)、情感意志(词语表情调)三者的统一。在所有这些方面,统一完整的话语都可以是负责而有意义的话语,而不是主观偶然的话语。当然不可夸大语言的力量:统一而唯一的存在即事件和参与事件的行为,从原则上说是可以表达的,而事实上这是一项很困难的任务,完全与实际相符的表达是达不到的,虽然总是设想如此。

这样一来便清楚了:试图揭示存在即事件(这个存在即事件,诚如负责行为所了解的,并不是行为创造出来的世界,而是行为在其中以负责精神理解自己、实现自身的那个世界)的第一哲学,不可能提出关于这个世界的概念、原理和规律(即对行为的纯粹理论抽象),而只能成为对这一行为世界的描述和现象研究。事件只能得到参与性的描述。但是这个事件的世界,不只是存在的世界,即不只是实有世界;任何一个事物,任何一种关系,在这里都不单纯是实有之物、完全存在之物,而总是带有设定的因素,即事物和关系应该如何、希望如何。绝对无动于衷的事物、完全实有的事物,不可能实际地去意识、去体验,因为在体验一个事物时,我即对它已经有所施与,因之它便与设定性发生联系。事物在我对其态度的设定因素中成长。单纯实有的东西是不可能加以体验的。由于我实际地体验着事物(尽管同时也在思考它),事物就成了体验和思考这一事件进程中的一个变化着的因素,即事物获得了设定性。确切些说,它被置于某个事件统一体中,在这里设定因素与实有因素、存在和应分、存在与价值是不可分割的。所有这些抽象范畴,在这里都是某种生动的、具体的、直观的统一整体——事件的构成因素。同样,活生生的话语、完整的话语,也不同完全实有的事物打交道。其原因至少是这样的:我讲到一个事物,我就对它有了某种并非漠然置之而是关注的产生效能的态度;因此话语便不仅是表现某种实有的事物,而且通过自己的语调(真正说出来的话不可能不含语调,讲话这一事实本身就要引出语调)还要表现我对事物的评价态度,希望的和不希望的态度;话语把这种态度纳入设定性的发展中,使其成为生动事件的一个因素。一切实实在在地被体验的东西,都是既实有又设定的东西,都带上了情调,具有情感意志的语调,在包容着我们的事件整体中与我发生实在有效的关系。情感意志方面的语调,是行为,甚至最抽象思想的不可或缺的一个因素,因为我真的在思考着这个抽象的思想,也就是因为这个思想确实在存在中得到实现,参与到事件中去。我与之发生关系的一切,都处于我的情感意志的语调中,因为这一切都是我所参与的那一事件的诸因素。由于我思考了事物,我便同它发生了事件性关系。在有我的事件中,事物与自己的功能是不可分割地联系在一起的。而事物在包容我们在内的现实事件整体中的这一功能,也就是其现实的、被确认的价值,即其情感意志的语调。

  由于我们抽象地把体验感受的内容与其实际的体验物分离开来,这个感受内容在我们看来便对价值(实际的和被确认的)完全漠不关心了;甚至可以把关于价值的思考同实际的评价分离开来(如李凯尔特对价值的态度)。但是要知道,某种可能的感受和思考的内容,仅具自身价值的内容,要想实际地实现自己并参与到实际认识和历史存在中去,就必须与实际的评价发生实质性联系;这个内容只有作为实际的价值,才能为我所感受和思考,即只有在情感意志的语调中才能真正得到积极的思考。须知这个内容不是偶然掉进我头脑里来的,不像天外飞来的彗星,到了头脑里还是封闭的和不可穿透的[1 词不清],

不能融进我统一的情感意志和活跃有效的思想感受中去,成为其中重要的因素。如果内容与其情感意志的语调(这语调对思想者来说就是实际上被确认的价值)之间不能确立起本质联系的话,任何一个内容都无法实现,任何一个思想都不能真实地完成。主动地去体验一种感受,去思考一个念头,意味着不再对这感受和念头采取绝对漠然的态度,而是要通过情感与意志的方式确认它们。真正的作为行为的思维,是含有情感与意志的思维,是带着语调的思维,而且这种语调要深入地贯穿于思想的所有内容因素。情感意志的语调在行为中覆盖着思想的全部含义内容,并把这内容同唯一的存在即事件联系起来。正是情感意志的语调,在唯一的存在中起着定向的作用,并在其中实际地确定着含义内容。

　　也不妨试着论证一下,含义内容的价值同情感意志的语调两者之间,对积极的思考者来说只有次要的偶然的联系。难道沽名钓誉[1词不清]或贪婪[?],在我的积极思维中不能成为一种情感意志的推动力吗?而认识论的抽象理论难道不能成为追名逐利思想的内容吗?同一个思想在思考这一思想的实际不同的意识中,难道不会获得全然不同的情感意志色彩吗?一种思想之所以融进我的活生生的实际的感情意志中去,可以是由于全然不相干的原因,即同这一思想的内容含义没有任何必然的联系。上述这类事实均属可能,而且所在多有,这一点是毋庸置疑的。但能否就此得出结论,说两者间的联系原则上就是非本质而偶然的呢?这将意味着承认整部文化史对其所创造的具有客观价值的内容来说,根本上是一种偶然性(李凯尔特将价值归于[?]……[1词不清])。恐怕没有谁会彻底地认为,实际已然实现了的含义,原则上是这样一种偶然性。在现代文化哲学中正在进行尝试,想找出一种本质的联系,但却是从文化世界内部去找本质联系。文化财富本身就自有价值,而活的意识应当去适应文化价值,为自己而确认它们,因为创造(?)归根到底也就是认知。既然我从事审美创造,我因之也就负责地承认审美的价值,而且应当以明显的方式实际地承认它,通过这种途径把动机与目的、实际进程与其内容含义统一起来。活的意识通过此种途径成为文化的意识,而文化则在活的意识中得以体现。人的确一次接受了所有的文化价值,而今便处于它的约束之中。例如据霍布斯说,人民的权力只实现过一次,就是放弃了自身而把自己交付给了国王,之后人民就成了自己这一自由决定的奴隶。这种最初的决定,即确定价值,实际上当然是发生在任何活的意识之外;任何活的意识,都已面对先它而在的文化价值,对它来说文化价值是实有的东西;它的全部主动性,只在于为自己承认这些价值。一旦承认了一切科学思维领域[1词不清]中科学原理的价值,我便服从于它的内在规律:说完a,我就应该说b和c,直到说完整个字母表。谁说完了一,接着都得说二,序数规律的内在必然(序列律)引导着他。这就是说,对感受的再感受,情感意志的语调,只有在统一的文化中才能获得自己的统一性,离开了统一的文化便成为偶然的现象;现实中的意识,如果想成为统一的东西,必须在自身中反映出文化的整个系统,连同它相应的情感意志因素[1词不清];而后者对每一具体领域来说干脆可排除不计。

类似观点从我们上述有关应分的论述来看是完全站不住脚的。情感意志的语调,即现实评价,完全不属于被孤立出来的内容,而只属于在涵盖我们的唯一存在事件中与我息息相关的那个内容。情感意志方面的判断并不是在文化情境中获得自己语调的;全部文化是在我参与其中的那个统一而唯一的生活情境中统一起来的。整个文化也好,每一个别思想、每一个别的行为成果也好,都是在个人唯一的实际的事件性思维中统一起来的。情感意志的语调,使思想的内容破除了自己的封闭性和自足性,使这种内容同唯一而统一的存在即事件结合到一起。任何普遍认同的价值都只有在个人情境中才能成为真正有价值的东西。

情感意志的语调恰恰属于整个的具体而唯一的统一体,表现此时此刻事件情势的全貌,包括来自我这个合格参与者的实有因素和设定因素。因此，这个语调不可从统一而唯一的活的意识中孤立出去、分离出去，而归属于个别的事物；这语调不是把事物从我此刻看它的唯一情境里抽取出来而施以一般的评价，这语调是把整个情境视作一个独一无二的事件因素而表现它的全部实情。

涵盖和渗透唯一的存在即事件的情感意志语调，并非一种消极的心理反应，而是意识的某种应有的方针，这方针具有道德价值，体现着主动的责任感。这是意识的负责的自觉运动，可以把行为、思想、感情、愿望等从可能实现一变而为实际的实现。我们通过情感意志的语调所表现的，正是我在感受中的主动性，是我对感受（视如我的感受）的再感受，因为我在思考就意味着我在以思考来完成行为。感受这一美学里使用的术语，在那里只有较为消极的意义。对我们来说，重要的是把这个感受同我这一主动感受者联系起来。这种联系具有感性评价和意志（即实现）的性质，同时又具有负责的理性。所有这些因素在这里都处于某种统一的整体之中。对这个整体，每一个主动感受者，即每一个将自己的思想和感情当作自己的负责行为进行体验感受的人，都是十分熟悉的。心理学的致命之处，是以消极体验的主体为对象；这里不应被心理学术语引入歧途。思想、感情、话语、事情的实现，是我的主动而负责的取向，亦即对统一而唯一的实际生活中整个情境的情感意志的取向。

贯穿于整个实际感受物的主动的情感意志语调，反映着事物这一方面的独一无二的个性特点；但这个事实并不会使这个语调变为不负责任的印象式的语调，变成只有虚假价值的语调。我的主动的责任感，起因恰恰在这里；这个语调努力要反映出这一方面的实情，这便使语调同最后的统一而唯一的整体结合起来。

有一种可悲的误解，是理性主义遗留的产物，认为真实只能是由普遍性因素构成的真理；一个原理的真实所在，正是其中可以重复的和恒常的因素，而且普遍性和同一性（逻辑上的同一）是原则上必备的；而个体性的真实则是艺术上的真实，不必负责的真实，也就是说它

33

把这一个体性孤立了出来。即使这时讲到了主动的唯一的行为(事实),指的也还是行为的内容(固定不变的内容),而不是行为的实际有效的实现进程。不过,这样一种统一,即内容上的一成不变和这个同一性因素的恒常复现(序列原则),是否能算作是存在的原则性统一呢? 同一性因素是统一的概念中不可缺少的因素。可是这一因素本身就是一个抽象的派生的东西,已经是受唯一的和实际的统一体所决定的东西。从这个意义上说,统一这个词本身失之过分的理论化而应该放弃。这里不是统一的而是唯一的自己,是任何地方从不重现的唯一的整体,是这一整体的唯一的现实。对于希望从理论上思索这一整体的人来说,这个整体便是统一范畴(指恒常重复之意)的一个来源[?]。如此一来,纯理论意识的这个专门范畴便较为容易理解了,对这个意识来说这范畴是完全必须而且确定不移的;而行为意识却要与现实的唯一性相结合,成为它的一个因素。负责行为的实际意识所具有的统一,不应该理解成是原则、法规、规律的恒常内容,更不要说是存在的恒常内容。这里较能贴切说明这个统一的,是用于爱情与婚姻意义上的"忠实"一词,但绝不是指心理学上消极意识对爱心的理解(否则就成了常驻内心的一种感情,犹如时时感到的一种温热,而其实在现实的感受体验中内容的含义里是没有恒常的感情的)。唯一的实际的意识所具有的情感意志语调,在这个词里得到了较好的表现。

其实,现代哲学中可以发现一种倾向,即把意识的统一性和存在的统一性理解为某种价值的统一性,不过在这里价值同样被理论化了,要么被理解为某些可能价值的同一内容,要么被理解为稳定的、不变的评价原则,总之是某种评价和价值的稳定性内容,而行为的事实则明显地退居到次要地位。但问题的实质恰在于行为的事实。不是义务的内容要求我去承担某种义务,而是我签署了这一纸责任书,才促使我去承担这项义务,也就是说,我曾在某个时候承诺了这项义务,并签署了该项承诺,这一事实要我去履行责任。在签约的时刻,也不是该项行为的内容促使我签字;这一内容仅凭它自身不能促使我去做这签字承诺的行为，这一内容只有与我自己承诺这项义务的决定相结合才能促成这一签署承诺的举动；在这个举动中，内容方面仍然只是方面之一，真正起作用的则是确曾作出的那种承诺、认可，即负责的行为。我们到处所见的，是稳定的[？]统一的责任，而不是稳定的内容，也不是稳定的行为规律；整个的内容不过只是因素之一；我们到处所见的，是现实中某个认可的事实；这是唯一而不可复现的、情感意志驱动的、具体个人的认可行为。诚然，这一切可以概括成理论的术语，归之为稳定的行为规律，语言的歧义性为此提供了可能。不过，那样我们只会得到一个空洞的定理；它本身还需要经过实际上的唯一的承认，才能在人的意识中不再回到歧义上去。就这个行为规律，当然可以尽兴地作哲理的议论；但要想了解和记住现实中先已有过而且是由我完成的承认行为，前提是需有统一的统觉，需要我有整套的认识手段。这些都是实际的行为意识所不具备的，这些都是在事实出现之后进行理论概括时才能出现的。对于实现行为的意识来说，这一切仅仅是行为的某种技术[？]因素。

在理论的统一性与实际的唯一性（存在或存在的意识）之间，甚至可以发现某种相反的比例关系。越是接近理论的统一性（稳定的内容或复现的同一性），就越贫乏越空泛；问题全归结到内容的统一性，而最终的统一性仅仅是某种空洞的一成不变的内容；个人的唯一性离开得越远，它就会变得越具体越充分，成为存在即事件在实际进程中充分体现个人特点的唯一性；正是在这里，负责的行为接近了唯一性的存在即事件。以负责的精神进入存在即事件的已被承认的独有的唯一性之中——这就是事实的本质所在。在这里，绝对新的因素，前所未有且不可复现的新因素，占据了首位；它负责地继承着已被承认的整体的精神。

负责意识的统一，其基础不是作为本源的某种原则，而是实际承认自己参与统一的存在即事件这一事实；这个事实不可能用理论术语确切地表达出来，而只能加以描述和通过参与进行体验。行为来源于此，涉及具体的唯一的强制性应分的一切范畴都来源于此。我存在着（充分体现这一判断所包容的情感意志、行为等因素），我的的确确存在着（整个地），我有义务说出这一点；我以唯一而不可重复的方式参与存在，我在唯一的存在中占据着唯一的、不可重复的、不可替代的、他人无法进入[？]的位置。现在我身处的这一唯一之点，是任何他人在唯一存在中的唯一时间和唯一空间里所没置身过的。围绕这个唯一之点，以唯一时间和唯一而不可重复的方式展开着整个唯一的存在。我所能做的一切，任何他人永远都不可能做。实有存在的唯一性质是绝对无法排除的。行为具有最具体而唯一的应分性，以应分性为基础的我存在中在场（не-алиби①）这一事实，不需由我来了解和认识，而只需由我来承认和确证。单纯地去认识这一事实意味着把它降低为情感意志方面的一种可能性。认识它的同时，我对它要进行概括：任何人都处在唯一而不可重复的位置上，任何的存在都是唯一性的。这里我们见到的是一种理论的说明，它竭力想摆脱情感意志的语调。我对这类原理毫无兴趣，它们对我没有任何用处。由于我把我的唯一性当作自我存在的一个因素（与整个存在共有的因素）来加以思考，我就已经走出了我的独一无二的唯一性，我已置身其外而从理论上对之思考。这意味着我不进入我所思考的内容中去，唯一性作为一个概念可以局限在普遍性的范围之中，并由此得出一系列逻辑上所必需的对比关系。我要确立和表述有关我的真实的唯一性行动的完整[？]思想，和这方面是绝对不相为谋的，而且也不能就我是什么得出任何结论。这一确定性的认可，提供了一系列的真正必不可少的适当行为。这种对我参与存在的唯一性的承认，是我的生活和行为的实际而坚实的基础。主动的行为 implicite②[？]能肯定自己的唯一性和在存在整体中的不可替代性，并且在这个意义上内在地接近存在，在整个存在中把握方向。理解到这一[？]整体[？]需要顾及它的全部因素。这不

---

① 在现场，原指案件发生时被告在场，现作转意使用。——译者
② 拉丁语：暗中、潜在地。——译者

36

是对自己的简单的肯定或对实际存在的简单的肯定;这是对我置身于存在中的肯定,是既不相融又互不分割的肯定,因为我是作为存在的唯一性的活动者参与存在的;存在中除我之外任何东西对我来说皆已非我。我作为我(包括全部情感意志内涵的我),在整个存在中只能体验这个唯一性的自我。所有其他的我(理论上的我),对我来说皆已非我;而我那个唯一之我(非理论之我),要参与到唯一的存在之中,我置身其中。其次,这里被动因素与主动因素同在,既不融为一体,又不可分割开来:我身处存在之中(被动),我又主动地参与存在;我面对的有实有的东西,又有设定的东西;我的唯一性是实有的,但同时它只是在我实际现实的程度上是实有的;这种唯一性又总是处于活动中、行为中,也就是说它又是设定的;既有存在,又有应分;我是实际的、不可替代的,因而我理应实现自己的唯一性。从我在存在中所占据的唯一位置出发,面向整个的现实,就产生了我的唯一的应分。唯一之我在任何时候都不能不参与到实际的、只可能是唯一性的生活之中,我应当有自己的应分之事;无论面对什么事,不管它是怎样的和在何种条件下,我都应从自己唯一的位置出发来完成行为,即使只是内心的行为。我的唯一性(即与非我之物绝不相同)总是能使我针对一切非我之物而采取唯一和不可替换的行为。我从我在存在中的唯一位置出发,哪怕只是看到了他人,知道了他人,在思考着他,没有忘记他,他对我来说也是一种存在——所有上述这一切,在整个存在中,在此时此刻,只有我能为他做到。这是能充实他人存在的一种行为,是绝对增益和新的行为,是唯有我能做到的行为。这种富有效能的唯一的行为,正是存在中的应分因素。要产生应分的因素,首要的条件是:从个人内心承认确有唯一性个人的存在这一事实。这一存在的事实在心中变为责任的中心,于是我对自己的唯一性、自己的存在,承担起责任。

当然,这一事实可能遭到破坏,可能变得贫乏空泛;可能轻视主动性而只依赖被动性,可能试图证明对存在来说自己不在场(алиби),可能冒充他人出现。可能放弃自己的唯一的应分。

负责行为也就是以承认唯一性应分为基础的行为。这种对存在中的在场的确认,也就是生活在实际上不可避免地兼有实有性和设定性的基础,唯有存在中的在场(не-алиби),才能把空洞的可能性变为负责的实际行为(途径是通过情感意志把行为同主动性的自我联系起来)。这是行为初起时的活生生的事实,它最早铸就了负责的行为,形成了行为的实际价值、它的必不可少的性质;这是生活(作为行为)的基础,因为实际置身于生活之中便意味着进行活动,对唯一的存在整体不持冷漠的态度。

确认自己独一无二地不可替代地参与存在这一事实,意味着自己是在存在不囿于自身的情况下进入存在的,意味着自己进入了存在的事件之中。

一切的内容含义因素,如作为某种特定内容存在,如自有意义的价值,如真、善、美等——所有这些都只是一些可能性,它们只有在行为中,在承认我的唯一的参与的基础上,才能成为现实性。从含义内容本身出发,是不可能把可能性变为唯一的现实性的。含义内容的世界是个无限的世界和自足的世界;它的自身价值使我变得无足轻重;我的行为对它来说只是偶然的东西。这是一个有着无穷无尽问题的领域,其中也可能有这样的问题:谁是我亲近的人?这里不可能有起点,任何起点都将是偶然的,将被含义世界所淹没。含义世界不会有中心,它不能提出进行选择的原则,因为这里的一切都可有也可无,一切既然只被视为内容含义的某种规定性,它也就可以变成另一种东西。从含义角度看,有的只是无穷尽的评价和永远的不稳定。从各种可能价值的抽象内容上说,一切事物(不管它是多么好)都应变得更好些;而一切表现形式从含义角度看都是一种讨厌而偶然的局限。对含义来说,需要一种行为的主动性,而这种主动性又不能是偶然的。含义的任何一种自有价值,都不可能是绝对需要和必不可少的,因为在存在中我有不在场的证明。唯有承认我从自己唯一位置出发而独一无二地参与存在,才能有产生行为的真正中心,才能使起因不再是偶然的;这里特别需要行动的主动性,我的主动性于是成为重要的、应分的主动性。

但可能有未得表现的思想,未得表现的行为,未得表现的偶然性的生活,那全都是一种空洞的可能性。建立在自己存在中的不在场的沉默不语[？]基础之上的生活,要流为一种不关痛痒的缺乏根基的存在。任何思想如果不与我这唯一应分之人发生联系,都只能是一种消极的可能性;这种思想也可能不成为现实,也可能成为另外的样子;它在我意识中的存在,并非必不可少和无可替代;这种未表现于责任之中的思想,其情感意志的语调也是偶然性的。只有通过实际承认我的实际参与而把这思考纳入统一而又唯一的存在即事件中去,才能够从这思想中产生我的负责行为。而且,我身上的一切都应成为这样的负责行为,如我的每一动作、姿态、感受、思想、感情;只有具备这个条件,我才真正地在生活,没有把自己同现实存在的本体根基分割开来。我处于无止境的现实世界之中,而不是处于偶然的可能性之中。

我能够负责的,不是含义本身,而是对这含义的唯一的确认或否认。要知道,既可以绕开含义不予过问,又可以绕开存在而不负责任地引出含义。

抽象的含义因素如果与无尽的现实的唯一性相脱节,便带有未定稿的性质。这是某一可能进程的草图,是没有签署的文件,对任何人都没有任何约束力。存在如果脱离了唯一性的情感意志的责任核心,只能是一个草案,是唯一性存在的一个未被承认的可能方案。只有通过唯一性行为的负责参与,才能够从无数个草案中摆脱出来,一劳永逸地理顺自己的生活。

把现实世界即存在作为事件来体验感受,这种感受是个唯一性的范畴;感受事物,意味着把事物视作实际的唯一性;但是,事物和世界的这种唯一性,是以与我的唯一性相结合为前提的。一切概括和含义,同样只有与实际的唯一相结合,才能获得自己的价值,才能成为必不可少的东西。

39

参与性思维，也就是在具体的唯一性中、在存在于在场的基础上，对存在即事件所作的情感意志方面的理解，换言之，它是一种行动着的思维，即对待自己犹如对待唯一负责的行动者的思维。

然而，这里同理论性思维、同理论思维的世界，会发生一系列的冲突。实际的存在即事件，处于情感意志的语调中的既实有又设定的存在，与唯一的责任中心相结合的存在——这个存在连同其事件性含义，即唯一重要、有分量和必不可少的含义，连同它的真理所在，都不是就其自身可以说明判定的，而恰恰要结合我的应分的唯一性才能说明判定；事件的实际面貌，必须从我所处的唯一位置出发才能判定。不过由此会得出结论：有多少个人的责任中心，有多少个唯一性的参与主体（而它们是不计其数的），就会有多少个不同的事件世界。如果说事件的面貌要从参与者唯一的位置出发来判定，那么有多少不同的唯一性位置，便会有多少不同的面貌，又怎么会有一个唯一的和统一的面貌呢？由于我的态度[？]对世界是至为重要的，在其中实际上被承认[1词不清]是一种情感意志的价值，因此这种被认可的价值、世界的情感意志图景，在我看是一种样子，在他人看则是另外一种样子。或许不得不承认，怀疑也是一种独特的价值吧？是的，我们承认怀疑正是这样一种价值，正是这种怀疑成为我们充满有力行为的生活的基础，而且它与理论认识一点也不发生矛盾。怀疑作为一种价值，与统一而唯一的真理毫无矛盾；恰恰是它，即世界的这一唯一而统一的真理，需要这种怀疑态度。

正是这个世界的真理，要求我充分实现我发自唯一位置的对存在的唯一参与性。整体的统一制约着所有参与者的唯一而不可重复的角色。如果存在只作为有确定内容的现成的静止不动的东西，众多不可重复的有价值的个人世界是会把它破坏瓦解的；其实这众多的个人世界恰恰是在从头建构统一的事件。事件如果作为完全一成不变的统一体，是可以由不参与其中也无利害关系的意识在事后加以把握的；但即使这时，事件的情节进程本身仍然是这个意识所不能企及的。

而对于进行中事件的实际参与者来说,一切都要凝聚到眼前他的唯一的行为上,凝聚到他的完全不可预见的具体而不可或缺的唯一性应分上。关键在于:在不同参与者对世界的诸种价值描写之间,没有也不应产生矛盾,无论是来自意识[?]的矛盾,还是单纯来自唯一位置的矛盾。事件的正确性并不等于一成不变的内容真理,而在于每位参与者的正确的唯一性立场,在于他具体而实际的应分之举的正确。可以用一个简单的例子来说明上述意思。我爱他人,却无法爱自己,他人爱我,却不能爱他自己;每个人在自己的位置上都是对的,而且不是主观上正确,而是负责精神上正确。从我的唯一位置上说,只有自为之我(я-для-себя)才是我,而所有他人都是我(取此词的情感意志的内涵)为我之他人。须知我的行为(包括作为行为的感情)的取向,恰恰是受我的唯一而不可重复的位置所制约。他人则恰是处在他自己的位置上而出现在我的情感意志的参与性意识之中,因为我之爱他,是视其为他人而非自己。他人对我之爱,在我感受起来,即在我个人层面上感受,同他本人对此的感受,是全然不同的;在我和在他身上引出的反应也是两回事。这里当然并无矛盾。矛盾可能出在某个第三者身上,即在未得表现的非参与性的意识中。对[这一非参与的]意识来说,好像所有的人具有同样的自身价值,而不是在原则、价值上发出不同声音的我和他人(другой)。

在唯一性价值层面与确认的价值层面之间,也不可能产生矛盾。何谓确认的价值层面?这指的不是相对于这一个体或那一个体、此时或彼时至为重要的价值总和,而是对整个人类历史至为重要的价值总和。但唯一之我应该对人类历史采取一种确定的情感意志的态度,我应该确认历史上的人类对我有实际价值,从而一切对它有价值的东西便对我也具有了价值。何谓确认历史人类在自己的历史或自己的文化中把这种或那种东西视为价值?这只是内容方面的一种空洞的可能性,如此而已。存在中有 a,对 a 来说 b 是有价值的——这与我何干呢?但如果我通过情感意志、通过确认而独一无二地参与到唯一的存

41

在中去,那就是另一回事了。由于我确认自己在人类历史的统一存在中处于唯一的位置上,由于我在这一存在中的在场,与它保持着主动的情感意志的关系,我因此也同它所认可的价值发生了情感意志方面的关系。自然,当我们谈到历史人类的种种价值时,我们给这些词是加上了语调的,我们不能摆脱对它们的确定的情感意志态度;对我们来说,它们并不仅仅局限于自己的内容含义,它们与唯一性的参与者结合在一起,闪烁着实际价值的光芒。从我的唯一位置出发,便可以通往整个唯一的世界,对我来说也只有这个出发点。如果将我视作一种概括体现的精神,我就会失去自己对世界的应分的必不可少的态度,就会失去世界的现实性。没有一般的人,有的是我,是确定的具体的他人;如我的亲人,我的同时代人(社会上的人们),真实[？]人(实际的历史人类)的过去和将来。所有这些都是存在具有的价值因素,它们都是个体的性质而不把唯一的存在概括化。它们从我的唯一位置上为我展示开来[？],这个唯一位置就是我存在之在场的基础。而概括认识的总和所说明的则是一般的人(即 homo sapiens①)。例如人是要死的,这一点只有从我所处的唯一位置上看才具有价值含义,因为我、亲人、整个历史人类都是要死的;而且自然,我之死,他人、亲人之死具有的情感意志的价值含义,任何真实之人死亡的事实,各自都是千差万别的,因为所有这些都是唯一性事件即存在的各自不同的因素。对于概括体现的、非参与性的主体来说,所有的死都可能具有同等的意义。但是没有任何人生活在一个所有人的死价值都相同的世界里(必须记住:从自身、从自己的唯一位置出发去生活,完全不意味着生活只囿于自身;唯有从自己所处的唯一位置上出发,也才能够作出牺牲——我以责任为重可以发展成以献身为重)。

　　相同的、普遍适用的公认的价值是没有的,因为被承认的价值大小,不是受抽象内容决定的,而是要同参与者所占据的唯一位置联系起来看;从这个唯一的位置出发,可以确认所有的价值,确认任何的他

---

① 拉丁语:人,人类。——译者

人及其拥有的全部价值;不过这个参与者必须得到承认;简单地从理论上确定一个事实,如某人承认某些价值,是没有任何约束力的,也不能超出实有存在的范围,不能超出空洞的可能性,除非我能确证自己对这一存在的唯一性的参与。

对单独事物的理论认识,即不管事物在唯一世界(从参与者唯一位置上看)中实际状况如何,是完全有理由成立的。然而这却不是终极的认识,而只是终极认识的辅助性的技术因素。我从自己唯一的位置上抽象出来,我仿佛脱离了自我,这本身就是一种从我唯一位置出发的负责行为,而通过这一途径获得的内容上的认知(即可能有的固定不变的存在实况)应该再得到我的表现,翻译成参与性思维的语言,应该引出这样一个问题:这一知识给我(唯一之人,从自己唯一位置出发之我)提出了什么责任;换言之,应当把这一知识在我存在中的在场的基础上同我的唯一性、同情感意志的语调结合起来:有关事物自身内容的知识,变成了对我眼中之它的知识,成为要我承担起一定责任的认知(узнание)。从自我中抽象出来——这是一种技术手段,它仅从我唯一的位置上来看便是有理由存在的:我在这个位置上从一个有知识的人变成能够为对自己认知负起责任而实现应分之事的人。人类可能达到的理论认识(即科学),是个永无完结的语境;它对我的唯一性参与来说,应该变成一种具有责任感的被认知的语境,而这丝毫也不会贬低或歪曲其独立的真理,反而会对它起补充作用,使其成为确有价值的真理。这种从知识到负责地认知的变化,很少是为了把知识只作为一种技术因素而立即用于满足某种实际的生活需要。我们要再说一遍,发自自我的生活并不意味着为自我而生活,却是意味着使自己成为一个负责的参与者,确证自己实际上必然地在存在中的在场。发自自我的生活从自己唯一性的地位,看到并了解无限的知识[?],但不会在其中因不负责任而失去自己,从而这些知识为生活也不致失去必不可少的现实性。

在我们看来,参与世界的整个存在即事件,不等于毫不承担责任地将自己交付给存在,不等于沉迷于存在;在后一种情形里,片面地突出了参与的被动方面,贬低了设定应有的主动性。这种对存在的沉迷(一种片面的参与)在很大程度上体现着尼采哲学的精神,后者把尼采哲学推到了现代酒神思想的荒谬境地。

我们感受的实际参与的事实,在这里变得贫乏了,因为是被确认的存在控制了确认者;对实际的参与性存在的移情,导致在存在中迷失了自我(不可去冒充别人),导致放弃自己唯一性的应分。

得到体现的参与性意识,只有在下述情况下才会显得狭隘,因受局限而变得主观,这就是当把它与本身自足的文化意识对立起来的时候。事情似乎是这样:有两个价值层面,两种生活。一是整个无限世界的生活,对此只能客观地加以认识;另一个是我们微小的个人生活。前者的主体是整个世界,后者的主体是单个的偶然的主体。然而要知道,这并不是数学中量的对比:无限大的世界对非常小的人,一个单位对无限多单位。诚然,可以从一般[？]原理[？]的角度来思考世界与个人的对立,但其真正意义并不在于此。大与小在这里并不是理论性范畴,而是纯价值性范畴。应当提的问题是:从何种角度进行这种价值的比较才是绝对必要和具有实际意义的? 只能是从参与性意识的角度。以我微小的生活对无限的世界这种热情,就是我参与存在的在场的热情;这是我从自己唯一位置出发,以负责态度扩展确已得到实际承认的价值层面。由于我已从这一唯一位置中抽象出来,因而在无限的认识世界(可能的世界)与我所承认的价值组成的微小世界之间,便出现了分裂。

这种扩展只应该从这个微小但却绝对实在的世界之内发生,从原则上说这种扩展是无限的,但不是通过分割和对立的途径;不然的话,根本微不足道的现实世界,就将从四面八方遭受无穷无尽的空洞可能性的巨浪冲刷。为了这空泛的可能性,必不可免地要分裂我的微小的现实,不厌其烦地玩弄空洞的客观性,使其[？]丧失了自身的全部必要的现实性,为无限的可能性,它自己只能提供可能的价值[？]。这样一来便产生了认识的无限性:本该把对世界的一切可能的理论认识(甚至仅仅作为理论认识的事实,即空泛的可能的事实。认识[?]判断的全部意义[?]在于这种判断一般不可能成为理论判断,而只能现实地依附于唯一性的存在。在这里,对现实的参与性进行任何抽象概括都是困难的)同实际的生活结合起来,形成一种负责的认知过程,我们却试图拿自己的实际生活去同可能有的理论层面结合,这时或者承认实际生活中只有一些普遍因素最为重要,或者把实际生活理解为是整体大时空中的一块小时空,或者给实际生活加上一种象征的解释。

在所有这些场合,实际生活的那种生动的必然而无尽的唯一性,被仅仅是想象出来的空洞可能性之水所冲淡。情爱[?]的肉体[?]被视为有价值,仅仅是作为和我们无关痛痒的不灭物质的成分,或是homo sapiens的标本,自己道德观的代表,或是抽象永恒女性的化身。实际上有价值的东西,竟变成某种可能有的东西;我的生活,成了笼统的人的生活,而后者更被视作世界生命的一种表现。然而,所有这类无穷尽的价值层面,都是失去根基的东西,只可能存在于我的脑中而与客观的和普遍的存在毫无关系。但是,只要我们把我们的这种思维行动负责地彻底地加以实现,签署上我们的名字,那么我们便会成为实际的参与者,从我们的唯一位置出发,从内部参与到存在即事件中去。

事实上,作为我在存在中在场的基础上进行的实际行为,包括思想行为、感情行为、事业行为,真的已走上了存在即事件的边缘,在存在这个统一而唯一的整体中决定自己的取向;无论思想多么富有内容,无论行为多么具体而有个性,它们都要以自己微小而实际的世界,参与到无限的整体中去。但这绝不意味着我应该把自己、行为、这个整体,理解为一种确定的内容;这样做是不可能也不需要的。左手可能不知右手在做什么,而右手正在实现真理。这倒并不是取歌德的一句话的意思:"在我们正确做着的一切中,我们应该看出一切可能正确做成的东西的影子。"这里只是在对比不同世界时,作出一种象征性的解释，它给具体现实的行为加进了礼仪形式的因素。

在唯一的存在即事件的整体中把握行为的取向，完全不意味着将行为译成高级价值的语言；似乎行为直接在其中定向的那个具体实在的参与性事件，只不过是这种高级价值的表现或反映。我以个人身份参与事件，任何在我唯一生活中与我发生关系的事物和人，同样也是以单个方式参与事件的。我能够以代表身份从事政治活动和举行宗教仪式，但这已是一种专门的活动，要以实际给我授权的事实为前提；不过即使在这里我也没有完全解脱自己的个人责任，我的代表身份和授权本身就包含了个人责任。生活里讲究礼节的一个心照不宣的前提，完全不是温顺，而是高傲，但人应当温顺，直到承担个人的参与和个人的责任。如果我们试图把自己的全部生活视为某种隐蔽的代表行为，把自己的每一举动视为一种礼仪行为，那我们就成了冒名顶替者了。

任何的代表身份都不会取消我的个人责任，而只能把我的个人责任专门化。实际地承认和肯定我所要代表的那个整体，这就是我的个人的负责行为。如果这种个人的负责行为消失，而我只承担一种专门的责任，那我就将完全被人控制，而我那种没有个人参与作基础的行为，对于最终的独一无二的统一体来说将成为偶然的东西。因为这样的行为在这个唯一统一体中并没有根底，正如同使我行为专门化的那个领域对我来说在这里也没有根底一样。这种与唯一背景的脱节，个人的唯一参与性在专门化过程中的丧失，特别常见于承担政治责任的时候。再有试图在每个他人身上，在行为的每个对象身上，都看到是某一个大整体的代表，而不是个人参与存在的具体唯一性，这同样会导致唯一统一体的丧失。这些并不能使我的行为增强负责精神而从根本上减少偶然性，相反会使负责精神减弱，甚至在某种程度上丧失。因为行为毫无道理地傲慢起来，而导致的结果只能是绝对现实的唯一性丧失了实际的具体性，而代之以可能的抽象含义。为使行为获得根基，首要的是使唯一性存在和唯一性事物以个人身份进行参与。因为即使你是一个大整体的代表,那首先也还是以单个的人来代表;而且这个大整体恰恰不是一个笼统的整体,而是一些具体个体因素组成的整体。

行动在这个唯一背景(不论是怎样的背景)中的绝对具体而实在的价值,行动中的现实因素,这些也就是行为在整个实际而唯一的存在中的目标取向。

行为以自己对存在的唯一性参与为基础实现取向的那个世界,正是道德哲学的研究对象。但是行为却并不知道什么是这个世界的内容规定性,行为只同独一无二的单个人与物发生关系,而他(它)们在接触行为时已浸透了个人的情感意志的语调。这是一个专有名词的世界,是这些事物的世界,是确定的生平编年日期的世界。如果以未置身于存在之外为基础从行为内部详细[？]描写唯一的行为生活的世界,那么就可以得出一篇自我介绍式的自白,是个人的又是独一无二的。实际地实现行为的诸多意识,拥有着这些具体个人的不可重复的世界;正是由这些世界组合成了统一又唯一的存在即事件,它们在这里是实际的真正的构成要素。这些具体个人的不可重复的世界有着一些共同的因素,不过不是共同的概念或规律,而是在它们具体建构①中的共同因素。正是现实的行为世界的这一建构方式,应当由道德哲学来描述。这指的不是抽象的图式,而是统一和唯一行为世界的具体格局,是行为构成中的基本而具体的诸要素,及其相互间的配置。这些要素有:自为之我、为我之他人(другой-для-меня)、为他人之我(я-для-другого)。现实生活和文化的一切价值,全都是围绕着现实行为世界中这些基本的建构点配置的;这里说的是科学价值、审美价值、政治价值(包括伦理价值和社会价值),最后还有宗教价值。所有的时空价值和内容含义价值,以及种种关系,都聚拢到这些情感意志的中心因素上,即:我、他人和为他人之我。我们这项研究的第一部分,恰是

---

① "建构"原文为 архитектоника,是巴赫金哲学美学的关键术语,指人通过认识、审美等行为在意识中建立起经验感受的世界。——译者

探讨现实世界(不是头脑里思考的,而是实际体验的世界)的基本建构因素。第二部分则将探讨作为行为的审美活动,但不是从其产品出发,而是从作为负责的参与生活[？]活动,即艺术创作伦理学的作者的角度出发。第三部分是政治伦理学。最后一部分是宗教伦理学。这一世界的建构,很像但丁世界和中世纪神秘剧世界的建构(在神秘剧和悲剧中,情节同样推进到存在的边缘)。

现代危机从根本上说就是现代行为的危机。行为动机与行为产品之间形成了一条鸿沟。其结果,脱离了本体之根的产品也就凋萎了。金钱可能成为建构道德体系的行为的动机。经济唯物主义对现时来说是正确的,但这不是因为行为的动机渗透到了产品之中,而刚好相反,产品在其价值方面极力防范行为的实际动因。但是从产品内部来寻求补救已不可能,无法从产品接近行为,而只能从行为本身出发。理论世界和审美世界都获得了行动自由,但从这些世界本身出发无法将它们联系起来并同最终的统一体结合起来,无法把它们具体地表现出来。由于理论脱离了行为而按照自己内在固有的规律发展,放弃了理论的行为,本身也开始退化。负责行为所拥有的全部力量,都转入了自主的文化领域;而放弃了这力量的行为,则降低到了起码的生物动因和经济动因的水平,失掉了自己所有的理想因素:而这正是文明所处的状况。全部文化财富被用来为生物行为服务。理论把行为丢到了愚钝的存在之中,从中榨取所有的理想成分,纳入了自己的独立而封闭的领域,导致了行为的贫乏。托尔斯泰主义和各种文化虚无主义就是由此而来。

这种情形会使人以为,如果排除客观文化的含义成分,那就只剩下生物学上的主观性、需求行为了。由此又会觉得,只有作为诗人和学者,我才是客观的人和精神的人,亦即只有从我创造的产品来看是如此;也正应该是这些客体形成我的精神历程;除去这一点,剩下的就只是主观的行动;行为中一切具有客观价值的东西,都纳入了某一文化领域,因为行为创造的客体就归属于这个领域。其结果,一方面是产品的极端复杂性，另一方面是动机简单到了起码的程度。我们唤来了客观文化的幽灵，却又不能降服它。由此引出了斯宾格勒的批判，由此产生出他的形而上学的回忆录，由此他把历史置于行动与其有价值的行为之间。行为的基础，是对唯一统一体的参与，责任因素不会在专门化（政治）中消融；否则的话，我们面对的将不是行为，而是技术性的操作。不过这里的行为不应将自己与理论和思想对立起来，而应把它们纳入自身当作必不可少的因素。但斯宾格勒并没有这么做。他把行为同理论对立起来，只是为了不留下空白才把历史填充进来。如果我们谈论现代行为却脱离理论，而理论封闭于自身之中，那么我得到的将是生物学上的或技术上的活动。历史没有办法拯救它，因为它没有植根于最终的唯一统一体中。

  生命只有联系具体的责任才能够理解。生命哲学只能是一种道德哲学。要理解生命，必须把它视为事件，而不可视为实有的存在。摆脱了责任的生命不可能有哲理，因为它从根本上就是偶然的和没有根基的。

第一部

　　行为实际发生和实现的世界,是人们具体体验的一个统一而又唯一的世界;它可视、可听、可触、可思,整个贯穿着情感意志的语调,而后者体现着被承认了的价值。承认我的唯一的参与性,承认我的在场,这将为现实提供一种保证,即保证这个世界的统一的唯一性;但不是内容含义的唯一性,而是情感意志的唯一性,是颇有分量而必不可少的唯一性。我的这种得到确认的参与性,创造出具体的应分因素——即我应该实现全部的唯一性;这是在一切方面都无可替代的存在唯一性,对这一存在的任何因素我都应实现自己的唯一性;而这意味着参与性将我的每一表现——感情、愿望、心情、思想,都变成了我的能动而负责的行为。

　　这个世界是从我所处的唯一位置上作为具体而唯一的世界展现给我的。对于我的参与性的行动意识①来说,这个世界作为建构的整体,分布在我行为发源的唯一中心——我的周围;要知道这个世界是由我发现的,因为我在自己的观照行为、思考行为、事业行为中都是从自身出发的。根据我在世界中所处的唯一位置——能动发源的位置,所有思考到的空间关系和时间关系,都找到了价值的中心,并围绕这个中心形成某种稳定的具体的建构整体;这样,可能的统一性就变成了实际的唯一性。我的能动而唯一的位置,不仅是一个抽象的几何学上的中心,而且是一个具体的责任中心、情感意志中心;周围是具体而多样的世界,这个世界的时空因素是真实的唯一的地方与真实的不可

---

①　"行动意识"原文为 поступающее сознание,指进行行为的意识,即具体个人支配或实现行为的思维。——译者

重复的历史时日和实现的时刻,那种必要的,但对我来说,在真实的中心地位中没有结束的时刻。它是内在论的[？],从抽象角度看十分不同的诸方面:空间时间的规定性、情感意志的语调和含义,在这里汇聚成为具体的唯一的统一体。高、在上、在下、最终、迟、晚、仍然、已经、需要、应当、远、近等等,在这里表示的已不是内容含义的东西(那仅仅是可能性和思想里的东西),而是从我参与存在即事件的唯一位置上得来的实际的、感受到的、有分量而必不可少的、具体而特定的含义。我的这种实际参与性,从存在的具体而唯一的角度出发,使时间获得了实在的分量,使空间有了可睹可感的价值,使一切方面(世界是人们实际而负责地体验着的统一的和唯一的整体)成为有分量的、非偶然的、有价值的东西。

如果我离开这个中心,这个产生我对存在的唯一参与性的中心,而且不仅脱离这种参与的内容规定性(空间和时间的规定性等等),同时也脱离情感意志语调对参与的实际确认,那就不可避免地会造成世界的具体唯一性和必然现实性的解体,世界会分解为抽象笼统的、仅是可能的一些因素和关系;它们只可归结为同样仅是可能的、抽象笼统的统一体。人所感受的世界,本是一个具体的建构,却要被代之以由一些抽象笼统的因素组成的非时间的、非空间的和非价值的系统的整体。这一整体的每一因素,在系统之内从逻辑上说都是必不可少的,但这一系统本身从总体上说却只是一种相对的可能性。只有与我这个能动地思考着的人联系起来,作为我的负责的思维中的一种行为,这个系统才能进入所感受世界的实际结构中,作为其中的一个因素而在它的实际的富有价值的唯一性中扎下根来。一切抽象笼统的东西,都不能直接成为所感受的现实世界的因素,比如这个人、这片天空、这棵树,而只能是间接地,即作为这一实际而唯一的思想的内容含义,作为这本实际的书里的内容含义(在其含义的重要性中,而非在现实中和真实的感受性中获得永恒)。唯有如此,系统才是活的和能参与的,才不是自在的而仅仅满足于自己的含义。

51

可是，含义是永恒的，而意识的这种现实性和书的现实性只是暂时的呀！然而，除非含义得以实现，否则含义的永恒性还只是一种可能的永恒性、不含价值的永恒性、无意义的永恒性。如果含义的这种自在的永恒性实际上确有价值，那么实现这一永恒性、思考它、以行动的思维实际体现它的活动便全是多余而不需要的了。只有同行动的思维联系起来，含义的永恒性才真正具有价值和意义。只有与现实发生关系，永恒的含义如这一思想、这部书的永恒价值，才能成为行动思维的一个因素，成为能推动行动思维的一种价值。但是即使在这里，价值之光也是借来的：最为具体的整体的现实，它的真实的永恒性，最终必然是具有价值的。这是这个人、这些人和具有一切真实因素世界的永恒性。这里发出价值之光，是真正被实现的思想的永恒含义。

任何东西如果孤立出来，脱离发出负责行为的唯一的价值中心，都会丧失具体性和现实性，丧失价值分量和情感意志的作用力，成了空洞的抽象笼统的可能性[①]。

从我参与存在的唯一位置出发，统一的时空会变为个体的时空，作为具体的负载价值的唯一性的因素而参与存在。而从理论角度看，我生活中的时空是统一时空里不值一提的片段（抽象地从数量上说。然而参与性思维通常总要在其中加进价值的语调）；当然，只有这样才可保证论证时空时对它们的界定不产生歧义。然而从我的参与性生活内部来看，这些片段都有了一个统一的价值中心；这就把实际的时间和空间变成了唯一的个别的时空，尽管也还是开放的时空。

数学上的时间和空间，保证可能的判断会有可能的统一含义（现实的判断则须有现实的情感意志的动因）；而我从自己唯一位置上实际参与时空，就仿佛给时空的无尽而必需的现实性，给时空的负载价值的唯一性，充实了丰满的血肉。从我的参与性出发，联系到我的参与性，数学上可能的时与空（可能的无限过去和无限未来）会富有价值

[①] 艺术时间与空间。——作者

地浓缩起来;似乎从我的唯一性辐射出众多光束,它们穿透时间,确认历史上的人类,用价值之光照亮一切可能的时间,照亮时间性本身,因为我实际上参与到时间性之中。那些时空概念如无限、永恒、无尽、非时间和非空间的理想性及诸如此类的东西,是生活、哲学、宗教、艺术中我们情感意志的参与性思维所司空见惯的。而它们在实际的应用中绝非是纯粹的理论(数学)概念,它们是以其固有的价值含义活跃在思维中的成分,因与我的参与唯一性相结合而闪耀价值的光芒。

有必要再提一句:生活从自我出发,在自己的行为中从自我出发,完全不意味着为自我生活,为自我实现行为。在建构所体验的世界的过程中,我对存在的唯一参与性居于中心的地位,绝不就是正面[?]的价值居于中心地位,而世上其他的一切全是从属的性质。自为之我是行为发源的中心,是肯定和确认一切价值的能动性的发源中心,因为这是我能负责地参与唯一存在的那个唯一出发点,是作战司令部,是在存在事件中指挥我的可能性与我的应分性的最高统帅部。只有从我所处的唯一位置出发,我才能成为能动的,也应当成为能动的。我对存在的得到确认的参与,不只是被动的(为存在而喜悦),而首先是主动的(应该实现我的唯一位置)。这并非是那种最高的生活价值,它可以系统地论证所有其他的生活价值对我来说都是相对的,都是受最高价值制约的。这里我们并不是想建立这样一个价值系统:逻辑上是统一的,以我参与存在这一基本价值为主导,由各种可能的价值组成理想的体系。我们同样也不是想把人们在实际上历史地加以确认的价值,作理论的表述,以便确定它们相互间的从属、分属等等逻辑关系,亦即把它们系统化。我们打算提出的,不是价值系统,也不是价值的系统概念表;那将只是纯粹的概念(内容固定不变的概念)以逻辑上的相互关系连接起来。我们打算做的,是描述从价值角度对世界进行的体验感受是如何实际而具体地建构起来的;这里重点不是分析性的论证,重点在于发出实际评价、确认、行动等等的真正具体的发源中心(也是时间与空间的中心);这里的诸种成分都是真正现实的事物,它们在唯一的存在事件中通过具体的事件性关系连接起来(在这里,逻辑关系只是与具体时空关系、情感意志关系并列的一种因素)。

在具体的价值建构里,存在着各种因素,即处于现实建构关系中的真实的事物和围绕着某个价值中心而安置的事物。为了使人们能够对这种具体的价值建构的可能性有一个初步的了解,我们这里对审美观照的世界——艺术的世界试着作一个分析:这个世界以它的具体性和贯通着情感意志的语调,在文化领域的所有抽象[?]世界(指它们的孤立状态)中,更接近于统一与唯一的行为世界。这一分析因之将帮助我们理解现实的事件世界的建构情形。

审美观照世界的统一性,不是含义即系统的统一性,而是具体的建构的统一性。这个世界是围绕着一个具体的价值中心而展开的。这是一个可以思考、可以观察、可以珍爱的中心。这个中心就是人,在这个世界中一切之所以具有意义和价值,只是由于它与人联系在一起,是属于人的。一切可能的存在和任何可能的意义都是围绕着人这个中心和唯一的价值配置起来的。一切(在这一点上,审美观照是无止境的)都应与人相连接,成为属于人的东西。然而这并不意味着:作品的主人公必须表现为内容上的一种正面价值,意指加给他确定的正面价值的评语,如"好人""漂亮的人"等等。这些修饰语可以全是否定性的,他可以是个坏人、小人,在一切方面是失败者和落伍者,但在审美观照中,我的注意力全贯注在他身上;围绕他这个坏人,也仍然是围绕唯一的价值中心,却展开着在一切方面都很好(在内容上)的东西。在这里,人完全不是因为漂亮才有人爱,而是因为有人爱才漂亮。审美观照的全部特点就在于此。

如果价值中心不是他,那么整个价值评价,观照的整个建构都将是另外一种样子。如果我看到唯一为我所爱的人行将死去,并且遭到完全理所当然的羞辱,那么这个场面同一个我漠不关心的人死去的场面将是全然不同的。这完全不是因为我将背离含义和公理而为他辩护,这些都可以排除。我看到的场面从内容上说可能是公正而符合实际的,但终究是另一种不同的景象,不同在于根本的性质上,在于局部和细节的具体的价值配置,在于它的整个建构。我看到的将是另一些价值特征,另一些因素以及它们的另一种配置;因为我对景象的观照和组织将取另一个具体的中心。这并不是对观照作有意的主观上的歪曲,因为观照的建构并不涉及内容含义方面。事件的内容含义方面,抽象出来看,在具体的价值中心不同的情况下却是相同而不变的(这里也包括从真善美等这一或那一特定内容的价值角度进行的含义上的评价)。然而这种稳定不变的内容含义方面,本身只是整个具体建构中的一个因素;而这一抽象因素的地位,在观照的价值中心不同的情况下是各不相同的。要知道,从内容含义角度看是同一个事物,如果几个人从各自唯一空间的不同角度看,这事物就处在了不同的位置上,而且在这些不同观察者视野的具体建构整体中有各自不同的表现。相等的含义是作为一种因素进入具体的观照中去的,只是它要增生出一些个人化了的和具体的特点。而在对事件进行直观时,抽象的空间位置只是事件参与者统一的情感意志视角中的一个因素。

同样,对同一个人所作的内容同一的评价(他是个坏人),会随着该情境中实际的具体价值中心的变化而获得各种不同的实际语调:或者我是真的爱他,或者我是看重他的某一具体价值,他本人对我则无所谓;这种差异当然不能通过价值的一定隶属关系来抽象地表现;这是一种具体的、建构中的相互关系。不能用价值的逻辑关系体系(隶属关系)来偷换价值的建构,例如以下述的体系方法来解释语调上的这种不同(指在"他是坏人"的判断中):第一种情况,人是最高的价值,而善是从属性的价值;第二种情况则相反,善是最高价值,而人则是从属性价值。在抽象理性的概念与现实的具体事物之间,不可能存在这种关系;抽走人的具体现实性而只留下他的含义残骸 homo sapiens,同样也是不可能的。只有在真实的音调具有地位的具体统一的情景中,在整体被真实具体的价值中心确定的情景中,抽象的含义评价才能被引发出来。失真的、粗俗的、偏颇的主观性，从有内容的含义观点看，只有在内容含义中虚假的和不正确的因素，被引入视觉的具体建构时，才有可能存在，而这些虚假的、错误的因素，在整个建构的整体中，是被曲解与改造了的。但这并非原则性的现象。

由此可见，人不是作为某种稳定不变的内容，而是作为被珍爱地肯定了的具体现实，才成为审美观照中事件建构的价值中心的。与此同时，审美观照完全不脱离各种可能的价值视角，不能抹去善与恶、美与丑、真理与谬误间的界限；审美观照在直观的世界之内，熟悉并能发现所有上述的区别；但是所有这些区别并不会拔高到世界之上而定为研究和组织观照所见的最终标准和原则；它们仍然留在世界之中作为建构的因素，而且依然被包容在囊括一切的一种立场中：以珍爱态度对人的肯定。审美观照自然也知道有"选择原则"，但所有这些原则从建构角度看，都从属于直观的最高价值中心即人。

在这个意义上可以说，有一种客观的审美之爱，只不过不要赋予它消极的心理学含义，而是作为审美观照的一个原则。存在作为属于人（与人相关联）的一切，其价值的多样性只展现给怀着爱心的直观，只有爱心才能把握和巩固这种多样性，才不至于失掉它、冲淡它而只剩下基本线索和含义成分的赤裸裸的骨架。唯有以"不因漂亮而可爱，因为可爱才漂亮"①为原则的无私的爱，唯有发自爱心的关注，才能发挥出足够强劲的力量去把握和拥有存在的具体多样性，而不使它变得贫乏和干瘪。无动于衷或存有敌意的反应，从来都是导致事物贫乏和瓦解的反应，如对事物的多姿多彩视而不见，忽视它或者摆脱它。无动于衷的冷漠，其生物学功能本身，就在于使我们摆脱存在的多样性，排除那些对我们无实际意义的东西，仿佛要节约、维护存在，使之不致涣散和纷杂。这就是忘却的功能。

不知珍爱，无动于衷，就永远不能获得足够力量，来在每一个事物身上紧张地放慢、加强、雕琢它的每一细节。只有爱心才能在审美上

---

① 这是一句俄语谚语，含义相当于汉语中的"情人眼里出西施"。——译者

成为能动的力量,只有与珍爱的东西相结合,才可能充分地表现多样性。

就审美观照世界的价值中心(即具体的人)来说,不应作形式和内容的区分:人既是观照的形式原则,又是内容原则,二者是统一而又相互渗透的。只有抽象的内容范畴,才可作这样的区分。一切抽象的形式因素,只有与有生有死的具体之人的具体价值联系起来,才能成为具体的建构因素。一切空间和时间关系,都是同这有生有死之人发生联系,只是对他来说才能获得价值含义,如高、远、在上、在下、无底、无边——所有这些都在反映有生有死之人的生命和张力,当然不是在抽象的数学含义上,而是在情感意志的价值含义上。

只有有生有死的具体之人的价值,才能为空间和时间序列提供比例关系的尺度;空间紧缩而成为有生有死之人的可能的视野,他的可能的周边环境;而时间则作为有生有死之人的生活流程而具有了价值的分量;而且,这里的时间既包括时间界定的内容,又包括形式上的轻重、节奏的至关重要的起伏。如果人是不死的,那么这一流程的情感意志的语调,诸如从前、后来、尚未、当……时、任何时候等等以及节奏的诸种形式因素,都将是另一种样子。倘如取消有生有死之人的生命边界,那么所体验的节奏和内容,也就失去了自己的价值。当然,这里的问题不在于人的生命的数学长度(70岁),它可以随便多长多短;问题在于存在着限定生命边界的术语,如生与死;只是因为确有这些术语存在,有限生活的时间流程才获得了情感意志的色彩;永恒本身也只有与有限生活相联系,才会有价值含义。

我们要想更好地说明[?],审美观照的世界是如何围绕有生有死之人这个价值中心来进行建构的,最好先分析一下(从形式与内容两方面)某一部作品的具体建构情形。让我们以普希金三十年代①一部抒情剧《离别》为例。

这部抒情剧里有两个人物——抒情主人公(客观化的作者)和她

---

① 指19世纪30年代。——译者

(里兹尼奇),因之就有两个价值层面、两个具体的出发点用以维系存在的各个具体价值因素。与此同时,第二个层面虽不丧失自己的独立性,却在价值上被第一层面所包容(其价值为第一层面所确认)。两个层面又一起被作者和艺术家统一的确认价值的审美层面所包容,而作者作为艺术家是置身于作品世界的观照建构之外的(即他不是身兼主人公的作者,不是这一建构的成分)。审美主体(作者、观照者)在存在中的唯一位置,他的完美能动性(即对人的客观的珍视态度)的出发点,只能有一个,那就是脱离审美观照的建构的世界整体[?]一切因素而处于其外位;这样才第一次有可能用统一的确认价值的能动性来包容整个建构,既含空间的建构也含时间的建构。从这个唯一的外位出发,能够积极地实现审美移情,即从内部对主人公、事物进行观照;也是在这里实现着审美的接受,即在统一的观照建构中承认并加工移情的材料。主体的外位(вненаходимость),空间上、时间上、价值上的外位(即移情与观照的对象不是自我),使得主体首次有可能发挥组建作品的审美能动性。

建构的所有具体因素,都要归属到两个价值中心(男女主人公)里去,并同样地被人的确认价值的审美能动性包容在统一的事件之中。这些存在的价值层面,在事件性的统一中相互渗透而不融合。让我们来看一看存在的具体因素在这里配置的情况:

> 为了遥远祖国的海岸,
> 你①告别了异国他乡……

祖国海岸处于女主人公生活的时空和价值层面中。这对她来说是祖国,在她的情感意志语调中这可能的空间视野成了祖国(祖国一词在这里饱含着具体的价值内涵);事件中具体化为"异国他乡"的空间,同样是与她的唯一性相关联才存在的。就连由异国向祖国的空间移

---

① 原文为女性之你,指女主人公。——译者

动这一点，也是在她的情感意志语调中展开的，并作为事件在这里实现的。不过回归这一因素同时又具体体现于作者生活的层面中，作为他生活的价值层面上的事件，所以才说是你告别了。在她的眼里（即在她的情感意志语调中），她该是从异国他乡"返回"祖国，亦即该有更强的积极性评价语调。而她"告别了"（即与他[？]祖国的告别）之说，是从他在事件中的唯一位置上观照而来的。这里是他的独一无二的完整的生活事件；以修饰语"遥远的"表现出来的这一具体的建构要素，同样也是处于他的情感意志语调中。对于事件来说，这里重要的不是她需长途跋涉，重要的是她将离开他，尽管"远方"在她的生活层面也有着价值分量。这里是两个事件的相互渗透和统一，而同时不同层面在价值上却又不相融合。

事件的这种统一性，即相互渗透和价值的不相融合，在这节诗的后一半表现得更为明显：

在永志难忘、肝肠寸断的时刻，
我在你面前久久地哭泣。

这一时刻以及它的修饰语（永志难忘、肝肠寸断），无论对他或是对她来说都是事件中的因素，在她或他的有限生命的时间流程里都获得某种重要性。但是占主导地位的是他的情感意志语调。正因为与他的语调在价值内涵上相吻合，这一时刻才成了他的唯一生活中充满价值内容的离别时刻。

在诗作的第一稿中，连诗的首联也处于男主人公的价值层面上：

为了遥远的异国他乡，
你①告别了祖国。

---

① 原文为女性之你，指女主人公。——译者

这里的异国(意大利)和祖国(俄国)都处于作者即男主人公的情感意志语调之中。如果要同女主人公的她相一致,这一空间(在她的生活事件中)就会处于相反的地位上。

> 我用发冷的双臂,
> 紧紧抱住你不放。

这两句处于男主人公的价值层面中。发冷的双臂要把对方紧抱在自己身边的空间里,紧贴着自己的身体;而自己的身体正是唯一的空间中心;是这个具体的中心在思索在评价祖国与异乡、远与近、旧日、短暂的时刻、久久的哭泣、永远的铭记等等。

> 我的呻吟在祈求,
> 不要结束这离别的苦痛。

这儿主导的也是作者的层面。急促的节奏,加快的语速,在这里都获得了内容:这是有限生命的紧张,是生活节奏在紧张事件中有价值的加速。

> 你说:有一天会相会在永恒的蓝天下,
> 在翠绿的橄榄树丛中。

她和他的层面在这里紧张地相互渗透,但都贯穿着一个统一的普通人的价值因素,就是"永恒的蓝天";它存在于每一个有限生命的价值层面里。不过,这个为一般人生活事件所共有的因素,在这里不是直接赋予审美主体(即置身于作品世界建构之外的作者兼观照者),而是出现在两个主人公的层面之中,也就是作为得到确认的价值因素而进入会面的事件中。会面——这是不同生命的(她的和他的)具体价值中心的相互接近,不论这接近发生在什么方面(地上、天上、时间上、非时间上等),都比在一个视野范围内、一个价值层面之中的事件情节联系要更为重要[?]。

　　　　啊,在那茫茫的苍穹下,
　　　　闪烁着点点蔚蓝的星光,
　　　　海水在礁岩下打盹,
　　　　你竟长眠不醒在一旁。
　　　　你的美貌,你的痛苦,
　　　　永远消逝在骨灰盒里,
　　　　何处又去寻觅那相逢之吻……
　　　　但我还在期待:吻总伴着你!

这最后两节的前三行,描绘的是一般人价值层面上的事件情节因素(即意大利的美景)。这个层面在女主人公的价值层面上(即她的世界)得到确认,并由此又进入男主人公的层面中,也得到确认。无论对她还是对他来说,这都是她死亡这一独一无二事件的环境。本来可能成为她生活和日后相会的环境,在这里成了她实际长眠的环境。意大利世界具有的事件价值含义,对男主人公来说就在于:这已是无她存在的世界,是她长辞而去的世界。对她来说,这是她本可存在的世界。接下去几行全处于作者兼男主人公的情感意志语调中。这种语调令人预感到了最后一行诗:坚信相约的重逢最终还是能实现的,他二人价值层面在事件中的相互渗透并没有完结。它的存在[?]的永恒是需要的,并且将会内在地存在于他与她的唯一的参与性中。告别的情感意志语调经过一段酝酿,在这里转化为必将在彼岸相会的语调。

　　生活的各个事件因素,就是这样围绕两个价值中心分布开来。内容含义上同一的事物(如意大利),作为事件因素却分属于不同的价值层面,对她说来是祖国,对他说来是异国;她的走对她说来是返回,对他说来是离去,如此等等。唯一而固定不变的意大利,它与俄国之间数学般明确无误的长距离途程,在这里都进入了统一的事件之中;它们在统一事件中的重要性,不在于自身内容是稳定不变的,而在于在统一的建构中围绕两个独特的价值中心,各自占据着独一无二的位置。然而,是否可以把统一的固定不变的意大利作为一个真实的客观的意大利,而与对意大利纯粹偶然的主观的感受(祖国、异国)对立起来呢?是否可以把她如今长眠的意大利,与个人主观感受的意大利对立起来呢?这种对立是根本不对的。

在事件中对意大利的感受,本身就把意大利的现实整体作为一个不可少的因素包容在统一和唯一的事件之中了。但这个整体的意大利,只有从我参与唯一性存在(独一无二的意大利,同样是这个唯一性存在的一个要素)的这种角度来看,才会变得充实起来,才会变得有血有肉。不过这种由我的唯一性参与构成的事件层面,并不是封闭的,也不是孤立的。对作者兼男主人公的事件层面(这里的意大利是异国他乡)来说,以意大利为祖国的价值层面(即女主人公的层面)是可以理解也可以承认的。通过男主人公从其唯一位置上参与存在,唯一而固定不变的意大利在他眼中具体变为异国,也是在他眼中又变为他情人的祖国,因为他确认了他情人的价值,因之也确认了她的整个事件价值层面,在这个层面上意大利恰是祖国。唯一的意大利在同确有价值的具体人物相联系而可能具有的其他一切事件性意味,亦即人们普遍了解的那个意大利的一切含义,也都同样地从男主人公唯一的位置上进入他的参与性意识之中。意大利必须同被具体确认的价值发生某种关联,才能成为实有意识的一个成分,哪怕这是理论思维的意识,是地理学家的意识。这里不存在任何的相对主义,因为存在即事件的本质已经完全包括了理论真知的超时间的绝对性。世界的整体性,是世界的具体唯一性中的一个因素,也是我们思维(指思想的内容方面——思想见解)的一个必备条件。但对于实际的思维行为来说,仅有一个整体性是不够的。

这首抒情诗的建构,还有一些特点也需要谈一谈。女主人公的价值层面,得到确认而进入了男主人公的层面。男主人公是处于自己生命中当前唯一的时间点上。而心爱之人的离别和死亡事件,却处于男主人公唯一的过去时之中(转到了回忆之中),并且通过现在进而达到真实的未来,希望获得事件的永恒性。这使得一切时间界限、一切时间关系,亦即对事件时间的参与性体验,都获得了重要性。这一具体的建构工作,整个地都是由外位于建构的审美主体(艺术家、观照者)来实现的。对审美主体说来,主人公及其整个的具体事件层面,是与人的价值、人类的一切价值相联系的;因为审美主体确认并参与到唯一的存在中,而这个存在中的价值因素就是人和人类的一切。在审美主体的眼里,具体的有生有死之人的紧张而有价值的生活流程,也作为一种节奏而活跃起来。整个这一建构,包括它的内容方面和形式因素,之所以对审美主体能是真实生动的,就因为审美主体的确确认了整个人类的价值。

审美观照世界的具体建构,情形就是这样。在这里凡属价值因素,都不是受原理原则决定的,而是受事物在事件具体建构中所处的唯一位置决定的;而事件的建构又是从参与性主体的唯一位置出发而实现的。所有这些因素都作为具体人的唯一性因素得到确认。在这里,空间的、时间的、逻辑的、价值的因素,都在具体的统一中得到充实(如祖国、远方、旧日、过去、将来等等),都同一个具体的价值中心相联系,不是按照理论体系而是按着建构原则从属于这一价值中心,通过这一中心并在这一中心之中获得各自的定位。每一个因素在这里都是唯一性的因素,而整体性本身只是具体唯一性的一个方面而已。

不过,我们在这里大致描绘的审美建构,是在审美行为中实现的对世界观照结果的建构,而行为本身和我本身(行为主体)却处于建构之外,被排除在建构之外。这是得到确认的他人生活的世界,而我这个确认者并不在其中。这是从自身出发的独一无二的他人以及与之价值上相关的存在所构成的世界。他人是从自身出发而被我发现的,我则是从自我出发的独一无二的我,我原则上就置身于建构之外。我只是作为观照者参与其间,但这种观照是观照者置身于观照对象之外的有效而能动的观照。受到审美观照之人的唯一性,从原则上就不可能成为我的唯一性。审美活动是一种专门的客观化的参与,从审美建构的内部出发,不可能进入行为主体的世界,这个世界处于客观化审美观照的视野之外。

现在我们来谈谈人所体验的生活世界、参与性行为的意识世界在现实中的建构情形。首先我们分析一下我的唯一的唯一性同任何他人(不论是审美之人还是现实之人)的唯一性两者在建构上原则的不同,分析一下具体体验自己同体验他人的不同。得到具体确认的人的价值,同自为之我的(моя-для-себя)价值,根本是不同的。

我们在这里所指的,不是对那种概括的理论意识作出抽象的评价;那种理论意识只知道任何个人都无不具有的内容含义上的普遍价值。那样的意识不出于偶然是不能产生具体的唯一性行为的,它只能把既有的行为当作一般模式来加以评价。我们指的是对行为的意识作出有效的具体的评价,指的是评价这种行为;这种评价行为的根据,不能到理论体系中去找,而要到唯一的具体的独一无二的现实中去找。这种行为者意识,把自为之我同所有他人,即为他之他人(другой для него)区别开来,把作为出发点的自我同所有唯一的他人(被发现唯一之他人)区别开来,把参与性的自我同我参与的世界以及世界中的所有他人区别开来。唯一的我是从自身出发的,而所有他人都是被我发现的,这就是两者在本体上事件中的深刻差异。

行为的现实世界所遵循的最高建构原则,就是我与他人之间在具体的建构上有着至关重要的相互对照。生活中存在原则上不同却又相互联系的两个价值中心,即自我的中心和他人的中心;一切具体的生活要素都围绕这两个中心配置和分布。内容不变的同一个事物,生活的同一个因素,视其同我或同他人相联系而获得不同的价值。内容统一的完整世界,视其同我或同他人相联系而获得完全不同的情感意志语调,在自己最为生气勃勃的、最重要的含义中表现出不同的价值。这并不破坏世界在含义上的统一性,却可使含义的统一性提高到事件的唯一性。

世界的价值判定中的这种两重性(为我与为他),较之界定具体事物[？]时所发现的差异要具有远为深刻的和原则的性质。例如我们在审美观照的世界内部已经看到,同一个意大利对一人是祖国,对另一人是异国;界定具体事物中这种重要性上的差异是建构的结果,然而都还处于同一个价值尺度之中,都还处于为我之他人的世界里。而两重性是两个其价值得以确认的他人在建构中发生的相互关系。作为祖国的意大利同作为异国的意大利,都处于一种语调之中,都处于与他人相联系的世界里;而同我相联系的世界,却根本不可能进入审美的建构。我们将会在下文详尽地看到,审美观照正意味着把事物投入他人的价值层面中去。

世界在价值上通过建构而如此一分为二,区别开我同为我之一切他人,这并非是一种消极的偶然性的区分,而是积极的应有的区分。这种建构是实有的又是预设的,因为这是事件的建构。而事件的建构并非是现成已有的,并非是固定不变的,我只是消极地参加进去而已。这是我在存在即事件中的意向所预设的计划,是必须由我的负责行为加以积极实现的建构;这建构是靠行为筑起的,也只有在行为是负责的条件下才能稳固坚实。具体的应分因素是建构的应分因素,这应分之事便是在唯一的存在即事件中实现自己唯一的位置。而唯一的位置首先就体现着我与他人两者在价值上的对立。

每一个有道德的行为,无不在实现着这种建构上的区别,这种区别甚至连起码的道德意识都可以理解。然而伦理学的理论却找不到恰当的形式来表述这种区别。普遍原理、规范或规律等形式,都无法表现出这一对立;这一对立的含义就是绝对的自我排除。这里势所难免地要出现歧义,形式与内容要出现矛盾。只有通过描写建构中具体的相互关系这一办法,才可能表现出这一点。然而道德哲学目前还不会作这样的描写。自然,不可由此断言这种对立完全没有得到表现和表述。要知道这就是整个基督教道德的含义所在,由这个含义又引发出了利他主义道德。只是这一[1词不清]道德原则至今未得到恰如其分的科学表述,没有从原则上给以全面的思考。

贾泽林　译

审美活动中的作者与主人公

第一章　（缺）
第二章　（片段）

[……]研究者的生活为时间所制约,同样也受材料的纯偶然性状态影响,这一带有某种建构性的稳定性因素,具有纯粹的审美特性。但丁世界的历史地理图景与其相符的地理、天文和历史的,情节丰富的价值中心就是这样。地球,耶路撒冷,救赎事件。严格说来,地理学不知道远和近、这里和那里,从其内部对于卓越的整体(地球)进行衡量时,它就失去了绝对的价值比例;而历史是不知道过去、现在和将来的,不知道短与长、古代与不久以前,但这是绝对唯一的和不可逆转的因素。历史时间本身不会重复,当然,其中一切关系是偶然的和相对的(可回溯的),因为没有绝对的价值中心,对历史和地理学的某种美化现象,总是有它的地位的。

从数学物理学观点上看,人的生活时空不过是统一而无尽的时间和空间中一个微不足道的片段。"微不足道"一词一旦带有语调就已经有了审美含义。当然,只因有了上述关系,才能保证在理论的论断中时间和空间在含义上保持同一性和确定性。但时间和空间在人的生活内部却要获得唯一的价值中心,它们因与这一中心相关联而变得充实,显得有血有肉,为我们所见,并发出负责任的声音[?]。艺术时间和空间是不可逆转的、有稳固建构的时间和空间;它们与充实凝聚的生命时间相结合,便具有了情感意志的语调,并包容了[?],像永恒、超越时间界限[?]、无穷、整体、部分等等;所有这些词语对哲学家来说,都具有价值分量,亦即给以审美化了。十分清楚,我们这里所说的,不是从内容上,而是从形式上对时空的整体加以调整;我们指的不仅是本事①的因素,还有经验方面的形式因素。而传达本事的内部时间也好,传达本事的外部时间也好,内在的空间观照也好,外在的空间描述也好,作为有生有死之人的环境和视野,作为他的生活流程,都具有价值的分量。倘若人是不死的,那么这一生活流程以及早些与晚些、尚未与已经、眼下与那时、从来与永不等词语所具有的情感意志语调便要消失,有声节奏的分量和意义也要消失。一旦把有生有死之人的生命这个因素消灭了,所有的节奏因素的形式便都会失去价值之光辉。诚然,这里的问题不在于人的生命在数学意义上确定的长短(依《圣经》所言,为70岁),它可能是很长或很短;对我们来说,重要的是存在着表达生命和视野的界限这一术语,如生和死;只因有这些术语以及受它们制约的一切存在物,有限生命的时间流程以及[1词不清]空间才获得了情感意志的语调,这后者反映着有生有死之人的努力和奋进。而永恒和无尽本身也只是在与有限生命相参照中才能获得价值含义。

现在我们转而谈谈含义的处理。建构就是把具体的、唯一性的局部和因素,通过原则上必然的而非偶然的配置与联系,形成一个完成了的整体。这样的建构,只有围绕着这个人、这个主人公才能得以实现。一个思想、一个问题、一个主题,不可能成为这种建构的基础;它们本身就需要有一个具体的建构整体,自己才能在某种程度上得到完成。思想中潜藏着超越时空而把握无尽的能量;与这无尽相比,则一

---

① 本事(фабула),文艺学中的术语,与情节(сюжет)相对。它指文艺作品中的基本事件链,是作品的事件核。其基础是指作家取自现实生活中的事实或其他作品中的事件。——译者

切具体的东西都是偶然的了;不过这种能量只是引导去观察具体的东西,引导是无尽的,却不可能最终完成一个整体。甚至学术性推理文章的整体性,也不是由其基本思想的实质所决定的,而是由对这一实质来说全属偶然的因素所决定的,这首先是有意或无意地受到局限的作者视野所决定的;甚至一种体系,也仅仅外表上是封闭的、完成的,但内在仍然是开放而无尽的,因为认识的统一体永远是预设的目标。从这个角度研究一下如《纯粹理性批判》这样作品的建构,确定一下使它得以完成的诸因素的始源,是一个饶有趣味的任务。我们不必花费多大气力便可以确信,上述因素具有审美的性质,甚至具有拟人说的性质,因为康德相信体系可以封闭完成、范畴表可以封闭完成。一个推论整体,甚至像推理这样简单的推论,它们各个局部的时空划分和配置,如推理的前提、[2 词不清]结论等等,不是反映因素本身,而是反映人思维的时间过程;当然这不是偶然的心理过程,而是审美化了的、有节奏的过程。小说推论整体的建构与乐曲的建构最为接近,因为诗中容纳着太多的空间因素和可视因素。小说为了完成自我并成为最终完成的作品,需要利用创造个性即小说作者的审美过程,需要在自身中反映他所创造的已完成事件的形象;因为小说如果单从自己纯粹的含义内部出发,从脱离了作者的含义内部出发,是找不到任何最终完成作品的、起建构调整作用的因素的。无须特别解释,充塞着作品时空序列,充塞着本事的内在事件和外在布局的那些感性材料,亦即内在和外在的节奏,内在和外在的形式,也只能是围绕着人的价值中心来调整,包装着这个中心和中心的世界。

至于涉及伦理含义,只能简要地说一说;在这里若不联系下文的内容,我们很难对这一因素予以具体的阐释。我们只能在谈到伦理事件与审美事件的差异时,方能略加说明,因为要结束一个伦理事件(而它的含义永远是开放的、待阐发的),并对之作建构的调整,只有把价值中心从预设的可能转化为人,即事件参与者的现实时才有可能。

下面我们用具体的例子来分析一下我们所说的人作为艺术整体

69

中的价值中心所具有的建构功能。这一分析将只涉及我们在这里所需要的一些因素，其余的一切，即使有时对整体艺术印象来说极其重要，我们也略而不论，为的是尽量不与下文重复。我们所作分析的这种特殊性质，它甚至不能大体上涵盖艺术整体的性质，这是我要敬请读者谅解的。

我来分析一下普希金创作于30年代的抒情诗《离别》。请看：

> 为了遥远祖国的海岸，
> 你告别了异国他乡……

在这首抒情诗中，存在着两个人物：一个就是"抒情主人公"，这里是客观化了的作者；还有一个"她"，大概是里兹尼奇。因之存在着两个指物的情感意志取向，两个价值层面，唯一的出发点借以维系和调整存在的两个价值因素。抒情整体的统一，是靠女主人公的价值层面整个地被男主人公层面所包容和确认，是靠女主人公的价值层面纳入男主人公层面之中作为他的一个因素；而这两个层面本身又被作者和读者统一的确认价值的能动层面所涵盖。这后一个层面是形式的层面，即纯属审美的层面。我们赶在下文之前先说一句：审美主体，即读者和作者（他们是形式的缔造者）所处的地位，他们所形成的艺术上的能动性的始源地位，可以界定为时间上的、空间上的和含义上的外位，它毫无例外地外在于艺术观照中内在建构范围里的全部因素；这样一来，才能以统一的、积极确认的能动性，来囊括整个建构，包括价值上的、时间上的、空间上的和含义上的建构。审美移情（Einfühlung），即从内部对事物和人物进行观照，就是从这个外位的视角上积极地实现着；正是在这里，通过移情获得的材料，与外部视听的物质结合在一起，组成一个具体而完整的建构整体。外位是把围绕几个主人公所形成的不同层面，归结为一个审美形式的统一价值层面所必不可少的条件（史诗中尤为如此）。

在我们所举的抒情短诗中,建构整体的所有具体因素,都向男女主人公两个价值中心汇集靠拢,而且第一个圆圈包裹着第二个圆圈,大于第二个圆圈。两个圆圈作为一个统一事件为作者和读者的构成能动性所囊括。这样,便出现了三个彼此渗透的价值层面。故此诗中几乎每一词语的语调都应有三个取向:女主人公的实际语调,男主人公的实际语调以及作者、读者的形式语调(在实际的朗诵中,朗诵者的任务是发现这三种语调的合力)。我们现在看一看在[1 词不清]建构中唯一的具体因素的配置:

为了遥远祖国的海岸,
你告别了异国他乡……

"祖国的海岸"处在女主人公生活中时空的价值层面上;对她来说,在她的情感意志语调中,可能的空间视野具体化为祖国;因为这是她生活事件中的一个因素。同样也是与女主人公相联系,某一空间整体作为她的命运因素,成了"异国他乡"。她的离去("你告别了")主要是用男主人公的语调,属于他的命运层面。如果用她的语调,最好说"归去",因为她是回归祖国。在他和她的命运中,远方(修饰语"遥远的")在价值上得到充实,他们将会远离而天各一方。

在另一版本中(安年科夫[①]编),男主人公的价值层面占据了优势:

为了遥远的异国他乡,
你告别了祖国。

这里的异国他乡(意大利)和祖国(俄罗斯),是从男主人公角度来判定价值的。

[①] 安年科夫(1813—1887),俄国文学评论家。——译者

> 在永志难忘、肝肠寸断的时刻,
> 我在你面前久久地哭泣。

这个"时刻"连同其[1 词不清]和长度,都笼罩在"远方"的氛围中,在他和她的有限生命里,这个唯一的时序中作为生离死别的时间而获得了价值分量。在选择词语和中心形象时,男主人公命运的价值层面起着主导作用。

> 我用发冷的双臂
> 紧紧抱住你不放;
> 我的呻吟在祈求,
> 不要结束这离别的苦痛……
> 你说:有一天会相会在永恒的蓝天下,
> 在翠绿的橄榄树丛中,
> 那时爱情之吻呀,我的朋友,
> 犹如燃烧的烈火熊熊。
>
> 啊,在那茫茫的苍穹下,
> 闪烁着点点蔚蓝的星光,
> 海水在礁岩下打盹,
> 你竟长眠不醒在一旁。
> 你的美貌,你的痛苦,
> 永远消逝在骨灰盒里。
> 何处又去寻觅那相逢之吻……
> 但我还在期待:吻总伴着你!

下面我不想把读者的精力浪费在如此一目了然的事情上。显而易见,这一整体的全部因素,不管是直接表现出来的还是没有表现出来的,只有与某个主人公联系起来,或是与任何一个人联系起来,作为个人的命运,才能够成其为价值并得到相应的配置。现在我们谈谈这一整体中其他较为重要的因素。参与到这一事件整体之中的,还有自然界;它从两个方面活跃起来,进入了人的现实:第一,大自然作为男女主人公海誓山盟期盼重逢这一事件之氛围和背景(永恒蓝天下的亲吻),以及她实际上死去的这一事件的氛围(在那茫茫的苍穹下,闪烁着点点蔚蓝的星光……你竟长眠不醒)。并且,在前一事件中,背景加强了重逢的欢乐气氛,背景与欢乐是合拍的;第二个事件中背景则反衬她死亡的悲哀。这些都是自然界纯粹按本事的情况而参与。第二,事件与人的活动和生命直接进入自然内部,如人之血——苍穹,使用了隐喻:闪烁着蔚蓝的星光,海水在礁岩下打盹,礁石覆盖了大海的梦,蓝天是永恒的——苍天的永恒与人的有限生命在价值上形成了鲜明的对照。然而,一些隐喻带有拟人的性质,如闪烁[①]、打盹;另一些隐喻仅使自然参与到人的命运之中,如苍穹、永恒的蓝天。这第二方面活跃自然界的方法,不受直接的本事所局限。

  现在有必要谈谈以下几点:事件展开的内在空间形式、内在节奏(内在的艺术时间)、外在节奏、语调结构,最后还有主题。

  我们在这一作品中发现有三个雕塑式、绘画式、戏剧式的形象:离别的形象(发冷的双臂、紧紧抱住你不放)、相约重逢的形象(蓝天下的接吻),最后是死亡的形象(自然界和骨灰盒、她的美貌和痛苦都消逝在这里)。这三种形象都力求达到某种纯粹描绘性的完美。

  事件时间上的内在节奏是这样的:离别和相约的重逢,死亡和未来实际的相逢。在男女主人公的过去和未来之间,通过此时此刻的回忆,建立起不间断的事件性联系:离别是反题,相约的重逢是正题;死亡——反题,仍将相逢——正题。

[①] 诗中"闪烁"一词,隐喻有"眨眼"之义,故"有拟人的性质"。——译者

下面谈谈语调的结构。每一个表达出来的话语①,不仅表明事物,不仅激发某种形象,不仅发之为声,而且对所称谓的事物要产生某种情感意志的反应;这种反应在实际的话语发音中是通过语调表达的。话语的声音形象不仅是节奏的载体,而且整个渗透着语调,其中在实际朗读作品时,语调与节奏之间还可能产生冲突。诚然,节奏与语调不是相互排斥的要素,节奏同样表现整体的情感意志色彩,不过它的指实性较差。但主要之点在于:节奏是作者对整个事件的几乎纯形式方面的反应;而语调则主要是主人公在整体内部对事物的语调反应,并且根据每一事物的不同特点而有所区别。无论如何,语调和节奏之间的抽象区分,不同于另一个同样抽象的区分,即主人公的反应和作者的反应;因为语调可以同时表现主人公的反应和作者的反应,而节奏也能表现这两种反应。作者的情感意志的反应,主要表现在节奏中;而主人公的情感意志的反应,则主要表现在语调中。主人公的反应,即在主人公的价值层面上表现对事物的评价,我们且名之为现实主义反应;与它相适应的是现实主义语调和现实主义节奏。作者的反应,即在作者层面上对事物的评价,我们将之称为形式的反应;与之相应的是形式语调和形式节奏。形式语调和现实主义节奏出现较少,不如现实主义语调和形式节奏常见。我们在下文可以看到,不仅语调和节奏,而且艺术整体的一切因素以及话语的一切方面,如形象、事物、概念等,都可用来表现情感意志的反应和评价。

　　解释一下我们所作的区分。在戏剧中语调通常具有纯现实主义的性质:戏剧对话本身,就表现着不同人物价值层面之间的斗争,是剧中人物在同一事件中所处不同情感意志立场间的冲突表现,是不同评价之间斗争的表现。对话的每位参与者在其直接引语中,通过每一词语来直接表达事物以及他本人对这一事物的能动反应;语调富有生活气息和现实主义,作者却不直接露面。不过剧中人的所有这些对抗性

---

① слово 一词在巴赫金著作中运用甚广,我们将按其行文的具体语境,分别译作"词语""话语""语言"等。——译者

反应,都被包容在一个统一的节奏中(在悲剧中用三步的抑扬格①);后者赋予全部表述以某种统一的语气,仿佛把它们全部归结到一种情感意志的公分母上;节奏表现反应的反应,即作者针对剧中人全部对抗式的现实主义反应,针对整个悲剧事件,作出统一而又单一的纯属审美形式的反应;同时便把这一事件审美化了,把它从现实(认识和伦理的现实)中分离出来,并加以艺术的包装。诚然,三步的抑扬格并不表现作者个人对该悲剧的独特事件的反应;但对事实所持态度的总体性质,即审美的性质(整个剧本除了合唱之外,几乎均用三步抑扬格写成),仿佛起着一种舞台的作用:把审美事件与生活隔离开来。正如大家所熟知的,在三步抑扬格固定的韵律结构内部,允许某些节奏变体,即破律的存在,它们一般带有现实主义功能,强调并加重主人公的生活色调,但有时也[2 词不清]传达着说者内心生活的节奏;传达紧张状态、加快速度等。我们在这里撇开不谈那些表现作者及其形式反应(有时也并非是形式反应)的其他悲剧因素,诸如古希腊罗马悲剧中的合唱、各个局部的配置、形象的选择、音响的表现手法以及其他纯形式的因素。我们同样没有涉及话语的声音形象不仅具有节奏和语调的功能,而且具有纯粹的描绘功能("音响的表现手法")。

  史诗中主人公直接引语的语调,也像戏剧中一样,是现实主义的;作者引述的主人公间接引语,可能是现实主义的反应占优势,但也可能是作者的形式反应占优势。因为作者在转述主人公表现自己价值立场的话语时,可能在转述的语调中表现出自己对主人公话语的态度,表现出自己对主人公的立场,例如采用讽刺、惊异、兴奋、沉稳叙述的语调等等。在史诗中,对事物的描写以及对事件的叙述,有时主要是从它们对主人公具有的价值(从事物的价值和事件的价值)出发,采用表现主人公对这些事物和事件态度的语调;但有时又完全以作者的价值层面为主,即用来描写主人公世界的话语,表现了作者对主人公

---

① 这是古希腊悲剧中人物对话所用的格律。——译者

及其世界的反应。但不管是哪一种反应占优势,史诗中的话语永远是作者的话语,因此总是要表现作者的反应,尽管某个词语或某些词语几乎完全交给了主人公支配。在这个意义上我们可以说,史诗的每一词语都表现着反应之反应,表现着作者对主人公的反应所作的反应;换言之,每一概念、形象和事物,都生活在两个层面上,都要从两个价值层面——主人公层面和作者层面上作出判断。我们还会看到,这些价值反应处在不同的文化世界中,因为主人公的反应和评价,他的情感意志取向,带有认识和伦理的性质,生活和现实的性质;而作者对它的反应,使它得以最终完成,却是从审美的角度出发的。作品的真实生命,就在于主人公和作者之间活跃能动的关系所构成的事件。在诵读作品时,如有必要则可以用声音十分明确地传达两种语调,当然这并不是指每一词语而言。无论如何,纯粹现实主义式的朗读是不可取的,在声调中每时每刻不应没有作者积极的审美建构的能动性。

在抒情诗中,作者的形式倾向最为强烈,也就是说他消融在外在声音形式和内在的绘形绘色的节奏形式之中,因而好似他不存在,好似他同主人公融为一体;或者相反,没有主人公而只有作者。事实上即使在这里,也有主人公和作者的相互对立,而每一话语中都回响着反应之反应。我们在这里还不能讨论抒情诗在这方面的特点以及它的客观性。让我们回到前引的那首抒情诗的语调结构上来吧。这里每一话语里都有着双重的反应。必须永远记住,对事物的反应,对它的评价,与所评价的事物本身,可不是作品或话语的不同因素;这是我们对它们所作的抽象的区分。实际上评价贯穿于事物之中,不仅如此,评价还创造着事物的形象,正是形式上的审美反应把概念融进了事物的形象之中。难道我们所引短诗的第一部分,不是全为现实地感受到的离别之苦的语调所充塞吗?这种现实的悲痛语调是存在的,但它又受另一语调所控制、所包容,那就是赞颂离别而全然不是悲痛的语调;因为节奏和语调("在永志难忘、肝肠寸断的时刻,我在你面前久久地哭泣")不仅抒发了这一时刻沉痛悲切的心情,同时还表现出对悲痛的克制和对此情的赞美。其次,惜别的生动形象(我用发冷的双臂,紧紧抱住你不放;我的呻吟在祈求……)全然不只是传达离别的痛苦,因为现实中痛苦告别所引发的情感意志反应,本身不会产生优美生动的形象。要想做到这一点,这一痛苦的反应本身先应承受一种反应,绝不是什么痛苦的反应,而是审美上珍爱的反应;换言之,这一形象不是建立在实际离别之人的价值层面上。最后,在结尾的诗行中(何处又去寻觅那相逢之吻……但我还在期待……)主人公真的在期待和相信将有重逢之吻的语调,被包容在另一种语调中,即无所期盼而完全安心于现在的语调;主人公那实际的未来,变成了作者即形式缔造者的艺术未来。此外,正如我们先前已指出的,男主人公在某些时刻的反应,本身包容了女主人公的反应,但男主人公的价值层面在这里依然没有获得完全的独立。

现在来谈谈这首短诗的主题。

(必须永远记住,我们所区分的两种语调——现实的语调和形式的语调,从来不以纯粹形态出现;即使在生活中,尽管每个词语都由我们赋予了语调,这语调也从不纯是现实的,而总杂以某种审美的成分。现实中的认识和伦理反应是纯净的,但这个反应的表述对他人来说,不可避免地要纳入审美的成分;任何的表现,本身便已有审美的性质;不过审美成分在这里只起辅助作用,而反应的实际取向则是现实的。这一点也适用于形式的反应。)

现在我们转而谈谈主题。由于前已指出的纯粹抒情诗的特征,即作者和主人公几乎完全吻合,所以很难区分出主题并把它作为一个明确的小说式的情势或史诗般的境况加以表述。抒情诗的内容,一般来说是不具体的(像音乐一样),它仿佛是认识和伦理应力的痕迹,是某一可能的[?]思想和行为的总体(尚未区分的)情态。所以表述主题应是十分谨慎的事,而且任何的表述又总是相对的,不可能如实地传达出实际的散文语境。在这里我们也并不想要确定出这个真正的散文语境。真要如此,那就必须研究普希金敖德萨之恋的传记事件(他

77

的伦理事件),以及这一恋情在后来的反响;必须研究1823年和1824年相关的哀诗,30年代的其他作品,首先是《祈求》;不得不注意这一主题(宽泛些说,这是爱情与死亡的主题)的文学渊源,而首先是巴里·科尔努奥尔①的作品。正是这种文学渊源直接影响了主题相近的《祈求》一诗,以及其他一系列写作年代相近的作品,最后还有30年代的整个生活状态和精神面貌(面临的婚姻等等)。毫无疑问,联系到当时的人生境遇,"忠贞"这一伦理思想在作者波尔金诺期间的认识伦理生活中,占据着一个中心位置(《吝啬骑士》《告别》《石客》)。而且为了阐明抒情诗所处的散文语境,具有重要意义的例子是作者的非诗歌作品,那里的散文思想总有着鲜明的表达。类似的研究完全不是我们的任务,对我们来说,重要的是抒情诗的主题能够具体体现艺术的整体这一点。所以,我们的表述不可能奢望在所有方面都是无懈可击的。总之,"爱情和死亡"的主题,因有了"相约和践约"的分题而变得复杂和具体了;相约重逢虽然因出现死亡而受阻,却仍能在永恒中得到实现。这个分题是通过"重逢之吻"表现的,如相约的重逢之吻(爱情之吻),死之吻(何处又去寻觅那相逢之吻),复活之吻(但我还在期待:吻总伴着你);主题靠提喻得以具体化。这里的主题纯粹是伦理的主题,但它丧失了自己伦理的锋芒,而用吻的形象包装起来。这是中心的主题形象。如果把热恋与阴间重逢的伦理事件,把与之相联系的忠贞、净化心灵等伦理行为(这些经过审美加工都进入了但丁的抒情诗中)作为预设[?]要发生的因素,作为在实际的未来肯定要出现的事件,那么,作品整体的形象完整性和节奏完整性便要瓦解。如果真的相信和期望不久后的重逢(这在作者即普希金的心里也许会有,只是从他的经历来看,这一推测颇为可疑。同一主题也见于茹科夫斯基的作品中),而且如果重逢时只有他们两人(也就是说,如果作者与自己的主人公是绝对地重合),那么从这里是产生不了任何完成的、自足的东西来。由这里只能产生出实际的未来,而不是含义上的未来。

---

① 巴里·科尔努奥尔(1787—1874),英国浪漫诗人。——译者

而起完成作用的因素,须来自对整个事件的另一种情感意志的取向;这一取向把这一事件同它的参与者联系起来,不是让这一感受和意向的对象(即实际上的彼世相逢)成为价值的中心,而是使对事物的感受和意向本身,从它的价值载体——主人公的角度出发,成为价值的中心。我们根本无须知道,普希金是否真的获得了彼世之吻,也不需要从哲学上、宗教上或伦理上去论证彼世相逢和复活的可能性和必要性(因为永恒是真正爱情的基础);对我们来说,这个事件已经全部完成和了结——虽然小说式的分析还能够而且应该从哲学上、宗教上对这一主题的相应方面作深入的开拓——因为,爱情是永恒的,永恒的记忆富有本体的威力("谁没有忘记,谁就不会放弃""上帝要索回的赐予,顽强的心灵不会丧失"①)——这是一切时代艳情诗的最深刻主题之一(但丁、彼特拉克、诺瓦利斯、茹科夫斯基、索洛维约夫、伊万诺夫等)。要使得这个永无穷尽的、惊心动魄的、永远开放的哲理性主题最终完成,要使得可能有的伦理性生活行为最终完成,办法只能是由作者把这一事件(上述主题正是这一事件应有的含义)与主人公其人结合起来;而且这个主人公之人可能与作者之人相重合,这种情况几乎屡见不鲜(用作抒情上的一般主题是以生活中真实的伦理事件为[2 词不清]基础的);但是作品中的主人公却从来也不能与创造这一作品的作者相重合,否则我们就不能获得艺术作品了。如果作者的反应与主人公的反应融合在一起(要知道这有时[?]会发生,是在[?]认识和伦理方面),这一反应直接指向事物和含义,作者便要同主人公一起来认识和行动,从而失去了他对主人公的完成性的艺术观照,我们将会看到,这种情形在一定程度上时有出现。直接指向事物的反应,因而还有直接指向事物的话语语调,在审美上是没有效能的;它只能有认识和伦理的效能;审美反应是反应之反应,不是对事物和含义本身作出反应,而是对这个人眼中的事物和含义,以此人的价值相衡量的事物和含义作出反应。在我们所举的这首短诗中,通过抒情主人公全盘

---

① 引自俄国诗人维亚切斯拉夫·伊万诺夫作品中的诗句。——译者

地[？]具体体现出了认识伦理的主题、信念和希望[3词不清]。那么,这是一个怎样的主人公?作者对他的态度又如何呢?对此这里只讲一些初步的看法。我们从态度说起吧,因为正是创造的态度决定着事物。作者对抒情主人公的态度,在这里纯粹而直接地是一种形式上的审美态度,因为主人公的认识伦理体验,带有价值色彩的体验(即他对事物的反应),在这里直接成为作者反应的对象,而作者的反应是纯粹审美反应,起组建作用的赞美的反应。可以说,主人公的体验感受在这里被直接铸成形象和节奏,所以就让人觉得,好像没有作者或者没有主人公,只有一个从价值上进行体验感受的人。而事实上,正如我们在下文中会详尽见到的,在史诗中,特别是在长篇小说中,有时也在抒情诗中(如海涅的抒情诗中),主人公及其感受,他对事物的情感意志的总体取向,并不是直接地就取得了纯粹审美的形式,而是首先受到作者的认识和伦理的界定;换句话说,作者在对其作出形式上的直接审美反应之前,先要在认识伦理上作出反应,然后再把认识伦理上(指道德上、心理学上、社会学上、哲学上[2词不清]等)经过判定的主人公,从纯粹审美方面加以最终完成。甚至在主人公具有深刻自传性的时候亦是如此;而且对主人公所施的这一认识伦理上的界定,总带有深刻的利害关系、个人隐秘的性质。这一认识伦理上的界定,与随后的审美构成是如此紧密而深刻地联系在一起,即使在抽象的分析中也几乎难以区分开来;在这里,几乎是令理智无法直接捉摸地实现着从一个创造视点向另一个创造视点的转化。的确如此,你能够在写英雄业绩、幽默、讽刺、挖苦的作品中,把形式上的艺术手法同认识伦理评价区别开来吗?能够区分出英雄化、讽刺、幽默的纯粹形式上的艺术手法吗?这是任何时候也无法做到的[1词不清],况且对分析的任务来说又是无关紧要的,分析不可避免地要兼及形式和内容,这一点在这里得到特别鲜明的证实。另一方面,在这些现象中,特别清晰地显露出作者的作用,以及他对主人公的态度所构成的生动事件。

纯抒情诗的特点,正在于主人公对事物的反应,既不求充分展开,也不求原则的态度;作者似乎赞同这一反应中的认识伦理成分,而不再对它作原则性的研究、评价和概括,于是从形式上加以完成便轻而易举、毫无滞碍了。抒情诗在这一方面接近直唱的歌曲,歌曲中的感情仿佛自己在赞颂自己;悲痛是对事物而发的(伦理的方面),同时又在颂扬自己;哭泣也一样,一边啼哭一边在赞颂自己的涕泣(审美上的自慰)。当然,主人公和作者也是一分为二的,同任何的表现都一样;只是无从分解的直接号叫,痛苦的呼喊,不知有这一分为二。要理解这一现象,必须做到一分为二,并彻底弄通这两者的差异。不过在这里这一关系具有特殊的性质,这是一种平和企盼的关系,主人公不害怕也不羞于被表现出来(如讽刺抒情诗),作者无须与他作斗争,他们仿佛共生在一个摇篮里而彼此相依为命。然而应该指明,抒情诗的这种直接性是有限度的,因为抒情的心灵事件可能退化成为心灵的微小插曲,而另一方面又可能流为虚假的东西:主人公与作者之间的关系,考虑欠周,他们彼此误解,害怕直面对方而坦率地(?)明确自己相互间的关系。——这在抒情诗中是随处可见的,从而引出无法融于整体中的不和谐的语调。也可能有一种综合的[?]抒情诗作,它不封闭在个别的自足的短诗之中;还可能有抒情诗集(彼特拉克的一些十四行诗;在现代接近此类的有维亚切·伊万诺夫,里尔克①的 *Stundenbuch*②)或者至少是抒情组诗。像这样把一些抒情短诗汇集成一个大的整体,仅有统一的主题是不够的,首先必须有统一的主人公及其统一的意向;有的时候,甚至还可以谈谈抒情主人公的性格如何。关于这点以后再详细论说。总而言之,对纯粹抒情诗来说,我们提出的作者对主人公采取直接的纯审美的态度这一论点,同样是正确的;尽管这里主人公的情感意志定位,他的认识伦理取向,不具有鲜明的指物性,也不追求

---

① 里尔克(1875—1926),奥地利诗人,深受法国象征派诗人波德莱尔等人的影响,注重艺术探索与创新,对 20 世纪上半叶的西方知识界有重大影响。——译者
② 宗教性的《日课经》。——译者

原则性的立场。我们引述的这首短诗中,主人公同作者的关系就是这样。关于这一主人公,我们在这里暂且不能作详细的论述,因为他的情形不具有原则性的意义;作者对这种处置不作评价,也不加概括,而是在美[?]中给予了直接的肯定(是抒情式的接受)。而同一个主题(指主题的认识伦理方面)在史诗中或者甚至在抒情诗中,可能通过另一种主人公得到另一种具体体现,而主人公同作者也处于另一种关系之中。我们不妨回想一下,类似的主题,至少是几乎相同的认识伦理取向,在连斯基身上则用完全不同的方式克服着并参与现实之存在[?]:"他歌唱生离死别,歌唱忧愁悲伤。他还歌唱什么?还有那朦胧的远方……""我们的生活目的,对他来说是一个诱人的谜底;他冥思苦想,琢磨着奇迹的出现。"此处,这个主题完全失去了自己认识伦理的权威性,结果仅仅成为艺术描绘连斯基其人的一个因素,这种艺术描写贯穿着幽默讽喻的语调。在这里,是作者的反应决定了选词,决定了主人公情感意志的、认识伦理的、指物的整个立场的语调;主人公不仅在艺术形式上,而且首先在认识伦理上,受到作者的评价和界定(几乎被概括成一种典型),而这一界定不可分割地[?]联系着[?],渗透到了纯审美的、最终完成作品的形式中去。形式与评价的不可分离,也表现在连斯基的诗句中:"你浪迹何方,浪迹何方……"这是对蹩脚的浪漫主义的讽刺模拟。这一渗透到诗歌的形式和内容整个结构中的评价,后来形诸于外,直接表达出来:"他这样写着,迷茫而孱弱……"这里作者对主人公的态度,已不是直接抒情型的了。

【应该时刻注意一点:情感意志的反应与所指事物不可分割,与事物的形象也不可分割,即是说,这一反应总是指物而又具形象的。从另一方面说,事物从来也不以对什么都漠不关心的纯粹实体出现;因为只要我谈起了一个事物,就注意到了它,抽取出来体验一番,我就已经对它采取了情感意志的立场,决定了价值取向。从这个意义上说,作者的情感意志反应,要表现在对主人公、主题、本事的选择上,要表现在表达这一反应的词语选择上,也要表现在形象的选择和塑造之中,如此等等,而不仅仅出之以节奏和语调;语调在作品中是根本不标明的,它要靠人去琢磨,在默读时也不表现为声音形象,虽然存在着生理的以及肉体的[？]替代物,如眼神、唇动、脸色、呼吸等等。但它们当然不能与语调相匹敌。主人公的情感意志定位和反应,亦是如此,它们表现在艺术作品的所有构成因素中;如果说,我们单单强调了语调,那只是因为它专用来表达情感意志的反应,表达事物的情调,再也没有其他的功能了。总而言之,从话语和艺术整体中区分出来的这些因素,如事物、形象、节奏、语调等,只是对它们作抽象分析而已,实际上它们融合成一个具体的、完整的统一体,相互渗透,彼此制约。所以就连在戏剧舞台上的对话,也不仅仅是主人公话语的语调表现了他的情感意志的立场,而且还有他的话语的选择,话语的指物意义和形象;但同时这些因素还承担着其他的功能;再者,不仅是节奏,还有主人公的话语在这一对话中所占的位置,以及整个对话的地位,对话的语调色彩,有时还有对话的指物意义和形象——这些都不仅表现着主人公的反应,而且还表现着作者的包容一切的反应、他对整体和各局部所持的立场。当我们谈论对主人公的认识伦理的界定时(这一界定先于并且也制约着对他的艺术形式上的界定),不应该把这看作是推理上已然完成的界定;况且对主人公整体来说,占主导地位的,毋庸置疑不是认识的视角,而是伦理的视角;哲理认识的因素,对主题来说,对主人公的某些因素、对他的世界观来说[？][1词不清],才会占主导的地位。主人公作为整体(即主人公的总体情态)具有纯伦理的性质(如果可以说有非审美性的整体的话);这不是推理的现象,而是情感意志的现象,如[1词不清]、羞耻、[1词不清]、卑微、神圣、专横、个人正义感、爱情、[1词不清]等等。我们再说一遍,这些认识伦理方面的界定,同审美形式上的界定几乎是不可区分的,而且这个用以确定具体之人的一系列认识伦理方面的界定,除了艺术之外便无处不在;他还可在生活中,但在这里也相当地审美化了。认识伦理的界定是针对整个人的,涵盖着整个的人——单就这一点足以表明是审美的因素了。

以伦理的界定去判定一个人,是从预设的角度出发的,而且这预设的东西恰是价值的中心;只要把价值中心转移到该东西上,界定就完全成了审美的界定。可以这么说:作者在对主人公及其世界采取纯审美立场之前,他应该先采取纯粹生活的立场。}节奏在这里是客体的一个含义因素。这不是作品的一个因素,而是作品客体的一个因素,是世界语境的一个因素。

我们在所引短诗中予以分析的艺术整体的全部要素,即指物因素(祖国、异国他乡、远方、久久地),指物的整体含义(自然界),绘声绘色的形象(三个基本形象)——内在空间、内在时间节奏、内在时间——主人公和作者的情感意志立场,与这一立场相应的语调[1词不清],时间的外在节奏、韵律以及外在布局(对此我们当然无法在这里作专门的形式分析),最后还有主题,亦即作品中全部具体而特殊的要素,以及这些要素在统一的艺术事件中的建构配置,全都是围绕着主人公其人的价值中心而实现的;存在在这里、在这唯一的事件中完全变成了人的存在,因为这里现存的一切,具有价值的一切,无不是此人生活事件的因素,他的命运的因素。至此,我们可以结束对这首短诗的分析了。

我们在这里所作的某些超前的分析,不仅谈到人是审美观照的中心,而且谈到对主人公的界定,甚至涉及作者对主人公的态度。

人是使任何一种审美观照成为可能的一个条件,不管这一观照是否在完成的艺术作品中得到一定的体现;但只有在这完成的艺术作品中才能出现一定的主人公;不过某些因素的审美化,可能同主人公没有直接的关系,而是总的同人发生关系,如在我们所举的例子中,自然界直接复活了,这与它参与特定主人公生活事件的本事无关。这里的主人公已不是可能观照的条件了,他同样成了审美观照的具体对象,尽管是个 par excellence① 对象,因为表现着他的本质。但要知道,观察人也可以不从现实之人(生物学之 homo sapiens、伦理行为之人、历史之人)的价值出发;反之亦然:从现实之人的角度出发,可以观察任

---

① 法语:主要的。——作者

何的对象,而这种观察都将是审美性质的,但其中却没有主人公。这就是说,对自然的审美观照发生了人格化,但却没有一定的主人公(其实也没有一定的作者,这里有的是与观照者[?]相重合的作者,但他极其消极而只是接受[?],虽则消极的程度各有不同)。有的艺术品可能没有明确表现出来的主人公,如自然的描写、哲理诗、艺术化的箴言、浪漫作品的片段等等,在其他艺术门类中没有主人公的作品则俯拾皆是:几乎全部的乐曲、装饰图案、阿拉伯式图案、风景画、nature morte①、全部建筑艺术等。诚然,作为观照条件的人与作为观照对象的主人公,两者之间的界线往往是不稳定的,原因在于审美观察本身就倾向于区分出确定的主人公来;从这一点上说,每一观照本身都包含着主人公的趋向、主人公的潜能;在对事物的每一审美感知中,好像总沉睡着一个特定的人的形象,犹如雕塑家在一块大理石里看到的那样。不仅是伦理的历史因素,还有纯粹的审美因素,都可以从神话的角度令人们在树木中看出森林女神,在石块中看出山神,令自然女神从水面腾飞而出,在自然界的事件中看到特定参与者的生活事件。只有针对一个确定的主人公,才能彻底判定事件的对象[?]和作者的情感意志取向。因此可以断定,没有审美观照的主人公也就没有艺术作品;应该做的只是区分实际的主人公、表现出来的主人公和潜在的主人公,后者仿佛力图挣破每一艺术观照对象的外壳。的确,为了弄明白作者对审美整体及其每一成分所持的价值立场,在没有确定的主人公的地方,至关重要的是把蕴含在观照对象身上的主人公潜能释放出来,实现某种程度上确定的形象②。下面我们将会看到,一些半哲学半艺术性质的世界观念(尼采的观念,部分地还有叔本华的观念,就属此类),其基础就是作者对世界态度所构成的活生生的事件,这与艺术家对自己主人公的态度十分类似;而为了理解这类观念,需要在某种程度上把世界拟人化,这是此类观念的思考客体。无论如何,下面我们

---

① 法语:静物画。——译者
② 建筑师的主人公[?]是居民:沙皇、上帝、掌权之人等等,需求之人。——编者

将要严格区分真正的主人公、作为审美观照条件的人、主人公的潜能；因为实际主人公的结构具有完全特殊的性质，并包含着一系列头等重要的因素，这是潜在主人公所没有的。此外，实际主人公所置身的世界，是部分地已被潜在主人公审美化了的世界，但实际主人公并不抹杀[？]潜在主人公所做的事（如我们所举的例子中，自然界被审美化了）。再者，从形式与内容两方面对各类主人公所作的界定，如性格、典型、人物、正面主人公、抒情主人公，以及再具体分类，几乎都不能挪用到潜在主人公的身上，而主要是指实际上实现了的主人公。至此我们的论述还只说明了人作为艺术观照条件所具有的普遍功能，也包括没有确定的主人公的艺术观照；我们只是部分地涉及实际的主人公在作品中的功能，因为他们的确是相互吸引，常常直接地彼此转化。人是艺术观照中形式与内容的价值中心，但特定的主人公也可以不处在该艺术作品的中心；他还可以完全不存在，他可以面对主题而退居后景，在我们所引的抒情短诗中就是如此，主人公的特定面貌在这里无关紧要。但正是由于特定主人公密切接近艺术观照的原则本身（这原则就是人格化），也由于作者的创造态度在主人公身上表现得十分鲜明，所以分析应该永远从主人公入手，而不是从主题开始；反之我们就会轻而易举地丢掉通过潜在主人公其人来具体体现主题的原则，亦即丢掉艺术观照的中心，用散文式的议论偷换其具体的艺术建构。

  还应指出，在颇大程度上先于话语艺术家而存在的语言，是深刻审美化、神话化、拟人化了的；它被吸引而贴近价值中心——人，由此唯美因素深深渗透到我们的全部思维，就连哲学思想迄今为止在自己峰巅之上，也对人情有独钟。这是有道理的，但只是在一定的范围内，而这一范围却时常被突破；而语言，或者确切些说语言世界，仿佛有着自己潜在的主人公；他在生活的话语中呈现于我的身上和他人的身上，只有在出现专门化而与其他倾向相分离的时候，审美取向通过与其他倾向的分离和斗争，开始独立分解出来，这时便出现了主人公和他的作者；而这一分解、斗争、相互作用所构成的生活事件，便成长为一个完成了的艺术作品,并凝固在这一作品里。

现在对本章作一简要的总结。

审美创造要克服认识的和伦理的无尽性,要克服预设性,途径是把存在和预设含义的全部因素,都同具体实有之人结合起来,作为他的生活事件,作为他的命运。这个实有之人是审美客体建构中的具体的价值中心;围绕这一中心,实现着每一事物的唯一性,它的完整而具体的多样性(从含义观点上看是偶然而又重要的[？]多样性);全部事物和因素又汇聚成时间的、空间的和含义的整体而建立起一个完成了的生活事件。进入艺术整体的一切,本身都体现着价值,但不是预设该有的和自在的价值,而是对实有之人在他的命运中确有意义的价值;正是针对这样的价值,实有之人才确实采取了自己的情感意志的指物立场。人是审美观照的条件;但如果他变成了这一观照的一定的对象(而他总是努力地追求这一点),他就是该作品的主人公了。艺术整体的每一具体的价值,都要从两个价值层面上去理解:一个是主人公的层面,这是认识伦理的层面、生活的层面;另一个是完成艺术整体的作者的层面,这是认识伦理的层面,又是形式审美的层面;而且这两个价值层面是彼此渗透的,但作者的层面极力要包容并封闭主人公的层面。

每一指物意义的选择,每一形象的结构,每一语调节奏的变化,都为两个相互作用的价值层面所制约、所渗透。起审美构建作用的反应,是反应之反应,评价之评价。

作者和主人公在生活中走到一起,彼此间形成纯生活的、认识和伦理的关系,相互斗争着,即使他们是在一个人身上相遇,亦复如此。他们的生活,紧张而严肃的关系和斗争所构成的事件,进入艺术整体中,凝结成作者与主人公之间的建构上稳定的却又能动鲜活的、涵盖形式和内容的相互关系;这种相互关系对理解作品生命具有极其重要的意义。具体地提出这一相互关系问题,就是我们下一章的任务。

第三节　作者与主人公的关系问题

作者与主人公之间建构上稳固而又富于动态的活生生关系,既应从普遍的原则的基础上加以理解,又应从这一关系在具体作者的具体作品中的不同个性特点上予以领会。我们的任务只是研究这一原则性的基础,然后简略地指出这一基础的个性化方法和类型,最后通过分析陀思妥耶夫斯基、普希金及其他作家创作中作者与主人公的关系,来检验一下我们的结论。

我们已经充分地说明了:作品的每一因素展现给我们时,已经包含了作者对它的反应;而这一反应又既包含着事物,也包含着主人公对这一事物的反应(反应之反应)。在这一意义上可以说,作者给自己主人公的每一细节、每一特征、每一生活事件、每一行为,他的思想、情感都加上了自己的语调,类似于我们在生活中对周围人们的每一表现也都从其价值上作出反应一样。但生活中的这些反应是零散的,只是对个别现象的反应,而不是对人的整体、整个人的反应。即使在我们对整个人作出这种完整界定的地方,在我们把整个人界定为善人、恶人、好人、自私自利之人等等的地方,这些界定也只是表现出我们在现实生活中对他的看法。这与其说是给他作结论,倒不如说我们是在作某种预测,估计他会怎样而不会怎样。或者说这种界定不过是对整体的偶然所得的印象,或是很糟糕的经验性总结。我们在生活中所关注的,不是人的整体,而仅仅是他的个别的行为,是我们在生活中不得不打交道、同我们或多或少有利害关系的行为。下面我们将会看到,我们极不愿意也极不可能在自己身上把握自我的这个整体。而在艺术作品中,作者对主人公的单个表现所作的反应,是以对主人公整体的统一反应为基础的;而主人公所有的单个表现,是作为这一整体的因素,对评定这一整体发挥作用。这种对主人公整个人的整体反应,正是特殊的审美反应。它汇集了一切认识和伦理的界定和评价,归纳成一个统一而唯一的具体看法的整体,又是一个含义的整体。这种对主人公的总体反应,具有原则的性质,富有成效,富有创造性。一般说来,任何原则性的态度都富有创造性,富有成效。我们在生活中、认识中及行为中称作确定对象的那个东西,只有在我们同它发生关系的时候,方能获得自身的规定性,方能有自己的面貌,因为是我们所取的态度界定了对象本身及其结构,而不是相反。只有当我们这一方采取一种偶然的或者随心所欲的立场时,也就是当我们离开了对事物和世界的原则性立场时,事物的规定性才会令我们觉得是某种异己的东西,自以为是的东西,而同我们格格不入。这样一来,规定性便开始瓦解,我们自己则完全陷入偶然性,失去了自我,也失去了世界的稳固的规定性。

但作者并非一下子就对主人公达到了非偶然性的、具有创造性的原则上的观照,作者的反应不是一下子就变成原则性的、富有成效的反应,从作者的完整的富有价值的态度中不是一下子就能脱胎出一个完整的主人公。这是因为主人公会表现出许许多多的假面、偶然性的脸孔、虚假的姿态、出人意料的举动。这些都是由作者种种偶然性的、情感意志反应引发的,由他的随心所欲的态度引发的。作者必须克服偶然性和随心所欲的混乱状态,才能找到自己真正的价值取向,那时他的面貌最终才能形成一个稳定的、不可或缺的整体。即使是最亲近的、看来十分熟悉的人,为了认清他那真实的完整的面孔,需要从他身上剥去由我们的偶然性反应、态度和偶然性人生处境横加给他的多少层假象啊。艺术家为把握主人公明确而稳定的形象所作的斗争,在很大程度上是他与自身的斗争。

这一过程作为心理的工程学的[？]规律性,我们不可能直接地加以研究。我们涉及这一过程,只是因为它在艺术作品中得到了一定程度的反映,也就是说我们只能涉及这一过程的观念性的、化为含义的历史,以及这一历史所包容的观念性的化为含义的规律性。至于这个过程的时间动因是怎样的,心理活动是怎样的,通常只能加以猜想,同美学是无关的。

这种诉诸观念性的历史,作者只可能在自己作品中告知我们,而不是用他的自白,即使有他的自白,也不是在论及他的创作过程的表述中。对此应格外慎重,理由在于:旨在创造完整对象的总体反应,总是积极地实现着,但却不能作为某种确定的东西而予以体验,总体反应的确定性恰恰存在于它所创造的成品之中,即在已具形态的对象之中。作者加以思索反映的是主人公的情感意志立场,而不是自己对主人公的立场;他实现着自己对主人公的这一立场,在对象中实现了这一立场,但它本身不会成为研究的对象,不会成为反思式感受的对象。作者在创造,但他只是在自己组织加工的对象身上看到自己的创造。换言之,他看到的只是形成中的创造物,而不是内在的包含着明确心理活动的创造过程。一切积极的创造性感受概莫能外,因为人们感受的是自己的对象和对象中的自身,但不是自己感受的过程。对创造性工作是可以加以感受的,但在这种感受中听到和见到的不是自己,而是他所创造的产品或感受的对象。所以,艺术家对自己的创作过程无话可说,他整个儿体现在被创造的产品之中,他所能做的只是向我们指出他的作品。的确,我们也只能到作品中去寻找他(创作的技术因素、技巧是能够明显意识到的,但也是在对象之中)。当一个艺术家离开他创造的作品,开始补充地谈论自己的创作时,他通常讲的是对作品的一种新的、接受者的立场,而不是实际的创作立场。这种实际的创作立场不是他心里感受的,而是在作品中实现的(这一立场不是由他来感受,而是自己去感受主人公)。而这个[1 词不清]对我们的主人公问题来说是十分公正的。作者创作时,他只是体验着自己的主人公,并把自己对主人公的整个原则性创作立场,注入主人公的形象之中。然而,当他在作者的自白中像果戈理和冈察洛夫那样谈起自己的主人公时,他表述的却是自己现在对已塑造完成的确定的主人公的立场,是主人公作为艺术形象此刻给他的印象,是他从社会、道德等角度出发把主人公作为活生生的确定的人所采取的态度。主人公们已摆脱了对作者的依赖,而作者,即主人公的积极创造者,也同样摆脱了自身,成为一个普通人、批评家、心理学家或道德家。倘若把作者谈论他的主人公时所受到的一切偶然因素的影响都考虑进去,如他人的批评、作者的可能出现重大变化的真正世界观、他的愿望和追求(如果戈理的)、实际的意图等等,那么,作者谈论主人公塑造过程的材料是何等不可靠,就会一目了然。这种材料要想具有重大的传记价值,并且获得审美价值,只能是在用作品的艺术内涵[？]加以[1词不清]阐释之后。创造者的作者,能帮助我们去分析创作后作为一般人的作者;在这之后,他的创作表述才能获得阐释和补充的作用。不仅是创造出来的主人公脱离了创作过程,开始在世界上独立地生活,他们的实际创造者在同等程度上亦是如此。正是在这一意义上必须要强调作者及其对主人公的总体反应所具有的创造能动性,因为作者不是内心体验的载体,他的反应态度不是消极的情感,也不是接受性的感知。作者是唯一的积极的组织力量,这种力量不存在于心理学所指的意识之中,而存在于有稳定价值的文化产品之中。同时作者的积极反应表现在对整个主人公的积极观照中(这一观照的内容又受到作者积极反应的制约),表现在主人公的形象结构中,表现在展示主人公的节奏中,表现在语调结构中以及对诸多含义因素的选择中。

只有在理解了作者对主人公的这一原则性的创造性的总体反应之后,在理解了观照主人公原则本身(这一观照原则要保证主人公在所有方面都构成确定的整体)之后,才能够严格地从形式与内容上界定各种类型的主人公,赋予他们明确无误的内涵,并对他们进行非偶然性的系统的分类。在这一方面,话语创作美学中,特别是文学史中迄今为止还是一片混乱。这里,不同观点,不同研究角度,不同评价原则的混淆不清,可说俯拾皆是。正面的和反面的主人公(反映作者的态度),自传型主人公和客观的主人公,理想的主人公和现实的主人公,英雄化、讽刺、幽默、嘲讽,史诗主人公、戏剧主人公、抒情主人公,性格、典型、人物、本事主人公,舞台角色的通常分类——情人(抒情型、戏剧型)、好发议论者、愚人等,所有这一切分类方法及对主人公的界定,都是缺乏根据的;相互之间关系不清,而且也没有一个统一的原则对之进行梳理和论证。通常这些不同的分类还不加区分地相互交叉。最认真地试图采取一种原则性的立场来研究主人公的，是传记学方法和社会学方法。但这些方法也没有足够深刻地从审美形式上理解处理主人公与作者关系的基本创作原则，而是用消极的、外在于作者意识的心理上的关系和社会关系以及这些方面的因素来取而代之。因为在这种情况下主人公和作者并不是作品艺术整体的构成因素，而是一种只务实利、人所皆知的内心生活和社会生活整体中的因素。

即使在严肃认真的文学史著作中，从作品中寻找作者的生平素材，或者反过来用作者生平经历来阐释某一作品，都是司空见惯的做法；而且认为只要事实本身相符就足够了，即主人公和作者的生活事实只要吻合就足够了，于是从中撷取某些能说明问题的事实。在这种情况下，主人公的完整性和作者的完整性完全被忽视，从而一个最重要的因素也遭到忽视，即对事件立场的表现形式，在整个生活和整个世界中体验事件的表现形式。尤其毫无道理可言的，是用一些事实把主人公和作者的世界观对照比附，相互解释，把个别思想的抽象内容同主人公的相应思想加以比较。例如，把格里鲍耶陀夫①的社会政治言论与恰茨基的相应言谈相比较，从而断定他们的社会政治观点是相同或相近的；又如把托尔斯泰的观点和列文的观点也作同样的比照。正如我们随后所见，根本谈不上作者和主人公在理论观点上有什么一致性，这里完全是另一种性质的关系。所有这些都忽视了主人公整体和作者整体原则上分属不同的层面，忽视了对思想，甚至对整个理论世界观所持态度的表现形式本身。于是便像同作者争论那样也开始同主人公争论，仿佛同存在也能够争论或表示赞同，而审美方式的驳难却受到忽视。当然，偶尔也有作者把自己的思想直接塞进主人公的嘴里，认为这些思想在理论上或伦理上(政治伦理、社会伦理)具有价值，塞进去是为了证实这些思想的正确性或是宣传它们。但这种处理

---

① 格里鲍耶陀夫(1795或1794—1829)，俄国剧作家。恰茨基是他《聪明误》一剧中的人物。——译者

同主人公关系的原则,在审美上不是富有成效的原则。通常在这种情况下,与作者的意志和意识相反,塞进的思想会出现变化以适应主人公的整体,不是要符合他的理论世界观的整体,而是要符合他的个性整体。在这个整体里,他的世界观同他的外貌、作态,同完全确定的生活环境一起,只不过是其中的因素之一。换言之,思想在这里没有得到论证和确信,却是实现了我们所说的存在内涵的具体化。在没有发生思想适应主人公整体的地方,便要出现不融于作品整体的俗白的异体物。而要解释这种俗白之物的由来,要想发现并考虑到获得具体体现的属于主人公整体的思想与对作者具有纯理论价值的思想有何不同,亦即确定加工这一思想的方向,则必须首先理解处理作者对主人公态度的审美上富有成效的基本原则是什么。我们说的这一切,绝不是否定可以把主人公和作者的生平同他们的世界观进行科学上富有成效的对比,因为这种对比无论对文学史或对审美分析都是必不可少的。我们所否定的,只是那种完全缺乏原则的、纯看事实的方法。这是目前唯一占统治地位的方法,它的基础是把作为创作者的作者和作为人的作者混淆起来,前者是作品的因素,后者是生活中伦理与社会事件的因素。它的基础又是不理解作者对主人公的一种创造性的态度,其结果,一方面是不理解和曲解作为人的作者的伦理生活和生平事迹,最好的情况下是摆出光秃秃的事实,另一方面又不能理解作品的整体和主人公的整体。为了利用一种史料,必须理解这史料的创作结构,而要利用文学作品来考察人的生平,仅仅使用历史学通常采用的鉴别史料的方法是远远不够的,因为这些方法恰恰不考虑史料的特殊结构,这首先应作哲理性深化[？]以及美学上的原则性[？]研究。不过应该指出,我们所指出的研究作品时方法论上的这种缺陷,对文学史研究并无大碍,而对话语创作美学的影响十分巨大,对历史源起的研究则特别有害。

普通哲学美学的情况却有所不同,在这里作者与主人公的关系问题是从原则的高度上提出的,虽然不是以一种纯粹的形式出现。(对

93

我们已经列举出的[1词不清]主人公类型区分,对传记方法和社会学方法的评价,我们还将在下面予以分析。)我们指的就是移情说(Einfühlung)(作为作者兼观照者对一切事物、对主人公采取审美立场的形式和内容原则[李普斯①提出了最深刻的论证],也作为一种审美珍爱的见解[居伊约②的社会共鸣论,以及完全属于另一层面的柯亨的审美之爱])。但这两种[1词不清]理解[?],无论对各个艺术门类来说,还是对审美观照的特殊对象——主人公来说,都失之笼统而缺少区分(在柯亨著作中有些区分性)。不过即使在普通美学的层面上,我们也不能完全接受其中任何一个原则,尽管这两个原则都包含着相当成分的真理。这两种观点我们以后都要加以研究,这里不可能对它们作总的探讨和评价。

概而言之,话语创作美学如果依靠普通哲学美学,而不是依靠文学史关于作品源起的伪科学的结论,那结果就会好得多。但遗憾的是不得不承认,普通美学领域中的一些重要现象,未能对话语创作美学起到丝毫的影响,对哲理性的深化,甚至存在着某种幼稚的恐惧。我们这一学科的问题,其研究水平所以如此低下,原因就在这里。

现在我们要给作者和主人公(他们是作品艺术整体的两个相关因素)作最一般的界定,然后对他们的相互关系予以概括的说明,在随后几章里再将这一概说加以分析和深化。

作者承载着完成了的整体的紧张而能动的统一体,承载着主人公整体和作品整体的紧张而能动的统一体。这个统一的整体对作者身上任何一个因素来说都是外在的。尽管我们向主人公内部移情,但从他自身内部来说原则上不可能形成统一的整体。主人公无法靠这一整体性过活,他在自己的感受和行为中不是以这一整体性为出发点。这一整体性犹如礼品,是外赠予他的,出自另一个能动的意识——作者的创造意识。作者的意识是意识之意识,亦即涵盖了主人公意识及

---

① 李普斯(1851—1914),德国哲学家、心理学家、美学家。——译者
② 居伊约(1854—1888),法国实证主义哲学家。——译者

其世界的意识。作者意识用来涵盖和完成主人公意识的诸因素,原则上是外位于①主人公本身的。这些因素倘若成为主人公内在的东西,就会使主人公意识变得虚假不实了。作者不仅看到而且知道每一主人公以至所有主人公所见所闻的一切,而且比他们的见闻还要多得多;不仅如此,他还能见到并且知道他们原则上不可企及的东西。较之每一个主人公,作者总有一定的又是稳固的超视超知的部分,能够最终实现整体性(既是主人公的整体性,又是他们共同的[？]生活事件的整体性,即作品的整体性)的那些因素,恰恰就处在超视超知的部分之中。实际上,主人公总是过着认识和伦理的生活,他的行为定位于生活中开放的伦理事件中,或定位于设定的认识世界里。作者则是在原则上已完成了的存在世界中协调主人公及其认识与伦理的取向。这一原则上完成了的存在世界,其价值不仅在于事件将获得的含义,还在于这一世界自身实有的具体多样性。在自己已完成和事件已完成的情况下,人就不可能生活了,也不可能再行动。为了活着,就不能盖棺论定地完成,自己就应是开放而变化的,至少在生活的一切重要方面应是如此;就应该在价值上对自己尚有所期待,就应该不等同于自身的现状。

主人公的意识、他对世界的感受和期望(即对事物的情感意志取向),从四面八方被作者思考主人公及其世界并使之完成的意识所包容;主人公自己的话语为作者关于主人公的话语所包容、所渗透。主人公在生活(认识与伦理)中对事件的关注,也为作者的艺术兴趣所包容。从这个意义上说,审美客观性的取向,与认识客观性和伦理客观性是完全不同的。因为认识和伦理的客观性,是从普遍意义或自认为的普遍意义的角度,从伦理和认识价值的角度,对此人与此事件作出不掺杂感情的、不偏不倚的评价。而从审美的客观性来说,价值中心是整个主人公与之相关的整个事件。一切伦理和认识的价值都应从

---

① 即外置于主人公世界内在成分的诸因素。术语 трансгредиентный(外位于,外置于,超验的)出自科恩的《普通美学》一书。——原编者

属于这一整体；审美客观性包容和纳入了认识与伦理的客观性。显而易见，认识和伦理的价值是不可能成为完成这一整体性的因素的。在这个意义上，这些起完成作用的因素，不仅外在于主人公现实的意识，而且外在于主人公可能有的，仿佛用虚线表示的意识。因为作者所具有的超视超知，不仅是在主人公所见所闻的领域里，而且也是在主人公本人原则上所无法企及的领域里；作者在同主人公的关系中，正应采取这种立场。

为了在一部作品中发现如此理解的作者，需要选择原则上外在于主人公意识而能完成主人公及其生活事件的一切因素，确立其所形成的能动而又积极创造的、具有原则意义的统一体。这一起着完成作用的统一体，有着自己活生生的载体，这就是作者；他与主人公恰好相对立，而主人公则是开放的、从自身内部无法完成的生活事件这一统一体的载体。这些起着积极完成作用的因素，使主人公变得消极无为，正好像部分对于包含它并完成它的整体只能处在消极状态一样。

由此直接导出了作者对主人公所持的一种基本的、审美上富有成效的立场，它的普遍公式就是，作者极力处于主人公一切因素的紧张外位：空间上的、时间上的、价值上的以及含义上的外位。处于这种外位，就能够把散见于设定的认识世界、散见于开放的伦理行为事件（由主人公自己看是散见的事件）之中的主人公，整个地汇聚起来，集中他和他的生活，并用他本人所无法看到的那些因素加以充实而形成一个整体。这些因素有：圆满的外表形象、外貌、身后的背景、他对死亡事件及绝对未来的态度等等；（参看第一章）还要充分阐明并完成这个整体，但不是用他自己不断前瞻的生活所获得的含义、成就、结果和业绩，而是用除此之外的因素来阐明和完成。作者对主人公的这种立场把主人公从统一的和唯一的开放的存在事件中抽取出来。这个开放的存在事件同时包容着主人公与作为人的作者，在这里主人公要么是作者生活事件中的伙伴，要么相反，是作者的敌人，最后要么就在作者身上，是作者本人。这一立场使主人公脱离了连环保、连坐的过失和统一的责任，从而使其在新的存在里作为新人而重生（主人公为了自己、靠自己的力量，是无法在这一新的存在中诞生的），并赋予他新的躯体（这躯体对他本人来说过去和现在都不存在）。这是[1 词不清]作者相对于主人公所处的外位，是作者出于珍爱而将自身排除于主人公的生活天地之外，是作者为主人公及其存在而清理整个生活天地，是作者以不参与现实认识和伦理行为的旁观者身份，关切地理解并完成主人公的生活事件。

这里以十分概括的方式表述出来的作者对主人公的立场，具有深刻的生命力与能动性，因为外位的立场要靠奋斗才能取得，而且斗争往往是你死我活的，特别是在主人公具有自传性质的时候。而且还不仅在这个时候，因为有时很难摆脱生活事件的伙伴和敌人而处于外位；不要说身处主人公之内，就是在价值层面上与主人公并肩而立和相互对立，也会歪曲作者的观察，并缺少充实及完成主人公的因素。在这些情况下生活的价值要比生活者主人公更重要。对主人公的生活，作者是用完全另一种价值范畴来感受的，不同于作者感受自己的生活以及与他一起的他人生活（他人是统一而开放的伦理事件，即存在的实际参与者）；对主人公生活的理解，是在完全另一种价值层面上进行的。

现在简单地谈谈偏离作者对主人公的直接立场的三种典型情况。这是指主人公在生活中与作者相重合的情况，即主人公就其主要方面来说具有自传的性质。

依据这种直接的立场，作者应超越自身，应在另一个层面上体验自己，而不是在我们实际上体验自己生活的那个层面上。只有在这种情况下他才能用外位于自己生活的价值，完成这一生活的价值来充实自身并使自身形成一个整体。他应该成为相对于自身的他人，用他人的眼睛来看自己。诚然，我们每人在生活中都是这么做的，我们以他人的眼光来评价自己，我们努力通过他人来理解和把握外在于自己意识的诸种因素。例如我们要从对他人可能产生的印象这一角度来评估我们外表的价值;直接地对我们本人来说,这种价值是不存在的(指实际的纯粹的自我意识);我们要顾及我们身后的背景,即我们周围的一切。这一切我们不能直接看到,不能直接了解,它对我们没有直接的价值含义,但却是他人可见、可知,对他人有价值的东西,可说是他人接受我们的价值时所依靠的背景,是我们得以向他人展示所依靠的背景。最后,我们还应预料到并注意到在我们死后要发生的事,我们的全部生活的结果,当然是对他人产生的结果。一言以蔽之,我们无时无刻不在紧张地期待着、捕捉着我们的生活在他人意识层面上的反映,生活的各个方面以至整个生活的反映。我们要考虑到我们的生活在他人眼中所呈现的价值系数,它完全不同于我们本人体验自己生活所得的价值系数。但所有这些经过他人而获得和预料的因素,完全潜藏在我们的意识里,仿佛译成了意识的语言,在意识中不能达到凝结和自立,不会破坏我们生活的整体性,而我们的生活是前瞻的,是面向未来事件的,是不满足于自身的,是从来也不与自己的现状相重合而不变化的。一旦这些反映在我们身上而[?]在生活中凝结而固定起来(这是时有发生的),它们就起到完成的作用而成为死点,导致刹车;有时这些反映是如此凝重,仿佛能从我们生活的阴影中凸现一个替身。但关于这一点以后再谈。这些能够在他人意识中使我们最终完成的因素,如果进入我们自己的意识,被我们的意识所预感到,那它们就要失去完成我们的能力,只能顺应我们的意识走向而把我们的意识加以扩展。即使我们能够把握在他人眼里已然完成了的我们的整个意识,这样一个整体意识也不可能支配我们,不可能在我们自己的眼中真正完成我们自己。我们的意识会考虑它,会吸收它,但只是把它作为一个因素,是我们自身的那种预设的、主要是属于将来的整体性之中的一个因素。最后论定的话语,应该是属于我们自己的意识,而不是他人的意识;然而我们的意识又永远不会给自己说出最终完成论定的话语。在生活中我们用他人的眼睛一瞥自身之后,总还是回到自身中来;最后的所谓总结性的事件,是作为我们自己的生活内容在我们自身中得到完成的。然而，在审美过程中作为人的作者经自我客观化而成为主人公，这时就不应再返回自身了。因为主人公的整体在已成为他人的作者眼里应该是最后完成的整体，作者与主人公也就是与自己应该完全彻底地分别开来，要用纯属他人眼中的价值并以他人本身[?]来界定自己，更确切地说是在自身中看出一个彻头彻尾的他人。因为一种可能的背景潜伏在意识之中，绝不等于是主人公的意识与背景之间的审美结合。背景应该烘托出这一意识的整体，而不管这一意识是多么深广，哪怕它把握着整个世界，并把这世界蕴藏于自身之中。审美则应该提供一个外在于这一意识的背景，作者应该在这意识之外找到一个支撑点。那样，这一意识才能成为审美上完成的现象，即成为主人公。同样的道理，通过他人眼睛反映出来的我的外貌，也不直接就是主人公的艺术外貌。

如果作者丧失了外在于主人公的这一价值立场，那么，他同主人公的关系，概括地说便有可能出现三种典型情况；每种情况内部又会有许多变体。这里我们不想与下文重复，只限于指出一些最普遍的特征。

第一种情况：主人公控制着作者。主人公指物的情感意志取向，他在世上的认识伦理立场，对作者极具权威性，以至于作者不能不通过主人公的眼睛来看对象世界，不能不仅仅从主人公生活事件的内部来体验这个事件。作者不可能在主人公之外再找到一个令人信服的稳定的价值支点。毋庸置疑，为了使艺术整体，哪怕是未完成的艺术整体得以实现，总还需要一些起完成作用的因素，因而也就需要在某种程度上置身于主人公之外（一般来说主人公不止一个，而上文所述的相互关系仅仅是针对主要的主人公而言的）。不然的话，要么出现哲理的阐述，要么出现自白式的论说；最后，这种认识伦理的努力，还可能纯粹表现为生活中的伦理行为。不过，作者在主人公之外赖以依托的这些支点，带有偶然性，不具备原则性意义，也不很可靠。这些脆弱的外在支点，在作品的全过程中通常是不断变化的，因为它们是针对主人公发展中的某一时刻起作用的,在这之后主人公重新使作者放弃他暂时采取的立场,并不得不再寻求一个新的立场。常常是这样,次要人物给作者提供这种偶然性的支点,作者借助于这些次要人物,通过移情到次要人物对自传性主人公所取的情感意志立场中去,求得摆脱自传性主人公,即摆脱自己。在这种情况下,起完成作用的诸因素,是零散而又缺乏说服力的。有时同主人公的斗争一开始便无望取胜,作者就满足于采用外在于主人公的某种虚应故事的支点。这种支点只能提供一些纯粹技术性的、狭义形式上的叙述因素、作品的布局因素。结果作品是制作出来的,而不是创造出来的;风格本是完成作品的诸种令人信服而强劲有力的手法之总和,这时则退化成为假定性的姿态。我们要强调一下,这里谈的不是作者同主人公在理论上一致或不一致的问题。为了找到外位于主人公的不可或缺的支点,根本不需要从理论上有力地驳倒主人公的观点,光是这样做也还不够。出于切身利害的信心十足的不同意,与出于切身利害的同意主人公,都同样不是审美的视角。不是的。对主人公需要找到这样一种立场:使他整个世界观(不论多么深刻的世界观),包括他的正确或谬误、善与恶(这无关紧要),仅仅成为主人公生活和直觉见解的具体整体中的因素之一。必须把价值中心本身从不可避免的设定状态转移到主人公生活的完美的实有状态中;不是要听到他的声音,不是要同意他的思想,而是要观照在充分现在时中的整个主人公,要欣赏主人公。此时主人公立场的认识伦理价值,对这一立场的同意或不同意,都并未消失,仍然保留着自身的意义,只不过成了主人公整体中的一个因素。对主人公的欣赏,是深思熟虑而着意为之的,同意和不同意是作者对主人公的整体立场中的有价值的因素,但并不是这一立场的全部。在某种情况中,作者无法以其充分的观察在主人公之外获得令人信服、贯彻始终的这个唯一的立场(只有从这一立场出发才能观照到主人公整体,以及从外部包容、限定、衬托主人公的世界)。其结果,艺术整体在这种情况下便具有了如下的典型特征:后景、主人公背后的世界得不到发掘,作者和观照者也观察不清;只能从主人公内部呈现出大致的、并无把握的情形,就像我们看自己的生活背景一样。有时完全不出现这一背景,因为在主人公及其意识之外,不存在任何稳定的现实。主人公与烘托他的背景(环境、日常生活、自然界等等)不具天然的联系,并不合成为一个艺术上必然的整体。主人公在这背景上面,就像一个活生生的人置身在静止不动的舞台布景之中。主人公的外在表现(外貌、声音、举止等等)与其内在的认识伦理立场,不可能有机地融为一体。外在表现对主人公来说是个并非唯一的、无关紧要的假面具,或者根本就没有达到清晰可辨。主人公不把脸转给我们看,我们只能从内部感受他;整个人在相互对话时,他们的面容、服装、表情、舞台外的环境等都是必不可少的,具有艺术价值的因素。但在这里对话却开始退化成一场关注内容的辩论,这里的价值中心是被讨论的问题。最后,起完成作用的因素没有组织起来,作者没有形成统一的面孔,他是支离破碎的,或者是戴着假定性的面具。属于这种类型的主人公,有陀思妥耶夫斯基笔下几乎所有的主要人物,有托尔斯泰的某些主人公(皮埃尔、列文),还有克尔凯郭尔[1]、司汤达等作家的一些主人公。这些主人公部分地趋向这一类型,以此作为极端的目标。(主题的非可溶性)

第二种情况是作者控制着主人公,把完成性因素纳入主人公内部,作者对主人公的立场部分地成为主人公对自己的立场。主人公开始自己评判自己,作者的反应进入主人公的心灵,或者表现在他的话语中。

这一类型的主人公可能朝着两个方向发展。第一,主人公不是自传性的,纳入主人公内部的作者反应,确实能将主人公最后完成。如果在我们上面分析的第一种情况下形式受到了损害的话,那么,在这里受到损害的,是主人公在事件中情感意志立场的实际可信性。伪古典主义的主人公便是这样。他在发自内部的自己的生活立场中维持着作者赋予

---

[1] 克尔凯郭尔(1813—1855),丹麦哲学家,存在主义先行者。——译者

他的纯属艺术上的起完成作用的统一。他在自身的每一表现中,在自己的行为、表情、感情、话语中始终忠实于自己的审美原则。在苏马罗科夫①、克尼亚日宁②、奥泽罗夫③这样的伪古典主义作家的创作中,主人公往往十分天真地自己说出作者要说的那种能最终完成人物的道德伦理思想。第二,主人公是自传性的。主人公掌握了作者完成性反应之后,掌握了作者建构主人公的总体反应之后,把这一反应变成自我感受的因素,并要克服这一反应的影响。这是一种最终未完成的主人公,他能内在地突破每一个给他的总体评价,视其为不符合自身的评价。他感到赋予他的最终的整体性是一种限制,并用难以启口的某种内心秘密来与之抗衡。"你以为我整个就是这样吗?"这个主人公仿佛在说,"你以为看到了整个的我吗?可我身上最主要的东西你是不可能看到、听到、知道的。"这样的主人公对作者来说是永无完结的,亦即总是一次又一次地得到重生,不断要求新的完成形式,而他自己又以自我意识来破坏这些形式。浪漫主义的主人公便是这样,因为浪漫主义代表人物担心暴露自己就是主人公,便在主人公身上留下某种内在空隙,他能够从这一空隙中溜走并突破自己的完成性。

最后是第三种:主人公本人就是自己的作者,他对自己的生活以审美方式加以思考,仿佛在扮演角色。这样的主人公不同于永无完结的浪漫主义主人公,也不同于陀思妥耶夫斯基的未赎罪的主人公,他对自己十分满意,很有把握地完成了自己。

我们十分概括地描述的作者同主人公的关系,又由于对主人公整体所作不同的认识道德评价而复杂多变。这种认识道德评价,正如我们先前所见,是同赋予他的艺术形式不可分割地融合在一起的。例如,主人公指物的情感意志立场,在认识、伦理、宗教上对作者来说可能具有权威性:这便是人物的英雄化。这个立场可能被认为在毫无道

---

① А.П.苏马罗科夫(1717—1777),俄国作家,古典主义代表人物。——译者
② Я.Б.克尼亚日宁(1742—1791),俄国剧作家,诗人,启蒙古典主义代表。——译者
③ В.А.奥泽罗夫(1769—1816),俄国剧作家。作品兼有古典主义和感伤主义特点。——译者

理地觊觎重大价值而受到揭露:这就是讽刺、揶揄等等。每一个外位于主人公自我意识而起完成作用的因素,都可以运用到所有这些方面(讽刺、英雄化、幽默等等)。例如,可以利用外貌进行讽刺,用外在而特定的极为普通的外貌表现来贬低和嘲笑其认识伦理价值,但又可用外貌实现英雄化(在雕塑中利用外貌的雄伟);后景、发生在主人公背后因而看不见也不了解的一切,能够使主人公的生活及其认识伦理追求变得滑稽可笑,如在世界的大背景上摆上一个小人物,在一个极度无知的背景上描写一个人的小知和自信,一个人自认为是核心而且超群,而身旁就有同样自命不凡的另一些人。在所有这些情况下,用于审美目的的背景全都成为揭露的因素。但背景不单是用来揭露的,而且用来美饰,可以把活跃在背景上的主人公加以英雄化。后面我们将会看到,要实现讽刺、讥笑,总还要求主人公能对实现讽刺的诸因素作自我体验。换言之,这些因素只具有最低程度的外位性。接下去我们须证明:审美上起完成作用的全部因素,相对于主人公本人而言,具有价值上的外位性,它们在主人公自我意识中不是本质的成分,它们不参与内心的生活世界,即不参与在作者身外的主人公世界。也就是要证明:这些因素作为审美因素,主人公无法在自己身上加以体验;最后,还需要确定这些因素与外在的形式因素即形象和节奏的联系。

当只有一个统一而又独一无二的参与者时,不可能出现审美的事件。一个绝对的意识,没有任何外位于自身的东西,没有任何外在而从外部限制自己的东西,是不可能加以审美化的。这样的绝对意识只能去接近去掌握,但不能作为一个完成的整体去观照。审美事件只有在有两个参与者的情况下才能实现,它要求有两个各不相同的意识。一旦主人公和作者互相重合,或者一起坚持一个共同的价值,或者互相敌对,审美事件便要结束,代之开始出现伦理事件(抨击性文章、宣言、控告性发言、表彰和致谢之辞、谩骂、内省的自白等等);在不存在主人公,哪怕是潜在主人公的时候,这便是认识事件(论著、文章、讲稿);而当另一个意识是包容一切的上帝意识的时候,便出现了宗教事件(祈祷、祭祀、仪式)。

第三章　主人公的空间形式

一、当我观察在我之外而与我相对的整个一个人的时候,我们两人实际上所感受到的具体视野是不相吻合的。因为每逢此刻,不管我所观察的这个他人取什么姿势,离我多么近,我总能看到并了解到某种他从在我之外而与我相对的位置上所看不见的东西:他身上自己目光所不能及的那些部分(头、脸和面部表情),他身后的世界,处于这种或那种相互关系中我能看到而他看不到的许多物体和方面。当我们彼此注视时,有两个不同的世界反映在我们的瞳仁里。如果采取相应的姿态,可以把视野的这种差异缩小到最低限度,但要完全消灭这种差别,则须融为一体,变成一个人。

我所看到的、了解到的、掌握到的,总有一部分是超过任何他人的,这是由我在世界上唯一而不可替代的位置所决定的:因为此时此刻在这个特定的环境中唯有我一个人处于这一位置上,所有他人全在我的身外。这个唯一之我的具体外位性,我眼中的无一例外之他人的具体外位性,以及由这一外位性所决定的我多于任何他人之超视(与超视相关联的是某种欠缺,因为我在他人身上优先看到的东西,正是只有他人才能在我身上看到的东西。但对我们来说,这一点并不重要,因为"我—他人"这一相对关系在我的生活中是不能具体地逆向倒转的),通过认识可得到克服。认识能建立一个统一的具有普遍意义的世界,它在一切方面完全独立于这个或那个个人所处的具体而唯一的位置。对这个世界来说也不存在这种绝对不可倒转的"我与所有他人"的关系;对"我和他人"是可以加以思考的,从认识的角度看,他们的关系是相对的,是可以相互逆转的,因为认识的主体本身在存在中并不占有确定的具体的位置。不过,这个统一的认识世界,不可能作为唯一而具体的、充满丰富习俗特质的整体来感知，就像我们感知景色、戏剧场面、建筑物等等那样。因为要实际地感知具体的整体，前提是观察者应有一个完全确定的位置，应该有这一观察者所具有的唯一性和具体性。[认识的世界]及其每一个因素，只能成为思考的对象，同样的道理，这个或那个内心感受和心灵整体，要进行具体的体验（从内心感知），必须要么从"自为之我"（я-для-себя）的范畴出发，要么从"为我之他人"（другой-для-меня）的范畴出发，换言之，要么作为我的感受，要么作为这一确定而唯一之他人的感受。"可能的意识个性"（艾宾浩斯）是指心理上的，是可思考的，但不能加以具体的体验。

　　审美观照和伦理行为，不可能脱离存在中这一行为和审美观照主体所处的具体而唯一的位置。

　　我的相对于他人的超视，决定着我在某些方面的特殊的能动性，亦即这些内心和外在的总体行为只有我针对他人能够完成，而他人从在我之外的自己的位置上出发是完全不能完成的，这些行为正是在他人自己做不到的地方充实了他人。由于我和他人在这个或那个时刻所处的生活状况是无限多样的，这些行为也是无限丰富的，但我的能动的超视在任何地方、任何时候、任何情况下都是存在的，而且超视的内容还力求成为某种稳定恒常的东西。这里我们关注的，不是那些以其外在含义把我和他人包容到统一而唯一的存在事件中的行为，这些行为的目的是真正地要改变这一事件，以及作为事件因素的他人，这是纯粹的伦理行为。我们所关注的只是观照的行为，因为观照是能动而有成效的。这些行为并未超出他人的实况，而只是组合和调整这一实况；观照行为源于对他人内外观察的超视，因而是纯粹审美的行为。超视犹如蓓蕾，其中酝酿着形式，从蓓蕾中会绽开花朵，这就是形式。但为使这一蓓蕾真的绽开成为花朵，即起完成作用的形式，必须由我的超视去补足被观照他人的视野，同时又不失去其特殊性。我必须移情到这个他人身上，从价值上像他本人那样从内部观察他的世界，站到他的位置上去，然后又回到自己的位置上来，用在他身外的我的这一位置上所得的超视，充实他的视野，赋予他框架，以我的超视、我的超知、我的意愿和情感为他创造一个使之最后完成的环境。假使我面前站着一个深感痛苦的人，他意识中的视野充满了引起他痛苦的环境和他眼前所见的事物，笼罩着这一可见的、充实的[？]的对象世界的情感意志语调，是一种痛苦的语调。我应该从审美上去体验他、完成他（伦理行为，如帮助、拯救、安慰等，在这里已被排除在外）。审美活动的第一个因素是移情：我应体验（即看到并感知）他所体验的东西，站到他的位置上，仿佛与他重合为一（这种移情如何及以什么形式进行，移情从心理学上看是什么问题，这些我们暂且搁置不论，对我们来说，指出一点就够了：移情在某种范围里可行是一个无可争辩的事实；对他人内心生活的理解问题，好感问题等等）。我应该掌握这个人的具体的生活视野，就像他自己所体验的一样；但在这一视野中没有包括我从自己位置上能够看到的许多东西。例如，内心痛苦的人无法充分感知自己外在表情的流露，只能部分地感知，而且是通过内心的自我感觉的语言；他看不到自己的肌肉由于痛苦而痉挛，看不到自己躯体的整个立体姿态，看不到自己脸上痛苦的表情；他看不见在我眼中构成他痛苦外形的背景的明净的蓝天。即便他能看见所有这些因素，例如他站到镜子前面，他对这些因素也没有相应的情感意志立场，这些因素在他的意识中不能占据在观照者意识中所占有的地位。在移情时我应该放弃这些外位于他意识的因素所具有的独立意义，把这些因素仅仅用作一种标记，用作移情中的技术性手段；它们的外在表现，正是一个途径，我由此得以渗入他的内部，在内部几乎与他融合到一起。那么，内心充分地融合是否就是审美活动的最终目的呢？要知道，对审美活动来说外在表现只是一种手段，只有传递信息的功能。当然这绝对不是最终目的，因为真正的审美活动还没有开始呢。我真正从内心体验到的痛苦之人的生活状态，会促使我采取伦理行为：帮助他、安慰他，进行认识性思考。但不论在何种情况下，在移情之后都必须回归到自我，回到自己的外位于痛苦者的位置上。只有从这一位置出发,移情的材料方能从伦理上、认识上或审美上加以把握;如果不返回到自我,那就只能是体验他人痛苦如自身痛苦的病态现象,是感染上他人的痛苦,仅此而已。严格地说,纯粹的移情以致丧失外位于他人的自己的唯一位置,从根本上说未必能做到,而且无论如何是全然无益且没有意义的。我在向他人的痛苦中移情时,我正是把这作为他的痛苦、他人的东西来感受的;而我对他的反应,不是痛苦的呻吟,而是安慰的话语和帮助的行为。把体验的内容归于他人,这无论在伦理中或审美中都是有效的移情和认识的必备条件。其实,审美活动真正开始,是在我们回归自身并占据了外位于痛苦者的自己的位置之时,在组织并完成移情材料之时;而这种组织加工和最终完成的途径,就是用外位于他人痛苦意识的整个对象世界的诸因素,来充实移情所得的材料,即充实该人的痛苦感受。这些因素此刻的功能已不是传递信息,它们有了一种新的功能,起着完成的作用。他身体的状态告诉我们他很痛苦,引导我们深入他内心的痛苦;于是这种身体状态变成一种纯粹描绘性的价值,它具体体现了也最终完成了要表现的痛苦。这一形体表现所带有的情感意志语调,已不是痛苦的语调;笼罩着他的蓝天成为完成和消解他的痛苦的景致因素。而所有这些最终完成他的形象的价值,都是我从我的超视、我的意志和感觉中摄取来的。应该指出,移情和完成这两种因素在时间上不是先后接续的关系。我们坚持认为它们在含义上是不相同的,但在实际的体验过程中却是彼此紧密交织、相互融合的。在文学作品中,每一话语都包含两个因素,具有双重功能,即调整移情和完成移情,但其中有一个因素可能占优势。我们下面的任务就是研究形体景致的价值、空间的价值。这些价值外位于主人公的意识及其世界,外位于主人公在世界上的认识伦理立场,并且从外部,从思考主人公的他人意识中,即从作为观照者的作者意识中完成主人公。

二、我们要研究的第一个因素是人体外形,即人体一切富有表现力、能说明问题的因素。我们是怎样体验自己的外貌,又是怎样体

107

验他人的外貌的呢？外貌的审美价值处在体验的哪个层面上？这些就是本节要研究的问题。

当然，毋庸置疑，我的外貌不会进入我所观照的具体实际的视野，只有少数情况是例外，例如，当我像那耳喀索斯①那样，在水中或镜子里观察自己的映象。我的外貌，即我躯体上无一例外的一切有表现力的因素，我只能从内心加以感受，就像肌肤之感，冷热之感，一般的身体之感，等等。只有进入内心的自我感觉之中的零零散散的外貌片段，才会落入我的外部感官的领地，首先落入我的视野，但这种外部感觉的所得东西，还不能最终裁决这是不是我的躯体。需靠我们内心的自我感觉来解决这一问题。也是这一自我感觉使我零散的外在表现获得整体性，把它们译成自己的内心语言。现实中的感知就是如此：在我可见、可听、可感的统一的外部世界里，我看不到自己完整的外貌，我所见的不是一个完整的外在的事物，如同其他的事物那样。我仿佛处在我所见的世界的边缘上，我在形体景象上同这一世界没有有机的联系。把我的躯体整个地纳入外部世界而与其他事物等同起来的，是我的思想，而不是我的实际的视觉。我的视觉帮不了思维的忙，不能提供一如实物的形象。

如果我们考察一下创作的幻想，关于自身的幻想，我们就不难看到，这种幻想并不依靠我的外在表象，也不展现我的外貌的完整形象。我对自己进行积极幻想所得的世界，就像我的实际视野一样在我面前展开，我作为主要人物进入这一世界，他与人争论[？]，征服众人的心灵，赢得不同凡响的荣誉等等。但这里我根本想象不出我自己的外部形象，而与此同时，我构想出来的其他人物，甚至最次要的人物，都显露出清晰完整的形象。有时是惊人地鲜明完满，直到他们脸上的惊异、赞赏、惊恐、爱慕和害怕的神情，而害怕、赞赏、爱慕的对象，亦即我自己，我却根本看不见，我只能从内心感受自己。甚至当我幻想我的

---

① 那耳喀索斯是希腊神话中的人物。他是一个美少年，常在水边顾影自怜，不得回报，憔悴而死。——译者

外貌魅力迷人时,我也无须去想象它是什么样子,我只需想象一下它对他人产生印象的结果如何。从景象生动这一观点上看,幻想世界完全如同实际感知的世界:主要人物在这幻想世界里也没有外在的表现,它与其他人物不处在同一个层面上;当这些次要人物得到外在的表现时,主要人物却是从内心加以感受的①。幻想在这里不去补足实际感受中的空白;幻想不需要这个东西。幻想中人物分处不同层面,这一点在性幻想里特别明显:想象中心爱的女人,会呈现出极其鲜明的外形,而幻想者对自己则只是从内心感受到情欲和爱意,根本没有外部的表现。这种不同层面的差别还见于梦中。但当我向他人讲述我的幻想和梦境时,我得把主要人物摆到与其他人物同一个层面上去(即使这里是第一人称的叙述);无论如何我应做到,故事中所有人物,而我也包括在内,都将在同一个绘声绘影的层面上为听众所体验,因

---

① 参看巴赫金20年代俄罗斯文学史讲座中关于拜伦的浪漫主义世界的论述(据Р.М.米尔金娜的记录):"拜伦创作的基本特征,在于描写主人公截然不同于描写其他人物。他们的生活处在不同的层面上。拜伦描写主人公用的是抒情的笔调,从内部入手,而写次要人物是以叙述笔调;后者只过着外在的生活。从内心意识到自己的外表是不可能的。你首先了解的是别人的外表。所以,主人公能使我们着迷,而其他人物我们只是可以见到。"普通哲学美学和文艺学分析之间的联系,是巴赫金思想的一个特点,它在这个例子中表现得十分明显。还可参看上述讲座中把陀思妥耶夫斯基的艺术世界同幻想世界联系起来的论述:"当我们思考自身时,我们的幻想世界是很特别的;我们既扮演作者又扮演主人公的角色,而且一个支配着另一个。在陀思妥耶夫斯基作品中也有类似的情况。我们一直追随着主人公,他的内心感受吸引着我们。我们不是在直观主人公,而是与他一起感受。陀思妥耶夫斯基把我们吸引到主人公的世界里,我们从外部却看不到这个世界。"继而他又讲道:"所以,陀思妥耶夫斯基的主人公在舞台上所产生的印象,与阅读时的印象大相径庭。陀思妥耶夫斯基世界的特点,在舞台上根本就是无法表现的。……对我们来说,不存在独立的中间立场对主人公不可能进行客观的观照;所以,舞台会破坏对作品的正确接受。作品的舞台效果,只是昏暗中一片嘈杂的声音,如此而已。"应该指出,对陀思妥耶夫斯基世界的这一描述,在《陀思妥耶夫斯基创作问题》(1929)一书中作了重要的修正:这个接近于幻想的世界,基本上相当于一个主人公的世界;而作为"意识者和判断者之'我'",以及作为我之客体的世界,在这里都不是以单数出现,而是以复数出现的。陀思妥耶夫斯基克服了唯我主义。他没把唯心主义的意识留给自己,而是留给了自己的主人公;并且不是留给一个主人公,而是留给了所有主人公。处在他作品的中心地位的,已不是作为意识者和判断者之'我'对世界所抱的态度,而是这多个意识者和判断者之'我'的相互关系"。——原编者

为所有这些人在他眼中都是他人。艺术营造的世界不同于幻想和实际生活之处就在这里：一切人物都同样地展示在同一个绘声绘影的视觉层面上，而在生活和幻想中主要人物（我）却没有外在的表现，也不需要诉诸形象。给生活中的和生活幻想中的这一主要人物具现外在的血肉之躯，正是艺术家的首要任务。有时候，文化低浅的人不把长篇小说作为艺术来阅读，不是艺术地接受，而是耽于幻想。但这幻想又不自由，它受小说的约束，是消极的幻想；读者于是向主要人物移情，丢开一切完成主人公的因素不管，首先是丢开他的外貌；读者这样来感受主人公的生活，仿佛他本人就是这个主人公。

可以试着想象一下自己的外在形象，从外部体验一下自己，把自己从内心自我感受的语言转译成外在表现的语言，这远非轻而易举的事，需要付出某种颇不寻常的努力；这时的困难和努力，完全不像我们回忆他人的不很熟悉、印象模糊的面孔那样。这里的问题不是对自己的外貌记忆不清，而在于我们的外在形象从根本上说就有某种抗拒倾向。通过自我的观察不难发现，这种尝试的结果首先就是，我的外在可睹的形象，由于与内心感受之我摆到一起而开始变得模糊起来；这一形象要稍许脱离我内心的自我感受，向前方凸显，向侧面突出，犹如浅浮雕一样超越内心自我感受的层面，但又不完全割断这个层面。我在某种程度上仿佛已一分为二，却又没有最后体解：自我感受恰如脐带把我的外在表象与我对自身的内心体验连接在一起。必须再做某种新的努力，才能 en face① 清晰地想象出自身，才能完全摆脱我的自我感受；而一旦做到这一点，我们就会惊讶地感到自己的外部形象变得有些空虚、模糊，大为孤单。这是为什么呢？因为我们对它缺乏一种相应的情感意志立场，以便使它栩栩如生，并从价值上把它纳入绘声绘影世界的外在统一体中。我从价值上接受并把握他人的外在表现而采取的情感意志态度，如欣赏、爱慕、温柔、怜恤、仇恨、厌恶等等，都是越过我而针对未来的；这种态度不能直接施于我自己的身上，不

---

① 法语：从外部。——译者

能用来让我从内部体验我自己。我感受内心之我、期盼之我、爱慕之我、感觉之我、观照之我、认识之我,是从内部出发,使用完全不同的价值范畴;而这些范畴不能够直接施于我的外在表现。但我的内在自我感受,和我自己眼里的生活,依然存留于想象之我中、观照之我中。它们在想象所得之我中、观照所得之我中,是不存在的。我的内心也不存在对自己外形的直接的情感意志反应,那种起活跃和包容作用的反应;由此我的外形便显得空虚而孤单①。

必须从根本上改变幻想世界的整个建构方法,加入一种全新的因素,才能使自己的外形获得活力并融进具体可睹的整体之中。这一改变建构方法的全部因素,便是来自他人也为了他人的对我的形象从情感意志上所作的确认。我不能把这一自我确认贯注到脱离我内心自我感受的我的外形之中。这就是为什么我的外形在价值上是空虚的,没有得到确认的,同我格格不入的。必须在我的内心自我感受(即我的空洞观照的功能)与我的外在形象之间,插入一个仿佛透明的屏幕,通过屏幕,他人对我的外形可以作出情感意志的反应,如他人对我的可能的惊喜、爱慕、诧异、怜恤;我透过他人心灵(它降低为一种工具)的屏幕来观照,就使我的外形获得了活力并融入绘声绘影的世界。他人对我作出价值反应,但这一可能的反应载体不应是一个确定的人,否则他就会从我的想象中立即排挤掉我的外形而占据这个位置;我于是处在通常的视野边缘上,看到的是他和他对我的外形的明显反应。此外,他还把某种明确的情节内容纳入我的想象之中,他好像已经成了一定的角色;这里需要的,是不参与想象中事件的一个作者。关键恰恰在于要把自己从内心语言转译到外形语言上,并把自己全部地、毫不遗漏地融入具体生动的生活里去,作为他人中的一员,作为其他主人公中的一员。但这一任务很容易被性质完全不同的另一个任务所取代,即思维领域的任务。因为思维可以轻而易举地把我本人与所有他人置于同一个层面上,因为在思维中我首先要把自己从我这唯一

---

① 无幻想的二度美学。——编者

之人的存在中所处的唯一位置中抽象出来,因之也就是从具体可睹的唯一世界中抽象出来。因此,思维活动不了解伦理中和审美中自我客观化的艰难。

伦理和审美的客观化,需要在自身之外占据一个强有力的支点,需要某种真正实有的力量,靠它我才能把自己视为他人。

实际上,当我们透过可能存在的他人的评价心灵这一三棱镜来观照自己的外形,活生生的融入外在生活整体的外形,这时,这一丧失了独立性的他人心灵,如同奴隶的他人心灵,会带有某种虚假的因素,与伦理的存在事件绝对格格不入的因素。要知道这里所得的结果是没有效应的,无助于充实丰富的,因为[这种]产物没有独立的价值,是夸大而虚假的,它把明晰可视的存在弄得模糊不清。这里仿佛出现了视觉的错乱,形成了没有位置的心灵,没有名字和角色的参与者,某种绝对超历史的东西。十分清楚,透过这个虚假他人的眼睛,不可能看到自己的真面目,而只能看到自己的假象①。需要把他人这一生动反应的屏幕充实起来,赋予他有充分根据的、有分量的、有权威的独立性,使他成为一个负责任的作者。从另一方面说,为了达到这一点还有一个条件,就是在同他人的关系上我应是完全无私的,因为我不应在回归自身之后,再为自己而利用他的评价。在这里如果只谈外形,我们无法深入探讨这些问题(例如叙述者,通过女主人公而实现自我客观化等等)。显而易见,作为审美价值的外形,不是我的自我意识的直接因素;外形处在绘声绘影世界的边缘上,实现着外部观照和幻想的现实;我作为自己生活(包括真实的和想象的生活)中的主要人物,原则上是处在另一层面上体验过自己而不同于我的生活和我的幻想中的所有其他的人物。

观照自己的外貌有一种完全特殊的情况,就是照镜子。看起来我们在这里能直接看到自身。但情况并非如此。我们依然留在自身之

---

① 试比较瑞士精神分析学家荣格的面具(Persona)概念,为它下的定义是:"这不是一个人的本质,但他本人以及其他人却都这样看这个人。"(Jung C.G.*Gestaltungen des Unbewussten*.Zürich,1950,S.55)——原编者

中,看到的只是自己的映象,这一映象不能成为观照和体验世界的一个直接因素。因为我们看到的是自己外形的映象,但不是自己的外形,外形不能包容我的整体,我是站在镜前而不是处在镜中。镜子仅仅是提供自我客观化的材料,而且甚至不是纯粹的材料。实际上,我们在镜前的地位总带有一些虚假性;因为我们没有从外部看自己的方法,所以在这里,我们就只好移情到某个可能的不确定的他人之中,借助于这个他人,我们试着找到对自身的价值立场,试着在这里从他人身上激活自己形成自己;正因此我们在镜中的表情就带有某种不自然,这在我们的生活里是没有的。我们的面孔在镜中的映象所显露的情感,包括几种根本不同层面上的情感意志取向:(1)是表现我们在此时此刻实际的情感意志立场,这一立场从我们统一而又唯一的生活环境中可找到根据;(2)是表现某一他人的评价,表现一个没有地位的伪托的心灵;(3)是表现我们对这个他人评价的态度:行不行,满意不满意。要知道我们对自己外形的态度不带有直接的审美性质,我们仅仅关注外形对他人(直接观照者)可能的影响。换言之,我们不是为自己评价自己,而是通过他人并且为他人评价自己的外形。最后,在这三种表现之外还可加上我们想在自己脸上看到的表情,当然同样不是为了自己,而是为了他人;因为我们在镜子前面总要摆摆姿势,好使自己表现出某种我们认为重要的和希望有的表情。于是,在镜子里照出的我们的脸上,就会有这么多不同的表情互相斗争,并形成一种偶然的共生现象。这里至少不只是表现一个统一而又唯一的心灵,在自我观照的事件中卷入了第二个参与者、虚假的他人,没有权威性也没有根据的作者。当我望着镜中的自己时,我不是一个人在场,我是被他人的心灵控制着。不仅如此,有时这一他人心灵可以强化而达到某种独立状态,因为由不满自己外形而引起不快甚至某种愤恨,会加强这个他人(即我们外表的可能作者)的地位;我们可能不信任他,仇视他,希望消除他。当我企图与某种可能的总体评价作斗争时,我会强调它,致使它获得独立的状态,几乎是将它变成存在中限定的一个人物。

创作自画像的艺术家,其首要任务就是净化映象面孔上的种种表情,消除淡淡的表情评价色彩;而要达到这一点,需要艺术家在自己身外占据一个坚实的立场,找到一个有权威性的、有原则意义的作者;这是作为作者的艺术家,他战胜了作为个人的艺术家。实际上,我认为自画像由于脸上多少有某些虚幻性,总可以与一般肖像画区别开来,这张脸仿佛没有概括整个的人,不能包罗无遗。伦勃朗①自画像上那张总是笑眯眯的脸以及弗鲁别尔②的透着奇怪的孤独面孔,给我的印象几乎是不寒而栗。

在文学作品中对自传性主人公要想描写出他自身[?]完整的外表形象,则困难得多,这里的外形因被纳入多方面的情节运动,应该能覆盖整个人体。我不知道在重要的艺术作品中是否有过最终完成了的这类尝试,但局部的尝试是很多的,例如,普希金少年时的自画像③,托尔斯泰的伊尔津耶夫,还有他的列文,陀思妥耶夫斯基的地下室里的人,等等。在文学创作中,不存在而且也不可能存在纯粹绘画般的整个外形;这里外形与整个人的其他因素交织在一起,这点我们将在后面研究。

本人的照片也只能提供作核对用的材料而已,我们在这里同样看不到自己,所看到的仅仅是自己的映象,是没有作者的反映。当然,这已不是一个虚假他人的映象,也就是说比镜子里的映象要纯正些;但这也是偶然的映象,人为地认可的映象,并不表现我们在存在事件中重要的情感意志立场。换言之,这是完全不能进入我的统一的人生经验的原始材料,因为这种包容做法没有原则性的依据。

由权威画家绘制的我们的肖像画则是另一回事。这是一个真正的窗口,可以洞察我们从未生活过的一个世界;真的是用纯粹而完整的他人(画家)之眼,在他人世界中看到了自己,这一观照好像带有某些预言

---

① 伦勃朗(1606—1669),荷兰画家,这里指他的《同萨斯吉雅一起的自画像》,德累斯顿画馆收藏。——译者
② 米·弗鲁别尔(1856—1910),俄国画家。他用碳素和红蜡笔作的自画像,存于特列季亚科夫画廊。——译者
③ Mon portrait,是普希金在中学读书时写的一首法语诗。——原编者

性的猜想。因为审美在自我意识层面上的完成与预言属同源关系，作为命运的整体人的自身生活的审美概念也与占星术和相面术的占卜同宗。因为外形应该包容、蕴含并完成整个心灵（心灵是我在世界中情感意志的和认识伦理的统一立场），外形要为我完成这一功能，只有在他人心中才能做到，因为我不可能在自己的外形中感觉到由它包容、被它表现的自己，我的情感意志反应紧附在事物身上而不会浓缩为我本人的完整的外在形象。我的外形不可能成为我评介我自己的一个因素。用我这个范畴不可能把我的外形作为包容我和完成我的一种价值来体验；只有用他人这一范畴才能这样来体验。必须把自己纳入他人这一范畴，才能看到自己是整个绘声绘影的外部世界的一个成分。（构建外形的诸因素：宗族因素、民族因素、人类因素等等。）

在文学创作中不可能孤立地摄取外形，纯描绘性肖像有所不足，在这里可用与外形直接相关的一系列因素来加以补充，而这些因素是造型艺术很少或完全不能利用的。举止、步态、音色、脸部表情和整个外形在人生不同历史时刻的不断变化，生活事件的历史进程中诸多不可逆转的因素，体现于年龄外在变化的个人成长因素；从青少年到成年、到老年生动变化的形象，是可用叙述来涵盖表现的因素，因为这是人的外形历史。对人的自我意识来说，这一整体的形象是散见于生活中的，仅仅作为偶然出现的片段进入观照外部世界的视野里，而且恰恰缺乏外在的整体性和连续性。而一个人在用自身之我的范畴来感受生活时，他不可能把自身凝聚成一个或多或少完成了的外在整体。这里的问题不在于外在观照的材料之不足（虽然材料确实非常不足），而在于一个人自己从内心对其外形表象从根本上便没有一种统一的价值立场。无论是镜子、照片、对自己的特殊观照，在这里均无济于事。我们最多也只能获得一个审美上虚假的产物，是从不具独立性的可能的他人立场出发，为自己的私利制造出来的产物。

在这个意义上可以说，一个人在审美上绝对地需要一个他人，需要他人的观照、记忆、集中和整合的能动性。唯有他人的这一能动性，才能创造出外形完整的个人；如果他人不去创造，这个人就不会存在，因为审美的记忆是能动的，它能在一个新的存在层面上首次塑造出一个外在之人。

三、对人进行绘声绘影的外形观照时，一个特别而且十分重要的因素，是感受构成他的轮廓的身缘。身缘这一因素是与外形不可分割地联系在一起的，仅仅在抽象中才能同外形分开，以便表现外形之人同包容他的外部世界的关系，表现一个人在世界中所受的局限。这一外缘的边界，在自我意识中亦即由自己来体验，绝不同于由他人来体验。实际上，只有在他人身上我才能真切地从审美上(以及伦理上)令人信服地感受到人的完整性，实际经验到限定的客体性。他人是整个地呈现在外位于我的世界里，他是这个世界的一个因素，一个在空间上从各个方面都被限定了的因素。这时我能清楚地感受到他身体的边界，我的眼睛能看到他的全身，我的触觉也遍及他的全身；我看到一条曲线在外部世界的背景上勾勒出他的头部，也看到在世界里限定他躯体的全部线条；他人作为其他物体中的一个物体，整个地展现在外位于我的外部世界中而一览无余，丝毫也不超越自己的界线，丝毫也不破坏他那可见可触的绘声绘影的整体。

毋庸置疑，我的全部知觉经验从来也不能让我这样地看到我本人外形的全部限定性；不仅实际的感知不能够，而且连想象也都不能够建立起这样的视野，可使我整个地进入其间，全方位地受到限定。实际的感知不能够，这一点无须特殊的证明，因为我处在我的视野边缘上，而可见的世界是展现在我的前面。我朝四周转动我的脑袋，可以从我所在的空间的任何方面看到自身，但我处于空间的中心，我看不见被这一空间实际包围着的整个自己。想象的情况则要复杂得多。我们业已看到，虽然通常我不去想象自己的[1 词不清]形象，但如果作出一定努力，是可以做到这一点的，并且能想象出整个的形象——当然像他人一样是全方位都被限定的人。不过这一形象不具有内在的说服力，因为我始终还是从内心来感受自己。这一自我感受是离不开我的，或者换个说法，我本人仍留在自我感受之中，并未把自我感受纳入想象出来的形象中去。觉得这就是整个的我,觉得这个[1词不清]多方限定的身体之外再无我的存在,恰是这样一种意识,在我心中从来就无法令我信服:对我外形的任何感受[1词不清]和想象,都有一个必要的前提,就是意识到这并非是我的全部。对他人的想象,与对他实际的全部观照会完全相符;而我对自己的想象却是杜撰的,不能同任何的实际感受相一致。在对自己的实际感受中所获得的最重要的东西,总是处在对外形的观照之外。

感受自己和感受他人的这一差异,可在认识中得到克服,或者更确切地说,认识无视这种差异,就像它无视认识主体的唯一性那样。在统一的认识世界里,我不能视自己为唯一的自为之我,而与所有其他的人即为我之他人相对立,不管其他的人是过去的、现在的还是将来的人。恰恰相反,我知道我是整个受到限定的人,同所有他人一样;我也知道任何他人主要是从内心来感受自己,根本不会为自己而诉诸外形的表现。但这种认识不可能制约实际上对唯一主体的唯一具体世界的观照和感受。对现实中人的具体感受形式,就是我和他人这两个形象性范畴的相互关联但不可逆转。我用以感受唯一自己的"我"这个形式,根本上不同于我用来感受所有他人的"他人"这个形式。而我对他人之"我"的感受,也完全不同于对我的自身之"我"的感受;他人之"我"应归于"他人"的范畴之中,是其中的一个因素。这一区别不仅对美学,而且对伦理学都有着十分重大的意义。只需指出从基督教道德观上看我和他人原则上具有不同的价值就可以一清二楚了。这种道德认为不能爱自己,而应该爱他人;不能对自己宽容,而应该对他人宽容;要把他人从一切苦难中拯救出来,而由自己来承受[①];或者说应实行利他主义,而后者完全以另一种态度对待他人的幸福和自己的幸福。这一伦理上的唯我论,我们下面还要谈到。

从审美的角度看,重要的是以下一点:自为之我是一切积极性的

[①] 参看《新约》的格言:"你们各人的重担要互相担当。"(《加拉太书》,第6章,第2节)——原编者

主体，是视觉、听觉、触觉、思维、情感等积极性的主体。我仿佛从自身出发去感受一切，目标指向我的前方，指向世界，指向客体。客体与作为主体之我相对立。这里讲的不是认识论上主客体的相互关系。而是我这个唯一主体与其余的整个世界两者在生活中的相互关系，这个其余世界不仅是我认识和外在感觉的客体，而且是我的意志和情感的客体。我眼中的他人整个处在客体之中，他人之我，对我来说也只是一个客体。我可能思考自己，可能用外部感觉部分地体验自己，部分地使自己成为意志和情感的对象，亦即能够把自己变成自己的客体。但在这种自我客观化的行为中，我将不再与自己相吻合，自为之我将留在自我客观化的这一行为之中，却不在这一行为的产物之中；在观照、情感、思维的行为之中，却不在所思所见或所感的事物之中。我不能把自己整个地纳入客体之中，我作为积极的主体高踞于任何客体之上。我们在这里所关注的，不是这一论点的认识方面（这个论点成了唯心主义的基础），而是对自己的主观性和绝对不囿于客体中的具体体验。这一点为浪漫主义美学所深刻理解和把握（施莱格尔的讽刺理论①）。这些与他人的纯粹客体性截然相反。认识对此作出了修正，按照这一修正，就连自为之我（独一无二之人）也不是绝对的我或认识论的主体。一切使我成为我，成为确定个人而有别于所有他人的因素，如确定的地点和时间、特定的命运等等，也都是认识的客体，而不是认识的主体（李凯尔特②）。不过，令人从直觉上以为唯心主义可信的，是对自己的体验，而不是对他人的体验；对他人的体验倒是更令人

---

① 施莱格尔提出的浪漫主义讽刺这一概念，要求天才之我首先能顺利地摆脱一切规范和价值，摆脱自身的客体化和派生物，不断地"克服"自身局限性，戏剧式地超越自己。讽刺性是任何心态的完全随意性之标志，因为施莱格尔指出"一个真正自由而有文化的人，应能按自己的意愿自由变换哲学的或语文学的、批评家的或诗人的、历史学的或演讲的、古典的或现代的腔调，犹如调整乐器一样，随时可取任何的调子。"（《德国浪漫主义文学理论》[俄文版]，列宁格勒，1934年，第145页）——原编者

② 在李凯尔特的体系中，作为终极现实的意识，不被视为个别人的意识，而被作为普遍的超个人的意识，它在所有人的头脑中都是同一的。——原编者

李凯尔特（1863—1936），德国哲学家，新康德主义弗顿堡学派创始人之一，把存在归之于人的意识而抛弃了康德的"自在之物"。——译者

觉得现实主义和唯物主义可信。把整个世界囊括于我的意识之中的唯我论,从直觉上还是可信的,至少是可以理解的。但要把整个世界和我自己全部纳入他人意识之中,从直觉上却是完全不可思议的,因为这个他人显而易见同样只是大千世界里的一个微不足道的部分。我不能设想自己整个成为外形完全限定的、完全可视可感的、各方面与自己完全相等的对象而令人信服地加以体验,然而我对他人却不能不这样去体验。我所了解的而且部分与之共感的他人内心的一切,都被我纳入他的外部形象之中,犹如装进他人之我,他人意志、他人认识的瓶子里。对我来说,他人的一切整个都集中安置在他的外部形象中。而自己的意识在我的体验中,仿佛是一个包容世界、掌握世界的意识,却不是被融入这个世界的意识之中,不溶于对不大的有限之物的触觉之中。外在形象可以体验为完成他人和穷尽他人的形象,但我却不能把它作为穷尽我的和完成我的形象来加以体验。①

为避免误解,我们再次强调一下:我们在这里不涉及认识的因素,即心灵和躯体、意识和物质、唯心主义和现实主义的关系以及与这些因素相联系的其他问题。这里对我们来说,重要的只是具体的体验,它的纯粹审美的可信性。我们可以断言,从自我体验角度看,唯心主义在直觉上较有说服力,而从我对他人的体验上说,唯物主义在直觉上更可信。与此同时却完全不涉及这些流派在哲学认识上是否有道理。作为躯体轮廓的曲线,用于界定[和]完成他人,在价值上是符合实际的,而且符合整个他人,他的一切方面。而对于我界定和完成我自己来说,这曲线则是完全不符合实际的,因为我在真正体验自己时,我可以包容任何临界线、任何躯体,可以扩展自身而越过任何临界线;我的自我意识要消解我的形象的绘声绘影的可信性。

由此可知,只有他人在我的体验中才能与外部世界有机地联系在一起,才能在审美上令人信服地融入这一世界,并与这一世界相协调。

---

① 浪漫主义的形象性(形象之无限性),其基础是自我体验:"一切在我之中,而我也在一切之中。"——编者

作为自然的人,只有由他人而不是由我的感受才能从直觉上令人信服地加以体验。对我自己来说,我不能整个地与外部世界共生共存,我身上总是存在着某种重要的东西可与外部世界相对立。这就是我内在的积极性,我与客体的外部世界相悖而不融合的主观性。我的这种内在的积极性,是外在于自然和世界的。我在世界的认可[？]行为中随时都可通过内在的自我感受而找到脱离世界的途径,仿佛存在着一条通道,借此我可以逃脱整个现实的自然。他人(按其审美本质说)与世界密不可分,我则与我内心的外在于世界的积极性密不可分。当我非常严肃地看待自己时,我身上全部客体性因素,如我外形的片段、我身上一切实有的东西、我对自身的思考和感受所得的确定内容等等,对我来说,已全都不再表现我自己,我开始整个地投入这种思考、观照和感觉之中。我不能完全地进入任何的外部状态,也不能局限于这种状态。在我自己看来,我仿佛处于同所有这类状态的切线上。在我身上,一切空间的存在全都聚集到我的非空间性的内在中心;在他人身上,一切思想的因素却全都聚集到他的空间存在之中。

我具体地体验他人的上述特点,突出地提出了一个审美课题:如何有效地论证他人在不超出其空间的感性的外在世界的情况下具有这种限定的完整性。只有针对他人来讲,才会直接感受到只有认识性理解,只有纯含义方面的、对形象的具体性唯一性漠不关心的论证,亦即只有伦理的论证,那是远远不够的。因为这些都回避了外在表现的因素,而这一外在因素对于我体验他人是十分重要的,在我本人身上则是无关紧要的。

我的审美积极性,并不在艺术家和作者的特殊活动之中,而在同非审美因素不加区分不相脱离的唯一的生活之中,它仿佛在自身中混杂着创造性生动形象的胚胎。这种积极性表现为发自我内心的一系列不可逆转的行为,它们从他人完整的外形上、从价值上肯定他人,如拥抱、亲吻、看护等等。在实际感受这些行为时,它们的有效性和不可逆性特别明显地表现出来。通过这些行为,我明显而可信地实现着我外位于他人的特殊优势，外位的潜在价值在这里变成了可见的真实的价值。要知道只因为是他人，才可以去拥抱，从四面八方合围，珍爱地抚摸他的整个身体。他人身子松软的部位，他人的整体性，他此时此地的存在，都由我从内心里加以体验把握，仿佛通过我的拥抱才得以形成。在这一行为中，他人的外部存在获得了新的生活，具有了某种新的含义，出现在一个新的存在层面上。只因为是他人，才能以己之唇去吻他人之唇；只因为是他人，才能把双手搭到他的身上，才能积极地俯身照看，庇护他整个的人，他的存在的一切因素，他的躯体以及他的心灵。而所有这一切，都无法在自己身上得以体验。这里的问题不单是身体上做不到，也是把这些行为加诸自身从情感意志上说是不真实的。他人外形的有限存在，作为拥抱、亲吻、庇护的对象，成为富有价值的获得内在意义被确定的[？]需求的材料，用以生动地完成和塑造人物。而这一人物已不是形体上完整和物理上限定的空间里的人物，而是审美上完整和限定的、审美上生动事件的空间里的人物。显然，我们在这里排除了这些不可逆行为中会破坏审美纯洁性的性感因素。当我们拥抱或呵护人的身体时，我们也在拥抱或呵护居于身体里并由身体所表现的心灵，这时我们把这些行为视作对整个人作出的艺术象征性的人生反应。

四、我们将要关注的第三个因素，是在空间世界里产生的活动，人的外在行为。行为和行为空间在行动者自我意识中是如何体验的，他人行为我又是如何体验的，他人的审美价值处在哪个意识层面上，这些就是下面将要研究的问题。

我们不久前已经指出，我的外形片段只有通过与其相应的内在感受才能同我连接起来。其实，当我的真实性不知何故变得可疑时，当我不知道我是否处于幻觉中时，只凭我的身体外形我是不能轻信的：我要么得活动一下身体，要么拧一把自己的身体。也就是说为了检验我是否真实，须把我的外貌译成我内心自我感觉的语言。当我们因生病而不再能支配身体的某个部分，例如一条腿不听使唤，这时这条腿在我们的感觉上仿佛是别人的腿,不是"我的"腿,虽然从外在可见的形象上说属于我的身体。任何从外部赋予我的部分躯体,都必须通过我内心的体验,只有这样它才能融于我身体之中,融入我的唯一的整体。假如无法译成内心自我感觉的语言,我就准备把这一部分视为不是我的躯体而摒弃,它同我的紧密联系也就此中断。对躯体及其部分的这种纯内心的体验,在完成一个动作时特别重要,因为行为总是在调整我和另一外部事物之间的关系,在拓宽我的躯体的作用范围。

通过自我观察不难明白,在作出身体动作的时刻,我最不在意观照的就是我的外形。因为严格地说,当我在行动,当我用手抓物的时候,我用的不是手的外部完整的形象,而是用与手相应的内在体验的肌肉感觉。我所抓的也不是作为外部完整形象的物体,而是与它相应的我的触觉感和物体重量、密度等抗力引起的肌肉感。目力所见的东西,只是补充内在体验的东西,对实现行为无疑只具有次要意义。总而言之,一切实有的现存的东西,已经实现的东西,都退居到行动者意识中的次要地位上。意识总是面向目标,而实现的途径以及全部手段都要经过内在的体验。行为实现的途径纯粹是内心的途径,而这一途径的连续性也纯粹是内在的连续性(柏格森)。即使我用手完成某种确定的行动,例如从书架上取书,我不会注意手的外在运动,它所经过的可见的路线,也不会注意这手在与房间里各种不同物体接触时所采取的姿态,因为所有这一切都是作为对行动并不需要的偶然举动而进入我的意识,我是从内心里支配我的双手的。当我沿街行走时,[我]的内心是朝向前方的,我在心里计算着、评估着我的全部行动。当然,这里我有时也需要看清一些东西,有时甚至需要看清自己内心想的一些东西,但完成行动中的这种外在观察总是片面的——它只捕捉事物身上与这一行为直接有关的东西,这样也就不是实现事物的完全可视性。外在行动范围中的物体,它的可视形象中的现存实有而确定的东西,在行为完成过程中遭到分割和分解,出现了将来即将发生的东西,需要由我的行为作用于该物体加以实现的东西,因为我是从将来的内心体验的角度来观照物体的,而对物体的外形完整性来说,这是最不合理的观照角度。让我们继续发挥前举的例子吧。我沿街行走,发现迎面走来一个人,我赶忙躲到右边以免撞上。我看到此人时,首先想到的是我可能与他撞个满怀,我将不得不在内心里感受这次相遇。这一预感是以内心自我感觉的语言实现的,由此直接导致了我内心决定向右拐的行动。处在紧张的外在行为范围之内的物体,在体验中要么是一种可能的障碍、压力,要么是可能出现的疼痛,要么是手和脚等的可能的支撑物,而且对这一切的体验全是用内心自我感觉的语言。正是这一点对事物外形实有的完成性起了瓦解的作用。这样,即使在强有力的外在行为中,作为基础的东西(即行为世界本身)依然是内心的自我感觉。这种内心的自我感觉把一切的外部表现或融于自身,或服从自身,而不使任何外在的东西在我身中或者在我身外形成稳定可睹的现实。(外在行为的空间。)

在完成行为过程中关注自己的外形,甚至可能成为一种破坏行为的致命力量。如当完成一次艰难而惊险的跳跃时,注意自己双脚的动作是极端危险的;需要的是在内心集中精神,并在内心谋划自己的动作。任何体育运动的首条规则,都是直视前方,不看自己。在完成艰险行动时,我聚精会神,内心形成专一的整体,看不见也听不到任何外部的东西,把整个身心和自己的世界都纳入专注的自我感觉里。

行为的外在形象以及它与外部世界物体的可见的外在关系,从来也不进入行动者本人的视野,一旦它们闯入行动者的意识,就不可避免地要成为行为的障碍,成为行为上的死点。

从行动者意识内部来看,行为从原则上就否定一切存在的、现有的、完成的东西有什么独立的价值;行为破坏事物的今天,而为预感的明天开道,行为的世界是内心预感的未来世界。行动面对的目标,是瓦解了外部对象世界的现实存在性,未来实现的计划,是瓦解了物体现有状态的实体,行动者意识的整个视野,渗透着未来实现的预感,它的稳定性为这一预感所瓦解。

由此得出的结论是:得到表现并从外部得以感受的行为在艺术上真实与否,行为同周围存在的外表有机地融为一体,行为同它的背景(即现时稳定的整个物体世界)和谐一致,这些从原则上说都处于行动者本人的意识之外。所有这些只能由外位于行动者的、不参与行动的、与行动的目的和含义无关的意识来实现。只有他人的行为,才能由我从艺术上加以理解和完成;而从我内心出发的行为,原则上不可能从艺术上给以加工和完成。当然这里指的是对行为纯粹从绘声绘影的形象方面来理解。

对外在行为作基本的绘声绘色的描述,如修饰、隐喻、比喻等等,从来都不能由行动者的自我意识来完成,从来也不与行为内在的真实目的和含义相吻合。全部艺术描绘都是把行为转移到另一层面上,转移到另一价值语境;在这里,行为的含义和目的都变成行为事件的内在因素,变成一种仅帮助理解行为外形的因素,也就是把行为从行动者的视野中转移到外位观照者的视野中。

如果对行为的绘声绘影的生动描述存在于行动者本人的意识之中,那他的行为便立即脱离自身严肃的目的,脱离现实的需要,行为结果要失去新颖性和有效性,行为于是变成一种游戏,蜕化为做作的姿态。

只要分析一下对行为的任何一种艺术描绘,就足以令人相信:在绘声绘色的生动形象中,在这种性质的描写中,艺术的完整性和说服力是处在业已消逝了的生活语境中;这个含义语境在行为进行时是外位于行动者意识的。而我们读者,内心里对这行为的目的和含义并不感兴趣(因为,否则的话,行为的对象世界就要进入我们从内心所体验的行动意识之中,行为的外在表现也随之解体)。我们对行为一无所求,在现实的未来里不指望得到什么。对我们来说,现实的未来已为艺术的未来所取代,而这种艺术的未来总是在艺术上预先确定了的。体验经过艺术加工的行为,都是在我的独一无二的生活之外,在这生活的事件性真实的时间之外。在这个真实的生活时间中,任何一个行为都不会以其艺术的侧面展现在我面前。一切绘声绘影的生动描绘,特别是比喻,会使实际中的凶吉未卜的未来变得绝无险象,这种描绘完全展现在自足的过去和现在的层面上;而从这样的现在和过去是无法进入真实的凶吉未卜的未来里去的。

对行为的一切生动描绘的加工,原则上都外位于绝对必要而又重要的目的和含义的世界。当目的和含义不再是支配我的能动性的唯一动力的时候,艺术行为就要脱离目的与含义而获得完成;而这一点只是针对他人行为时才有可能实现并有其内在的理由。在他人的行为中我的视野可以充实并完成他那现实的但却被面临的必要目的所瓦解了的视野。

五、我们考察了在自我意识中和针对他人体验人的外表、躯体的外表以及躯体外在动作的特殊性。现在我们应该把在人体统一的价值整体中抽象出来的这三种因素综合起来,即把躯体作为价值问题提出来。显而易见,因为问题涉及的是价值,所以与自然科学的角度有着严格的区别,亦即不同于有机体的生物学问题、心理生理学中心理和身体的关系问题,以及相应的自然哲学问题。这个问题只能处在伦理和美学的层面上,部分地存在于宗教的层面上。(主要阐明一些原则性问题。)

综上所述,谈及人的躯体通常是不能令人满意的。这是因为躯体的体验是由每一个实在而唯一之人的两种完全不同的方式进行的:作为我的躯体和作为他人的躯体。对于纯认识理论观点(生物学、解剖学、生理学、心理学、人类学等等)来说,这种区别是无关紧要的,在它看来,仅仅不过是一种不存在而已;但为了理解某种价值,必须注意到唯一的主体。因为作为"我"的主体在存在中所占据的唯一位置,有别于所有其他人作为他人所占据的位置。对他来说,最为本质的方式是,这个唯一的位置影响着他的实际评价,而要理解这个评价,不去理解在价值上体验自身和他人的特点是万万不可能的。毋庸置疑,从生活中真正有效的评价这一观点出发,我的幸福和他人的幸福,我的疼痛和他人的疼痛,其价值含义有着天壤之别。这就使下面的类似说法变得极为不可思议,可引一例[1词不清]:一头小鹿被狮子撕咬所受的痛苦,与这种情况下狮子所获得的满足,不知要多多少! 这种比较是丧失了无价值的纯生理上的感受之张力问题。我们不得不说,从价值观上说,它已失去了统一的评价尺度;因为它不可能脱离把每一种实际感受联系起来的"我"和"他人"的价值系数。对于狮子来说,小鹿的最大痛苦,与它本身的极小满足感相比,是微不足道的;对小鹿来说亦是如此。但不仅是生活上的直接评价不能脱离主体的唯一位置,而且伦理理论不能也不应该脱离它:利己主义(作为一种理论)、利他主义、享乐主义、功利主义等等,有意识地或无意识地注重主体行为的唯一位置。诚然,我和他人在价值上的不同须作系统的论证,也像他们的实践范畴一样,但至今伦理学没有提出什么是它最高程度上的弊端,以及什么制约着伦理体系内部的一系列矛盾(费尔巴哈曾经指出了这一点):这里理论认识上的定式使实践上的立场模棱两可,良莠难辨。这种区别对宗教来说也具本质意义(体现在基督身上,等等)。

就我们讨论的问题来说,极其重要的一点是:躯体作为价值在唯一而具体的世界里所占据的因主体而异的唯一位置。我的躯体基本上是内在躯体,他人躯体则基本上是外在躯体。

内在躯体,即作为我的自我意识中因素之一的我的躯体,是体内器官的感觉、需求和愿望集中于内部中枢的总和。而外形因素,如我们上文所见,是零碎而达不到独立的完整性的,但总有其内在的对应物,可以通过它[融于]内在统一体中。我无法直接对自己的外在躯体作出反应:所有与我躯体相关联的直接的情感意志反应(痛苦、快乐、欲望、满足等等),都属于躯体的内部状态和可能性。可以爱怜自己的躯体,对它充满柔情,但这仅仅意味着:我不断争取、不断希望体验通过我的身体实现的那些纯粹内心的状态和感受。这种爱怜与对他人外表的倾心动情没有什么重要的共同之处。那耳喀索斯现象之所以饶有兴趣,正因为是作为特例来说明和解释常规的。可以体验他人对我的爱,可以希望成为被爱之人,可以想象和预感他人之爱,但不能像爱他人那样直接地来爱自己。如果说我关心自己也同样关心我所爱之他人,那么由此绝不能得出结论说,对自己和对他人的情感意志态度是相同的,也就是说我像爱他人那样爱自己。因为情感意志反应在这两种情况下虽都可激发关心的行为,从根本上说却是大相径庭的。不可能像爱自己那样去爱亲近的人,或者更确切些说,不能像爱亲近之人那样爱自己,不可能把通常施于自己的行为全部转移到亲近之人的身上。法律以及类似法律的道德不可能把自己的要求扩展到内心情感意志的反应上,而只是要求施于自身的一些确定的外在行为也应施于他人。但是根本谈不上把对自己的内在价值立场移用到他人身上。这里是要建立一种针对他人的崭新的情感意志立场。我们把这种立场称作爱,但这种爱完全不可能在自己身上体验到。痛苦、为自己担惊受怕、喜悦等,与同情、替他人担心、与人同乐等是有深刻的质的区别的,因此这些情感的道德内涵有原则性的不同。从利己主义者的行为上看,似乎他是在爱自己,其实他当然不会对自己有丝毫这样的爱和柔情,原因就是他根本不懂得这些情感。(我们完全不涉及好感的起源问题,仅对发达的意识作纯分析性阐释。)自我保护是一种冷静而严酷的情感意志取向,完全不含任何温柔的爱心和审美的成分。

我的整个外在的个人的价值,首先是我的外在躯体,在这里只有它使我们感兴趣,它带有借贷的性质,是由我构建起来的,而不是我直接体验到的。

我能够直接追求自我保护和生活优裕,以一切手段保护自己的生命,甚至去追求权势,支配他人,但我任何时候也不能在自己身上体验出一个法人来,因为法人意味着一种可靠的保障,保障其他的人承认我。这种承认在我的感受中,是他人对我应尽的义务(要知道:实际地保护自己的生命而抵抗实际的攻击是一回事,连动物也会这么做;而体验自己的生存和安全的权利,体验他人应有的尊重这种权利的义务,则完全是另一回事)。同样的道理,内在地感受自己的躯体,他人承认我这躯体的外形价值,我所具有的珍爱自己外形的权利,这些都是有着深刻差异的。我珍爱自己外形的权利,是他人赋予我的,仿佛是一种贡品,对它无法从内心加以论证和理解;对自己躯体的外形价值,只能坚信其有,但无法直觉地加以体验,我只能希望有这种价值。他人关注我、喜爱我、承认我的价值等等之类的行为,是多种多样的,散见在我的生活中,仿佛为我塑造出我外在躯体的绘声绘影的价值。的确,一个人一旦开始从内心体验到自身,他立即就接触到亲人、母亲从外部施与的赞美和疼爱的行为。因为孩子最初知道的对自己和自己身体的评价,是从母亲和亲人的嘴里听来的。孩子从他们的嘴里,从他们喜爱的情感意志的语调里听到并开始接受自己的名字,了解到他身体各部分和内心诸多感受的状态的名称;最早议论他的话,最有权威的评论,最早从外部评价他个性的话语,使他自己内心模糊的自我感觉中获得的形式和称谓,让他初次意识到和发现自己有某种意义的话语,全都是爱他之人说的。爱怜的话语和实际的关照用来救助内心自我感受的迷乱混沌,教孩子各种事物的名称,引导他,满足他的要求,使他与外部世界联系起来,就好像期待着关心我和我的要求的回应;而所有这些使交织着需求和不满的无休止的"躁动着的混沌"①体现为绘声绘影的形式。正是在这混沌之中,融合着孩子眼里的一切外部事物,混杂着后来才分解开的他的个性和与之相对的外部世界。帮助这种分解的,正是母亲的疼爱行为和话语。孩子的个性在母亲的情感意志语调中渐渐独立,形成。在爱怜中形成他来到世上的第一个举动、第一个姿态。孩子最初看待自己,仿佛是用母亲的眼睛,最早说起自己是用母亲的情感意志语调,他最早仿佛用自己言语来安抚自己。例如,婴儿用这种语调,用爱称来称谓自己和身体的各个部分:"我的

---

① "躁动着的混沌",出自丘特切夫的诗句,见《你吼叫什么,晚风?》一诗的结尾:
  "啊,别去惊动那熟睡的风暴,
  风暴下,一团混沌在躁动……"——原编者
  此诗写于1836年,充满哲理性。丘特切夫(1803—1873),俄国诗人。——译者

小头儿、小手儿、小脚丫""我想觉觉儿""拜——拜"等等。他在这里是通过母亲对他的爱怜来界定自己和自己的状态,他自己是母亲温存、抚爱和亲吻的对象,他的价值仿佛是在母亲的拥抱中形成的。一个人从来不可能会从自身内部,不通过任何爱他的人,就用亲昵爱抚的方式和语调来谈论自己。至少,方式和语调倘若不会准确反映出我的自我体验、对自己的直接内在关系所真正具有的情感意志立场,那么在审美上就会出现虚假的现象。因为我从内心出发很少能感到自己的"小头儿"或"小手儿",我所体验的只是"头",我活动的也是"手"。我用亲昵爱抚的方式谈论自己,只能是以他人的口吻,表现他人对我的实有的或我所期望的态度。

我想能得到他人对我之爱,但这并不是说,我本人已经体验到某种爱的情感意志反应。我只想他人会同意这种反应,并会表现出爱的行为,而这种爱的行为我本人从我自身内部的位置上无论如何也做不到。不,我想要的正是他人之爱的情感意志语调,因为这种语调对我本人而言是完全不可企及的。我体验到对爱的绝对需要,这种需要只能由他人从外位于我的唯一位置上在内心里实现。不错,这种需要从内部打破了我的自足性,但还不足以从外部肯定地构成我的形象。我对自己是十分冷淡的,甚至在自我保护之时。

这种母爱和他人之爱从人的童年起便从外部在整个一生中建构他这个人,充实了他的内在躯体,当然并没有赋予他外形价值以鲜明直观的形象,但却使他在躯体中潜藏着价值。能实现这一价值的人,则只有他人。

他人的躯体是外在的躯体,它的价值要由我通过直观直觉来实现,它是直接展现给我的。外在躯体是由各种认识、伦理和审美范畴整合形成的,是由外在可见可触的诸因素(它们在躯体中体现着生动造型的价值)总和形成的。我对他人外在躯体的情感意志反应是直接的,只有在他人身上,我方能直接体验到人体之美。也就是说,人体对我来说完全处在另一种价值层面上,用内心的自我感觉和外部片段的观照是不可能感受到的。对我来说,只有他人才能具体体现出审美的价值。在这一点上,躯体并不是什么自足的东西,它需要他人,需要他人的认可和建构。只有内在躯体(沉重的肉体)才是赋予本人而实有的;他人的外在躯体是设定的,因为他人应该积极地去创造它。

性欲中对他人的躯体则完全是一种特别的态度;这一态度本身不能发挥出生动造型的力量,即不能把躯体营造成外在完整的、自足而确定的艺术产品。这里,他人的外在躯体解体而只能成为我们内在躯体的一个因素,仅仅因为给了我内在躯体的潜能(欲望、快感、满足)才具有了价值;而这些内在潜能淹没了躯体外形坚实的完成性。从性的角度看,我和他人的躯体融合而成为一体,但这一整体只能是内在的整体。诚然,这种融成一体的只是我的纯然性追求的极端,实际上总是因有观赏肌体的审美因素而变得复杂了;因此也掺杂有加工和创造的因素,不过这里的创造艺术价值仅仅是一种手段,达不到独立和充分的程度。

外在躯体与内在躯体(他人躯体和我的躯体)在唯一之人的封闭的具体的生活层面上的区别就是这样。对这一生活层面来说,"我与他人"的关系是绝对不可倒置的,一次给定而不可更改。

现在我们来考察一下人体价值的宗教—伦理和审美方面以及这一问题的历史,试图从上文得出的区别出发来澄清这个问题。[①]

在所有历史上重要的、发达的、完整的伦理、宗教、审美诸方面的人体观中,对躯体一般都是加以概括研究而不加区分,但在这种情况下占主导地位的,不可避免地忽而是内在躯体,忽而是外在躯体,忽而是从主观的角度,忽而又是从客观的角度,忽而是以生动的自我感受的经验为基础,忽而又以他人的感受为基础,由此形成关于人的见解。前一种情形的基础,是我这一价值范畴,他人也归于这一范畴之中;第二种情形的基础,则是他人这一范畴,其中也包括"我"。在前一种情况下,关于人(视人为一种价值)的见解是通过这

---

① 理解思想。——作者附言

样的过程形成的:人——就是我,是我的自我体验所得之我;他人也是像我一样的人。第二种情况是这样的:人,就是我周围的他人,是我所体验的他人;我,也像他人所体验的那样的人。这样一来,要么自我体验的特殊性在体验他人的影响下被理解,要么体验他人的特殊性在自我体验的影响下并为了迎合自我体验而被贬值了。当然这里指的是这一或那一因素作为决定价值的因素占有优势,两者都是要进入人的整体中的。

显而易见,在建构对人的见解时,如果他人范畴起决定性的作用,对躯体审美的和积极的评价就将占优势,因为人获得具体的体现,具有生动造型的意义。内在躯体只是附着于外在躯体之一,反映着外在躯体的价值,也得到它的说明。古希腊罗马的鼎盛时期,人就是如此。一切躯体的因素都为他人的范畴所阐明,作为直接具有价值和意义的东西被体验,内在的价值上的自我界定通过他人也为了他人而从属于外在的界定,自为之我融于为他人之我[1]。内在躯体被作为生物学的价值加以感受(健康躯体的生物学价值是空洞而不独立的,自身不可能产生任何有创造效用的和有文化意义的东西;它只能反映另一种类型的价值,主要是审美的价值,它本身是"前文化的")。没有认识论的反射和纯粹的唯心主义(胡塞尔)。泽林斯基[2]。性因素当时绝不占优势,因为它与造型因素格格不入。但随着狄奥尼索斯酒神[3]的出现,另一种本质上是东方的潮流开始崭露头角。在酒神文化中占优势的,是躯体内在的麻木,而不是孤独的麻木。性被强化了。造型的边界开始瓦解。完成了生动造型的人(即他人)被淹没在无个性的但却是统一的内在躯体的体验之

---

[1] 参看对古希腊罗马人的人体见解所作出的独立分析,见阿韦林采夫《早期拜占庭文学的诗学》一书,莫斯科,1977年,第62页。——原编者
[2] 泽林斯基(1859—1944),语文学家、古希腊罗马文化史学家。——译者
[3] 在完成这部著作的时代,狄奥尼索斯酒神祭祀(似乎到公元前6世纪前夜才从色雷斯传来)出现较晚这一点,是无人怀疑的,然而今天,已弄清这一祭祀发端于克里特—迈锡尼时期。——原编者

中。不过自为之我还未能独立出来,还未能作为本质上另一种感受个人的范畴而与他人相对立。当时仅仅在为此准备条件。但边界还未阐明,情况令人沮丧(对个性化的苦恼),内在躯体丧失了权威的外在形式,但还未找到心灵的"形式"(不是精确含义上的形式,因为它已不具审美性。精神是给自己设定的)。伊壁鸠鲁①主义占据一种特殊的中间位置:这里躯体成为有机体,这是内在的躯体②(各种需求和满足的总和),但还未分离出来,带有他人积极价值的反照,虽然已很微弱;但一切生动造型的因素已经熄灭不见。轻浮的禁欲生活本身预兆着孤独的内在躯体作为精神将承受痛苦;这已是处在用自为之我的范畴所构建的对人的见解中了。这一见解开始在斯多葛学派中萌发,因为外在躯体渐渐消亡,同时开始与内在躯体(在于为己的自身里)作斗争,认为它是非理性的。斯多葛学派哲学家拥抱雕像,为的是使自身受冷变凉③。对人的见解的基础,是自我体验(他人同我一样),由此引出斯多葛学派的严厉(过分严肃)和冷酷④。最后,对躯体(如对我的躯体)的否定,在新柏拉图主义中达

---

① 伊壁鸠鲁(前341—前270),古希腊杰出的唯物主义哲学家和无神论者。认为灵魂随肉体的死亡而消亡,幸福是最高的善。——译者
② 伊壁鸠鲁的"你要默默地生活",在古希腊罗马时代被视为对公开性、公众性的挑战。而这种公开性、公众性是与城邦制个人尊严的观念不可分割的。普卢塔克以最激烈的抨击语调写了一篇论争性短文《"你要默默地生活"说得对吗?》,矛头直指伊壁鸠鲁:"如果你想取消公开性,就像宴席上熄掉灯火那样,好在不知不觉中随意尝到各种甜头,那么你可以说:'你要默默地生活。'显而易见,既然我打算同艺妓赫吉娅还有列昂季过夜,'不管什么美丑'而只想'肉体享受',而这种事就需要黑暗和夜晚,需要沉醉和不知不觉……但我认为,上苍给了生活本身,让我们来到世上,让我们诞生,就是为了让人们知道……谁要使自己默默无闻,躲入黑暗之中,活活埋葬自己,那么看来他就是生在世上不满而拒绝存在。"(De latent.vivendo,4,6;俄译者为 C.C.阿维尔采夫)——原编者
③ 这一禁欲主义磨炼与斯多葛学派无关,而与第欧根尼的犬儒主义相关联:"他期望千方百计地磨炼自己,所以盛夏在灼热的沙滩上烘烤,严冬则拥抱冰冻的石像。"(Diog.Laert.,VI,2,23;俄译者是 M.Л.加斯帕罗夫)——原编者
④ 栖提雍的斯多葛哲学家芝诺在其伦理心理学体系中将怜悯视为不良的心态而与嫉妒、恶意、猜忌等并提。(Diog.Laert.,VII,1,3)——原编者

到了最高峰①。审美价值几乎消亡。人(指他人)在实实在在地诞生这一思想,在宇宙进化论中为自为之我的自我反思所取代;在宇宙进化论里我在自身内部生出他人,而不超越自身,依然是个孤独之人。他人这一范畴的特殊性未被确认。有一种反省的理论:我在思考自身,被思考之我(自省的产物)同思考者之我分离开来;出现了一分为二,创造着一个新人,这个新人又对自己进行自省而一分为二,如此等等。所有事件全都集中在统一的自为之我身上,没有他人新价值的介入。在自为之我和我(犹如我在他人面前存在之我)这一对关系中,第二个成分理解起来像是一种不快的局限和诱惑,没有真正的现实性。对自己的纯而又纯的态度(这一态度不含任何审美因素,而只能是伦理性和宗教性的),成为从价值上体验和说明人与世界的唯一创造性原则。但针对自己来说,像温存、宽容、宠爱、欣赏这些可用一个"善"字概括的反应,不可能成为无条件的要求。因为针对自己而言,不可能把善解释并理解为对现实应取什么态度的原则性问题。这里纯粹属于预设的领域,通过预想来克服一切现存而视为劣迹的东西,克服一切肯定和美化现实的种种反应。(在自省的基础上对自己不断地超越。存在通过躯体必然的忏悔而阐明了自己。)新柏拉图主义就是以纯粹的自我体验为基础,是彻底地、始终如一地从价值上领会人与世界:一切事物(宇宙、上帝、其他人)仅仅是自为之我,他们对自己的评说是最有权威和最终的结论,他人没有发言权;至于他们仍然是为他人之我,这只是偶然的、无关紧要的情况,不能产生原则上新的评价。由此也便出现对躯体的最彻底的否定:我的躯体对我本人来说不构成价值。纯粹自发性的自我保护,不会从自身中产生出价值

---

① 新柏拉图主义的奠基人普洛丁的传记(他的学生波尔费利所撰),开头第一句话就是:"普洛丁,与我们同时代的哲学家,似乎为你生有肉身而羞愧。"(Porph.V.Plot.,1)新柏拉图主义的一个特点是把思想绝对集中在统一上,在统一这个观念上。(因此,它物在统一看来,任何时候也不是本质上的它物,而只是这个统一的异在,是它的含义层面和辐射"流"。)作者对这一绝对集中的伦理暗示作了十分准确的分析。——原编者

来。我在保护自己的时候并不评价自己,因为这样做时不需要去评价和解释理由。有机体只是自然地生活着,并不从内部找出存在的理由。这理由只能从外部加在他的身上。我本人不可能是自身价值的作者,就像我不可能揪着自己的头发把自己提起来一样。有机体的生物学生命,只有在他人与其同感并对其同情中(指母亲)才成为价值,生命也借此进入新的价值层面。我的饥饿与他人的饥饿在价值上有深刻的区别:想吃在我身上不过是一种愿望,而在他人身上对我来说就是一种神圣的要求,如此等等。如果不能也不应施于自己的评价,同样不可也不应施于他人,如果他人本身没有特权,在这种情况下对主体本人来说,躯体作为肉体生命的载体,应该绝对加以否定(这里他人不能提出新的观点)。

从我们所讨论的问题的角度上看,基督教是一种复杂而并不单一的现象①。其中包含有下列不同性质的因素:(1)犹太教以集体的体验

---

① 对早期基督教人类学的起源和思想内涵问题,巴赫金的观点有两个方面值得探讨。一方面,它必然地受到20世纪初科学、哲学、文化史研究以及一般知识分子意识所特有的某些观念的制约。有一些权威人士,如先在彼得堡后在华沙的优秀的古典语文学教授,擅长通俗宣讲自己思想的法杰伊·弗兰采维奇·泽林斯基,如德国自由派新教神学巨擘、教会史专家阿道夫·昂纳克,巴赫金提到了他们的名字;另一些人则是不提名地包括在内了。这里不是对这些观念加以评析的地方。我们的目的是要全方位地观察到作者观点独特的另一面所依托的背景。因为,从这一方面来说,由于始终如一地强调"内在"躯体和"外在"躯体的对立关系,自为之我和为他人之我的对立关系,使得过去时代的科学成果也获得了特别的巴赫金式的含义。例如,基督教三个来源(犹太教、古希腊教、"诺斯替教")的相互关系归根结底要么是伊朗的二元论,要么是混合的二元论;试比较一度很时髦的曼达问题,洛采和斯宾格勒大为入迷,这在那一时代是最热门的一个主题。今天这个题目也绝非过时;尽管由于出现新材料,首先是库姆朗的材料,由于方法论的进步,研究的角度有了深刻的变化。在昂纳克的著作中(其中尤为著名的是《基督教本质》的讲义以及《教义史》的简编,其俄译本出版于1911年),教会理论、教会祭祀(与祭祀艺术一起)以及教会组织的形式过程,被描写成用希腊化时代的文化成分逐渐取代"纯粹的基督学说"。不过,昂纳克的见解要求有一个前提,即十分有力地强调"初始"(尚属"纯粹的")基督教与"早期"(已经希腊化了的)基督教之间的区别,这就意味着要把基督教的"本质"同希腊化时期本质的混杂区别开来。与此相反,泽林斯基认为"初始的"基督教(包括耶稣本人的布道活动)就其"本质"来说,就已是希腊化的现象,所以特别坚持圣子思想的希腊根源(参看Ф.Ф.泽林斯基的《观念的变迁》,

为基础将人的内在实体性(即身体需求)用完全特殊的方式予以阐明,并强调他人范畴的主导地位。在他人这一范畴内体验自己,对躯体从伦理上进行自我感受,这些几乎是不存在的(民众的机体形成一个统一体)。与内在的躯体紧密结合的性因素(酒神精神)也很薄弱。身体健康所具有的价值。但由于宗教生活的特殊条件,生动造型的因素不可能获得重大的发展(只是在诗歌中才有可能)。"不可为自己雕刻偶像"①。(2)纯属古希腊罗马的思想:神的人化(泽林斯基)和人的神化(昂纳克②)。(3)诺斯替教③的双重人格和禁欲主义。(4)新约

<接上页>第4卷,彼得堡,1922年,第15—16页;又见他的《希腊化时代的宗教》,彼得堡,1922年,第129页)。

为了理解作者一些表述的逻辑关系,有必要再作几点说明。巴赫金对《旧约》世界观的阐释,以言简意赅的确切语言总结了自己的和他人的一整套见解。作者顺利地克服了关于"伦理—神论"的旧观念的抽象性。这些旧观念源于摩西·门德尔松的宗教启蒙运动,约在13世纪初,后来曾多次得到复兴,直到新康德主义者赫尔曼·柯亨的著作《犹太教经书中的理性原则》(1919)。作者也看出了《旧约》上浓重的"肉体性"〔如在马丁·布贝尔对《圣经》的诠释中,"Leīblichkeìt"(肉体)概念占据着中心地位,巴赫金十分了解并看重此人;参看 Buber M. Werke. *Schrīften zur Bībel*. Bd. 2. München, 1963, passim〕,同时又绝不像所谓生命哲学派阐释家那样热衷于无度的情欲"魔法",不管是在犹太教之外(如俄罗斯的 B. 罗札诺夫),还是在它内部(参看 Goldberg O. *Die Wirklìchkeīt der Hebräer*. Berlīn, 1925)。《旧约》的"肉体性"在这里主要是描写为"内在的"东西,即不是以外部直观的,而是作为需要和满足从内心体验的,而这又不是一个人的个体肉体性,而是一个宗教、种族的集体的肉体性,是"人民肌体的统一体"。与此相关,还需要指出,当时著名的德国犹太人哲学家暨《圣经》翻译家弗朗茨·罗森茨韦格,曾认真考虑过能否用德语词组"heīliger Leìb"即"神圣的肉体"来翻译古代犹太语词组"神圣人民"(gōjqādōš;例见《出埃及记》,第19章,第6节;第24章,第3节),马丁·布贝尔1953年1月25日写给赫尔贝尔格的信可作证明。可参看 Buber M. *Brīefwechsel aus sīeben Jahrhunderten*. Bd 3. Heīdelberg, 1975, S.326。——原编者

① 指《旧约》中的告诫:"不可为自己雕刻偶像,也不可作什么形象,仿佛上天、下地和地底下、水中的百物,不可跪拜……"(《出埃及记》,第20章,第4节)——原编者
② 昂纳克(1851—1930),德国神学家、宗教史学家。——译者
③ 诺斯替教,系罗马帝国时期希腊罗马世界的一个秘传宗教,产生略早于基督教,认为至高神的本质是心灵,与物质世界并存的还有一个精神世界。心灵若处于肉体之便不得解脱。只有对其彻悟,把握"诺斯"(意为真知),才能得救,所以它提倡禁欲清修。该教曾盛极一时,后被基督教正统派视为异端而受迫害,该教对基督教中的不少异端派别影响颇大。——译者

基督。我们在基督身上看到了无比深刻的综合,即伦理唯我论,人的严格律己(即对自身的无可指摘的纯洁态度)与对他人在伦理和审美上的善意相综合。这里最早出现的无比深化了的自为之我,这个我对他人不是冷漠的,而是充满善意,对他人完全真诚,能揭示并确认他人全部的特殊价值。所有的人在他看来,都可分成两部分:唯一的他和所有的他人;他是宽恕者,他人是得到他宽恕的人;他是救世主,而他人是被拯救者;他是承担罪过和赎罪之人,而所有他人是没有这种重负、不须赎罪的人。因此在基督的一切教义中我和他人都是对立的:要求自己的是绝对牺牲,对他人则应是仁爱。但是,自为之我对上帝来说就是他人。上帝已经不再被认真地看作是我的良知的声音,是对自己的一片仁爱,是对我内心实际的纯真的忏悔自责;这是可怕地落入其手,看到他就意味着自己死亡①(指内心的自责)的那个上帝。但这是上天之父,他高踞我的头上,能在我从自己内心根本无法宽恕和剖白自己的地方,证明我无罪并给我以宽恕,而他自己却始终清白圣洁。我在他人眼中占什么地位,上帝就在我眼中占什么地位。他人在自身中视为恼人的现实而加以克服和摒弃的东西,我却把身上的这些东西视为他人宝贵的躯体而加以接受和爱惜。

基督教的组成要素就是这样。从我们这一问题的角度看,在基督教的发展中我们可以指出两种趋向。其中一种倾向是以新柏拉图主义为主导:他人首先是自为之我,血肉之躯本身无论在我身上还是在他人身上都是罪恶。在另一种倾向中,价值取向的两种原则以及它们的特殊性都有所表现,这就是对自己的态度和对他人的态度。当然两种趋向并非以纯粹的形态存在,这是两种抽象的倾向,在每一具体现象中只可能有一种倾向占优势。在第二种趋向的基础上,躯体在作为他人的上帝身上发生变形的思想,得到

---

① 《旧约》中,耶和华对摩西说:"……人见我的面不能存活。"(《出埃及记》,第33章,第20节;又如《士师记》,第13章,第22节中,玛挪亚对他的妻说:"我们必要死,因为看见了——神。")但在《新约》中,讲到《旧约》里感受神意时却说:"落入永生——神的手里,真是可怕的!"(《希伯来书》,第10章,第31节)——原编者

了发展。教堂是基督之形体①,是基督之新娘②。对伯尔纳·克列尔沃斯基的雅歌的阐释③。最后,是神赐的思想,即自外部来宽恕忏悔和接受确有罪孽而自身从内部又难以克服的现状。与此相关的还有自白(彻底忏悔)和宽恕的思想。从我的忏悔内部得出的是对整个自己的否定,而在外部(作为他人的上帝)所得的则是重生和友爱。一个人自己能做的只是忏悔,只有他人才可能宽恕人。基督教的第二种趋向,

---

① 如《新约》中使徒保罗书信里所发挥的思想:"……就如身子是一个,却有许多肢体,而且肢体虽多,仍是一个身子。基督也是这样。我们不拘是犹太人,是希利尼人,是为奴的,是自主的,都从一位圣灵受洗,成了一个身体,饮于一位圣灵。"(《哥林多前书》,第12章,第12—13节)下文与这一思想相关联,讲到平时必须关心哪怕是身体最"软弱"的和最"不体面"的部分,以此作为教会整体中的相互关系的准则,这里应是:"不俊美的越发得着俊美。")所以,基督徒与基督的一致不仅是精神上的,而且在很本质的方面是肉体上的:"身子不是为淫乱,乃是为主,主也是为身子……所以要在你们的身子上和你们的心灵上荣耀神。"(《哥林多前书》,第6章,第13节,第20节)这种神秘性的结合在一定程度上可与夫妇及一切男女同居时个人身子打破自我封闭相比较,按《圣经》的说法,男女"二人要成为一体"(上文中巴赫金也谈到性关系"合成一个统一的内在肉身")。在基督教世界观范围内,上述这种比较不仅没有取消,反而尤为尖锐地论证了保持肉体贞洁的禁欲原则:"岂不知你们的身子是基督的肢体吗?我可以将基督的肢体作为娼妓的肢体吗?断乎不可!岂不知与娼妓联合的便是与她成为一体吗?因为主说:'二人要成为一体。'但与主联合的,便是与主成为一灵。你们要逃避淫行!人所犯的无论什么罪,都在身子以外,唯有行淫的,是得罪自己的身子。"(《哥林多前书》,第6章,第15—18节)——原编者
② 《新约》的一片(《以弗所书》,第5章,第22—23节)谈到基督和教会(即所有教徒的联合组织)的关系,把它看作是婚姻"伟大秘密"中夫妻关系的理想范式。在这种背景中,丈夫和妻子就仿佛是基督的"圣像"和教会。另一方面,在《启示录》里天国的耶路撒冷象征着所谓常胜教会(即处于尘世冲突彼岸的永恒教徒的联合体),并多次被称作羔羊(即基督)的妻子和新娘:"羔羊婚娶的时候到了,新妇也自己准备好了。"(《启示录》,第19章,第7节)"我又看见圣城新耶路撒冷由上帝那里从天而降,预备好了,就如新妇妆饰整齐等候丈夫。"(《启示录》,第21章,第2节)——原编者
③ 伯尔纳布道讲《旧约·雅歌》,把感性形象解释为对上帝的炽热的精神之爱。这是继承了早期基督教思想家(特别是格列高利·尼斯基)所确立的传统,自己则又引发出中世纪晚期德国尼德兰神秘剧中Gottesminne("爱恋天神")的主题(本根的希尔德哈德,马格德堡的梅赫希尔达,迈斯特·埃克哈特,亨利希·苏佐,惊人的鲁伊斯勃莱克等人)。——原编者

在法兰西斯、乔托和但丁等现象中①获得了最深刻的表现。但丁在天堂里与贝纳尔的交谈②说出一个思想:我们的躯体要复活,并非是为了自己,而是为了今天爱我们的人,为了过去珍爱并了解我们独特面孔的人。

文艺复兴时代为人的肉体正名,带有混杂含糊的特点。法兰西斯、乔托和但丁的那种纯洁而深邃的理解已荡然无存;古希腊罗马那种质朴的理解也不可能再度恢复。躯体虽然竭尽全力,却找不到权威的作者,没有这样的艺术家可凭借权威名声来创作。由此产生了文艺

---

① 方济各的神秘剧散发着民间的清新和朝气:大自然是欢快而神秘的世界,能激发起人类之爱;而魔鬼的狡诈却是无力的,应受到嘲笑,心灵注定要死之说是撒旦的杜撰。方济各把太阳和月亮、火和水、基督的善行和死都给以拟人化,像在童话中一样同他们交谈,称他们为兄弟姐妹;全部上帝造物之间的这一兄弟情谊,把人的世界与自然界结合到了一起;对这一兄弟情谊的体验,反映在所谓《太阳之歌》中,这是一首用民间语言写成的充满激情的抒情诗。方济各本人的躯体被称作"驴子兄弟",作为自然界的一部分也包容在这一兄弟情义之中,虽是受严格的禁欲主义戒律的约束,却没有受排斥、诅咒、蔑视,"驴子兄弟"这一对身体的称呼,带有轻微的幽默,是对禁欲主义狂热的一点修正。这的确与新柏拉图主义的气氛相去甚远。方济各尽管仍保持着基督徒对世界的感知,却预见到必须更新中世纪文化的形式,正是这种需要诞生了意大利的文艺复兴。因此他的形象才对两位文艺复兴先驱者具有了意义,这就是画家乔托〔意大利文艺复兴初期画家(1267—1337)。——译者〕和诗人但丁。对方济各的念念不忘,是乔托和但丁贯穿一生的事实;乔托为此给一个儿子起名叫方济各,把一个女儿叫作克拉拉(克拉拉是方济各一女教友的名字),而但丁看来曾是方济各第三修士团、即在俗家修士团的成员。乔托的现实主义打击了中世纪的假定性,他的现实主义是在创作方济各生平形象的一系列壁画时形成的,壁画充满生动鲜明的情节(阿西西的圣·方济各教堂里的壁画)。英国作家切斯特顿(1874—1936)在其论文《乔托和圣·方济各》中谈到基督教教义时说:"这些道理体现为严格的教规,它们的严格与图表般的简明犹如拜占庭圣像,那暗淡中的清晰使一切欣赏均衡和谐的人无限欢欣。在方济各的自白中,在乔托的彩色壁画中,这些道理成了民众的道理,鲜活生动有如哑剧一般。人们开始像演戏那样表演这些教义,而不仅作为图式来描绘……我所说的这一切,在乔托一幅壁画中,一个木偶在方济各手中活了起来的神话"中得到了再好不过的表现(俄译者 Н.Л.特拉乌伯格)。但丁对方济各的深情赞美,是通过托美·阿克文斯基之嘴说出来的(《天堂篇》,第11章);对方济各形象的多次提及,也散见于《神曲》的其他部分。——原编者

② 《天堂篇》,第31—32章。诗中没有哪一确定的地方可以孤立地脱离语境而成为巴赫金此话之所指;这些话毋宁说是对但丁一些论说的大意所作的概括。——原编者

复兴时代躯体的孤独。不过在这一时期最为重要的现象中，已蕴含着弗兰西斯、乔托、但丁的精神，只是不像原先那么纯净了（在列奥纳多①、拉斐尔、米开朗琪罗的创作中）。然而，描绘技巧却获得了蓬勃的发展，尽管往往没有明确的权威的作者。古希腊罗马对躯体那种质朴的理解，还没有分离出他人的整个外在的躯体世界，因为自为之我的自我意识尚未独立出来，因为人尚未发展到对自己能采取绝不同于对他人的明确态度。所以那种质朴的理解，经过中世纪的内在经验之后，不可能再得以恢复；人们在研读古典作家的同时，不可能不研读和理解奥古斯丁（彼特拉克、薄伽丘）。有腐蚀作用的性因素也很流行，还有伊壁鸠鲁主义的死亡也成了强有力的因素。个性之 ego② 在文艺复兴时代存在于关于人的见解中，只有心灵而非躯体才能够独自分离出来。扬名的思想，对缺乏权威的他人来说是一种寄生性状态。在随后的两个世纪里，相对于躯体而言的权威的外在性彻底消失，以致最后躯体退化为文艺复兴时期自然人种种需求的总和。关于人的观念是在发展和丰富，但却是在其他方面，而不是在我们所讲的方面。实证主义的科学性结果把我和他人相提并论。政治思维。浪漫主义为性正名③法学上人的观念是关于他人的观念。在关于人的观念中对躯体认识史的简短的失之片面的概说，大致就是如此。

不过关于人的观念本身，向来是一元论的，总是力求克服我和他人的二元论，尽管是要把这两个范畴中的某一个列为主导因素。对于这种笼统的关于人的观念进行批判，分析克服甚至在多数场合是忽视

---

① 列奥纳多，即达·芬奇（1452—1519），意大利画家。——译者
② "自我"之意。——译者
③ 作者首先指的是所谓"为肉体恢复名誉"的口号，属于1848年革命前"青年德意志"的意识形态，但是在浪漫主义思想中酝酿而成的；应特别指出诺瓦利斯作品中描写了性及整个肉体生活的隐蔽的神秘性（《片段》），还有施莱格尔轰动一时的长篇小说《路清德》（1799）中以前所未有的坚定性和绝对的严肃性肯定了肉欲，却排除了任何的轻佻成分。此前肉欲在生活和文化中尽管也占有很重要的地位（试比较洛可可时代的习俗），对它却是一成不变的固定看法，而轻佻的语调正是其中的一个特征；浪漫主义打破了这一点。——原编者

我与他人之间在伦理上和审美上的原则不同是多么不应该,这些已不属于我们在这里的任务。为了深刻地理解作为事件的世界,并在这个开放的唯一的事件中把握方向,是否应该从我不同于任何其他人(现在、过去和未来的其他人)的唯一位置上抽象出来呢,这个问题我们也暂且不谈。这里有一个对我们十分重要的情况是毋庸置疑的:在我唯一生活的封闭整体中,在我生活的实际视野中,现实而具体地从价值上体验具体个人,会带有双重性;我和他人是在不同的观照和评价层面上活动的(实际而具体的评价,不是抽象的评价)。要想把我们纳入到一个统一的层面上去,我应该在价值上外位于自己的生活,并视自己为他人中之一员。这一过程用抽象的思维不难做到,只需我把自己纳入与他人共同的准则(在道德上、法律上)之中,或者纳入普遍的认识规律(生理学的、心理学的、社会学的等等)之中。不过这种抽象的过程与把自己视为他人而从价值上直观具体地加以感受是大相径庭的,也绝不同于把自己具体的生活和自己本人(即这一生活的主人公)与他人和他人生活放在一起、放在一个层面上加以观照。这要求一个先决条件,即在我身外占据一个权威的价值立场。只有在如此体验的生活中,只有借助他人范畴,我的躯体才能获得审美的意义,但不是在我自己眼中的生活语境里,不是在我的自我意识的语境里。

如果没有这一权威的立场来从价值上具体观照即体验作为他人之我,那么我的外表(即在他人眼中我的存在)就要力求把自己同我的自我意识联系在一起,就要回到自身中来,以便利用自己在他人眼中的存在,达到自己自私的目的。那时,我在他人身上的反映,我在他人眼中的形象,便会成为我的替身而闯入我的自我意识之中,从而破坏了自我意识的纯洁性,使之丧失对自己的直接评价态度。替身的恐惧。一个人如果习惯于具体地幻想自身,力图想象出自己的外形,而且对外形给人的外在印象十分在意,但对自己外形又没有信心,虚荣心过重,那么他对自己躯体就要丧失正确的、纯粹内在的把握,行动机械笨拙,手足无措。之所以发生这种情况,是因为在他的姿态和行动中渗透进来一个不确定的他人,在他身上出现了对自己的第二种价值立场,他的自我意识的层面被他人对他的看法所搅乱;一个脱离开他而呈现在他人眼中的外在躯体,与他的内在躯体悖然对立。

  为了理解躯体价值在自我体验和体验他人中的这种不同,必须尽力去呼唤尽可能全面具体的、渗透着情感意志语调的自己的整个生活形象,但目的不是要把这形象传达给他人,不是要为他人而具体展现自己。这一由想象重构的我的生活,将会充斥完成了的难以磨灭的整个外在可睹的他人形象,友人、亲人,甚至一生中萍水相逢之人的形象;但是在他们之间却没有我本人的外在形象,在所有这些唯一而不可复现的面孔中将没有我的面孔;与自为之我遥相呼应的,是渗透在他人这一可睹世界中的我的回忆,即对纯内心的幸福、痛苦、忏悔、意愿、追求的再体验;换言之,我将追忆起在特定生活环境里自己的内心定势,但不是追忆自己的外在形象。一切生动造型的价值,如颜料、色调、形态、线条、形象、手势、姿态、脸孔等,都将分别处于物质世界和他人世界之中,而我进入这个世界只是作为贯穿这一世界的情感意志语调的并不露面的载体。这个语调是我从在这一世界里所占有的唯一而能动的价值立场中引导出来的。

  我能动地创造着他人的外在躯体并视为价值,途径就是针对躯体亦即他人采取一种我的特定的情感意志立场。这个立场是针对前方的,不能反转过来直接针对我本人。从自身内部体验的躯体,亦即主人公的内在躯体,为他人即作者眼中所见他的外在躯体所包容,审美上也靠作者的价值反应而变得充实丰满。这一包容着内在躯体的外在躯体,它的每一因素作为审美现象都带有双重的功能:表现功能和印象功能;与这两种功能相适应,作者和观照者具有双重的积极立场。

  六、作为审美现象的外在躯体之表现功能和印象功能。19世纪,特别是其下半叶和20世纪初,最强大看来也最成熟的美学学派,是把审美活动视为移情或共感的学派。我们在这里关注的,不是这一学派的各种变体,而是它的最基本的最概括的思想。这一思想是:审美活动的对象(艺术作品、自然界和生活现象)是某种内心状态的表现,对它的审美认识是对这一内心状态的共感。对我们来说,这里的共感和移情之间的区别是无关宏旨的;因为当我们把自己的心态移向客体时,我们体验这一客体依然不是把它直接视为自己的东西,而是作为观照事物的状态,换句话说我们是与它进行共感。共感能更加鲜明地表现出体验的实际含义(体验现象学),移情则要力求解释这一体验的心理学根源。美学理论应该独立于纯心理学理论之外(心理描写、现象学除外)。所以,心理上如何实现共感,亦即是否可能直接体验他人内心生活(洛斯基①),是否必须在外观上与被观照的面孔一样(直接再现他的面部表情),联想、记忆在起什么作用,情感是否可能想象(对此龚佩茨②持否定态度,而维塔谢克③则持肯定态度),等等,所有这些问题我们且不讨论。从现象学角度看,对他人内心生活的共感是无可怀疑的,不管是用怎样的不自觉的方法来实现它。

这样,我们所分析的这一学派把审美活动的本质界定为对观照客体(人、非生物,甚至线条、颜色)的心态或内心活动的共感。从而有垂直线、斜线、平行线之分等等;审美活动界定线条,则从其内部状态的角度界定(准确些说,不是界定,而是体验)为上升线、下降线、和谐等等。从这样一种概括的美学基本原理出发,我们应该划归这一学派的,不仅只是严格含义上的移情美学④(部分地包括 T. 费舍尔⑤、洛

---

① 洛斯基(1870—1965),俄国直觉主义哲学家。——译者
② 龚佩茨(1832—1912),德国实证主义哲学家、文艺理论家。——译者
③ 维塔谢克(1870—1915),奥地利心理学家。——译者
④ 术语"移情"(德文是 Einfühlung)在赫尔德(*Vom Erkennen Empfinden*, 1778; *Kalligone*, 1800)和浪漫主义者作品中就已出现,后来为德国哲学家兼美学家费舍尔所广泛应用。可参看他的著作 *Das Schöne und die Kunst*(stuttgart, 2. Aufl., 1897, s. 69 sqq.)。——原编者
⑤ T. 费舍尔(1807—1887),德国哲学家。——译者

采①、齐别克②、R.费舍尔③、沃尔凯尔特④、冯特⑤和李普斯),而且有内心模仿美学(格罗塞)⑥,表演和幻想美学(格罗塞和 K.朗格⑦),柯亨的美学,部分地还有叔本华及其追随者的美学(物我合一),最后,还有柏格森的审美观。我们把这一派美学用随意创造的一个术语"表现美学"来称呼;(它独立于表现主义和印象主义,也不与形式美学和内容美学的区分相符,但十分接近。)与之相反的把重心转向外部因素的另一学派,我们称之为"印象美学"(费特勒⑧、希里德布兰特⑨、汉斯立克⑩、里格尔⑪等,象征主义美学,等等)。对前一学派来说,审美对象本身就是有表现力的,亦即内在状态有其外在的表现。这里至关重要的一点是:其所表现的不是某种客观上有意义的东西(客观价值),而是表现自己的客体本身的内心生活,他的情感意志状态和取向;正因如此才能谈得上共感。如果审美客体是直接表现某种思想或某种客观状态,如象征主义和内容美学(黑格尔、谢林)所做的那样,那么这里便无共感可言,我们便是与另一学派打交道了。对表现美学来说,审美客体是人,其余的一切也都要获得生命、拟人化(甚至颜色和线条)。在这一意义上可以说,表现美学把一切空间的审美价值均视为表现心灵(内心状态)的躯体,审美就是表情和面孔(凝固的表情)。审美地感知躯体,意味着共感它的内在状态,包括躯体的和心灵的,但是通过其外在的表现。我们可以这样来表述:审美价值是在观照者处于被观照客体的内部时实现的;在从客体内部充分体验他的生活时,观照者

---

① 洛采(1817—1881),德国哲学家、自然科学家。——译者
② 齐别克(1842—1920),德国古希腊哲学、心理学与宗教史研究家。——译者
③ R.费舍尔(1847—1933),德国美学家,移情说创始人。——译者
④ 沃尔凯尔特(1848—1930),德国美学家。——译者
⑤ 冯特(1832—1920),德国哲学家、心理学家。——译者
⑥ 格罗塞(1862—1927),德国艺术史家。——译者
⑦ 朗格(1855—1921),德国哲学家。——译者
⑧ 费特勒(1841—1895),德国美学家。——译者
⑨ 希里德布兰特(1847—1921),德国艺术理论家、雕塑家。——译者
⑩ 汉斯立克(1825—1904),奥地利美学家、音乐评论家。——译者
⑪ 里格尔(1858—1905),奥地利艺术理论家、艺术史家。——译者

与被观照物是吻合的。审美客体是自身内在生活的主体,也正是在作为主体的审美客体这一内在生活层面上,实现着审美的价值,是在一个意识的层面上,是在对主体自我感受进行共感的层面上,是通过我这一范畴。这一观点不大可能贯彻始终,例如在阐释悲剧和喜剧时,很难只局限于同苦难主人公的共感以及对喜剧人物"愚蠢行为的参与"上。不过,基本的倾向依然是要使审美价值整个地在一个意识的内部得以实现,不允许出现我和他人的对立;诸如同情(对悲剧主人公)、自身优越感(对喜剧主人公)、自惭形秽或道德优越(面对崇高事物)之类的情感。它们所以会当作非审美情感而被排除,就是因为这些情感用于他人身上时,首先要求我(观照者)和他人(被观照者)在价值上是对立的,两者原则上不相融合。表演和幻想这两个概念特别有典型性。实际上,我在表演中体验另一种生活,但不超出自我感受和自我意识的范围,不与他人本身发生关联;在幻想意识中亦复如此,我依然是自己,却在体验另一种生活。但要知道,在这种情况下是不存在观照的(我在表演中观看搭档,是用演出者的眼光,而不是用观众的眼光),这一点常被忘记(幻想)。这里就排除了一切可对他本身而发的情感,同时却在体验他人的生活。表现美学常常求助于这些概念来描述自己的立场(忽而我作为主人公而承受痛苦,忽而我作为观众而超脱了痛苦。这里处处是同自己的关系,通过我这一范畴进行体验,所举价值处处与我相关,如我之死,非我之死);这是为实现审美价值而处于体验者内心的立场;是通过我这一范畴(虚构之我或实际之我)体验生活的立场(审美客体结构中的诸范畴——美、崇高、悲剧性——变成了自我体验的可能形式,如自足之美等等,而不必与他人本身发生联系。用李普斯的术语来说,是无障碍地取消自己、自己的生活)。

对表现美学原理的批判。表现美学在我们看来基本上是不正确的。单纯的融入和移情(共感)因素,本质上说是非审美的。至于移情不仅存在于审美感悟中,而且在生活中也随处可见(实际的移情、伦理上的移情、心理上的移情等等),这一学派中没有哪一个代表人物否定这一点,但他们当中也没有一个人指出过审美共感的不同特征是什么(李普斯的纯粹移情,柯亨的强化移情,格罗塞的好感模仿,沃尔凯尔特的完美移情)。

即使以共感为基础,也不可能作出这样的区分。以下几点见解可以说明为什么表现说不能令人满意。

1.表现美学不能阐释作品的整体性。设想一下,我面前是一幅《最后的晚餐》。为了理解基督这个中心人物和每一个圣徒,我从表现说的外在表现性出发应该移情到每一个参与者内心,与他共同感受他的内心状态。我从一个圣徒转向另一个,在共感中能够单独理解每一个人。但我怎么去感受作品这个审美整体呢?要知道,这个整体不等于对各个出场人物共感的总和。难道说,我应移情到所有参与者群体的统一的内心活动中去吗?但这种统一的内心活动并不存在,我面对的不是一个群众性运动,不是一个自发的整体而可理解为一个主体。与此相反,每一个参与者的情感意志反应都是深刻个性化的,他们相互之间有着冲突;因为我面对的是个统一的却又复杂的事件,每一参与者都在整体中占据着他自己唯一的立场;这个事件整体不可能通过与参与者的共感而得到理解,它要求有一个外位于每一个参与者又外位于他们全体的视点。在这种情况下,就要求助于作者:我们通过与作者共感,来把握作品的整体。每个主人公都是表现自己,整个作品则是作者的表现。不过这么一来作者便处于与自己的主人公们平起平坐的地位(有时会这样,但这是不正常的情况;在我们举的例子中则不是这样)。作者的感受与主人公们的感受是什么关系?作者的情感意志立场与主人公们的立场是什么关系?引入作者,就从根本上破坏了表现说。与作者的共感(因为他在该作品中表现出了自己),不同于我们与主人公的共感,即不是共感作者的内心生活(喜悦、痛苦、愿望和追求),而是共感他对描绘对象的积极创造立场,换言之,这已是共同创作了;不过共感的作者这一创作立场,正是需要加以阐释的审美立场本身。而这种审美立场,当然不能解释为共感;由此又可看出,观照也不可能作出这样的解释。表现美学的根本性错误在于：它的代表人物制订自己的基本原则时，是从分析一些审美因素或个别的、通常是自然界的形象出发的，并不是以作品整体为依据的。这是所有现代美学的通病，即热衷于构成要素。个别要素和孤立的自然界形象没有作者，所以对它们的审美观照具有混杂消极的性质。当我面前是一个普通的人物，一种颜色或双色的组合，是起初的岩石或拍岸的海浪，我试图对它们采取一种审美的立场，这时我首先必须让它们鲜活起来，把它们当作潜在的主人公，各有自己的命运，加给它们确定的情感意志态度，把它们人格化。如此方能对它们采取审美的立场，实现审美观照的基本条件，但真正的能动的审美活动还未开始，因为我还停留在与变活的形象简单共感的阶段上（但我的活动也可能往另一方向发展：我可能对变活的波涛汹涌的大海产生恐惧，我可能怜惜那被浪击的岩石，如此等等）。我需要创作一幅画或写一首诗，构思一个神话故事，哪怕是在想象之中；这时该现象就要成为主人公，在他周围有个完成了的事物，或者成为一种境况。但如果留驻在该形象的内部（与他共感），想做到这一点是不可能的，为此要求在这现象之外有一个稳定的立场。这样我所创作的画和诗，就将是一个艺术整体，其中具备一切必不可少的审美要素。对这一整体的分析，将是富有成效的。所写岩石的外在形象不仅表现出它的心灵（可能的内在状态：顽强、自豪、不屈不挠、自立、苦闷、孤独），而且以外位于可能的自我体验的一些价值来最终完成这一心灵；岩石得到了审美上的恩赐，得到了它从自身内部得不到的肯定和依据。与岩石一起的还有一系列艺术上重要的具有审美价值的事物，但它们不具备独立的内在立场（对象价值之配置，请看下面）。因为在艺术整体中并非任何有审美价值的因素都具有内在生命，都能引起共感，只有参与事件的主人公才能做到这一点。对审美的整体不能进行共感，只可积极地加以创造（由作者创造和观照者创造。在这一意义上，只能勉强谈及观众与作者的创作活动的共感），只有与主人公们需要进行共感，但这也还不是审美本身因素,只有最终完成才是真正的审美因素。

  2.表现美学不能解释形式。实际上表现美学提出对形式的一贯解释,是把它归于表现的纯粹性(李普斯、柯亨、沃尔凯尔特);形式的功能在于促进共感,尽可能鲜明、充分和纯粹地表现内心(谁的内心?主人公的还是作者的?)。这是对形式的纯粹表现说理解,因为形式不负责完成内容(内容指内心共感,共同体验的结果总和),它仅仅是表现内容,或许能深化内容,阐明内容,但不增加任何原则上新的东西,原则上外在于所表现的内心生活的东西。形式只表现纳入形式之人的内心,形式是纯粹的自我表现(自我诉说)。主人公的形式只能表现他本人、他的心灵,而不表现作者对他的态度。形式只应从主人公本人内心出发来解释,主人公仿佛是自己从自身产生出恰能表现自己的形式。这一论断不适用于艺术家。《西斯廷圣母》①的形式,表现的是圣母。如果我们说,形式表现了拉斐尔,表现了他对圣母的理解,那么这里赋予表现的是完全另一种含义,与表现美学格格不入的含义。因为这里说的表现,全然不是表现拉斐尔其人,不是表现他的内心生活。这正如我所找到的某种理论的恰当表述形式,完全不是对我内心生活的生动表现一样。表现美学不可避免地处处指向主人公和作为主人公的作者,或者是与主人公相重合的作者。形式成了表情,成了脸谱;形式只表现一个主体,尽管是为了他人,即听者和观赏者。不过这个他人是消极的,只是接受而已;只有当诉说自己的本人考虑到了听众的特点,他人才会对形式有所影响(例如,我在诉说自己的时候,不管用脸部表情还是话语,我总要让这一诉说适合于我的听众的特点)。不是形式屈附于对象身上,而是形式出自对象内部,作为对象的表现,甚至是对象的自我界定。形式能做到的,只是让我们内在地体验对象,只能使我们充分地共感对象的自我体验。这块岩石的形式,只表现出它内在的孤独,它的自足状态,它在世界上的情感意志取向。对

---

  ① 《西斯廷圣母》是拉斐尔最出名的代表作,是他逝世前一年创作的。——译者

这种取向我们也只能共感而已。即便我们能做到用这块岩石的形式表现我们自己,自己的内心生活,把自己之我移情到这形式之中,这个形式终归仍是一个心灵的自我表现,仍是纯粹的内心表现。

表现美学很少能一贯维持对形式的这种理解。它那显而易见的不足,导致出现对形式的其他理解,从而也出现了其他的形式原则。然而这些都同表现性原则没有联系起来,也不可能联系起来,所以成了表现性原则的某种机械的附庸,某种没有内在联系的伴奏。把整体所具有的形式,理解为是主人公内在取向的表现(而且作者只是通过主人公来表现自己,他力求使形式成为主人公的恰到好处的表现,最多不过添加进自己对主人公的主观理解成分),这一点被认为是不可能的事。从反面来界定形式,视其为一种孤立自足物,如此等等。李普斯的形式原则(由毕达哥拉斯学派到亚里士多德):多样性的统一,只是表现性价值的附庸。形式的这一辅助性功能不可避免地会带有享乐色彩,从而同表现内容没有本质而必然的联系。例如,在阐释悲剧时,人们解释从共感痛苦中而获得的快感,其成因除了说是由于感到了我自己的更大的价值(李普斯)之外,还说是由于形式作用的结果,是由于脱离了内容的共感过程给人以享受。如果把句俗语改变一下,可以这么说:焦油桶里一勺蜜①。表现美学的根本弊病,是把内容(内心感受的总和)和形式因素置于同一层面、同一意识之中,是要从内容中排除掉形式。作为内心生活的内容,本身就创造出表现自身的形式。这一论点也可以这样来表述:内心生活、内在的生活立场,本身便可以成为自己外在审美形式的作者,而这一根本性弊端是由表现美学的基本原则性谬误所致,因为内心生活变得毫无意义可言。实际的问题是,我们移情于审美客体并在其中为我们所共感的究竟是什么?是高兴,痛苦,满足之情?是意志,愿望,追求等东西?简言之,共感的

---

① 俗语原是 ложка дёгтя в бочке мёда,意为一勺焦油坏桶蜜。此处作者把焦油和蜜调换了位置,指表现美学不顾及内容与形式的统一。——译者

主体在世界中所持的是情感意志和认识立场吗？这个情感意志立场带有对象性质。内心体验不是某种单纯的自行存在。它总是具有目的性，带有对象含义，如果处在含义之外便失去了自身的内容，就不再存在了。生活就是能够被表现出来的某种东西，有着确定的追求目标，实现着自身，使自己在一定的含义价值语境中成为明日黄花。但它对主体来说，无论是一个体验，还是这一生活目的性中的一个因素，这个成为过去的生活，都不可能从这一语境中消失。这一目的性可能成为认识上的伦理的东西（这里包含着人生实践因素，因为这一因素是可以被认识的，但仅仅是在伦理范畴里。甚至还有人的生物学需求，不存在对生活本身的体验，对含义价值漠不关心的体验）。我所体验之体验，作为我的体验是在我之我的范畴里实现的，从我本人内部针对着我的生活价值含义语境中的某种有意义的东西，也只有从这一意义出发，它为我所体验，它才有分量，被我所认识，我便在其中了。最为混沌的机体感觉仿佛依附在我的生活的价值含义语境中，占有位置，开始表现出意义来；而我在这些感觉中仿佛也把自己定位于价值上，并占有立场。就是体验生活之"我"的这一对象的情感意志立场，人生目的性成为共感之对象（或者成为移情，进入客体）。它是否能够从自身身上直接产生出审美形式，产生出艺术的表现呢？或者反过来说：艺术形式是否只能反映这一个内在立场，它是否只是这一立场的表现形式？对这一问题的回答只能是否定的。亲身实际地体验自己生活的主体，能够直接表现出这一目标明确的生活，表现于行为之中。他也可以从自己内心出发诉说出这一生活，通过自白自省的形式（自我界定）。最后，他可以说出自己的认识立场，自己的世界观，通过认识话语的诸范畴，作为一种理论价值予以表述。行为和自省自白——这就是我的情感意志立场、我的生活立场在世界中直接表现自己的形式。这种表现是从我内心出发的，没有掺杂进原则上外位于这一人生立场的其他价值（主人公是从自己内心出发来行动、忏悔和认识事物的）。生活如果从自身出发，不走出自己，不超越自身，就不能产生审美上有价值的形式。(自嘲,讽刺,自负,它在生活中所体验的东西成为它的因素,且没有完成它。)

就拿俄狄浦斯来说吧。对他来说,他一生中没有一个时刻(由于是他本人在感受这一生活)在他一生的价值含义层面上是没有实在价值的。他的内在情感意志立场在生活中的每一时刻都可以在行为中(做事和说话的行为中)找到自己的表现,在自白和悔恨中得到反映。他从自己内心出发,并不带有悲剧性(这里的悲剧二字用于严格的审美意义上),因为痛苦者在内心实际体验的痛苦,对他本人来说,并不是悲剧,生活不可能从自身内部把自己表现为悲剧,形成悲剧。我们一旦在内心感受上与俄狄浦斯重合,立即就会失去纯粹审美性质的悲剧范畴;在他本人实际体验自己生活的那一价值含义层面上,不存在什么因素可以构建悲剧的形式。对自身实际体验生活的人来说,对单纯与他共感的人来说,从内心体验的生活既不是悲剧性的,也不是喜剧性的,既不美好也不崇高;只是因为我超越了体验生活的心灵,因为我在心灵之外占据了一个坚实的立场,因为积极地给心灵具现了有意义的肉体,用外位于心灵实际走向的种种价值(背景、周围环境,而不是行为的区域即视野)把心灵包装起来,心灵的生活才对我照射出悲剧之光,才显露出可笑的表情,才成为美好而崇高的东西。假如我们只是与俄狄浦斯共感(我们假定有可能进行如此单纯的共感),[1 词不清]用他的眼睛来观察,用他的耳朵来倾听,那么他的外在表现,他的躯体,以及使其生活在我们眼中得以浮现和完成的所有生动造型的价值,就全要立即瓦解。因为这些因素可作为共感的媒介,但不能进入被共感者的内心。要知道在俄狄浦斯的世界中,从他的体验来看,不存在他自己的外在躯体,不存在构成价值的他个人生动独特的面孔。他的躯体从生活中的某种时刻也不会作出各种具有造型意义的姿势。在他的世界里,能够获得外在躯体的唯有他生活中的其他出场人物,这些人与物不是围绕着他转,不构成他的审美意义上的氛围,而只是进入他的视野中去,进入一个行动者的视野里。正是在俄狄浦斯本人的这一世界里,按照表现说的理论,应该实现审美的价值。[1 词不清]在我们心里塑造出他来——这就是审美活动的终极目的,而单纯表现性的形式作为一种手段就是服务于这一目的的。换言之,审美观照应该把我们引向再现生活世界,再现我所体验的自我幻想或梦境的世界,我本人在这里作为主人公是没有外在表现的(参看1、2、3、4节)。不过这一世界只能用认识和审美的范畴来构建,它的构成与悲剧、喜剧等的构成是格格不入的(悲剧、喜剧这些因素有可能被他人意识不无私心地引入。参看上文3、4节所论的替身关系)。如果我们与俄狄浦斯融为一体,失去了外位于他的立场(根据表现美学的理论,这正是审美活动所追求的极限),那么我们马上便会丧失"悲剧性"。对于我这个俄狄浦斯来说,审美活动不再能如实地表现我所体验的生活,也不再是这一生活的形式。生活将要用俄狄浦斯所完成的行为和话语来表现自己,而且对这些行为和话语,我只能从内心出发来体验,只能从这些行为和话语与我的生活事件所具有的真实意义的角度上来体验,但绝不是从它们的审美价值上,不是作为悲剧的艺术整体中一个因素来体验。如果我与俄狄浦斯融为一体,丧失了自己外位于他的位置,那我就不再能用他本人从其唯一位置上所不可企及的新的创造性观点来丰富他的生活事件,不再能以作为观照者的作者身份来丰富他的生活事件。而如此一来也就消灭了悲剧,因为这一悲剧恰恰是由作为观照者的作者向俄狄浦斯生活事件引入这一丰富充实原则的结果。因为作为艺术(以及宗教)活动的悲剧事件,与俄狄浦斯的生活事件是不相吻合的,属于悲剧事件的参与者的,不仅是俄狄浦斯、伊俄卡斯忒[1]以及其他出场人物,还兼有观照者的作者。在作为艺术事件的悲剧整体中,兼有观照者的作者是积极的,而主人公们是消极的,是被拯救的人,是通过审美拯救而得以解脱的人。如果兼有观照者的作者丧失外位于所有出场人物的自己的坚定而积极的立场,与他们融为

---

[1] 伊俄卡斯忒,系古希腊神话中俄狄浦斯的母亲和妻子。——译者

一体，那么艺术事件以及艺术整体就会瓦解（而在这一艺术整体中他作为独立创作的作者是必不可少的因素）。俄狄浦斯依然只是孤寂一人，没有在审美上得到拯救和解脱，生活还处在生活者实际存在的层面上，是没有完成的，是没有根据进入另一价值层面的。而对生存者本身来说，生活是确确实实在流逝；生活感受着的只是"永恒的回归"（在此词的圆满意义上），就像那一生活本身一样。再说，若没有那一外位于生活本身的因素，肯定者的"是"（"再次是"）的因素，本质上说是丰富应分的回归生活[1词不清]的审美因素，就不会明白这一超视超知的性质。审美创造所追求的，不是翻来覆去一味重复已体验或可能有的生活，依然还是原来的那些参与者，依然还通过实际或可能体验的生活范畴。需要说明一下，我们在这里主张艺术对现实作理想主义的变形，但并不反对现实主义和自然主义，像人们可能认为的那样。我们的论辩属于完全另一个层面，不是现实主义与理想主义的论争层面。以理想主义改造生活的作品，同样可轻而易举地用表现理论加以解释。因为这种改造同样可以通过我这一范畴而实现；而对生活作最准确的自然主义的再现，可以作为他人的生活以他人这一价值范畴来感知。我们面临着主人公和作为观众的作者的关系问题。具体地说，作为观众的作者的审美活动，是否就是与追求他们完全重合的主人公进行共感？形式是否可能从主人公内部理解为主人公生活的表现？而这一表现又力求接近生活的自我表现。我们已经证实，根据表现说理论，纯粹按照表现说所理解的艺术作品（即审美客体本身），它引导我们进入的那个世界，与生活世界有着相同的结构；而在我如实感受的这个生活世界里，我这个主要人物并没有生动造型的表现；而且与我的无边无涯的自我幻想世界同样有着相同的结构，在这一幻想世界里主人公也没有生动造型的表现，也没有纯粹的环境，而只有一个视野。下文中我们将会看到，表现性的理解，正是对浪漫主义[1]来说较为有道理。

---

① [1词不清]幻想是重力之阙如。——作者附言

表现理论的根本失误,在于导致对审美整体的破坏,这一点在戏剧场面(舞台演出)的例子上尤为明显。表现理论应该这样来利用戏剧事件的真正审美因素(即真正的审美客体):观众在所描写的剧中人物生活事件之外及与这一事件相对,失去了自己的位置;他每时每刻进入某一个人物之中,从其内部体验他的生活,用他的眼睛观赏舞台,用他的耳朵倾听其他剧中人物,与他一起共感他的全部行为。这里没有了观众,但也没有作为独立而能动的事件参与者的作者;观众在共感的时候不同作者发生关系,观众整个地融入主人公之中,处在被共感的事物之中。这里也没有了导演,因为他只是准备了演员的表现性形式,以此使观众能轻易地进入演员们的内心,与他们完全重合,于是再也没有他的地位了。那么还剩下什么东西呢?当然,实际上所剩的,还有坐在自己座席和包厢里的观众,有舞台上的演员,还有在幕后激动关注的导演,或许某个包厢里还坐着作者其人。但所有这些都不是剧中艺术事件的构成因素。那么真正的审美客体还剩下了什么呢?就是从内心体验的生活,但不是一种而是几种生活,有多少剧中人就有多少种生活。十分遗憾,表现理论还有一个总是没有解决的问题:是应该只与主要人物共感呢还是在同等程度上也同其他人物共感?而这后一个要求在现实中难以完全做到。无论如何,这些被共感的生活不可能归于一个统一的整体事件里,除非外位于所有剧中人物存在一个原则的而非偶然的立场,可这一点已被表现说排除了。只(?)留下了内在被感受的生活:戏没有了,也没有了艺术事件。这就是彻底贯彻表现说理论(这其实不会发生)所得的极端结果。由于观众不会与主人公,演员不会与所演人物达到完全地等同,我们所见到的只能是游戏①生活,而一些表现说美学家把这视为理所当然的而加以肯定。

这里恰好可以谈一下游戏同艺术的实际关系问题,当然是完全排

---

① 俄语中 игра 一词兼有表演和游戏之义。作者泛指一切扮演性活动,此处及下文凡是"游戏"的地方,也可译成"表演"。——译者

153

除研究起源的角度。表现美学是力求最大限度地排除作者这个原则上独立于主人公之外的因素，它把作者的功能只局限在表现性的技巧上。在我看来，表现美学在维护各种形式的表演理论时，是最彻底的。如果说最著名的表现说代表人物做不到始终如一的话（如沃尔凯尔特、李普斯），那么他们正是多亏没有始终如一才拯救了这一理论的可信性和宽泛性。游戏从根本上不同于艺术之处，就在于原则上不存在观众和作者。从游戏者本人的角度来看，这种游戏不要求游戏之外有观众在场，不是为观众实现游戏所描绘的整个生活事件。一般而论，游戏什么也不描绘，而只是一种想象。扮演强盗头目的孩子，从内心体验强盗的生活，用强盗的目光注视着从旁跑过的扮演成旅客的另一个孩子，他的视野是他所扮演的强盗的视野。同他一起做游戏的伙伴们也是如此，他们中的每个人对决定做游戏的生活事件，即同强盗抢劫旅客事件的关系，只不过是想参与这一事件，从中体验一下这种生活，作为对游戏的一个参与者而感受这一生活的：一个人想扮强盗，另一个人想做旅客，第三个想当警察，等等。他想亲身体验一下这种生活，这种同生活的关系不是同生活的一种审美关系；在这一意义上说，扮演的游戏类似于自我幻想，也类似于对小说的非艺术阅读。这里我们要深入主要人物的心中，通过我这一范畴来感受他的存在及其有趣的生活，换言之，不过是在作者的引导下幻想一通而已。但却绝不与艺术事件相类似。游戏要真正开始接近艺术，而且是接近戏剧演出，必须得存在一个新的参与者，一个无关利害的参与者，亦即观众。他要从所扮演的整个生活事件的角度，开始欣赏孩子们的游戏，从审美上积极地加以观照，部分地还要参与创造（把游戏视为审美上有意义的整体，把游戏转到一个新的审美层面上）。不过要知道，这样一来原有的那个事件就会发生变化，会由于出现作为作者的观众这种全新因素而丰富充实起来，事件中的一切其他因素也便进入了一个新的整体之中，也因此而发生变化。游戏的孩子们变成了主人公，就是说我们面对的已不是一场游戏，而是萌芽状态中的戏剧艺术事件。然而，如果参与者放弃自己的审美立场,迷恋于游戏,视其为有趣的生活,本人作为又一个旅客或作为强盗参加到游戏之中,那时这艺术事件便会再次变成一种游戏。其实要取消这个艺术事件,也无须如此,观众实际上依然可留在原地不动,但只要他进入一个参与者的心中,与他一起从内心感受这种想象出来的生活,就足以改变艺术事件。

总之,游戏本身没有内在的审美因素,这个因素只能是由积极观照的观众引入的,而且这同游戏本身以及做游戏的孩子们毫不相干。他们在做游戏时同这种审美价值是格格不入的;他们万一成了"主人公",大概会有马卡尔·杰符什金①那样的感受,当他觉得果戈理在《外套》中描写的正是他,当他突然在讽刺作品主人公身上发现了自己,他感到自己深受侮辱和伤害。那么游戏与艺术又有什么共同之处呢?

共同点只有一个纯粹的否定因素:游戏也好、艺术也好,其中的事件都不是真正的生活,而仅仅是对生活的描绘。其实这么说也不合适,因为只是在艺术中可说是描绘生活,在游戏中只是想象生活,正如我们前面所指出的那样,这里必须有观众积极创造的观照,生活才成为被描绘的生活。至于说这种被描绘的生活可能成为审美能动性的对象,这一点并非是它的优势,因为对现实的生活我们也能够从审美上进行积极地观照。内在地模仿生活(格罗塞语),力求达到对生活的真实的体验,我们说得粗俗一点,这是生活的赝品(游戏就是这样,幻想在很大程度上也是这样),而不是对生活的积极的审美态度。这种态度也热爱生活,但属另一种爱法,首先是爱得更加积极,所以它想留在生活之外,以便生活在其内部感到根本无能为力的时候,可以助它一臂之力。游戏就是这样的。只有当无意识地想到了作为作者的观照者立场时,特别是联想到戏剧表演时,才能够承认美学中的游戏理论有某种道理。这里不妨谈谈演员的创造。从主人公与作者的关系上看,演员的地位是十分复杂的。演员在什么时候,在何种程度上进

---

① 马卡尔·杰符什金,陀思妥耶夫斯基《穷人》中的主人公。——译者

行审美创造呢？这不是在他作为主人公来体验自己，从内心出发通过相应的行为和话语来表现自己的时候（这些行为和话语也是从内心出发加以评价和思考的）；也不是他仅仅从内心感受这个或那个行为，自己躯体的这个或那个姿态，并在自己生活（即主人公生活）的层面上从内心思考躯体的时候。换言之，不是在他变换角色后在想象中把主人公的生活当作自己的生活来感受的时候（这时所有其他人物、道具、物体等等都只是主人公视野中的一个因素）。不是当其意识中没有一个因素外位于所写主人公意识的时候。演员实现审美的创造，是当他从外部创造和组织主人公的形象而后自己变成这一主人公的时候，是当他把主人公作为整体来创造的时候，而且这不是孤立的整体，而是整个戏剧作品的一个因素的时候。换言之，是当他对所写的人物和全剧来说既是作者（更准确些说，是合作者），又是导演，也是积极的观众的时候（这里如果不论某些技术因素，可以得出这样的等式：作者＝导演＝观众＝演员）。因为演员，正如作者和导演一样，是根据全剧的整体来创造个别主人公的，把他视为这个整体的一个因素。显而易见，在这种情况下，对全剧整体的理解就不能从主人公内心（作为他的生活事件）出发了，这已不是主人公的人生视野，而是从外位的能动审美的作为观照者的作者这一视角出发的。这是主人公的周围环境，这里纳入了外位于主人公意识的种种因素。演员塑造主人公的艺术形象，是对着镜子，在导演面前，以自己的外形经验为基础的。这包括化妆（即使演员并不化妆，他也知道化妆是形象身上有审美意义的因素）、服饰（即创造动人的有价值的形象）、举止、各种形体动作及与其他物体、背景的配置、声音的训练（声音是从外部加以评价的）；最后还有性格的创造（性格作为艺术因素是外在于所写人物的意识的。我们在下面将作详细说明）。所有这一切都要与全剧的艺术整体（而不是生活事件）相协调，在这里演员就是艺术家。他在这里的审美积极性，就用于形成主人公这个人和他的生活。但当他在表演中一下子变成了主人公，所有这些因素就将处在他的意识之外和他作为主人公的体验之外

（我们且假设这种角色变换是很彻底的）。例如从外部形成的躯体、躯体的动作、状态、个人面貌等等，等等——所有这一切将从内部[？]加以体验，它们要成为有艺术价值的因素，只能是在观照者的意识中，即在全剧的艺术整体中，而不是在主人公体验的生活中。当然，在演员的实际的表演中，所存在这些抽象出来的因素，是相互交织在一起的，在这个意义上可以说他的表演是发自内心的具体生动的审美事件。演员之所以是地道的艺术家，因为艺术整体的所有因素都体现在他的表演中，不过在演出时重心转移到了作为人、作为生活主体的主人公自己的内心感受之中，即生活主体的内心感受之中，也就是转移到了非审美性的物质之中，而这种物质是演员先前作为作者和导演积极构筑成的。在变换角色的时候，演员是消极（相对审美积极性而言）的物质材料，是他本人在此前所创造的艺术整体的生活，如今这一整体由观众来加以实现。相对于观众的审美积极性，演员作为主人公的整个人生积极性都是消极的。演员在演出中既在想象生活，也在描绘生活。如果他只是想象生活，如果他的演出仅仅是为了从内心体验生活本身，如果他不是用外来的积极性来构建生活，而是像孩子们那样玩耍，那么他就不是艺术家了，最多只是艺术家（导演、作者和积极的观众）手中的一个不错却很消极的工具。让我们再回到表现美学上来（当然，我们在这里涉及的只是审美价值的空间因素，所以在演员的审美创造中提出了主人公的生动造型因素。其实最重要的还是塑造性格和建立内在节奏。下文我们将会详细地说明，这些因素同样是外位于主人公自己从内心所体验的生活的。这些因素不是演员在单纯变换角色时刻，在与主人公相重合的时刻创造出来的，而是从外部作为身兼导演和观众的作者而创造出来的。演员有时既要体验，也要从审美上作为抒情主人公的作者而与自己共感，这是演员创造中的真正抒情因素）。在表现美学看来，我们所认为的一切审美因素，即演员的作者兼导演兼观众的工作，只能归结为创造纯表现性的形式，这形式就是尽可能全面而彻底地实现共感移情的途径。审美价值本身只能在角色变换之后，在把主人公生活视为自己生活而进行体验时才会实现。这时观众应借助于表现性形式与演员融为一体。在我们看来，如果一个普通人提醒剧中人物防备针对他设下的埋伏，并准备一旦他遭到攻击便前去援助，那么这人的天真立场倒更接近观众实际的审美立场。天真的观众通过这样的立场在主人公身外占据了一个稳定的立足点，考虑到外位于主人公本人意识的诸因素，准备利用自己外位的特权，在主人公本人身处自己位置上而无能为力的时候给他以援助。这个观众对主人公的这种立场是无可非议的。他的错误在于没有能够在所描绘的整个生活事件之外找到一个同样稳定的立足点；而只有这样才会使他的积极性不向伦理方面转变，而向审美方面发展。他作为生活的新参与者闯入生活之中，想从其内部（即在生活中的认识和伦理层面上）给他以帮助；他跨越了舞台前的栏杆，与主人公站到了同一个层面上，即一个统一而开放的伦理事件的层面上。这样一来他便破坏了审美事件，不再是作为作者的观众了。然而，生活事件作为一个整体是没有尽头的：生活可以通过行为、忏悔和自白、呼喊来从内部表现自己；宽恕和恩赐来自大写的作者①。结局并不是潜在于生活之中，而是他人以相呼应的积极性加在生活身上的赐予。

某些表现美学（哈特罗②的叔本华主义美学），为了解释内心生活共感和移情的特殊性质，提出了理念情感或幻觉情感的概念，以区别于现实生活里的实际情感和审美形式在我们心中唤起的情感。审美愉悦可谓是实际的感情，而对主人公感情的共感却只是理念的情感。理念情感是不激发行动欲念的情感。类似的界定是完全经不起批评的。我们所体验的，不是主人公某种单独的情感（单独的情感是不存在的），而是他的心灵整体，我们的视野是相重合的，所以我们在内心与主人公一起完成他的一切行为，这些行为是我们共感他的生活的必要因素。当我们共感痛苦时，我们内心也在共感主人公的呼号；共感

---

① "大写的作者"意谓上帝、神。——译者
② 哈特曼（1842—1906），德国哲学家。——译者

仇恨时，我们内心也在共感复仇的行为；如此等等。由于我们只是与主人公共感，同主人公重合一致，就排除了对他的生活的干预，因为干预要求主人公的外在性，如同我们所举的普通人那样。对共感生活的审美特点还有其他解释，例如，我们在变换角色时，扩大了自己之我的价值，我们（从内部）获得了有人性价值的东西，等等；在所有这些场合，都不打破一种意识的圈子，自我意识的圈子，都不超出对自身的态度，也都不引进他人这一价值范畴。在彻底的表现说理论内，对生活的共感或者移情，只不过是对生活的体验、生活的重复而已，而不加进任何新的、外位于生活的价值，体验生活所用的范畴仍然同生活主体在实际感受中所用的一样。艺术则使我有可能体验几种生活而不是一种，并借此丰富我的实际生活的经验，从内部接近其他的生活以帮助自己的生活，提高自己生活的价值（即李普斯和沃尔凯尔特所说的"人性价值"）。

我们批评了表现美学的原则，是取它纯而又纯和始终如一的形态。但这种纯洁性和一贯性在表现美学的实际著作中是不存在的。我们业已指出，表现美学多亏了对原则的偏离和不彻底性，才没有同艺术决裂，仍然还是一种美学理论。表现美学中对原则的这种背离，是从实际审美经验中引出的，表现美学无疑也有这种经验，但给了它一个虚假的理论阐释。而实际上引进的这些审美理论上的修正，却向我们掩盖了纯粹的基本原则的谬误，蒙蔽了我们，也蒙蔽了美学家本人。大多数表现美学的代表人物对自己的基本原则所做的最大偏离，也是有助于我们较为正确地理解审美活动。这就是把共感定义为好感共感和同情共感，而且这一点要么有直接的表现（柯亨、格罗塞），要么可以模糊地意会。好感共感这一概念，如果得到彻底的发挥，定会从根本上打破表现性原则，会使我们走向审美的爱，会使我们认识到作者同主人公的正确关系。那么什么是好感共感呢？

好感共感，"情同珍爱"（柯亨语）的共感，已不是单纯的共感或对客体、对主人公的移情。在我们共感的俄狄浦斯的痛苦中，在他的内心世界里，没有任何对自己的类同爱的感情，他的私心或利己主义，如我们所指出的，完全是另一种东西。当人们讲到好感的移情时，所指的当然不是对这种私心和自尊心的共感，而是要对他的整个内心世界采取某种新的情感立场。这种情同珍爱的好感，从根本上改变了主人公内心体验的整个情感意志结构，赋予这一结构完全另一种色彩、另一种情调。我们是否把这种好感纳入对主人公的体验之中？又是如何纳入的呢？可以认为，我们把自己这种珍爱也纳入审美观照的客体中去，像对待其他内心感受一样：痛苦、安宁、高兴、紧张等等。我们把物体和人称作可爱的、讨人喜欢的，也就是把表现我们对其态度的一些特征加于他们身上，作为他们的内部属性。的确，珍爱之情仿佛渗入客体，在我们眼里改变了他的面貌。但尽管如此，这种渗透完全是另一种性质，不同于把另一种体验当作客体自身状态而融入、移入客体之中，例如把欣喜移入一个幸福微笑的人身上，把内在的宁静移入波澜不惊的大海之中，如此等等。这类移情是从内部活跃外在的客体，而珍爱之情则是创造能帮助理解客体外形的内心生活，仿佛整个贯穿它的外在生活和移情所及的内心生活，为我们给整个客体以某种情调和革新，这里客体已是生机盎然，是躯体与心灵的统一。也不妨试着给情如珍爱的好感以一种纯表现性的阐释。确实可以说，好感是进行共感的一个条件；要想让我们与某人共感，他应是讨我们喜欢的，我们不会同没有好感的客体共感，不会进入他的内心，而是要推开他，远离他。纯表现性的表达，要想成为真正有表现力的，要想把我们引入表现者的内心世界，也应该是含有好感的表达。好感确实是共感的条件之一，但不是唯一的和必不可少的条件。当然，好感在审美共感中的作用远非仅此而已，好感在审美观照客体的整个过程里都伴随并渗入共感，改变着被观照和被共感的全部材料。对主人公生活怀有好感的共感，完全是另一种形式的感受，而不同于这一生活的主体对这一生活的实际或可能的感受。这种形式的共感绝不追求与被共感的生活完全吻合、融为一体，因为，这种融合就等于消解了好感、珍爱的因素,因之也就消解了它们所创造的那一形式。含有好感而去共感的生活,不是通过我的范畴,而是通过他人的范畴来表现的,是作为他人的生活,他人之我的生活来表现的;这是主要从外部加以体验的他人生活,既包括外在生活,也包括内在生活(关于从外部体验内在生活,可参看下一章)。

正是好感的共感,也只有它唯一的有力量把内在与外在和谐地结合在一个统一的层面上。从共感的生活自身内部,不可能体验生活中外在的(躯体的)审美价值,只有珍爱之情作为对他人的积极态度,才能够把从外部体验的内在生活(主体自己的实际生活目的)与从外部体验的躯体价值,结合在一起而成为一个统一和唯一的人,成为一种审美现象,把目标与方向结合起来,把视野与周边结合起来。完整的人是审美创造立场的产物,只有它才会有的产物。认识对价值是无动于衷的,也不给我们提供具体的独一无二的人,伦理主体原则上就不是统一体(真正伦理上的应分是通过我这个范畴加以体验的)。要成为一个完整的人,前提是需要一个处于外位的审美上能动的主体(这里我们抛开人的宗教体验)。怀有好感的共感,从一开始便给共感的生活加进了外位于这一生活的价值,从一开始便把生活移到一个新的价值含义层面,从一开始便能够给生活加上时间节奏和空间形态(bilden[①],gestalten[②])。单纯的共感生活,除了采取共感生活自身内部可能有的视角之外,再没有任何其他的视角,而内部的视角又都缺乏审美的有效性。审美形式作为生活的如实表现,作为力求达到纯粹的自我叙述的表现(即叙述单个意识对自己的内在态度),不是从生活内部创造出来的,也不能从生活内部得到解释;而是从生活外部,借助自外而来的审美上能动的好感和珍爱才创造出来的。在这个意义上说,是形式表现这一生活;然而创造这一表现而在其中积极活动的,不是被表现的生活本身,而是外在于生活的另一个人,即作者;生活本身在其审

[①] 德语:形成。——译者
[②] 德语:塑造。——译者

美表现中是消极的。不过如果这样理解"表现"一词是欠妥的,由于它较为符合纯表现性的理解(特别是德语的 Ausdruck),不宜再使用。印象美学的术语"描绘",无论对空间艺术还是时间艺术来说,都更能表现实际的审美事件。"描绘"把重心从主人公身上转移到了审美能动的主体即作者身上。

形式表现出作者对主人公即他人的积极性,在这个意义上我们可以说,形式是主人公和作者相互作用的结果。但主人公在这一相互作用中是消极的,他不是表现者,而是被表现者,不过他作为被表现者依然决定着形式,因为形式所必须适应的正是主人公,形式要从外部完成的也正是主人公内在的实际生活目标。在这一方面形式应该同主人公相一致但绝不是主人公可能作出的自我表现。不过主人公在形式方面的这种消极性,并非一开始就是如此的,只是预设成这样,需要去积极地实现,需要在艺术作品内部去争取,由作者和观众去争取,而他们又不总是能够取胜。要做到这一点,只有靠作为观照者的作者努力而珍爱地对主人公所持的外位性。主人公内心的生活目标,在他身上具有内在的必然性、内在的规律性。而这种必然性和规律性有时十分强有力地吸引着我们,把我们拉入自己的圈子里,拉入纯生活的、无审美前途的变化过程,以至我们推动外位于这一变化过程的坚实立场,到主人公内部与之一起来表现主人公。在作者与主人公融为一体的地方,我们确实只看到纯表现性的表达形式,只看到主人公积极性的成果,而在主人公之外我们没有立足点;但主人公本人的积极性不可能是审美的积极性,因为在这一积极性中可能有(听到)需求、忏悔、请求,最后还会有成为作者的企望,但这一积极性产生不出审美上完成的形式。

在理解和体验主人公实际生活的内在必然性时,我们应该充分把握这一必然性的巨大力量和意义,在这一点上,表现说理论是正确的。但还应该把握外位于这一生活的、由重要审美形式提供的外形,而这一具有审美意义的形式对生活来说,不是它的表现,而是它的完成。

与活生生的意识(或者生活本身的意识)的内在必然性(当然,不是心理上的,而是含义上的必然性)相对而言的,是来自外部起着论证和完成作用的积极性。而这一积极性带来的成果,不应属于从内心体验的生活本身的层面,不是在原有范畴上对生活所做的材料上(内容上)的充实(只有在幻想中才会是这样,在现实生活中,如帮助等行为也是这样)。这一积极性的成果应属于另一层面,这里生活依然如故,根本上就是无能为力的。审美积极性总是在从内心体验的生活边缘上(形式即边缘)起作用,在那里生活是外向的,一个生活在结束(空间的、时间的和含义的终结),另一个生活在开始,有一个生活本身不可及而由他人发挥积极性的领域。生活的自我体验和自我意识,以及由此而来的生活的自我表现(即有表现性的表达),作为某种整体自有其不可更改的边界,这个边界首先是指自身外部躯体的边缘。外在躯体作为审美上可视可睹的价值,作为与内在生活目标和谐结合的价值,处于统一的自我体验之界外。在我体验自己生活的时候,我的外在躯体所能占据的位置,不同于我对他人生活进行好感的共感时在我眼中之他人生活整体中所占的位置。我能够[1 词不清]他人,他人的外观美在我的生活中和对我本人来说可能是个极重要的因素,但这从根本上不同于把躯体视作自己内心生活的形式。在其与内心生活相结合的统一价值层面上对躯体作直观直觉的价值上的体验,不等于从价值上直观地体验化作外在躯体的自己,如我体验他人的外在躯体那样。我本人整个地处于我的生活内部,如果我本人以某种方式看到了自己生活的外形,那么所见的外形也要立即成为我从内部[体验]的生活中的一个因素,内在地充实这个生活,即不再真是从外部完成我的生活的那个外表了,不再是能从审美上加工并从外部完成我的一种边界了。假如说,我能在物理意义上置身于自己之外,即使我获得可能(物理上的可能性)从外部构成自己,我也仍然没有一个内在可信的原则从外部构成自己,来塑造自己的外貌,来审美地完成我自己,这是因为我无法置身于我的整个生活之外,无法把这一生活作为他人的生活来体验。要

163

做到这一点，我必须能找到一个坚实的立场，不仅是外在地而且内在地令人信服的立场，具有含义的立场。但这立场是在自己整个生活之外，在其含义和实际目标之外，在它的一切意愿、追求、成就之外；还必须以另一种范畴来接受这一切。为了创造艺术整体，甚至一首抒情短诗，必不可少的不是说出自己的生活，而是通过他人之嘴说出自己的生活。〔直接的生活乐趣不太可能产生饱含着共感生活和痛苦的形式；对生活的直接渴望，不管这一生活是什么样子的，从来都不可能成为审美上有效能的东西。渴望再现形象，渴望参与所有人的生活，以及一切依然是内在的生活本身，内部的生活，纯粹的生活目的性；渴望产生着主人公（再现狄奥尼索斯形象），即悲剧因素，但不是要求外位于观众兼作者的意识的悲剧性事件；渴望能表现在纸醉金迷之中、行为中、幻想中，但不是在艺术创作中。这后者要求更多的是对生活本身的不满，对消逝了的生活形式本身以及生活内容的不满。这不仅是指我的生活（作为幻想家的生活以及渴望过纸醉金迷的人的生活），而是不管它是什么样子的，不错，与其说它是对自己，不如说是对他人。这后者要求的不是对物质丰富性的渴望，而是对形式丰富性的渴望，而且是纯形式的丰富性，是把生活转化到另一价值范畴之中的形式。对自己生活的直接之爱，对日常生活和内在生活的自我发展的独立自在和奋发图强，应该从外部得到爱的肯定以便成为审美的。不是消极地参与，而是从外部积极地肯定完成；纸醉金迷的参与，但不是悲剧——他们在悲剧中行动。〕

这样，我们就会看到，对共感的生活采取含有好感的态度或珍爱的态度，即好感共感或移情的概念，如果给以始终如一的解释和理解，就会从根本上破坏纯粹的表现性原则。因为作品中的艺术事件要获得完全不同的另一种面目，向完全不同的另一个方向发展，单纯的共感或移情作为事件的一个抽象因素，只能是诸因素中的一个，而且是非审美的一个因素。审美积极性本身则表现在对共感内容的创造性珍爱这一因素里，是这种珍爱创造着外位于共感生活的审美形式。审美创造不可能局限于一个统一的意识中内在地加以阐释和理解,审美事件不可能只有一个参与者,他既体验生活又把自己的体验表现在重要的艺术形式里。生活的主体和塑造这一生活的审美积极性的主体,原则上是不能重合的。有的事件原则上就不能只在一个统一意识的层面上展开,而是要求有两个互不融合的意识;在一些事件里,一个重要的建构因素就是一个意识对另一个意识(即对他人)的关系。一切创作上颇有成效、富有新意、唯一而不可逆转的事件,无不如此。表现美学理论只是众多的我们可统称为"贫乏"论的哲学理论(伦理的、历史哲学的、形而上学的、宗教的)中的一种。我们称之为贫乏论,是因为它们力图通过事件的贫乏化来阐释颇有成效的事件,首先就是减少参与者的人数;为了说明事件,把事件及其一切成分都置于一个意识的统一层面上,要在这个统一的意识中来理解和演绎事件的一切方面。这样做可以对已经完成的事件作出纯理论性的阐释,但在事件完成之际(当时事件还是开放性的)创造事件的那种现实的力量却丧失殆尽,事件的活生生的、原则上不相融合的参与者也丧失殆尽。形式导致丰富的思想(与物质上、内容上的丰富相对而言的)依然让人难以理解,而这一思想是文化创造的基本原动力。一切领域的文化创造,都绝不是要以客体内在的材料来丰富客体,而是把客体转移到另一价值层面上,给它带来形式的恩赐,在形式上革新它;而如果与被加工的客体融为一体,则不可能有形式的丰富性。如果我与他人融合为一,两人成了一人,那么事件靠什么丰富起来呢? 如果他人与我合而为一,对我何益之有? 他所见所知的也就只是我所见所知的,他只是在内心复现我的没有结局的生活。还是让他留在我的身外吧,因为他在这种地位上才能看到、了解到我在自己位置上所看不到、也了解不到的东西,他才能从根本上丰富我的生活事件。一旦与他人融合在一起,我就只会加深生活的无尽性,只会在数码上把生活加大。当我们是两人时,从事件的实际效能角度看,重要的不在于除我之外还有一个人,实际上是同我一样的人(有两个人);重要的乃是对我来说,这是他人。从这个意义上说,他只是对我的生活很同情,还不等于我们两人融合成了一个人,也不是我的生活在数码上的加大,而是对事件重要的丰富。因为他是以新的方式、以新的评价范畴来同感我的生活,视我的生活为他人的生活;而他人生活的价值被赋予另一种特色,对它的接受和评价,也不同于他自己的生活。事件的效能不在于把所有人融成一体,而在于强化自身的外位性和不可融合性,在于利用自己外位于他人的唯一位置所提供的优势。(事件的统一不是一种自发性的统一,不是"犯罪计划"的统一;如果拯救者与被拯救者融合成一人,那什么情况都会出现。社会理论,一致性原则的局限。)

这些贫乏理论认为文化创造的基础是放弃自己的唯一位置,放弃与他人的对立,进入统一的意识,互相结合甚至融合。所有这些理论,首先是美学中的表现说理论,产生的原因在于 19 世纪和 20 世纪的整个哲学文化偏向于认识论。认识理论成为所有其他文化领域的理论楷模:伦理学或称行为理论,被已经完成了的行为的认识理论所偷换,美学或称审美活动理论,也被已经完成了的审美活动的认识理论所取代;换言之,作为直接研究对象的,不是审美活动的事实本身,而是对它可能的理论的解释,对它的领会;所以,事件进程的统一性被意识的统一性、对事件理解的统一性所偷换,作为事件参与者的主体变成了无关宏旨的纯粹理论认识事件的主体。认识论的意识、科学的意识,成了统一的唯一的意识(更准确些说,成了一个意识);同这一意识发生联系的一切事物,都得由这一意识来界定,任何的定性都得是它的积极的定性。因为对客体的任何界定都应是意识的界定。在这个意义上,认识论的意识不能在自身之外再有一个意识,不能同一个他人意识,独立而不与之融合的他人意识发生关联。任何的统一性都是这个意识的统一性,它不能允许在自己身旁有另一个不依赖于它的统一性(自然界的统一性、他人意识的统一性),独立而与它对立的,有着不受它左右的自己命运的统一性。这个统一意识所创造的、所建构的对象,仅仅是客体,而不是主体;主体对它来说也只是客体。主体只是作为客体来理解和认识的,只有对它施以评价,它才能成为主体,才能有自己的合乎规律的生活,才能感受自己的命运。其实,审美的意识,怀着珍爱和肯定价值的意识,乃是意识之意识,是作者之我的意识,去把握作为他人的主人公的意识;在审美事件中我们看到的是两个原则上互不融合的意识相遇,而作者的意识作用于主人公的意识,不是在主人公的物质构成方面,客观事件的意义方面,而是在主人公的主观生活的统一性方面。这时主人公的意识便要被具体地限定(当然,具体化程度各有不同),得到具体体现而被珍爱地完成。而作者的意识,则像认识论的意识一样,是不会最终完成的。(作为意识之"我",参看第三章。)

　　从自身内部出发的意识是不可能完成的,它作为原则上未完成的东西而被自身预设的;而从自身出发也不能取消这个预设性。现实能够限制我的意识,把它囿于单独的具体的因素之中,但要完成它是没有依据的,因为我立即又会想出另一个来。意识来自现实,但不会被现实所完成。认识论的意识是建立在自我意识或自我体验这一基础之上的。由此可见,意识的完成问题,对认识论来说是不存在的。(封闭的,已消亡的意识。)

　　"意识与存在"问题具有全然不同的含义,与意识的完成问题毫无共同之处,与纯审美问题也风马牛不相及。如果我们能够把认识论意识界定为正在形成的或正在被界定的意识客体,那么审美意识(作者意识),我们应该把它界定为价值上正在形成的和正在完成的(认识论是不会完成的)主体意识本身。在这里,被完成的客体的位置已被被完成的主人公意识(心灵)所占据。这样,作者审美意识与认识论意识不同,要求有另一种意识为前提,对此它成为积极的意识。由此审美事件也不可能在一个意识层面上展开。艺术对象不是客体,而是主体,但不是那种有积极性的主体——我那样的主体,就像我们在自身内部体验它的那样。这种主体原则上不是完成的,而是消极的另一种主体。意识与意识的这种积极性相遇未被认识论影响下的美学所注意:因为在这里意识只对自身而言(柯亨,这个珍爱美学的代表人物如是说)。但是,意识的认识论原则的这种影响,不仅表现在作者审美意识的见解上,而且还表现在主人公的意识上。这是不可避免的事。因为它原则上没有摆脱作者的意识,只是作为他的另一种意识,也是在"我"的范畴中构建的。从内部被感受到的这种影响,则寻求认识论意识的极限。

只能把黑格尔美学、叔本华美学和柯亨美学归咎于直接认识论思想的影响,至于表现美学的其他代表人物,他们的认识论思想是间接的;因为这种思维定式把一切都放在一个意识层面上来理解,即把每一种现象变成可能的认识客体。因而审美的积极性也作为类似认识客体来思考,作为正在形成的客体来衡量。这个客体就是艺术作品,然而也是与该作品相适应的审美客体,即由颜料、声音、词语等构成的确定的经验存在物。它已不是客体,不是物,而是事件,在这一事件里除了积极的艺术家之外,还有消极的参与者主人公。艺术家的创作积极性针对的是这个主人公,这个人的。审美活动所形成的他,既是艺术家,又是观照者,在他作审美观照时而不是对准这幅画,对准这本书的,等等。经验作品的地位。把材料,如大理石、大块物件、话语、声音等等看作是审美客体,也是不对的。艺术家的工作不是话语,而是借助于话语,也不是大理石,而是借助于大理石。如果他只是针对大理石或者针对声音干活,他不过是一个匠人。只有认识活动才会像匠人一样针对它们作出反应,对匠人来说,只要熟悉它们结构上的物理属性就够了。实际的情况是,艺术家是对人和人类下功夫的,他形成的不是客体,而是主体,而这一个创造性工作被观照者所再现。观照者以经验性的艺术作品所赋予的旨意为基础重新把事件演绎得出神入化。艺术家所创造的形式,不是大理石的形式,或者大量话语的形式,而是人的形式,人类的形式。形式是关于人的,是表现出作者兼观照者对他的创作关系,对生活主体——人的创造关系,而不是对物理材料,对物,对认识客体的关系。下面一种说法是荒谬的:说什么作者的积极的情感意志立场,他的创造激情,他的爱,磨难和高兴都是用来……对付大理石的,与之作斗争,〈并〉克服了他的物理反抗或者是对付话语的,并克服话语的语言学反抗:语音学的、语法学的、语义学的(这些术语的纯语言学意义)反抗,就像一个中学生把已准备就绪的俄语语句写作练习译成拉丁语——说的是语句,而不是见解,不是表述。从这一方面看,它对语句是不合适的,对他来说,存在的仅仅是语句的语法与词汇。(幻想世界失去的是主人公,这是创作的第一阶段;第二阶段是,这个外部没有表现出来的主人公是个客人,只有在第三个阶段他被作了形象化的体现,并与世界相联系。)于是这个审美对象的特点被美学的认识论思想弄得面目全非。

认识论意识原则上说是开放的。因而,这种开放性、含义的无限性的倾向也转嫁到了具有消极审美意识的主人公身上。实际上,意识就是如此,只要我们(作者兼观照者)是在意识之中,从其内部出发,它是不会完成的(浪漫主义美学的倾向性就是这样)。从中依然可以看出,意识在存在中的实在化因素,意识的外部面貌,它的表现还是不受重视,没有获得应有的价值评价。当然这种表现不是为意识本身,而是具体体现出来的意识之命运。这已不是决定着存的意识,而是内在的意识,是被存在所决定的意识;然而它的决定不是因果关系的决定,也不是在某种别的自然科学范畴里,认识的范畴里;它是为审美所决定,与存在相结合,而存在本身则作了审美上的建构。

当主人公意识被理解为心理意识,而艺术家被视为心理学家时,情况就大为不妙。主人公的心理意识与审美意识的不同,我们将在下一章作详细阐释。在这里我们只涉及这个问题的最一般因素。作者对作为人的主人公的审美积极性,他对主人公的情感意志积极性,在这里已被对客体的认识积极性所取代,因为心理意识是一种认识的客体,用一种特殊的方式建构起来的客体。对以阐明不同类型的主体为目的的哲学和方法论文献,至今很少涉及。与此同时,我们在不同的文化领域中,对不同类型的主体却屡见不鲜:有审美主人公、历史主人公、文化主人公,有法律主体、道德主体等等,这些都是被形成被界定的主体意识的消极类型,它们与作者的积极意识、历史学家的积极意识、立法者的积极意识等等相对立。归于这一系列的还有传记主体和传记作者。对于方法论上的区别人们做了些什么呢?马堡学派(柯亨和那托尔卜〈此二人均是新康德主义马堡学派的代表人物。——译者〉,心理学思想,犹如哲学上的桂冠),狄尔泰,齐美尔〈生命哲学代表人物之一。——译者〉等人。有两类意识被作了详尽的分析,这就是积极的认识论意识和消极的心理学意识(作为客体的意识)。在表现美学中存在着同一种意识——在"我"的范畴里;忽而出现在主人公的形式里,忽而出现在作者的形式中。已被指明的物体状态与对他人之我问题的分析,令人十分遗憾。这个问题不是纯粹的认识论问题,在很大程度上是美学问题,因为构成他的价值范畴应该被阐明。作为研究这一问题的基础(我们在这一章里已作了部分的说明)是自我体验和体验他人的现象学。此后我们就转向确立审美形式的正确概念,并力求阐明表现因素和印象因素在审美形式中具有什么地位,当然,它只能与主人公的空间形式相一致。

　　这样,空间形式准确地说,不是作品(作为客体)的形式,而是主人公及其世界(作为主体)的形式,在这一点上表现美学是很有道理的(诚然,也可以不很准确地说,小说中所描写的生活形式,就是长篇小说的形式;而小说,其中也包含着孤立——虚构——的因素,恰恰是把握生活的形式)。不过,与表现美学所说不同,形式并不单纯是主人公及其生活的表现,它在表现主人公时,也表现了作者对主人公的创作立场,而且,这后者是形式中真正的审美因素。审美形式的根据不能在主人公的内部,不在主人公的含义的、指实的目标里,亦即不在纯粹的人生意义中。形式出现的根据在他人即作者之中,是作者对主人公及其生活的创造性反应,这种反应创造着原则上外位于主人公及其生活,但又与其有重要联系的价值。这一创造性反应就是审美之爱。外在的审美形式同内在的主人公及其生活的关系,是一种特殊的爱者同被爱者的关系(当然完全排除了性的因素),是无须理喻的评价同对象的关系("不管他怎么样,我也爱他",然后便是积极地理想化,是形式的恩赐),是确认性接受同被确认被接受者的关系,是馈赠同需求的关系,是宽恕 gratis① 同犯罪的关系,是赐福同罪人的关系——所有这些关系(还可列举下去)都类似作者同主人公的审美关系。所有这些关系都有一个重要之点,一方面这是对受赐者原则上外位的赠予,另一方面,这个赠品又同受赐者有深刻的关系,赠品不是他,但却是为了他。因此这种充实丰富具有形式性质,有变形的作用,把受赠者转移到一个新的存在层面上。转到新层面上的不是材料(不是客体)而是主体,即主人公;只有针对他才可能有审美的应分,才可能有审美之爱和爱的奉献。

形式应该利用外位于主人公意识(主人公可能的自我体验和具体的自我评价),但与之相关并从外部规定主人公整体的因素,亦即利用他的外向性,他的边界,而且是他的整个边界。形式是经过审美加工的边界。主人公的生活,他本人的积极性是处在这些边界之内的。他的生活和他的积极性是他本身无能为力的。这是他,而不是他的什么东西。它们是外位于他的,但囊括着他,但是一种漠不关心的囊括,偶然为之的囊括,是在虚无之中,不被承认、不被肯定的氛围之中,无论是对他还是对别的任何人都概莫能外。审美创作是第一次把他们变成非偶然的、有影响力的、意义重大的人物。审美创作开始谈论他,谈论他周边的事。这是他自己所不能言说的,他第一次开始在价值上获得存在。这里指的既有躯体之边缘,也有心灵的边界和精神(含义指向性)的边界。对边界的体验方式是有很大差异的:从内部在自我意识中体验和从外部对他人进行的审美体验。在每一个内在的和外在的行为中,在自己生活的具体取向中,我都是从自身出发的,遇不见具有价值意义的能积极完成我本人的边界,我走在前面,越过自己的边

---

① 参看奥古斯丁之说:拉丁语把恩赐叫作"gratis",表明它是 gratis(免费地。——译者)给予的。——原编者

界，我能够在内心把这个边界视为障碍，但绝不会视为是自己的完成。而从审美上体验的他人边界，却能积极地完成他，囊括他整个人，他的整个积极性，尽在掌握之中。主人公的生活目标，完整地注入作为审美重要边界的躯体之中，从而得到具体的体现。边界的这种双重意义，其后来变得更加分明。我们打开边界，移情到主人公内部，而后又封闭起来，从外部从审美上将它最后完成。如果说第一次从内部出发的行动中我们是消极的，那么在从外部相逢的行动中我们是积极的；我们在创造某种绝对新鲜的、原来没有的东西。这两种行动在人的表面相遇，恰好就凝聚了人的价值边缘，迸发出审美价值的火花。

由此可见，审美存在（整体的人）不能从内部、从可能的自我意识中找到依据。所以，美由于我们脱离开兼有观照者的作者的积极性，而显得是消极、幼稚和自发的现象；美对自己一无所知，不能说出自己的缘由；美只是存在而已。这是一种奉献，却又脱离了奉献者及其内在的有根有据的积极性（因为奉献的理由就在奉献者的积极性之中）。

我的内在躯体表现着我，是我的躯体，而躯体本身以纯粹表现方式反映在外在躯体中。就此而言，躯体实际上带有交际沟通功能，有可能移情和共感。这是人的躯体的表现因素，这里我处在躯体之中。但这个因素还不是审美的，这里的躯体还不是我的审美上有意义的边界，不是我的具体体现。因为我在这里是通过躯体说话，借助于躯体说话，躯体对我而言是内在的。它要关注自身之外，需要外在的积极性。

我的躯体希望、乞求，需要我什么东西，但从来也不完成我。然而，作为一种审美现象的我的躯体，我的外表不是来自我，以我为依存，而是降格在我身上，在我眼中显现出来。我的脸庞是他的外在确定性的表现——这是我的命运，我的定数，我的外在含义之事实，我的实在性。我的脸庞，在我本人看来是呆板的，是预设于我自身外部的我的绝对孤独中的变化，而不是一味的欢快喜悦。在这里我的含义目的性为现实所歪曲；在这里，存在也是作为呆板的实有性而被界定（是它,而不是别的什么),与任何含义和价值相悖。而存在不可能是内在的,也不可能在排除了他人范畴的情况下,在纯粹的自为之我的范畴里进行价值上的思考。这只能导致意识脱离自身的可悲的偏差,导致自身统一而唯一的立场的丧失,引起虚假的腔调,引向替身关系。它的重要性不在线上,不指向可能存在的自我体验,它能使此线断裂,指向夭折。存在之外表,事实上的实有性[?],确定性(是这样而不是那样),人身上存在的血肉之躯,自身之外的指向性,是可以在价值上进行思考的,也只有通过他人,为他人即在他人的范畴里而光彩夺目。外貌表现的不是我,而是他人对我的关系,上帝对我的关系。这里的我不创造自身,但所创造的,要不是单纯而呆板的我是的那个样子(我之实在),就是我被别人创造的那个样子,即我在创造我的他人积极性中被思考的那个样子。

艺术家创造主人公的外部形象,是作为一种审美现象来对待的。在他的创造行为中,艺术家再现了一个他的真正实在,从外部看则是消极知觉行为中的实在。抚摸物体轮廓之手的动作,不管这物体是可见的还是隐约(费特勒)可视的[?],都是极其出色地表现出这个再造外部现实的积极性。这个动作创造物体的外部,也像价值一样,是躯体的作者(avtorstvo),这是人之新生,把人体现在有意义的血肉之中。这是创造主人公的作者兼观众的动作,而不是以主人公内心为依据来模仿他脸部表情的动作,因而它是审美本身的动作。这个动作创造着有意义的、肯定地完成着的边界。这个边界把对象孤立起来,作为自足的、自有价值的物体来完成它,即排除了含义而去证实它。这是形式的功能:孤立,价值的内在化(当然,价值是自足的,这是对他人说的,不是对自身说的),而价值的完成我们将在下面研究,那时我们要阐明主人公的时间整体和含义整体。这里对我们来说,阐明作为审美价值的外在躯体是外位于主人公意识的,所以,主人公的空间形式也是外位于他的意识的,这就完全足够了。毋庸置疑,躯体的每一个成分都具有表现意义(主人公的自我表现),但这个表现性对审美积极性而言是消极的。审美本身因素不在这种表现性中,而在作者兼观照者对它的创造关系中。

印象美学理论[①]——我们归于这里的是把重心置于艺术家的形式上卓有成效的积极性之上的那些审美理论,如费特勒、希里德布兰特、汉斯立克、里格尔、维塔谢克以及所谓的形式主义者(康德占据的是双重立场)。与表现理论相反,印象美学理论失去的不是作者,而是主人公。这是艺术事件里独立的、尽管是消极的一个因素。正是两个意识生动关联的这一事件,对印象美学来说同样也是不存在的。艺术家的创造在这里也被理解为单方面的行为,与之相对的不是另一个主体,而是客体、材料。形式是从材料的特点中产生的,如视觉材料、音响材料等等。持有这种观点的人,就不可能对形式作深刻的论证,最终只能从享受愉悦方面对它作出解释,而且是语焉不详的阐释。审美之爱成为无对象的爱,成为毫无内容的单纯的爱,成为爱的游戏。两种理论走到极端就变得相同了:印象理论也要走向游戏,只是性质不同而已,它不是为生活而做的生活游戏(像孩子们做游戏那样),而是表演如何毫无内容地接受一种可能的生活,是单纯地表演如何仅是可能的生活进行审美上的加工和完成。对印象理论来说,只存在没有主人公的作者,作者施于材料上的积极性,变成了一种纯技巧性的活动。

现在,我们既已阐明了外在躯体的表现因素和印象因素在作品艺术事件中的意义,下面的观点就变得显而易见了:正是外在躯体是空间形式的价值中心。现在则需要较为详细地就话语的艺术创作来发挥一下这个论点。

七、话语艺术创作中主人公及其世界的空间整体。**视野和环境理论**。话语艺术创作在何等程度上与主人公及其世界的空间形式相关?谈及话语创作与主人公的外貌及其生活事件借以展开的空间世界有

---

① 对《印象主义美学理论》的翔实分析,见作者的《文艺学中的形式方法》一书。——原编者

关,这一点当然是毫无疑问的。但话语艺术创作是否也与主人公空间的艺术形式相关,这便有很大的争议,而在大多数情况下对这个问题的回答都是否定的。为了正确地解决这一问题,必须考虑到审美形式的双重含义。正如我们业已指出的,审美形式可能是内在的和外在的实际经验的形式,换言之,是审美客体的形式,亦即建筑于该艺术作品基础之上但又不等同于作品的那个世界的形式;另一说法是艺术作品本身的形式,即材料的形式。在这一区分的基础上,自然不能说各种不同艺术(绘画、诗歌、音乐等)的审美客体是一样的,不同只在于实现、构筑审美客体的手段上,也就是把艺术门类的差异仅仅归于技术性因素。事情不是这样的,决定着一个作品属于绘画、诗歌还是音乐的材料形式,在本质上也决定着相应的审美客体的结构,使它变得有些单一,只突出它的这个或那个方面。尽管如此,审美客体还是多面的、具体的,正如作品给以艺术加工和完成的那个认识和伦理的现实(即被体验的世界);而且这个艺术客体的世界在话语创作中是最具体、最多面的(具体性和多面性在音乐中则最差)。话语创作不能创造外在的空间形式,因为它不像写生、雕塑、素描那样利用空间材料;它的材料即话语(文本配置的空间形式,如诗节、章、经院诗歌的复杂辞格等等,其作用是极其有限的),从本质上说,是一种非空间的材料(音乐中的乐音更是非空间性的)。不过,用话语表现的审美客体本身当然不仅仅是由话语构成的,尽管其中有许多纯话语的因素。所以这一审美观照的客体具有其内在的艺术上至关重要的空间形式,后者也是用作品的话语描绘出来的(而在绘画中这一空间形式是用颜料表现的,在素描中是用线条描绘的。由此也不能说,相应的审美客体仅仅是用线条或者颜料构成的;这里指的是不能用线条或颜料造出具体的东西来)。

总之,在作品中用话语表现的审美客体的内部存在着空间形式,这是无可置疑的。问题是在另一方面,这一内在空间形式是如何实现的;它是否应体现为纯粹的视觉表象,清晰完整地再现,还是只需实现它的情感意志上的替代物,相应的动人语调、感情色彩,而且视觉表象可以是片段,一闪即逝的,甚至完全为话语所取代(积极性因素,感情占据外在立场,感情是外位的,内在视觉的感情与外貌有关)(情感意志语调虽则也与话语相关,仿佛黏附在话语的声音形象上;但当然不是针对话语,而是针对话语所表现的事物,即使这事物不在意识中体现为可视形象也是如此;只有通过事物才能理解情感语调,尽管语调是与话语声音一起展开的)。对这里提出的问题作详尽的研究,超出了此文的范围,它应该属于话语创作美学的任务。就我们关注的问题来说,对此作一概述就够了。内在的空间形式的现实,任何时候也不会完全达到视觉上的完结和全面(顺便提一下,时间形式也是如此,不可能达到声音上的完结和全面)。即使在各种造型艺术中,视觉的全面和圆满也只见于作品外在的材料形式上,而材料形式的这些特征仿佛转到了内在的形式中(内在形式的视觉形象即使在造型艺术中也在很大程度上带有主观性)。内在的视觉形式要通过情感意志因素来体验,当作完整而又完成的形式来体验,事实上这种完整而又完成的形式从来也不是真正实现了的表象。当然,视觉表象的内在形式能实现到什么程度,在话语创作的不同种类和不同的具体作品中是有所不同的。

  在史诗中,实现的程度要高些(例如长篇小说中描绘主人公的外貌,必须在视觉上能见其人,虽则在话语材料基础上所得的形象,在不同的读者眼里都带有主观性);在抒情诗中实现程度最低,特别在浪漫主义的抒情诗中。在这里,过分突出生动可视性,接受长篇小说养成的习惯,往往会破坏审美效果,所以这里处处可见用与事物外貌等值的情感意志因素来取代,这就是对这一可能有的虽未实现的视觉外貌的情感意志态度,这一态度把这个外貌当作艺术价值来创造。因此,话语艺术创作中的生动造型的因素是应该得到承认和理解的。

  人的外在躯体是给定的,人及其世界的外部边界是给定的(在非审美的生活现实中),存在中这个给定的因素是不可避免而无法消除的,所以,外在躯体和外部边界需要审美、接受、再现、加工和说明。也正是为了做这件事,艺术要倾其所有的手段如颜料、线条、物质、话语、声音。由于艺术家是同人的存在及其世界打交道,他也就要与他的空间实况、外部边界打交道,因为这是这个存在的必不可少的因素。于是,在把人的这一存在移到审美层面时,艺术家也应在材料(颜料、声音等)性质所允许的范围内移向人的外表。

诗人创造主人公的外表及其世界的空间形式,是借助话语材料的;他对外表内向的毫无意义和外向的认识实义,作了审美的思考和论证,把外表变成为艺术价值。

话语所表现的外在形象,不管是可视的表现(如长篇小说在某种程度上就是如此),还是仅仅通过情感意志因素来体验,都具有从形式上加以完成的作用,亦即不仅有表现性特点,而且在艺术上有印象性特点。我们上面提出的所有论点都适用于这里,话语的肖像符合这些论点,就像绘画的肖像一样。这里同样只有外位的立场才能创造外表的审美价值,空间形式表现出作者对主人公的态度;作者应占据外位于主人公及其世界的坚实立场,利用主人公外表的一切外在因素。

文学作品的创作,是从一切主人公的外部进行的。我们在阅读作品时,也应从外部而不是从内部审视主人公。但正是在文学创作中(当然最突出的是在音乐中),纯表现性地说明外表(主人公的外表和事物的外表),是十分诱人也令人信服的写法。因为兼为观众的作者的外位性,不如在造型艺术中那样在空间上鲜明可见(即视觉表象被附着于话语上的情感意志因素所取代)。从另一方面说,语言作为一种材料,对认识伦理领域来说,难免不带褒贬而完全中立,在这里语言用来表现自己,报道信息,亦即是表现性的运用;而这些表现性的语言惯用技巧(述说自己,阐明客体),被我们移用来接受话语的艺术作品。最后还要加上一点,在我们这样接受作品时,我们在空间上和视觉上是消极的:话语所描绘的,仿佛是现成的实际空间而不是显然怀着珍

177

爱用颜料、线条所积极创造出来的空间形式,不是克服了模仿动作和姿态的外形。语言的发音和面部表情,由于同语言一样也用在生活中,所以具有极强的表现性倾向(发音和姿势既可表现,又可模仿);兼有观照者的作者创造性的情感意志语调,可以轻易地被主人公的纯生活语调所压倒。所以特别需要强调一点,内容(注入主人公身上、注入他的内在生活的东西)和形式在一个意识的层面上是不可能得到论证和解释的(感觉[？]感情[？]的积极性？以及？在我的[？关注？]之外指向外貌),只有在两个意识的边界上,在躯体的边缘上,方可发现形式,方可实现形式的艺术奉献。形式如果不是从原则上与他人发生联系,如果不是给他人的赠品——能说明和完成他人(通过内在的审美说明来完成)的赠品,那么它在兼有观照者的作者的积极性内部找不到内在的根据,便不可避免地会退化为仅仅给人以快感的东西,退化为单纯的"美",能直接令我高兴,就像直接令我感到冷或热一样。作者是从技术上创造令人愉快的东西,观照者则消极地为自己取得这种满足。作者的情感意志语调既是积极地肯定和创造作为艺术价值的外表,如果没有他人这一价值范畴作媒介,就不可能直接地与主人公内心的思想和生活取向相协调。只有借助于这一范畴,才能使主人公的外表具有包容和完成整个主人公的能力,才能把主人公的生活思想取向纳入他的外表,以外表为其形式,以此充实活跃起来,从而创造整体的人,作为统一价值的人。

在话语创作的作品中,对外部世界诸事物的描绘,同主人公是什么关系?在作品中占有什么样的地位呢?

世界和人可能有双重的结合:从人的内部出发,这是他的视野,从外部出发则是他的环境。从我本人内部看,在我生活的价值含义层面上,事物作为我的生活取向(认识伦理的和实际的取向)的对象而与我相对,在这里,事物是统一而唯一的、开放的存在事件中的一个因素,而我与事件结局的利害相关,也参与这一事件之中。从我实际参与存在的内部角度看,世界是我的行动着的意识的视野。要想把握这一事件世界,要梳理这个世界中的众多事物,我只能(依然在自己内部)借助认识的、伦理的、实用的技术性范畴(如善、真、实际的适宜性等),这也就决定了每一个事物在我眼中的面目、它的情感意志语调、它的价值、它的意义。从我的参与存在的意识出发来看,世界是行为的对象,包括思想行为、感情行为、话语行为、事业行为。这个世界的重心在于未来、愿望、应该,而不是事物自足的现实里,不在它的实有、它的现在、它的整体、它的已然实现。我对视野中每一事物的态度没有完成之时,这种关系是设定会有的,因为存在事件总体上是开放的。我的处境时刻都在变化,我不能放慢步伐,心安理得。事物的对立,空间上的和时间上的对立——这就是视野的原则。事物不是以其实有状态,带有实有的价值,环抱着我和我的外在躯体;事物是作为我生活中认识伦理活动的对象,在开放的、还充满风险的存在事件中与我相对而立。这个事件的统一性、含义及价值,不是现成给定的,而是设定而有待实现的。

我们关注一下艺术作品中的物质世界,就不难判定,这个世界的统一性和结构不是主人公人生视野的统一性和结构,这个世界的构建和配置原则,本身就外位于主人公自己的实际或可能的意识。话语描绘的景色、环境的叙述、日常生活的表现,总之,自然、城市、日常生活等在这里都不是统一而开放的存在事件之因素,都不是人的行动(伦理和认识的行动)中意识的视野之因素。无须赘言,作品中描绘的一切事物同主人公都有而且应该有重要的关系,反之,它们便是 hors d'oeuvre[①];不过,属于重要审美原则的这种关系,不是由主人公的生活意识从内部决定的。作品中所描写的外在事物,其空间配置和价值判断所围绕的中心,是人的外在躯体和外在心灵。一切事物都要与主人公的外表、他的边界(外部的和内部的边界、躯体和心灵的边界)相联系和相协调。

艺术作品里的物质世界是作为主人公的环境而为人理解的,并与

---

① 法语:外加上去的东西。——译者

主人公相互关联着。环境的特点,首先表现在生动造型性的外形组合上:颜色、线条的和谐、对称,以及其他非含义性的纯审美组合。在话语创作中,这一方面当然达不到完完全全的外观可睹(在表象中),不过在审美客体中,可能的视觉表象为相应的情感意志因素所替代,后者与这种非含义性的生动造型的整体恰相适应(我们在这里不涉及绘画、素描和雕塑的结合)。事物作为颜色、线条、物质的结合体,是独立的,并与主人公一起或在其周围作用于我们身上。事物并不在主人公的视野中与主人公相对立,它在人们的理解中是一个完整的东西,仿佛能从四面包裹起来。显而易见,组织和表现外部物质世界的这一纯粹生动造型的原则,完全外位于主人公的生活意识,因为颜色也好,线条也好,物质也好,在审美含义上都是事物的边界、活人躯体的最后边界。事物在边界上是外向的,它只在他人眼里并对他人来说是有价值的存在,在它参与的世界中,从其自身内部来看,它是不存在的。美化自己是创造自身环境,是在利用对象来丰富重要的新原则。相去甚远的和颇为贴切的修饰语,隐喻。艺术上的排偶。作为开放视野的奇异化①和延缓手法。自然景色的描写,城市的描写(《青铜骑士》)。后景、背景以及主人公与背景的结合。环境边界的重要性。无限的潜能,无边界的视野。感受的对象(高兴的对象是早晨)以及对象的硕大充实,超值——"这就是让他高兴的缘由"。审美联系不是感情和对象之间的生活联系。

  主人公的环境不应变成作者的视野,作者不应与只对事件感兴趣的人物主人公并肩而立。叙述者问题。环境应与视野相一致。地点,时间和行动的统一。当环境完全不依赖于视野时,要么是主人公成为其他对象中的一个,要么作者不再是形式的创造者,追求扩大内容丰富的视野,自己的视野,并以此与主人公并肩而立。环境可扩大到整

---

① остранение 源于 странный(奇怪的)一词,曾译"陌生化"或"奇特化",系什克洛夫斯基自造的术语。他说"奇异化,即感觉的更新"。奇异化,即给人一种新奇、异常的感觉。——译者

个世界。对象世界的象征性是不可避免的(《浮士德》第二部)。艺术整体与哲学整体。第一人称叙述,观照者的积极性,他把视野变成环境并把主人公安置在环境中。对象的独立性程度越高,它就越有表现力,它只有作为环境因素而栩栩如生。抒情诗中的物体世界,它的独立性,普希金的抒情诗。作者不仅处在主人公之外,而且处在他的时间的形式原则之外,完成的不仅是主人公,而且还有它的世界。把主人公从开放(不是本事上的开放,而是含义和真实上的开放)的存在事件中排除出去,从现实中解放出来,从主人公的 alibi[①] 和它的世界中解放出来,从现实中解放出来("我确实存在");世界的确一现即逝,世界的凡俗肉身。只有这个才会使价值的内在化变成可能。我们仿佛在爱抚人类世界的边界,爱抚人类思想的边界,人类神圣东西的边界。对没有未来的现在和过去的确证。存在事件是外在的,这里事件关注自身之外的东西,存在事件的边界;事件已经完成、完善的地方,是事件的凡俗肉身。哲学和艺术。

第四章　主人公的时间整体

(内在之人——心灵问题)

一、艺术中的人是整体的人。 我们在上一章把他的外在躯体界说为具有审美意义的因素,把物质世界界说为他外在躯体的环境。我们已然看到,作为生动造型价值的外在之人(外表的人),还有与之相关联并在审美上与之相结合的世界,都外位于人的可能的和实际的自我意识,外位于他的自为之我,外位于他的活生生的体验、自己生活的意识,根本上不可能处在他对自己的价值态度这个层面上。对外在躯体及其世界的审美把握和构建,是他人意识即作者兼观照者给主人公的

[①] 不在场。——译者

赐予，不是从主人公内部出发来表现主人公，而是作为他人的作者对主人公的一种创造性的创作态度。我们在本章中将就"内在之人"、主人公心灵的内在整体(作为审美现象)，作出同样的论证。心灵也是一样，作为给定的现实，作为从艺术上体验的主人公内心生活的整体，外位于主人公的人生价值取向，外位于他的自我意识。我们将会看到，心灵作为在时间中成长的内在整体，作为给定的实有的整体，是通过审美的范畴构建起来的。这就是从外部在他人身上呈现出来的精神[1]。

  心灵问题从方法论上说是个美学问题，它不可能成为心理学问题，不能成为无评价科学和因果科学的问题，因为心灵虽然发展和形成于时间之中，却是一个个体的、有价值内涵的和自由的整体；它也不可能成为伦理学问题，因为伦理主体作为一种价值对他自己来说是设定的，原则上就不可能是给定的、现成实有的，不可能加以直观，这是自为之我。唯心主义的精神是建立在自我体验和自己独处基础上的，它也纯是设定的东西；认识论上的先验之我(也是以自我体验为基础)纯粹是形式上的。我们在这里不涉及宗教形而上学的问题(形而上学只能是宗教的)，但毋庸置疑，永生问题所涉及的正是心灵，而不是精神；这正是我们在他人身上体验的流动于时间中的内心生活，它的个体性的价值整体；这一整体在艺术中是用话语、颜色、声音来描绘和表现的；这正是同他人外在躯体处于同一价值层面上的心灵，它不论在死亡或永生(在肉身中的复活)的时刻，与他人外在躯体都是不能分离的。而从我本人内部看，心灵作为给定的、实际存在于我身上的价值整体，是并不存在的。针对我自身来说，则我与心灵不需打交道，我的自我反思正因为是我的，它[1 词不清]就不可能产生心灵，而只会产生恼人的又是零散的主观性，产生某种不应出现的东西，曲解了现实中预设的含义。我的流动于时间中的内心生活，不可能为我本人凝聚

---

[1] "心灵"，原文为душа一词，作者用来表示呈现在他人眼中的"内在之人"，"精神"原文为дух，作者用来指自己眼中的"内在之人"。——译者

成某种有价值的、宝贵的东西而应保护和永存(在我的内心,在我完全独处的情况下,从直感中可以理解的,只能是永远地谴责心灵。我在内心只可能同意这一点)。若心灵降于我身,犹如天惠降之于罪人,犹如一种不配领受而且未曾意料的赠予。而在精神中,我能够而且也只应该失去自己的心灵,它要得以保存也不是靠我的力量。

在积极的艺术观照中对心灵的处理、建构和赋予形式(即心灵的整体化)①所依据的原则是什么呢?

二、对人的内在规定性所持的积极的情感意志立场。死亡问题(内部之死和外部之死)。构建心灵的原则,就是从外部由另一意识出发构建内心生活的原则;艺术家在这里的工作也是在内心生活的边缘上进行的;在边缘上,心灵是外向的。他人外位于我或与我相对,不仅是指外形,而且是指内心。我们用逆喻法可以说他人具有内心的外位性和相对性。他人的每一内心感受,如高兴、痛苦、意愿、追求,最后还有他的思想意图等,即使完全不外露,不说出来,不流露在脸上,不显现在眼中,而只能由我来捕捉、猜测(根据生活的语境),那么所有这些感受我都是在我的内心世界之外发现的(即使它们也为我所体验,但在价值上不属于我,不能归属于我的范畴;可能这些感受中的"我"只是表演了一下——维塔谢克语,或是这个"我"在他人身上直接的感受——洛斯基语),我都是在自为之我以外发现的。它们是为我而存在,是他人的价值之存在的因素。

这些感受出现在外位于我的他人内心,但它们又具有面向我的内心的外表,内心的面貌;对这一内在面貌可以而且应该珍爱地去观照,要像不忘记人的面孔那样不要忘却这内心的面孔(而不是像记着我们自己昔日感受那样记着它们);要用内心的眼睛而不是用外在的肉眼去巩固、构建、抚爱、亲昵它们。他人心灵的这一外表,仿佛一层内在的薄薄的肌肤,恰好就是可以直觉目睹的艺术个性特征,如性格、典型、身份等,如存在中含义之折射,如含义之个性折射及具体体现,如

---

① 心灵问题是意识完成的问题。——作者

183

化含义于内在的血肉之躯,总之是一切可以理想化、英雄化、节奏化的东西。这种外来的针对他人内心世界的我的积极性,通常被称作同情性理解。应该强调,同情性理解是绝对地有利、有得、有效、有充实丰富的作用。"理解"这一语词,照一般的幼稚现实主义的解释,往往令人误解。问题完全不在于把他人感受在我内心里加以准确却是消极的反映,使之倍增(这种倍增其实是不可能的),而在于把感受纳入完全另一个价值层面上,纳入新的评价和构建范畴中。我所共感的他人痛苦,根本上不同于(就其本质的重要方面而言)他本人所感受的自己的痛苦,也不同于我本人内心所感受的自己的痛苦。这里的共同点,不过是逻辑上相等的痛苦概念,这是任何地方任何时候都不可能完全实现的一个抽象的因素而已。要知道在生活的思维中,甚至"痛苦"一词的语调也会有很大变化。共感的他人痛苦是存在中一种全新的产物,这种痛苦的感受只能是由我从我的唯一位置出发,内心上外位于他人来加以实现。同情性理解并不是一种反映,而是原则上新的一种评价,是利用存在中外位于他人内心生活的自己的建构地位。同情性理解是在新的世界层面上,为一种新的存在,通过审美珍爱性的范畴来再造整个内在之人。

首先必须确定,施于我自身的内心状况和施于他人内心状况的情感意志态度具有怎样的性质,首先是对这种生存论的存在本身持什么态度。换言之,针对心灵的现实也必须详尽描写自我感受及感受他人的种种现象,像上文把躯体作为价值来描述那样。

内心生活也像人的外在现实(他的躯体)一样,对形式并非是漠不关心的。内心生活(心灵)的构建,要么在自我意识之中,要么在他人意识之中;不论是哪种情况,都同样要克服对心灵的经验观。对上述形式取中立态度的心灵经验观,仅仅是心理学思维的一个抽象产物。心灵总是有某种重要形态的。那么,内心生活的构建,在自我意识(我的内心生活)中和在他人意识(他人的内心生活)中是怎么实现的,通过什么范畴实现的呢?

外在之人的空间形式也好,人的内心生活的有审美意义的时间形式也好,都是从对他人心灵的时间超视中展开的,这一超视包含了从外部完成整个内心生活所需的全部因素。这些外在于自我意识而能完成心灵整体的因素,就是内心生活的边缘。内心生活在这里是外向的,不再从自身发挥积极性;而且这里首先是指时间的边缘,生活的开始和终结。开始和终结是具体的自我意识所不把握的,而且自我意识也找不到能动的有价值意义的方法去把握它们(即从价值上评价的情感意志态度)。这始与终就是诞生与死亡,以及它们起着完成作用的价值意义(指情节的、抒情的、性格描写的意义等)。

在我从内心体验的生活中,原则上不可能感受到我的生和死的事件;我本人的生和死(在世界里,而非内在于我),不可能成为我自己生活中的事件。这里的问题如同外表问题一样,不仅仅在于事实上没有可能感受这些因素,而首先是完全缺少对待它们的重要的价值立场。自己怕死而向往长寿,与怕我亲近的他人死亡而力求保住他的生命,具有全然不同的性质。第一种情况缺少第二种情况中最本质的一个因素,即损失一位有确定品格的独一无二的他人。我生活的世界因有他而到无他变得贫乏(这当然不是以利己主义感受的损失,因为我的整个生活也可能由于他人去世而失去自身的价值)。不过,除开遭受损失这一基本因素之外,怕自己死和怕他人死的道德系数也是有深刻差别的,犹如自我保护和保护他人的不同,而这一区别是不容抹杀的。损失自己不等于同一个有确定品格和可爱之人的分离,因为我活着不等于同一个有确定品格和可爱之人的欢欣共栖。我也无法体验我过去生活过但我现已不在的世界的价值图景。设想一下我死后的世界,当然我是能够做到的,然而联系我的死引起的感情反映来体验世界,体验我的不在人世,我从自己内心出发已经是做不到了。为了这个,我必得移情到他人身上,移情到视我之死、我之不在为自己生活中大事的人们身上;当我试图从情感方面(价值方面)体验一下我在世上死去的事件时,我就要为一个可能的他人心灵所控制;当我试图在历史的镜子中观照自己的整个生命时,我已不只是一个人了,正如我在镜前审视我的外表时,已经不只是一人在场一样。我的生活整体在我所生活的价值层面上是没有什么意义的。我的出生,我在世上有价值地存在,最后还有我的死,这些事件都不是在我内心实现的,也不是为了我而实现的。我的生活作为一个整体,它的感情分量对我本人来说是不存在的。

有确定质的个人在生存中体现的价值,只能属于他人。只有同他人一起,我才有相逢的快乐,共处的欢欣,分手的忧伤,死别的悲痛。我可以同他在时间中相会,同样在时间中分手。对我来说,只有他人是可以存在也可以离世的。我无时不同自己在一起,对我来说,离开我,生活就不存在了。所有这些只有针对他人的存在才可能成立的情感意志语调,在我的眼里创造出了他人生活事件的特殊分量,而我的生活却没有这个分量。这里说的不是程度大小,而是价值的性质不同。这些语调仿佛将他人浓缩提炼,创造出对他人生活整体的特殊体验,并给这一整体赋予了价值色彩。在我的生活中有人在诞生、成长、死亡,他们的生与死常常成为我生活中的重大事件,决定着我生活的内容(生与死是世界文学中最为重要的题材)。而我自己生活的这些生与死等术语,却没有这种题材的意义,我的生活是在时间上被囊括到他人的存在之中的。

等有朝一日他人的存在无可争辩地、一劳永逸地确定出我生活的基本题材,等他人的有价值内涵的存在或不存在的边缘整个地被我的边缘所包容(而我的边缘从来不是给定而现实的,原则上是不可能体验的),等他人整个地为我所体验(在时间上包容),从他的 natus est anno Domini① 到 mortuus est anno Domini②,到那时就会看清楚的。由于这生年和终年用于我自己的存在,原则上不可能具体而深切地得到体验,由于我的生活不可能成为这样的事件,我自己的生活,在我本人

---

① 拉丁语:生年月日。——译者
② 拉丁语:终年月日。——译者

眼里完全不同于他人生活,于是,我的生活在其自己的语境中没有审美的题材分量就一清二楚了,它的价值和含义处在完全另一种价值层面上,也很显然了。我本人只是我的生活可能实现的一个条件,但不是我生活里的价值主角。我无法体验囊括我的整个生活和凝聚了情感的时间,就像我也不能体验囊括整个我的空间。我的时间和我的空间,是作者的时间和空间,而不是主人公的时间和空间。在我的时空中,对我的时空能够囊括的他人,审美上只能取积极的而非消极的态度,能够在审美上肯定并完成他人,但不是肯定和完成自己。

当然这丝毫也不贬低对自己之死与害怕死亡和避免死亡在生物学上的功能进行道德思考的意义。但这种在内心预感的死亡,根本上不同于从外部体验他人之死,不同于体验这一他人作为确定质的独特个体已然不在的那个世界,而且也不同于我对这一事件所取的积极的价值态度,只有这后一种态度才是审美上确有效能的。

我的积极性在他人死后仍继续起作用,审美因素在其中开始占据优势(与道德因素和实用因素相比较):我面对的已是他的整个生活,排除了未来、目标和应分等因素。在殡葬和立碑之后,随之便只是记忆。我在自身之外把握了全部他人的生活,于是这里便开始了他这个人的审美化:通过审美的形象把他巩固下来并最终完成。从追忆故人的情感意志态度中,很能产生一些审美的因素,可用来建构内在之人(还有外在之人)。因为只有对他人所持的这一态度才能掌握有价值内涵的方法去审视人的整个外在和内在生活,它的已然完成了的时间整体。我们再重复一遍:这里的问题不在于掌握全部的生活材料(全部的生平事实),而首先在于有一种价值态度,它能够从审美上组织这些材料(事件、该人的故事情节)。对他人及其生活的记忆,同观照和回忆自己的生活是根本不同的,因为记忆采用另一种形式来看待生活和生活的内容,只有这种记忆在审美上是有效能的(当然,内容因素可以提供对自己生活的观察和回忆,但它不能产生建构和完成的积极性)。对已终结的他人生活的记忆(也可能有对结局的推断)掌握着从审美上完成个性的金钥匙。对活人的审美把握,好像先期预见了他的死,已决定了他的未来;未来对他仿佛已成多余,对心灵的一切界定都已蕴含了命运。记忆的视角,是要从价值上加以完成的视角,在一定意义上说,记忆是不抱期望的,但只有它才能超越目标和含义而来评价业已完成的、百分之百实有的生活。

确有他人生活的时间边界,即使是一种可能性,确有把握他人业已终结生活的价值角度,哪怕事实上某个他人比我活得更长,确能在已死、可能离世的假定下来感知其人——这些条件决定了可以在上述生活边界之内浓缩提炼并在形态上改变生活,可以变更生活的整个时间流程(在内心从道德和生物学角度预见到这些边界,则没有改造形式的作用,从理论上知道自己生活有此时限,就更谈不上有这种作用了)。等边界一旦确定,生活在边界范围之内便完全可以另行配置和组建了,这类似于我们思维在得出结论(推出定理)之后,可以换一种方法叙述我们的思路,使其不同于探求结论的过程。已被限定的生活,即摆脱了眼前和未来,摆脱了目标和含义羁绊的生活,就变得可以用情感来度量,可以有音乐般的表现力,能以自身为满足,以实有的自己的存在为满足;这一生活的规定性变成为有价值的规定性。含义既不产生也不泯灭;生活的含义序列,即生活内部的认识和伦理的努力,既不可能开始,也无所谓完结。人死不能在这个含义方面达到完成,即不能起到积极完成的作用;而这个含义因素在自身内部又不能积极地完成,不能转向自己而同自己的现实状况全然吻合;只有当含义转到外向的地方,当含义对自己来说已不复存在的地方,才能从外部有一种完成它的理解降临到它身上。

我的生活的时间边界,正如空间边界那样,对我本身不具有构筑形式的意义,虽然对他人的生活有这个意义。我活着(我思考、我感觉、我行动),是活在自己生活的含义内容中,而不是在可能终结的、现成生活的时间整体中。这种现成生活的时间整体不能在我内心决定和组织思想和行为,因为思想和行为是有认识和伦理意义的(是超越时间的)。可以这么说：我不知道我的心灵在存在中、在世界上从外部看是什么样子，即使我知道，这个心灵的形象也不可能在我内心说明和组织任何一个我的生活行为，因为这一形象的价值意义(审美价值)是外位于我的(行为也可能是虚假的，但虚假行为也是超越心灵形象的，不能用这个形象来解释，它会破坏心灵的形象)。任何的完成化，对于内在地追求思想含义目标的生活次序来说，都是神赐(deus ex machina)①。

时间边界和空间边界在他人意识和自我意识中所具有的意义，几乎是完全相同的。对自我感受和感受他人的现象学分析与描述，由于这一描述的纯正性并未因引入理论概括和规律(泛指人，把我和他人等量齐观，摆脱价值内涵)而受到影响，清楚地发现了在组织自我感受和组织我对他人的感受中时间所具有的意义存在着原则性的区别。他人与时间的联系更密切些(当然这里不是数学上和自然科学上那种已加工过的时间，因为那样就会要求对人也做相应的概括)，他人整个地处于时间之中，就像他整个地处于空间里一样；在我对他进行体验的时候，没有任何东西会破坏他存在的时间连贯性。对我自己来说，我却不是全部处于时间之中，"我自己的很大部分"是在时间之外由我直觉目睹来体验的，我能够直接依托于实有的思想含义上。在他人身上，我则没有这个直接的依托，我得把他人整个地纳入时间里，我作为包容着时间的人，在行动中体验我自己。行为要有时间，而我这个行为主体是外在于时间的。他人总是作为客体与我相对立，他人的外在形象是在空间之中，他的内在生活则在时间之中。我作为主体从来也不等同于自己，因为我(自我意识行动的主体)超出了这一行动的内容；而这不是抽象的推论，这是我直觉体验到的，我充分掌握的可钻的空子，可以由此摆脱时间，摆脱一切给定的、完全现成的存在——在自我意识的行为中我无法亲身体验到整个的自己。其次，显而易见，我不在时间里配置、组织我的生活，我的思想，我的行为(指组织成某个

---

① 拉丁语：舞台剧中神祇莅临参与。——译者

时间整体)(日程表当然不能组织生活),我做的恐怕倒是把它们系统化,总之不过是思想含义上的组织(我们在这里排除了认识内心生活的特殊心理问题以及内省的心理问题;康德就曾将内心生活视为理论认识的对象);我活着不是以我生活的时间层面为依托,甚至在基本的实际行为中起支配作用的也不是这个时间层面,时间对我来说只是一个技术性因素,就像空间也是一个技术性因素一样(我掌握着时间和空间技术)。对一个具体而确定的他人生活,我则在很大程度上要通过时间来加以组织(当然是在我不把他的事业或他的思想同他的个人分离开来的情况下),但不是组织在纪年的顺序时间里,也不是在数学意义上的时间里,而是在有着情感价值内涵的生活时间里,这个生活时间能够获得音乐的节奏性。我的统一体是含义的统一体(这种先验性是在我的精神经验中获得的),他人的统一体是时空的统一体。这里我们可以说,唯心主义在自我体验中有直觉的可信性;唯心主义是自我体验的现象学,而不是体验他人的现象学。自然主义关于世界上意识与人的见解,是他人的现象学。当然我们不涉及上述见解的哲学价值,仅仅是讲构成这些见解的基础的现象学经验;这些见解是这种经验的理论总结。

我把他人的内心生活视为心灵来体验,而在自己内心里我生活在精神之中。心灵是一切实际体验到的、一切在心里在时间中实有的东西之总和形象,而精神是生活和发自我内心(但不脱离开我)行为的一切思想含义和目的之总和。从自我体验的角度看,直觉上可信的是精神在含义上的永生;从我体验他人的角度看,变得可信的是永生这一公设,即永生的是他人内心的规定性,他的内在面目(记忆)是排除思想含义之后仍可珍爱的心灵(犹如但丁关于心爱的肉体永生的公设①)。

从内部体验的心灵就是精神,而精神是非审美的(就像从内部体验的躯体是非审美的一样)。精神不可能是题材的载体,因为精神根

---

① 《天堂篇》,第31—32章。——原编者

本不成为存在,每时每刻它都只是预设的,有待实现的。对它自己来说,从它自身内部不可能得到安宁,因为它没有立足点,没有边界、时限,没有节奏的基础,也没有绝对的度量情感的基础。精神也不可能是节奏的载体(以及叙述的载体,总之不是审美的载体)。心灵——这是没能实现自己的精神反映到了珍爱它的他人(人、神)意识中;心灵——这是我本人对之难有作为的东西,是我只能消极处之、被动接受的东西(心灵向内只能自惭形秽,向外倒能成为美好与天真)。

生死于世上而且为着世上的内心规定性(含义的肉身),整个是世上实有的、在世上可以完成的、全部凝集于某个终极而统一的[?]事物身上的规定性;这个确定的内心可能具有题材意义,可能成为主人公。

正如同我个人生活的情节要由他人(即这一生活中的主人公)来创造一样(只有在为着他人、透过他人眼睛、用他人的情感意志语调叙述出来的我的生活里,我才能成为这一生活的主人公),对世界的审美观照,世界的形象,也只能由他人(世界的主人公们)已经完成或可能完成的生活来创造。把这个世界理解为是在其中实现了自己生活的诸多他人的世界(如基督、苏格拉底、拿破仑、普希金等等的世界)——这是审美把握世界的首要条件。要能在他人的世界里感到回了自己的家中,才能从自白过渡到客观的审美观照,从含义问题和对含义的探求转向世界美好的实在上。应该明白,对世界现实所作的一切正面有价值的叙述,对世俗现实的一切自成价值的界说,都有一个得以肯定和完成的他人作为自己的主人公。这是因为一切情节编撰的是他人,一切作品描写的是他人,眼泪全是为他人而流,纪念碑全是为他人而立,墓穴全是为他人而造;富有效能的记忆了解、缅怀、再现的只是他人。这样一来,我对事物、世界和生活的记忆也才成为艺术的记忆。只有在他人的世界里,才可能出现审美的、情节的、自成价值的运动,这是在过去时间中的运动,它不需要未来而自有价值,在这个运动中一切的责任和义务都已免除,一切希望也全被放弃。艺术的兴趣,是对原则上已完成之生活的一种超越含义的兴趣。必须摆脱自己,才能使主人公参与世界上的自由的情节运动。

三、我们从价值性质的角度研究了人的内心规定性的存在与不存在的事实本身。我们业已判明,我的存在不具有审美的价值、题材的意义,如我的身体存在不具有生动造型的价值。我不是自己生活中的主人公。现在,我们应仔细考察一下对内心规定性进行审美加工的条件,这里的内心规定性是指个别的体验、内心状态,最后是整体的内心生活。在本章中,我们关心的是把内心生活建构成"心灵"的一般条件,特别是形成节奏(即纯粹的时间调整)的条件(含义条件)。至于话语创作中表现心灵的特殊形式——自白、自传、传记、性格、典型、身份、人物,将在下一章(含义的整体)研究。

如同从内部体验的外在身体运动一样,内心活动、意向、体验也不具有重要的规定性,不是已实现的东西,不是靠着现实性活着。体验作为某种确定的东西,是本人所无法体验的,它指向某种含义,某个事物、境况,但不说明自己,不说明自己在心灵中实有的规定性和圆满性。我体验我害怕的对象,它是可怕的;我体验我所爱的对象,它是可爱的;我体验使我痛苦的对象,它是可怜的(这里认识的确切程度,当然无关紧要),然而我不是体验自己的恐惧本身、自己的爱、自己的痛苦。体验是我整个的人对某一对象的价值立场。而采取这一立场时并不规定我作出什么"姿态"。我得使我的体验成为施以自己积极性的特殊对象,才可能感受到这些体验。我必须摆脱那些作为生动的体验所施与的对象又充实了体验含义的事物、目标和价值,才能够把自身的体验作为某种确定的和实有的东西来体验。我必须不再害怕,才能把恐惧作为一种确定的心态(而不是确定的事物)来体验;我不再爱的时候,才能体验到我的爱所包含的全部内心情感。这里的问题不在于心理上没有可能做到,不在于"意识的狭窄",而在于价值和含义的判断没有可能做到,因为我必须超越我的体验所在的那一价值层面,才能使我所体验的东西本身、我的心灵实体成为自己观照的对象;我必须在另一价值视野中占据另一立场,而且价值的重估须带有极大的重要性。针对我自己,即针对在这一价值世界里过着自己这一生活的我来说,我必须变成一个他人,而这个他人应占据一个外位于我的有充分根据的价值立场(心理学家的立场、艺术家的立场等等)。我们对此可作如下的表述:我的体验本身作为确定的心态,不是在我本人生活的这一价值层面上获得自身的意义。在我的生活中对我来说这个体验并不存在。必须在我的生活层面之外找到一个重要的含义支点,一个活跃的创造性的支点,因而也是正确的支点,才能把体验从我的统一而唯一的生活事件中抽取出来,因而也就是从作为唯一事件的存在中抽取出来(因为这一体验只处于我的内心),并把它的实实在在的规定性视为心灵整体的一种特征、一个侧面、我内心面貌的特点(不论这是完整的性格,或是典型,或是心态)。

诚然,也可能存在不超越生活语境的对自身的道德所做的反思,道德反思并不脱离驱动体验的事物和含义;正是从作为设定目标的这一事物的角度看,反思到的是令人沮丧的体验现实。道德反思不会获得正面的现实、自成价值的现实,因为与设定的比较,这现实总是令人沮丧的,是不应该有的;我的东西在体验中与所体验的富有意义的事物一比较,就成了恼人的主观性。由此可见,在对自己的道德反思中,自己的内在现实只能用忏悔的语调来体验,但忏悔的反应不能创造出内心生活完整而重要的审美形象。从道德含义本身必须具有价值这一角度来看,这一含义以其全部严肃性与我相对立,我的内在现实不能体现反而歪曲这一含义(即给含义以主观主义的解释)(面对含义,体验没有理由安然自得,不能自我满足)。同样,认识的反思,整个哲学反思(文化哲学)也不能产生个人的正面的实际感受;这种反思不同感受事物的个人形式打交道,后者是个人心灵内在整体的一个因素。认识反思是与事物(而非体验)的先验形式以及它们的理想统一体(设定的统一体)打交道。体验事物过程中的我的因素,是心理学研究的对象,但这是完全排除了我和他人的价值分量,排除了我和他人的独一无二性，心理学只知道"可能的个体性"（艾宾浩斯①）。内在现实在设定的统一的心理规律中，不是被观照，而是予以不涉及价值的研究。

我的东西只是在审美的把握中才能成为可观照的积极的现实体验。但此刻我的东西并不在我心中，也不是为我而在，却是在他人心中。因为它在我心中直接受到含义和事物的烛照，不能凝固提炼而成为稳定的实状，不能从一种目的物（在一系列实际目的中）变为非目的物的内心状态，从而成为接受性观照的价值中心。上述所说的，才是不为含义烛照，而为超含义的爱心所照明的内心规定性。审美观照应该摆脱本来不可或缺的重要意义和目的。事物、含义和目的在价值上不再有支配作用，仅仅变成了自成价值的现实体验的一些特征。体验——这是含义在存在中留下的痕迹，这是含义在存在中的反照。体验，就其自身内部而言，它的活力并不来于自己，而是来于这个外在但可把握的含义，因为体验一旦不能把握含义，它自身便不存在了；体验是对含义和事物的态度，离开这一态度自身便不存在；体验如肌体（内在肌体）一般是自然而然地诞生，因而不是为了自己而是为了他人。在他人眼里它要超越含义而成为被观照的价值，成为有价值的形式，而含义则成为它的内容。含义从属于个人存在的价值，从属于体验的肌体。当然，体验会随身带走自己那设定的含义之余绪，因为它没有这种余绪就空洞无物了。然而体验在这种含义之外（含义原则上就不可能在存在中实现）却获得了积极的完成。

体验要想在审美上得到凝聚并积极地确定，必须剔除无法融解的含义之杂质，必须排除一切先验性的内涵。还有，凡是把体验放到客观的和总是设定的世界与文化语境中，而不是放到特定个体和可完成生活的语境中、价值关联域中来理解的一切因素，也应排除。因为所有上述要排除的因素都应转为体验的内蕴，纳入原则上可终结和已完成的心灵之中，紧束并封闭在心灵里，在心灵独特的内在可睹的统一

---

① 艾宾浩斯（1850—1909），德国心理学家。——译者

体中。只有这样的心灵才能安置在这个实有的世界里,并与这个世界相结合;只有这样被作了浓缩和提炼的心灵,才能成为世界上有审美意义的主人公。

不过这一至关重要的摆脱设定性的做法,却不可用于我自己的体验、意愿、行动。体验和行动的可预感的内在未来,行动的目的和含义,这些都要瓦解意欲的内在确定性。在这个意欲的道路上没有一个体验对我来说会成为独立的、确定的体验,用语言甚至一定的语调(从我内部只能有祈祷,即祈求与忏悔的语调)可准确描绘和表达的体验。而且这种不稳定性和不确定性具有原则性的品格,在内心愿望中要想弄清和确定体验,必须以珍爱之心将情感感受放慢拖长,为此又必须施以情感意志的力量,而这些都会破坏意欲的目的性和含义的必不可少的严肃性,都会使生动的设定性行为淹没到实有的现实之中。我必须超越意欲,置身于意欲之外,才能在有价值意义的内在肌体中看到这个意欲。为了做到这一点,只是超越某一次体验(在时间上与其他体验隔离开来的体验)是不够的(在含义上加以分隔,或者具有系统理论的性质,或者是在审美上把失去价值的含义转入潜在层面),当体验在我眼里已经转到过去的时间里去的时候,这种超越是可能的,因为那时我在时间上已处在这个体验之外了。但为了以审美珍爱的态度确定和形式上加工体验,对体验只是达到这样的时间外位还是不够的。还必须超越整个这个感受者,这个思考从全部到个别体验的人,也就是超越这个感受的心灵,感受应该退居到绝对的过去中、含义的过去中,连同它所融入的含义语境,阐发它的内涵的含义语境。只有在这种情况下,对某个意欲的感受才可以拉得更长些,成为几乎能直观目睹的内容;只有在这种情况下,行为的内在过程才能记录下来并加以确定,才能被珍爱地提炼,并用节奏来度量;而这些只能靠他人心灵的积极性来完成,在他人心灵的包容一切的价值含义语境中来实现。对我本人来说,我的任何一个体验和意欲,都不能退到与未来相隔绝、抛开未来而有理由存在并完成的绝对过去、含义上的过去里去,因为我在这个体验中看到的正是我自己,我不能放弃这个体验,它是我唯一而统一的生活中的一个因素,我把这个体验与未来的含义联系在一起,使体验对这个未来不能无动于衷;我把这一体验的论证和完成托付于来日(体验尚未终结);因为我就是生活在这体验中的人,这体验还没有全部展现。这样我们就进入节奏这一问题之中。

节奏是对给定的内心现实以价值的配置。节奏不是确切意义上的表现手段,它不表现感受,在感受内部找不到自己的依据,它不是对事物和含义的情感意志反应,却是对这一反应之反应。节奏可说是无对象的,这是指它与之直接发生关系的不是事物,而是对事物的体验,是对事物的反应,所以,节奏降低了诸多因素的实指意义。

节奏要求含义内蕴于体验本身,要求目的内含于意欲本身;含义和目的应只作为自成价值的体验意欲中的一种因素。节奏要求意欲、行动、体验等在某种程度上事先已经确定(含义上的某种无望)。真实的、关键的、有风险的、绝对的未来,为节奏所消解,过去和未来(当然还有现在)之间的界限本身,也以过去的胜利而消解。含义之未来仿佛溶化在过去和现在之中,被它们为艺术目的所事先确定(因为作者兼观照者总要在时间上能包容整体,他做这事总得晚一些,即不仅在时间上,而且在含义上晚些)。从过去和现在向未来的嬗变运动这一因素本身(这个未来是含义的未来,绝对的未来,它不是让一切停留在原处不动,而是应该最终地完成和结束一切,我们视这一未来为解救、为更新和赎罪而与现在和过去相对立。换言之,这个未来不是一个单纯的时间范畴,而是一个含义范畴。从价值上说它还不存在,是个未定之数,还没有被存在毁誉,没有被存在的实况所玷污,它保持着纯洁、清正、无所拘束的理想,但这些都不是从认识论和理论上说的,而是从实际生活上说的,这就是应分),乃是我内心的纯粹事件性里的一个因素。我在我的内心参与统一而唯一的存在事件,在从过去和现在向未来嬗变的因素里,这个事件的结局是含有风险的,是绝对未卜的(不是指故事情节未卜,是指含义未卜。故事情节如同节奏,如同一切审美因素,是有机的成分,是内在先已确定了的,可能而且应该从头至尾整个地把握起来,用内在的包容一切的统一眼光囊括它的全部因素。因为只有整体,哪怕是潜在的整体,在审美上才能具有意义),这不是指"可能这样,也可能那样"的事件,正是这个因素构成了节奏的绝对边界。这一因素不屈从于节奏,原则上外在于节奏,与节奏不相契合,节奏在这里会成为一种歪曲和虚假。这是这样的一个因素,在这里我心里的存在应该消解自身而服从于应分,在这里存在和应分彼此狭路相逢,在我内心发生冲突,"是怎样"与"应该怎样"相互排斥。这是原则上没有和谐的因素,因为存在和应分、实有和设定从我本人内部看,在我的内心不可能通过节奏相互联系起来,不可能同处一个价值层面上,不可能成为同一个正面价值系列中的发展因素(如不能成为节奏中的抑和扬①,不谐和谐韵,因为两者均处在同一个正面价值的层面上;节奏中的不谐总是有条件的)。在这个因素中,在我内心,应分犹如另一个世界,与我从原则上相对立,但要知道,正是这个因素才是我发挥高度创造性、纯粹能动性的因素。所以,创造的活动(体验、意愿、行动),亦即丰富着存在事件的活动(丰富事件只能是在质上、在形式上,而不是在量上、在材料上,如果量的丰富不转化为质的丰富的话),创造着新东西的活动,从原则上说是外在于节奏的(当然指活动的进程,活动完成后就要消失于存在中:在我内心是带着忏悔的语调,在他人身上则是豪壮雄伟的语调)。

  自由意志和积极性同节奏是互不相容的。通过道德自由和积极性的诸范畴所感受的生活(体验、意愿、行为、思想),是不可能予以节奏化的。自由和积极性为不自由的(伦理上)和消极的存在创造着节奏。创造者是自由而积极的,被创造的东西则是不自由的和消极的。自然,通过节奏形成的生活,它的不自由、必然性,并非是恶性的和对价值漠不关心的必然性(认识的必然性),而是馈赠的、得自爱心的、美好的必然性。节奏化了的存在是"无目的的合目的性",不需选择目

---

① 古希腊罗马诗律术语("扬"和"抑"),表明音步的强弱,音节的轻重。——原编者

的,不需讨论目的,不需对目的承担责任。审美所接受的整体,在统一而唯一存在的开放性事件中占据怎样的位置,这无须讨论,不在关注的范围内。这个整体在价值上不受存在事件中未来风险的制约,它能在这一未来风险之外找到自己的根据。而道德的积极性则正应对选择目的、对在存在事件中所占的位置负责,而且在这方面这一积极性是自由的。从这个意义上说,伦理自由(即所谓的意志自由)不仅是独立于认识必然性(因果必然性)的自由,而且是独立于审美必然性的自由,是我独立于我内心存在的行动自由。这里的存在包括没得到确认的(存在是认识自然)和价值上已得到确认的存在(即艺术观照的存在)。不论我在哪儿,我都是自由的,而且不能使自己摆脱应分,能动地意识到自己,就意味着用将临的含义照亮自己,对我来说离开这个含义,便没有我自己。对我本人的立场不可能属于节奏性的东西,不可能在节奏之中找到自己。我视为是我自己的那个生活,我在其中能动地发现自己的那个生活,不可能通过节奏来表现,羞于进入节奏。任何节奏在这里都得中断,这里是保持清醒而平静的场所(从实际生活底层直到伦理宗教的高峰)。对节奏我只能为它着迷,我进入节奏就如全身被麻醉,无法意识到自己。(羞于进入节奏和形式,是迷狂的根源,是一种孤傲,是抗拒他人,是自我意识的越界又想划一个冲不破的圈子。)

在我所体验的他人内心存在中(通过他性范畴积极体验的存在),存在和应分没有分离,也不互相敌对,而是有机地联系在一起,同处一个价值层面上。他人在含义中得到有机的成长。他的积极性对我来说是一种英勇精神,并获得节奏的青睐(因为对我来说,他整个地可以处在过去之中,而我有理由使他摆脱应分;这个应分作为一种绝对的命令只是在我内心与我相对立)。节奏能成为表现对他人态度的形式,而不是表现对自己态度的形式(而且这里的问题在于不可能采取价值立场);节奏——这是对他人凡俗生活凝聚着价值的时间投去的拥抱与亲吻。哪里有节奏,哪里就有两个心灵(确切地说,是一个心灵和一个精神),两个积极性。一个积极性是体验生活的积极性,另一个积极性是能动地加工构建前者并赞颂前者的积极性,前者对后者来说,于是变成为消极性。

有时,我不无道理地在价值上摆脱自身,生活在他人内心并为他人而生活。那时我可以进入节奏之中,但在节奏之中对自己来说,我在伦理上是消极的。在生活中我系于日常起居、生活方式、民族、国家、人类、上帝的世界。可在这里我处处都凭着价值生活在他人内心,是为他人活着,我钻进了他人的价值躯体,在这里我的生活倒的确可以服从于节奏(这种服从是很清醒的),这里我是在众多他人的合唱中体验、追求、讲话的。但在这合唱中我不是唱给自己听,我对他人态度是积极的,而在他人对我的态度中我是消极的。我与人交换赠品,但不抱有私心,我自身感觉到了他人的躯体和心灵。(在运动或行为的目标具体体现于他人身上,或者与他人的行为协调一致的地方,即在合作的情况下,我的行为也就进入了节奏,但我不是为自己创造节奏,而是为了他人进入节奏。)不是我的天性,而是我心中的人类天性,可以成为美好的东西,而且人的心灵是和谐的。

现在,我们可以较为详细地发挥一下我们上文说过的一个论点,即我的时间和他人时间有本质的差别。针对自己而言,我感受时间是非审美的。任何东西脱离开它的意义内涵,都不可能让我积极地理解为是我的东西;而这种意义内涵是直接的现实,这就使得我无法把时间性从价值上正面地最终完成。在现实中的自我体验里超时间的理想性的含义,对时间并不是漠不关心,而是作为一种含义的未来,与时间相对立;这就像应该是与已经是的对立。整个时间性、延续性表示着"尚未实现""尚未终结""尚未全部",并以此与含义相对立,只有这样才能面对含义而体验时间性,体验内心存在的现实。如果意识到时间已经完全终结,意识到现有的已是全部,那我们就无事可做了,或者说不能活下去了,针对自己业已终结的生活,不可能有任何积极的价值立场。当然,这一意识(意识到终结)可以存在于内心之中,但不是

199

它在组织生活;相反地,要想实际体验到这一意识(阐释它,确定它的价值分量),还须从必然相对立的设定性中为自己汲取积极性,增加自己的分量。只有设定性组织生活,从内部实现它(把可能性变成现实)。这个从价值上与我对立,与我的整个时间性相对立(与我内心已经实有的一切相对立)的含义上的绝对未来,不是指那同一个生活在时间上的延续,而是指经常可能也必要在形式上改造这一生活,给它注入新的含义(即意识的最终定论)。

　　存有含义的未来同不具含义的现在和过去是敌对的,这就像任务与尚未完成相敌对,应分与现实相敌对,赎罪与罪过相敌对。没有任何一个已成现实的时刻,对我本人来说是足以自满的,是已可认定确有道理的。我的确证总在未来之中,而且这一永远与我相对立的确证,消解了我眼中所见的自己的过去和现在,因为它们觊觎充作已成现实的延续性,希图安于已有和自足,希图成为真正实有的存在,希图成为本质之我。整个之我,希图毫无遗漏地判定存在中之我(现有之我觊觎自称为全部之我,真正之我;现有之我在冒名顶替)。未来中我之实现,对我本人来说,并非过去和现在之我的有机延续和成长、过去和现在完美终结的桂冠,而是对过去和现在的否定和消解,就像上天的赐福,不是人性恶的有机发展的结果。这在他人身上是一种完善(审美范畴),在我身上则是新生。我在内心生活中总是面对向我提出的一个绝对要求和任务,而完成它不能只是逐渐的、局部的、相对的接近。这个要求就是:你一生要使你生命的每一时刻既是终结的最后的时刻,同时又是新生活开始的时刻。这一要求对我来说,是根本不能完成的,因为其中虽已弱化却仍存在着审美范畴(对他人之态度)。对我本人来说,没有一个时刻独立自足到在价值上敢自称是整个生活的合理终结和新生活当之无愧的开始。然而,这一终结和开始是处于哪个价值层面上呢?这一要求本身,一旦为我承认,马上就要变成原则上难以实现的任务。面对这一任务,我将总是处于绝对的困窘之中。对我本人来说,我只有走下坡路的可能,原则上不会有步步高升的经历。我所具有含义的未来世界,与我的过去和现在所拥有的世界,相互间是格格不入的。在我的每一行为中,包括外在和内在的行为,在我的感觉行为中,在认识行为中,这种未来都作为纯粹的重要含义而与我相对立,并推动着我的行为。但对我本人来说,这种未来从不在我的行为中实现自己,总是纯然作为对我的时间性、历史性、局限性提出的一种要求。

由于这里说的不是为了我的生活价值,而是为我的不是为他人的我自身的价值,所以我把这一价值放置到具有含义的未来之中。我对自身的反思没有任何一个时刻是现实主义的反思,我不知道用于自身的表示实有性的形式,因为实有性形式会从根本上歪曲我的内心存在。我以自身的含义和为己的价值进入了一个要求十分严格的含义世界。每当我试图为我自己而界定自己时(不是为他人,也不是以他人的角度),我总是在设定性的世界里才能找到自己,总是在我的已存在的时间之外找到自己,而我自己就含义和价值而言是个还有待实现之人。而在时间里(如果完全排除设定性的话)我找到的只能是零散的意向、未实现的愿望和追求——我可能有的整体性的 membra disjecta①;而那个可以把它们组合起来,赋予生命和形式的东西,也就是它们的心灵、真实的我的自为之我,则还未在存在中出现,还是一个设定的东西,即将出现的东西。我要界定我自己,确定地(确切说是给定了一个设定的任务,是给定了设定性)不能通过表示时间存在的范畴,而要通过尚未存在的范畴,通过目的和含义的范畴,要在与我过去和现在一切实有相对立的具有含义的未来之中。存在(быть)对自己而言,意味着自己尚待实现(已无可实现,此地一切全在,那就意味着精神上的死亡)。

在我的体验的确定内涵(情感、愿望、追求、思想的确定内涵)中,对我本人来说,唯一珍贵的就是那个设定的、处于实现之中的含义和事物,只是为了它我才去体验的。要知道,我内心存在的确定内容,只

---

① 拉丁语:肢体。——译者

是与我相对立的那个事物和含义的余光,是它们的遗迹。我内心的任何的含义预设,即使是最全面最完善(为了他人并在他人内心进行的界定)的含义预设,总是主观的预断。而这一预设的简括性与规定性,如果我们不从外部给它补充起确凿的证据与完成作用的审美范畴,亦即补充他人的形式,那就只是一个会限制含义的讨厌的简括性,这犹如简缩了同含义和事物的时空距离。因之一旦内心存在脱离开与之相对立而尚待实现的含义(正是含义创造了整个内心存在,只有靠含义才能理解内心存在的一切因素),自己作为独立价值而与含义相对立,面对含义变得自满自足,那么,内心存在就会由此而陷入与自身的深刻矛盾之中,走向自我否定,以自己实有的存在来否定自己存在的内容,变成一种虚伪:虚假的存在或存在的假象。我们可以说,这是潜藏于存在之中,从其内部体验到的堕落,表现在存在追求自满自足的倾向上。这是存在内部的自相矛盾(由于存在面对含义却想满足于实有的现状),是存在背离产生它的含义而作的自我简括了的自我肯定(这是忘本),是存在的运动突然中止并毫无道理地打上了句号,从而背离了创造存在的目标(织物突然卡在某一机轴上)。这是一种荒唐而莫名其妙的完成性,是羞于看到自己形式的完成性。但在他人身上,这一内在和外在存在的确定内涵,就成了可怜而寒酸的消极性,是追求存在和永恒的一种无援的努力,而那无论如何要生存的渴望显得十分天真。外位于我的存在,不论其本身有多么荒谬的非分之想,只不过是表现出天真与女性的消极而已;而我的审美积极性可以从外部对之思考、解释、构筑它的边界,在价值上将其完成(当我自己完全陷入存在的时候,存在事件的明晰性在我眼中就变得模糊起来,我于是在事件中成为一个眼睛不亮、进取心不强的消极参与者)。

我内心的热情体验(我在其中能动而积极),任何时候也不能平静下来,不能停顿,不能终结和完成,不能摆脱我的积极性,不能突然凝结为独立完成的存在;而对这样的存在,我的积极性是无能为力的。

因为,如果我要体验的某种东西,它里面定有设定的因素;体验就其内部来说是无终止的,不可能毫无理由地就不再体验了。换言之,即不可能放弃针对事物和自身含义的全部义务。在存在中我不能放弃积极的态度,否则就意味着在自己的含义中排除自己,让自己仅仅成为我的存在的一个面具,变成自己欺骗自己的假象。可以忘却存在,但那时对我来说,它便已不在了,只从价值上记住它,必须视它为一种设定性(重新提出设定的任务),而非它给定的现实性。记忆对我来说是记忆未来,对他人来说则是记忆过去。

我的自我意识的积极性总是能动有效的,它把全部体验都作为我的体验而不断地加以把握,它不放过任何东西,使将要失去意义而完结的体验再次活跃起来。这些也正是我的责任,是我对我未来中的自己、我意向中的自己矢志不移。

我在价值上积极地牢记我的体验,但我所记的不是它那单独抽取出来的实有内容,而是它那设定的含义和事物,亦即能说明体验何以在我内心出现的东西。我以此而重新恢复我的每一体验的设定性,把所有的体验、整个的我都综合在一起,不是综合在过去,而是综合在永远尚未来临的未来之中。我的统一体,对我来说永远是即将来临的统一体;这个统一体对我而言,既是设定的,又是未设定的,它要由我以自己的积极性不断地去争取。这不是我拥有和掌握的统一体,而是我尚未拥有和掌握的统一体,不是我已有存在的统一体,而是我尚未存在的统一体。这个统一体中的一切积极的东西仅是设定要有的,而给定已有的只是消极的东西;只有当我可设定任何价值以求实现时,我才获得了这个统一性。

只有我不把自己同设定的含义隔离开来的时候,我才能在绝对的未来里有力地把握自己,使自己处于我的设定状态中,从我的绝对未来的无际远方真正地遥控着自己。我要把现有之我细品漫评,只有通过忏悔的语调,因为这种细品漫评是在设定状态的条件下进行的。但只要我把我的设定性从自己的价值视野中排除出去,不再与自己共处于未来的紧张之中,那么实有之我便会丧失自己将要得到的统一体,分裂瓦解而成简单实有的存在片段。如此我只好栖身于他人心中,由他人搜集我实有的碎片,以便在他人心中且用他人力量造出我的一个寄生性的完成的统一体。(现实——不是现实——虚无)这样,精神便在我的身上瓦解了心灵。

自我体验当其对自己的立场、对精神的价值取向达到纯粹完美的程度时,它的时间就是如此。不过在较为朴素的意识中,由于尚未充分分解出自为之我(在文化层面上,这就是古希腊罗马的意识),我界定自己采用的依然是表示未来的术语。

试问,令我昂首挺胸、举目向前的内在信心来自何处呢?是那没有愿望和设想作补充和后继的单纯的现状吗?在这里,自己尚待实现也是骄傲和自满的一个支点,在这里,自我界定的价值中心也移向了未来。我不只是希望自己能显得比实际的我更强,而且我确实也看不到纯粹的实有之我,我确实从未全然相信,我实际上只是此时此地之我乎。我总是以尚待实现的,应该而希望有的因素来充实自己,我的自我界定的实际重心只能落于未来之中。不管这种应有和希望以何种偶然而幼稚的形式出现,重要的是它不在此,不属过去和现在。也不管我将来能达到什么程度,即使是获得了全部预想的东西,自我界定的重心依然要继续前移,转到更远的未来,我依然要以尚待实现的自己为支柱。甚至今日之骄傲和自满也要用未来加以充实(要让今天来说说自己,它也立刻会表现出越过自己的超前倾向)。

我在最重要的方面尚未实现——只有这样一种意识,才是从我内部(即从我对自己的立场出发)组织我的生活的基础。不无道理地近乎发狂地判定原则上不可能等同于实有之我,这决定了我从内部构筑生活的形式。我不接受实有之我;我几近发狂地、难以名状地坚信我与这一内在的实有之我是不相吻合的。我不能像数东西那样把自己数了一遍后说:我全在这儿了,别的地方再也没有我了,此乃我之全部。这里不是讲人死的事实,不是说我就要死了,这里讲的是思想含义。我在内心深处怀着一种永恒的信念和希望：内心总有可能出现新生的奇迹。我不能在价值上把我的全部生活纳入时间之中，在时间中确证并全面地完成它。从推动生活的含义角度看，在时间上完成了的生活是没有希望的生活。它从自己的内部看是不含什么希望的，只是从外边可能除了未曾达到的思想含义之外再施以出自爱心的确证。只要生活未在时间中猝然中断(对自己来说生活只能中断，而不是完成)，它就得在内部靠如下的希望和信念来维系：自己不等同于自身，自己的思想含义尚待实现。从实有之我的观点看，生活在这里近乎失去理智，因为这一信念和希望从实有存在的角度看，是没有任何根据的(存在之中没有对应分的保障，"没有来自天赐的保险"①)。由此可见，这种信念和希望带有祈祷求助的性质(从生活自身内部出发只能有祈祷求助和忏悔的语调)。就是在我自己内心，这种不很理智的信念和希望也可算是我生活的最后判断了。面对实有之我，我从内心出发，只有祈祷和忏悔，换言之，实有之我是在需求中结束自己(它最后能做的，就是祈求和忏悔；而上帝降给我们的最后判决，则是拯救、谴责)。我的最终结论却没有任何完成的、正面肯定的力量，它在审美上是无力的，在这里我只好向外求助，把自己交给他人听凭发落(弥留之际自白的含义所在)。我知道，在他人身上也是这样近乎发狂地从原则上不等同于自己，生活在那里也同样不具完成性。但对我来说，这不是他的最后结论，这结论不是说给我听的，因为我处在他的身外，最后的结束语要由我来说出。而要求和决定我这最后的裁决，是我对他人的具体而全面的外位性，是对他人整个生活、他人价值取向和责任在空间上、时间上和含义上的外位性。这一外位立场使自己实际上做不到的事情不仅在事实上而且在道德上成为可能，这就是从价值上肯

---

① 出自茹科夫斯基的诗《意愿》(1811年，译自席勒的作品)：
"你要相信心灵的指点，
没有来自天赐的保险……"
后来作者在《人文科学的哲学基础》的笔记中也引用过茹科夫斯基这两行诗。——原编者

定和接受他人内心存在的全部实有的现实。至于他与自己的不相等同,他力求外位于实有的自己,也就是他与精神深刻交叉的切点,对我来说,只是他内心存在的一个特征,只是他给定实有的心灵的一个因素,仿佛是为我凝聚成一层薄薄的肌肤,被我的爱心所拥抱。在这一外在的切点上,我和他人彼此处于绝对的事件性的相互矛盾之中:在他人从自身内部否定自己、否定自己的实有存在的地方,我却从自己存在事件中唯一的位置上出发,从价值上肯定与巩固了他所否定的实有之他。而这一否定本身,在我看来仅仅是实有之他的一个实有的因素。他人在自己身上合乎道理地加以否定的东西,我则合乎道理地在他身上加以肯定并保存,我并以此在存在的一个新的价值层面上率先创造出了他的心灵。他本人观照自己的生活同我观照他的生活,这两个观照的价值中心是不相吻合的。在存在的事件中,价值上的这种彼此矛盾是不可能消除的。任何人也不能站到对我和他人都中立的立场上;抽象认识的角度不具有价值立场,从价值角度来说,则必须占据统一存在事件中的唯一位置,必须化为具体的表现。任何评价都意味着在存在中占有个人的立场;甚至上帝都得具体化才能爱抚、痛苦和宽恕,仿佛摆脱抽象公正的立场。存在仿佛一劳永逸、无可改变地站到了唯一之我和我眼中之所有他人之间;只要在存在中占定了位置,如今任何的行动和任何的评价都只能从这一位置上出发,以此为先决条件。只有唯一之我在整个存在中是自为之我,而所有其他人都是为我之他人——离开这一条原理,对我来说就不存在也不可能存在任何有价值的东西;离开这一条原理,我就不可能有对待存在事件的角度,对我来说,不管是什么事件无不是从这里开始的,而且永远是以此开始。抽象的角度不知道有也看不见存在的事件性运动,它的开放性的价值之形成。在统一而唯一的存在事件中,是不可能采取中立立场的。只有从我的唯一位置出发,才能阐明完成着的事件之含义,而且我在这个位置上工作得越努力,含义就会越来越清楚。

在我眼里,他人是等同于他自己的,我利用这一正面完成他人的等同(也是一种价值)来丰富他人,于是他人成为审美上有意义的东西,即成为主人公。正因如此,从自己的形式方面说,从整体上说,主人公总是幼稚的、单纯的,虽然他内心可能很复杂、很深刻;幼稚和单纯是审美形式本身的因素,做不到幼稚和单纯,主人公在审美上就还没有彻底地客观化,作者也就还不善于占据外位于主人公的牢固立场,主人公靠自己的思想含义还对作者保持着内在的权威性。重要的审美形式并不到主人公身上去寻求含义上的启迪。审美形式的压轴之作,就是原则上将存在视为过去,并在其中完成主人公。在存在中体验最深刻的矛盾,不参与到矛盾之中,而是用统一的目光去囊括矛盾,视之为存在的一种因素——这些就意味着把这一矛盾变成幼稚而单纯的东西。(幼稚只存在于我的知识和视觉原则上比幼稚之人多得多的地方。)

在他人及其含义张力对我们还具有内在的权威的地方,在我们认同他的含义倾向的地方,要从审美上把握和完成他就会遇到麻烦,富有权威的含义要瓦解他外在和内在的躯体,破坏他那至关重要的幼稚单纯的形式。(难以把他纳入存在的范畴,因为我处于存在之中。)预测人要死去,这一点对审美上完成人物具有重大意义。这一点作为一个不可或缺的因素,本就包含在人的内在审美形式里,即心灵的形式里。我们预感他人之死,视其为不可避免的含义上的无望实现,视其为整个生命中的含义挫折,于是创造那种能阐明他生活的形式,而这是他本人从自己位置出发所根本无法找到的形式。在我们对他施以审美把握的每一时刻(从开始起),他都应该积极地等同于自己,每一时刻我们都应看到他整个的人,哪怕是潜在地看到他整个的人。对人的内心存在施以艺术处理,这就预先决定了他这个人,因为心灵总是预先确定了的(这与精神相反)。看到自己的内心肖像,一如看到自己的外表肖像。这是窥测这样一个世界:那里原则上没有我,如果我自己一成不变,我在那里是无事可做的。我的具有审美内涵的内心面目,犹如我的某种星占图(对它我也是无计可施,一个人如果当其知道他自己的星位,就要处在内心矛盾而又荒谬的状态中,因为生活中不再能有严肃的和冒风险的活动,行为也失去了正确的方向)。

　　对他人内心存在的审美处理,首先要求我们不要寄信任和希望于他人身上,而要排除信任和希望从价值上接受他人;要求我们不是同他在一起或处在他之中,而是在他之外(因为在他心中从其内部出发,除了信任和希望之外再不可能有任何的价值活动)。记忆从主人公出现的最初时刻起,就开始作为一种综合和完成的力量而起作用。主人公就诞生在这一记忆中(死的记忆中),而对主人公的形式加工过程就是追荐过程。对内在之人的审美具现,从一开始就预感到主人公在含义上的无可指望;艺术观照提供给我们的是整个的主人公,是已经完成计数和计量的主人公。在他身上对我们不应该有含义上的秘密,我们的信任和希望也应三缄其口。从一开始我们就应该摸索出主人公的含义边界,把他作为形式上完成了的他人来欣赏,而不是期待他的含义启迪;从一开始我们就应该体验他整个的人,同他的整体打交道,而在含义方面他对我们来说应是一个死人、形式上的死人。在这个意义上我们可以说,死是从审美上完成人物的形式。死作为含义上的失败和荒唐,给含义方面作出了总结,并提出了非含义的审美上的论证任务,确定了审美论证的方法。审美体现越是深刻,越是完善,其中就会越发鲜明地感到死的彻底,同时又会感到审美对死的胜利,记忆同死的斗争(记忆在这里是指超越含义而表现出的特定的价值应力、记录和接受)。安魂曲的基调要伴随着具体主人公走过的整个人生道路。由此节奏也变得无所指望,它的悲欢都获得了轻松感,摆脱了无尽的含义严肃性。节奏涵盖着体验所得的整个生活,早在摇篮曲中便开始流露出末日安魂曲的情调。不过这个体验到的生活在艺术中得到了保护、证实并在永恒的记忆中最终完成,因此节奏便无所指望而只剩爱心和善意了。

　　如果主人公生活中起推波助澜作用的含义,作为一种含义因素吸引了我们,关注的是设定的方面,而不是他内心存在中个人实有的方面,那么这就会阻碍形式和节奏。主人公的生活就要努力冲破形式和节奏,获得权威的思想意义。而从这一思想意义的角度看,含义在心灵存在中的个性折射,含义人格化所得的实况,都显得是对含义的歪曲。艺术上令人信服的完成化就成为不可能的事,因为主人公心灵从他人范畴中转入我的范畴,于是遭到瓦解,并消失在精神中。

四、具有审美意义的人内心生活的整体就是如此,他的心灵就是这样。心灵被积极地创造出来,正面地获得形式并最终完成,只能是通过他人的范畴,这个他人范畴才能超越含义和应分之外正面地肯定实有的现状。心灵是与自己相重合、与自己相等同的内心生活的封闭整体;但这一整体要求有他人的外位而钟爱的积极性。心灵是我的精神赠给他人的礼品。

艺术中有主人公心灵在生活和活动的对象世界,其作为这个心灵的环境在审美上具有重大的意义。艺术中的世界,不是行动者精神的视野,而是已经或正在消逝的心灵的环境。世界与心灵的关系(世界与心灵的审美关联和结合)类似世界的视觉形象与躯体的关系;世界不与心灵对立,而是环绕和包容心灵,与心灵的边界相交;世界的实况与心灵的实况相结合。

整个存在中的实有因素,内容已然确定下来的存在面貌,存在就是这样的——这些都还需要用非含义的手段加以证实。因为"就是这样"只是针对设定的全部事件性含义来说,可算是合乎事实的(强作实有)。即使人们仅是预感含义和应分,已化入形象或概念中获得了确定的内涵,这种预感到的确定性也会立即进入存在领域,进入实有的范围。存在事件的尚待实现的含义,无论如何地体现为确定性,体现为存在的面貌,都还只能是合乎事实,却恰恰还无法证明是已经实有的东西。一切已经实有的东西,都是未经证明地实有。它们似乎居然胆敢确定自己的内涵并在这个已然确定的内涵中生存于世上(强作实有),而整个世界却尚待实现自己的含义,尚待得到充分的说明。这犹如一个语词想在一个尚未说出和尚未想好的句子中获得自己完全的内涵。整个世界如果作为已经现实、已经实有的现实(亦即希望等同于自己,等同于自己的实况,心安理得而不问尚待实现之义,换言之,存在满足于自身),那是经不起它自身内在的含义批评的。

"说出的思想是谎言"——现实世界(排除尚待实现的、设定的、还未说出的含义)是存在事件中已经说出的含义;实有的世界是一种外露,是已说出的、已听到的话语。已说出的话语,考虑到需要说出的那全部的含义,不免自惭形秽(如果除了这个与之相对的含义外,再无任何价值)。当话语尚未说出的时候,对它可以信任和希望(要知道预期的是那么充实的含义)。如今说出来了,全在这里了,那么实在而具体,一览无余,再无其他!已说的话语,一经出口,就已无可指望了;说出的话语,是含义的凡俗肉身。实有于过去和现今的存在,只是存在事件中尚待实现的含义,即绝对未来的凡俗肉身。这个存在是无可指望的(脱离开未来的发展)。但他人却整个地处于这一世界里,他是这一世界的主人公,他的生活全部是在这一世界里完成的。他与实有的世界血肉相连,离开这一世界也就没有了他。围绕这个他人,实有世界(作为他的世界)获得了超越含义之外的肯定和积极的完结。心灵与实有世界交织融合,并且以自身使世界变得更高尚。而对我,世界展现的则是自己设定的、尚未完成的侧面;这是我的行动着的(注视前方的)意识的视野;未来之光瓦解了过去和现在肉身之稳定性和自我价值。以全部实有现状而独具意义的世界,对我来说只是成了他人的环境。在艺术和唯美哲学中,施于世界的在价值上起完成作用的种种说明和描写,其价值取向都是针对他人的,即这个世界的主人公。这个世界,这个自然,这个确定的历史,这个确定的文化,这个历史上确定的世界观,所有这些超越含义而在价值上得到正面肯定的因素,为永恒的记忆所汇集和完成的因素,其实都是这个他人的世界、自然、历史和文化。对实有存在的一切描述和说明,将实有存在引入戏剧的剧情的描述和说明,从神话中幼稚的人神同形说(天体演化说,神学)到现代艺术的诸种手法和唯美直觉哲学的各种范畴,如开始和结束、诞生和消灭、存在和形成、生命,等等,无不闪烁着借自他性的价值之光。生与死以及两者之间的一切生命环节,就是对实有存在施以价值评说之幅度。世界的有生有死的凡俗肉身所以能具有价值的意义,只是因为从他人的有生有死的心灵那里获得了生命。世界的这个肉身只在精神中瓦解(精神不是给它以生命,精神对它实行裁决)。

综上所述应该看出,心灵以及一切对内心生活给以审美体现的形式(节奏),还有在审美上与心灵相对应的这个世界的形式,原则上都不能成为纯粹自我表现的形式,表现自身和自己一切的形式,却是表现与他人关系、与他人自我表现的关系的形式。一切具有审美意义的描述,都外在于生活本身和从生活内部感受的现实世界,而且只有这个外在性能赋予描述以力量和意义(这类似于原谅和宽恕罪过之所以有意义有力量,是由于原谅宽恕者是他人;我自己无法原谅自身的罪过,我对自己的原谅和宽恕不会有价值意义),否则描述就会是虚假而空洞的。作者高踞存在之上的积极性是审美地完成实有存在的必不可少的条件。我须成为积极的人,存在才能使人相信是消极的;我所见的要多于存在(为了获得这种原则上的价值超视,我需要占据外位于对存在审美加工的立场),存在对我来说才可能是幼稚的。我应把我创作上的积极行为置于对美的追求之外,存在才能在我面前呈现出自己的美。发自我内心的纯粹的创作积极性启动之日,正是一切实有之物在我心中从价值上完结之时,是整个存在本身在我心中完结之时。由于我积极地发现并意识到某种东西是已经给定的、实有的、内容确定的,我因而在我的描述行为中已经站得高出这些事物(又因为这是价值上的界定,我也就在价值上高出这些事物之上)。这正是我的建构特权,即从自身出发而在行为出发点的自身之外发现世界。所以,只有我处于存在之外,才能够接受并完成超越含义之外的存在。这是我的积极性所完成的绝对有效的、富有实利的行为。但为做到真正有效,能丰富存在,这种行为应是完全高出存在之上的。我必须在价值上完全脱离存在,才能在以审美行为接受和完成的存在中,使我和我的一切不再留下任何对我来说尚有价值的东西。必须把眼前这个存在的场地为他人打扫干净,把自己全部的积极性投向自己的前方(免得这个积极性朝自己身上倾斜,以求把自己也置于视野之中,投入目光笼罩的范围),只有如此,存在才会显现出贫困、脆弱,犹如孤独无援的婴孩,显现出消极而又天真的圣洁。已然存在(ужебыть)——就意味着有所需求;需要来自外部的肯定,来自外部的爱抚和保护;成为实有之物(自外部看)——就意味着面对我这个人的纯粹肯定的积极性,作出柔弱的回应。但要想使存在在我面前展现出自己柔弱的被动性,我必须完全处在存在之外,成为完全积极的人。

　　存在以其实有的、已表现出和已说出的实况,进入我的纯粹的积极性中,处在一种困境和空虚的环境里,这种空虚原则上从存在的内部出发用存在自身力量是无法填补的。存在的全部可见的积极性,相对于我这主动者的积极性来说,是消极的;存在在思想含义上的全部边界,明显得触手可感。存在的全部实有性,请求、希望、要求我努力处于存在的外位立场,而这个外位积极性要实现自己,应该通过充分肯定存在,是在含义之外来肯定,单为存在而肯定存在,就在这一肯定行为中,实有存在的柔弱的被动和天真都变成了美。但如果我本人连同自己的积极性一起堕入存在,那它的外观的美立即就要遭到破坏。

　　当然,我也可能消极地参与有根有据的实有存在,参与到欢乐的现实中。欢乐与积极地对待存在是格格不入的,我要变得天真才能欢乐。在自己的内心,在我的积极性中,我不能变得天真,所以也不能欢乐。能天真而且欢乐的,只有存在而不是积极性,积极性永远是严肃的。欢乐是存在的最消极、最无助而可怜的状态。甚至最聪明的微笑也是可怜而柔弱的(如果是自鸣得意的微笑,那它是虚伪的)。只有在上帝那里或在世界上,对我来说才可能有欢乐,也就是只在我通过他人并为他人而有理有据地参与存在的时候,此刻我是被动的,我在接受赠品。是我的他性在我心中感到欢乐,而不是我为我自己感到欢乐。能取得胜利的,也只是存在的天真而消极的力量,获胜总是自发性的;在世界上和在上帝那里我可以取得胜利,但在自己内心却不能。我只能反映他人已被肯定的存在所感到的欢乐。精神的微笑,是被反映的微笑,而不是出自自身的微笑(在圣徒行传中,圣像画中是被反映的欢乐和微笑)。

由于我理由充分地参与到他性世界中,我在其中便表现为被动的积极。这种被动的积极性有了明显的形象,这就是舞蹈。在舞蹈中,我的只有他人可见且为他人而设的外表,与我内心可自我感觉到的自有的积极性水乳交融地结合起来;在舞蹈中,我内心的一切力求外现,与外表相吻合;在舞蹈中,我参与到他人存在里,同时最大限度地在存在中展现形态。在我身上翩翩起舞的是我的实体(从外部给以价值上的肯定),是我肉身的存在(софийность①),是我身上的他人之舞。沉迷陶醉的因素在舞蹈中可明显感到,这是对存在的陶醉。因此,舞蹈在存在的各种宗教中获得了祭祀的意义(舞蹈作为对存在之信赖、承认[?])。舞蹈——这是我被动的积极性的极端表现,但它在生活中无处不在。当我的行动不取决于我的纯含义的积极性,不取决于自为之我的积极性,而是来源于实有的存在本身,来源于自然,这时我就是被动地积极;当不是精神(精神是既不存在也没有先期确定的东西,是从实有存在角度看近乎疯狂的东西),而是这一实有存在在我心中表现出自发的积极性的时候,我便是被动地积极。被动的积极性是由已在的实有的力量所制约的,是为存在所先期确定了的;被动的积极性不会用存在内部根本无法获得的东西来丰富存在,它不会改变存在的

---

① софийность 原为19世纪20世纪之交俄国宗教思想界的用语,从索菲亚一词。索菲亚在不同宗教哲学家那里具有多义性。是"先于世界而存在"的"造物初始的自然",是"造物理想定义的神造统一体",是"纳入存在之完整性的三位一体的核心",或"它不取决于上帝,它不具有存在,而是分裂为有关造物的理念的碎片",或是"一种完整造物之根,它就是索菲亚"。在诗歌中,它被当作神秘、美妙的情人主题,上帝的"智慧"与"永恒的女性"。在这里,巴赫金是在哲学人类学意义上而不是在神话学、宗教学、神性意义上使用此词,与"存在性""他人"同位。可参阅瓦·津科夫斯基著《俄国哲学史》下卷,张冰译,人民出版社,2013年,第496页;或《巴赫金学》,圣彼得堡,阿列泰雅出版社,1995年,第279—280页。——中译编者

含义外表。被动的积极性不导致任何的形式上的改观。

上述一切更加明确地划出了作者与主人公的界限,一个是生活含义内容的载体,另一个是这一内容的审美完成性的载体。

我们先前提出的关于心灵和躯体审美结合的原理,在这里获得了自身最终的论证。精神和内在躯体之间可能发生冲突,但心灵和躯体之间则不可能发生冲突,因为它们建构于同一类价值范畴之中,对人的现实抱有统一的态度,创造性的积极态度。

第五章 主人公的含义整体

行为、自省自白、自传、抒情主人公、传记、性格、典型、身份、人物、圣徒传。

艺术观照世界的建构,不仅要安排时空因素,而且要安排纯粹的含义因素。形式不仅有空间和时间的形式,而且还有含义的形式。迄今我们研究了人及其生活的空间和时间之所以获得审美意义的条件。不过,能获得审美意义的,还有主人公在存在中的含义立场,他在统一而唯一的存在事件中所占据的内在位置,他在事件中的价值立场。这一价值立场是从事件中孤立出来并在艺术上给以完成的;在事件中选择哪些特定的含义因素,决定着选择哪些与之相应的外在的完成因素,这些就都表现为主人公含义整体所采用的不同形式。本章我们就研究这些形式。必须指出,空间整体、时间整体和含义整体三者不是分割开来存在的,正如艺术中的躯体总是由心灵(哪怕是描写死人死去的心灵)获得生命一样,心灵也不可能脱离开它占据的价值含义立场而得以理解,离不开它的专门形态如性格、典型、身份等。

一、行为和自省自白。生活着的人在世界上总是积极地从内部确立自己,他的可意识的生活每时每刻都表现为行为:我用事务、话语、思想、感情来行动;我生活,因之我成为行为。然而我不是用行为来直接表现自己，也不是用行为来直接界定自己；我是用行为来实现某种对象的含义价值，但不是把自己作为某种已界定的和要界定的对象来实现；与行为相对立的只是对象和含义。在行为中不存在行动者的自我反思因素。行为是在客观价值的层面上进行的，即在具体实际（日常生活）的目标、社会政治的价值、认识的价值（认识行为）、审美价值（艺术创作或艺术接受行为）的世界里，最后还在道德领域中（在狭义伦理价值的世界里，在对善恶的直接态度中）进行的。这些对象世界在价值上为行动者本人整个地决定着行为。对行动者的意识来说，他的行为并不需要主人公（即确定的个人），而只需要支配和理解行为的目的和价值。我的行动着的意识本身，仅仅提出这样的问题：原因何在，为了什么，如何进行，正确与否，需要还是不需要，应该还是不应该，好还是不好；但它从不提出这样的问题：我是谁，我是干什么的，我这人怎样。我的确定性（我是这么个人）对我本人来说，不进入行为的动机；在可为行动者意识说明行为原委的层面上，不要求行动者有个人的确定性（在古典主义里，行为总是需要用主人公性格的确定性来解释；主人公所以如此行动，不仅因为必须而且应该么做，还因为他就是这样的人，亦即行为要取决于状态和性格，行为要表现性格所处的状态。当然这不是为行动着的主人公本人，而是为外位的作家兼观照者。这在任何艺术作品中都是如此，只要作品承担着创造性格或典型的任务）。在行为的动机层面上不存在个人规定性（我是这么个人），这一点在谈到文化创造行为时是无可怀疑的。例如，当我进行认识行为时，我的作为行动的思想只能是受思想所指的那些事物的价值所决定，只能用它们来解释。当然，此时我可以用自己的才干来解释所取得的成功，用自己的无能辩解所犯的错误，总之是与对自身的类似界说打交道。不过这些界说不能作为对行动的界定而进入行为的动机层面，认识行为的意识并不知道这类界定。艺术创造行为同样地只与艺术活动所针对的具有价值的事物打交道，即使艺术家力求把自己的个性注入自己的创作之中，那么这一个性对他来说也不是一种现成决定着其行为的东西，而是设定在事物身上，是尚待在事物身上实现的一种价值；这一个性不是行动的载体，而是行动的对象，它只是在对象身上转入创作的动机层面中。十分清楚，社会行为、政治行为，以及专门的技术行为，其情形亦是如此。

在纯生活的积极性里，情况则较为复杂，这里看起来行为须用其载体的确定性来解释。但就在这里，属于我的一切也都要进入行为的指物的设定性中，作为一种确定的目的而与行为相对，在这里，行为本身的动机层面上也不存在主人公。这样，最后的结论就是：表现和述说出来的行为，纯粹而不纳入与之格格不入的外位因素和价值的行为，原来竟没有十分确定的主人公。如果要准确无误地复原行为的世界，即行为能意识到自身价值，能确定自己，并能负责地把握自己的世界，将这一世界描绘出来，那么，那里边不会有主人公存在（即不存在他的故事情节价值、性格价值、典型价值等等）。行为需要明确的目的和手段，但不需要确定的载体——主人公。行为本身关于主人公是无可奉告的，它只能讲自己的实际处境，只有这个实际处境才能在价值上产生行为，而不是主人公产生行为。行为的叙述是完全客观的。由此可以得出行为具有伦理自由的思想：决定行为的是尚未实现之存在，是指物的、目的上的设定性；行为的源始是在前方，而不是在后面，不是在实有之中，而是在尚未有之中。所以，即使对已完成行为进行反思，也不会阐明作者（他是谁，他是怎样一个人）。这反思只能是从行为的目的和应分角度对行为所作的内在性批判而已，即使这批判有时超出了行动者意识之外，那也绝不是为了引入原则上外位于行动者意识的诸因素，而仅仅是引进了事实上并不存在也未曾考虑，但一般有可能存在并加以考虑的一些因素（倘若不是引进了与行为相抵触的价值，即我的行为在他人眼里是个什么样子）。在行动者意识中，甚至在它述说、讲出自己的地方，也不存在作为至关重要的决定因素的主人公；这个意识是指向事物的，不是心理性的，也不是审美性的（它既不受原因的支配，也不受审美规律性如事件、性格描写等的支配）。当我的行为是由应分本身所支配,把自己的对象直接用善恶的范畴来评价(排除评价中纯粹技术性的文化因素),也就是说,当它属于纯粹的道德行为时,我对这行为的反思,我对它的述说,就会开始界定我自己,也会来确定我的规定性。

追悔从心理层面(懊恼)转向创作形式的层面(忏悔、自责),成为组织和构建内心生活的基础,成为从价值上观照和巩固自己的原则。在尝试从道德应分的角度,用忏悔的语调叙述自己的地方,便要产生用文字将生活和个性(指个人的生活,即不脱离载体的生活)客体化的最早最重要的形式——自省自白。这一形式的基本架构因素,就是自我客体化,排除他人及其特殊的优势角度;纯粹是我对自己的态度在这里构成话语的组织基础。自省自白所容纳的,只能是我针对自己可能说的话(这是从原则上说,当然不是指实际上如何);自省自白从道德上说是潜在于行动者意识之中的,未超越其原则的边界,一切外在于自我意识的因素均被排除。针对这种外在因素,即他人可能有的价值意识,自省自白总是要与它划清界限,与它斗争而力求保持纯粹的自我意识,保持自己独立对待自己的纯粹态度。因为他人的审美立场和确证可能渗透到我对自身的价值态度中来,从而使它变得不够纯净(掺杂进人们的赞誉,他人的意见,人们的羞怯,人们的爱慕,等等)。对自己采取纯粹孤立的价值态度,是自省自白所追求的极限,它为此要克服一切外在的、可能来自他人意识的确证说明和评价因素。在达到这一极限的道路上,有时需要他人来作评判,就像对我本人那样,能不施于我唯美化而能评判我自己。需要他人,是为了破坏他人对我的自我评价可能施加的影响,通过在他人面前自我贬低的方法摆脱他人外位于我的评价立场的影响,摆脱这一外位性给他人提供的可能性(不担心他人的意见,克服羞怯)。从这一方面看,自责中的任何苟安和中止,任何正面的评价(我已变好了),都是破坏对自我态度的纯粹性,都是迷恋可能有的他人评价(托尔斯泰日记中的一些但书)。

这一与他人可能的价值立场的斗争,以特殊方式提出了自省自白的外在形式问题。这里自省自白与表达形式和表达语言本身难以避免地要发生矛盾,表达形式与语言一方面是必不可少的,而另一方面又是根本不相宜的,因为其中包含着植根于他人价值意识中的审美因素(迷狂是从根本上否定表达形式之重要性,其根源就在于此)。自省自白从原则上说就不可能最终完成,因为不存在可使之完成的外在因素。即使这种外在因素进入自省的意识层面,它们也不具备正面的价值意义,亦即没有那种使之完成和镇静的力量,一切既成的作为都不高明,一切出现的变化都不如意,不可能找到一个价值上的、有审美意义的支点。任何一个对自身的反思都不能充分地完成我,因为反思潜存于我的统一的负责的意识内部,总是成为这一意识未来发展的一个价值和含义的动因。我讲述自己的话语,原则上不可能是盖棺定论,不可能是完成我的话语;我的话语对我本人来说是我的行为,它只能生活在我的统一而唯一的存在事件中。所以任何一个行为也不能够完成自己的生活,因为行为恰恰把生活同存在事件的无限开放性联系起来。自省自白并不把自己从这个统一事件中孤立出来,由此,从潜在角度上说,它是无尽的。自省自白恰是原则上和一贯严格地不等同于自身的表现(没有能实现这种等同的外在力量,亦即他人的价值立场),恰是价值上完全超越自己的行动,而这里的超越是从内心就排斥有理有据的结局的(即不知道有这种根据的结局)。自省自白不断地克服着那些迫使我等同于自己的价值力量,但又做不到完全克服,克服过程不能有理有据地结束和消解。不过,自己不能平静下来,不能最终完成——这只是自省自白的一个方面,只是它在自身具体发展中所追求的一种极限。这里排斥有理有据的结束,但却需要有理有据的宗教裁决;自省自白十分需要宽恕和赦免,并视之为绝对纯粹的赐予(是无功受禄),需要在价值上纯属彼岸的仁慈和惠赐。这种宗教上的根据并非自省自白的内蕴因素,而是处于它的界线之外,处在现实事件的未可预卜而充满风险的未来之中,这就像求助和哀告要取决于他人意志,而其实际的兑现却处在求助和哀告本身之外,是外位于它们的;求助和哀告本身依然是开放而不会完成的,它们仿佛堕入事件的不可逆料的未来里。这就是自省自白中的忏悔因素。纯粹的自省,即在绝对孤独中对自身的价值关注,是不可能有的;这是一种极端,与之相一致的另一极端是自白亦即忏悔①,指到自身之外的上帝那里去祈求。这里忏悔的语调同祈求的语调是相互交织的。

纯粹孤立的自省是不可能的,越是接近这个极限,另一极限和它的作用就愈加明显;自己独处的孤独感(价值方面的)越深,因之也就是忏悔和超越自己越深,那么与上帝的关联就越鲜明越重要。在绝对的价值虚空中不可能有任何的话语,不可能有意识本身。离开上帝,离开对绝对他性的信任,不可能有自我意识和自我述说;而且自然不是因为它们实际上毫无意义,而是因为对上帝的虔诚,是纯粹的自我意识和自我表现的一个内在的结构因素。(当着内心里克服实有存在的价值自足时,那正是在克服遮蔽上帝的东西;当着我完全不等同于自身时,正是为上帝敞开了位置。)在我周围的价值氛围里,需要一定程度的温暖,才能使自我意识和自我述说在其中得以实现,才能使生活开始。我总是对自己的确定性赋予一定的意义(哪怕是非常负面的意义),我总是把我这一确定性拿来讨论,即是说在存在中总是意识到自己这个事实本身,足以说明我在自省中不是独自一人,我在价值上总要反映到某人身上,总会有人对我感兴趣,总会有人需要我成为一个善良的人。

不过他性这一因素从价值上说,是外在于自我意识的,原则上也没有保障,因为保障就会把它降低为实有的存在(至少是审美化了的存在,如在形而上学中那样)。生活和意识自我,既不能在保障中,也不能在虚空中(指价值上的保障和虚空中)进行,而只能在信仰中进行。生活(以及意识)从其内部来看不是别的,就是实现信仰;对生活的纯粹自我意识,就是信仰的意识(即意识到需求和希望,意识到不满足和可能性)。生活如果不知道它赖以存在的空气,是幼稚的生活。

---

① 原文为 исповедь,兼有自白和忏悔之意。——译者

这样,自省自白的忏悔和求助的语调里又加进了新的信仰和希望的语调,有了后者,祈祷才成为可能。自省自白连同其所有上述因素(它的组织因素)和语调,获得了深刻而纯正的典型表现,就是税吏和迦南妇人的祈祷("我信,但我信不足,求主帮助"①)出之以理想的简洁形式;但这祈祷并没有结束,可以永远重复下去,从其自身内部来说是不可能完成的,它本身就是运动(祷文的复诵)。

信赖因素和信任希望语调越是明显,某些审美因素的渗透就越强烈。当组织的作用从忏悔方面转到信赖方面时,审美形式即谐调就成为可能。我通过信赖预见到上帝能够指迷,便逐渐地由自为之我变成为上帝眼中之他人,成为上帝眼中的幼稚者。处于这个宗教稚气阶段上的,有圣诗(还有许多基督赞美歌和祈祷文);上帝心中对美的预期里,那种节奏、爱抚和颂扬形象的节奏,以及平静、谐调和分寸,都成为可能。自省自白还有一种特别深刻的范例,这里组织的作用从忏悔转到信赖和希望上(幼稚的自由),这就是大卫的忏悔赞美诗(这里纯粹求助的语调产生了审美化的形象:"求你为我造清洁的心","求你洗涤我,我就比雪更白"②)。在自省自白因素上构建体系的典范是圣·奥古斯丁:对善的无能为力,从善的不自由,惠赐、预定;构建审美理论的是伯尔纳·克列沃斯基(《雅歌》评注):上帝之美,基督心灵之不明。然而,祈祷同样不是作品,而是行为。(作为组织力量之我为上帝的组织力量所取代;克服人世的确定性、人世的名声,阐释上天写在生活之书里的名字,未来的记忆。)

我们分析的自省自白中价值含义诸因素的相互关系,有时会发生重大的变化,基本的类型也就变得复杂了。自省自白中可能出现与上帝与人抗争的因素,不接受神和人的可能的判决,由此出现凶狠、怀

---

① 指《圣经》中表明同一意义的一些章节。第一,关于税吏的故事(《路加福音》,第18章,第13节);第二,关于迦南妇人的故事(《马太福音》,第15章,第27节);第三,关于抽风孩子的父亲的故事,他泪流满面地喊着:"我信,但我信不足,求主帮助。"(《马可福音》,第9章,第24节)——原编者
② 《诗篇》,第51篇,第10节、第7节。——原编者

疑、无耻、讽刺、挑衅的语调。(迷狂总是隐藏着与人抗争的愤世嫉俗的因素,故作无耻的癫狂怪态,挑衅戏弄性的坦率。)

在陀思妥耶夫斯基的作品中,面对你鄙视之人所作的自白和袒露,就是这样(一般说,他笔下主人公的坦率自白几乎全都如此)。他性(可能的他人、听众、读者)的处理在浪漫主义作品中带有与人抗争的性质(陀思妥耶夫斯基《白痴》中的伊波利特,还有《地下室》里的人,则持完全特殊的态度)。与人抗争的因素也像与上帝抗争的因素一样(是绝望的结果),使审美的和祈祷的谐调成为不可能(有时靠讽拟来相助)。忏悔后又自行反悔,这种可能性是无限的,这一点就像仇视对镜中像的迷恋一样,脸像既然看得到,心灵之像也就可能看得到。自省自白基本形式的这些变体,我们在下面讨论陀思妥耶夫斯基创作中主人公和作者的问题时还要加以研究。自省自白形式的一种特殊的滥用,是最深刻因而也是最糟糕的辱骂语。这是由里朝外翻了个儿的自省自白。这种最糟糕的骂人话的倾向,就是对他人说出只有他本人才能够而且应该讲出的有关他自己的话,就是"触及他的痛处"。最糟糕的骂人话是公道的尖刻语,它表现了他人自己讲自己可用忏悔求助的语调,用凶狠嘲笑的语调说出来的内容,是利用自己外位于他人的特权位置而追求与应有目标直接相对立的目标("你还是独自待着吧,别人用不着你操心")。这样,忏悔赞美诗有些地方也成了最糟的骂语。

总括上文我们可得出如下结论:在自省自白中既没有主人公,也没有作者,因为不存在实现他们相互关系的立场,不存在价值外位的立场;主人公和作者融为一体,这是一种精神,它在自身的成长中克服着心灵,它不能完成自己,只能预感地稍稍地体现于上帝身上(精神变成了幼稚的精神)。这里没有任何一个因素能够自我满足而可从永远发展着的统一而唯一的存在事件中抽取出去,从而摆脱绝对的含义上的未来。十分清楚,本事作为有审美意义的因素,不可能出现在自省自白中(本事指自我满足的、局限而封闭的事件肌体,它被孤立出来,有着合乎情理的开头和结尾);也不可能存在作为审美意义上的环境的对象性世界,亦即没有艺术描绘的因素(风景、场面、日常习俗等)。生活传记的整体连同其全部事件,并不能达到自足,也不构成价值(这一生活价值只可能是艺术的价值);自省自白根本就不知道有这样的任务——构建具有传记价值的生活经历(潜在经历)的整体。表现对自己态度的这种形式,就决定了不可能获得所有这些价值因素。

  读者如何接受自省自白,他用谁的眼睛来读它呢?我们接受自省时,不可避免地要倾向于将它唯美化。在这种情况下,自白就成了可能对之进行审美加工的原始素材,成为可能的艺术作品的可能的内容(最接近的是传记作品)。我们用自己的眼睛阅读自白时,就已经融入了外在于自省自白主体的价值立场连同这一立场的一切潜能,注入一系列外位的因素:赋予结尾和其他因素以完成作品的意义(因为我们在时间上处于外位)。我们要提供潜层面和背景(我们在特定时代和历史环境中接受它,或者只是简单地在知之较多的背景上接受),把起完成作用的单个因素均纳入包容一切的空间里,如此等等。从这一切接受中所融入的超视因素中,就会形成作品完整的审美形式。接受者开始争取作者的身份,而自省自白的主体要变成主人公(当然观照者在这里不像接受艺术作品那样与作者共同创作,而是完成最初的创作行为,当然是初始的创作)。对自省自白的这样一种视角,根本不符合它的任务,明确的非艺术性的任务。自然,任何关于人的文件资料都可作为艺术感知的客体,尤其是那些已成为过去生活的文件就更容易(这里,从审美上完成记忆中的事情往往成了我们的责任),不过这种感知并不总是基本的,不是文件本身任务所决定的;不仅如此,圆满而深刻的审美化要求在理解时首先实现文件内在的非审美的任务("妙笔生花",什么东西编不出来呀),而且是圆满地、符合其自身规律地实现。要实现自省自白的内在非审美任务,读者应是什么身份,他应如何接受它呢?这里重要的是:我们面前既没有可与之共同创作的作者,也没有可与作者一起从审美上加以完成的主人公。自省自白的主体在存在事件中与我们相对立,他完成着自己的行为,我们对他的行为既不应再现(模仿),也不应作艺术的观照,而应该以自己回应的行为作出反应(类似于对我们提出的请求,我们既不应再现——共感、模仿,也不应作艺术的接受,而应以回报的行为作出反应:实现或是拒绝请求。这一回报行为不是请求内在蕴含的,而审美观照即共同创作,却是艺术作品本身所内蕴的,当然内蕴不是经验地给予作品的)。我们与自省自白的主体相对立,是在包容着我们双方的统一而唯一的存在事件中;我们应答的行为不应把这一主体在存在事件中孤立起来,事件面临的未来把我们双方联结在一起,并确定我们相互间的关系(我们俩同在上帝的世界里相对而立)。当然,外位于它的立场依然存在,甚至变得更加强硬(不然它不会有创造效能),但它不用在审美上,而用在道德上、宗教上。要知道,除了审美记忆和历史记忆外,还有教堂所宣扬的永恒记忆,后者是不能完成(在现象学层面上)个性的记忆。还有求助性的宗教追荐("求上帝接纳去世的奴仆"),以及为死者安魂而做祈祷的追荐。自省自白的任务所决定的第一个行动,就是祈求宽恕和赎罪的祷告(这是很重要的祷告,它要求我自己心灵中有相应的宽恕的心态)。任何内在的世俗文化行动在这里都是不够的、平淡的。对这一点的分析已超出我们这篇完全世俗的论文范围。自省自白的任务还包含第二个因素——训诫(伦理和宗教的认识,纯粹实践的训诫)。在实现训诫任务的过程中,会有对主体的共感和在自己心中再现他的内心事件,但这样做不是为了完成自己和解脱自己,而是为了自己的精神成长,为了以精神经验丰富自己;自省自白能讲述上帝,教人相信上帝,因为正如我们所见,通过个人单独的自省,可以了解到上帝,可以领悟在生活中本已存在的信仰(生活即信仰)。(关于税吏的故事以及部分地在赞美诗中所有的纯粹是训诫的意义。)自省自白的任务,对读者来说,基本上就是这样。这当然不排除可能从审美和理论认识的角度去接受它,但这两种角度并不能真正实现它的任务。

二、现在我们来研究一下自传作品，它的主人公和作者。从自省自白向自传转化中的一些特殊而又充满内部矛盾的形式，出现在中世纪行将结束时和文艺复兴的早期；中世纪是不知有传记价值的。阿伯拉尔的 *Historia calamitatum mearum*① 已经就是这样的混合形式。这里在带有一些与人抗争色彩的自白基础上，出现了最早的传记价值：心灵开始得到具体的体现，只是不在上帝身上。在彼特拉克作品里，对自己生活的传记价值取向战胜了自白忏悔的取向，虽然其中不乏斗争。要自白忏悔还是要传记，要后代还是要上帝，要奥古斯丁还是要普卢塔克，要主人公还是要传教士——这种二者择一又偏向后者的选择，贯穿着彼特拉克的整个生活和作品，而最为鲜明地表现在 *Secretum*②中（表现得稍嫌幼稚）。（在薄伽丘的后半生也存在着同样的两难选择。）在文艺复兴时代的早期，往往有自白语调闯入传记式自足生活及其表现形式中，但胜利总还属于传记的价值。（我们在现代的日记作品中可以看到同样的冲突、斗争、妥协、这一方或那一方的胜利。日记有时是自白性的，有时是传记性的：托尔斯泰晚年的日记据所见而论全部是自白式的，普希金的日记则完全是传记性的。总的说来，一切经典日记未染上任何忏悔语调，完全是传记性的。）

在自传和传记之间不存在截然的原则的分界，这一点十分重要。差别当然有，还可能很大，但它不处于意识的基本价值取向的层面上。无论在传记还是自传中，自为之我（对自己的态度）不是形式的组织因

---

① 法国经院哲学家、神学家、诗人阿伯拉尔（12世纪）的《我的灾难史》。——原编者

② *Secretum*（《秘密》），另有标题为 *De contemptu mundi*（《论蔑视世界》）、*De secreto conflictu curarum mearum*（《我的种种烦恼的秘密争论》），是弗朗西斯科·彼特拉克的对话集，写于1342至1343年，改于1353至1358年。对话人物是彼特拉克本人（弗朗西斯科）、真理的化身以及圣·奥古斯丁。对话的内容是讨论彼特拉克的生活方式，一方面对这一生活方式作为过失而加以谴责（受到真理、奥古斯丁，部分地还有彼特拉克本人的谴责），同时又为之辩护，或者说得确切些，作为一种无可改变的客观现实而不加批判地加以描述（不可改变——是彼特拉克作为对话参与者的基本立场出现的）。参看 M.格尔舍索恩的《弗朗西斯科·彼特拉克》一文，载《彼特拉克·自传·自白·诗集》一书，圣彼得堡，1914年。——原编者

素、结构因素。

我们把传记或自传(生平的描述)理解为距离最近的一种外位形式,在其中我可以把自己和自己的生活艺术地客观化。我们下面讨论传记形式,将只着眼于传记能够服务于自我客观化,即能成为自传的方面,亦即考察主人公和作者在形式中可能重合一致的问题。或者准确些说,是着眼于作者与主人公关系的特殊性质(因为主人公与作者的吻合是一种 Contradictio in adjecto[①];作者是艺术整体中的一个因素,他本身不可能与这一整体中的主人公即整体的另一因素相重合。所讲之人与讲话之人在"生活"里实为一人的事实并不能取消这两个因素在艺术整体内部的差别。要知道,除了我是什么人的问题,还可以提出另一个不同的问题:我如何描述自己)。自传作为自身情况的介绍,即使外表上连为一篇整体叙述,但如不实现艺术传记的价值而追求某种客观的或实际的目的,也仍不属于我们讨论的范围。即使是文化名人生平的纯学术传记形式,也同样不具有艺术传记的任务;这里的纯学术和历史的任务,同样也不引起我们的兴趣。至于作品当中的所谓自传因素,那它们的性质是很不相同的,可以是自白忏悔性质,可以是关于行为的纯客观的事务性报告(思想的认识行为,政治行为,实际活动等),最后还可能是抒情的性质;我们关注这些因素,只是当它们带有传记性质的时候,即实现着传记价值的时候。

在所有的艺术价值中,传记的艺术价值外位而超越自我意识的程度最小,所以传记的作者与其主人公最接近,他们仿佛可以互换位置,也因此主人公和作者在艺术整体之外可能就是同一个人。传记价值不仅可以组织对他人生活的叙述,而且能组织对自己生活的体验和叙述,可以成为理解、观照和讲述自己生活的形式。

传记形式最具"现实主义",因为这形式中最少孤立和完成的因素,作者的积极性在这里最少从事改造,他原则上极少利用自己外位于主人公的价值立场,几乎仅限利用外在的时空外位;没有鲜明的性

[①] 拉丁语:矛盾的形容法。——译者

格,没有明显的孤立,没有完整和紧凑的情节素材。传记价值是生活和艺术共有的价值,也就是说它能够把实际的行为作为生活和艺术的目标来加以界定,这是生活美学的形式和价值。传记的作者是一个可能的他人,是我们在生活中极易受其迷惑支配的他人。每当我们注视镜中的自己,每当我们想有名声,设计生活的外在前程,这个他人就会和我们在一起。这可能的他人渗入我们的意识,往往支配着我们的行为、评价,并同我们的自为之我一起观照我自身;这是意识中的他人,同他一起时,外在的生活还是相当活跃多变的(而在受到他人支配时,内在生活当然不可能是很活跃的,此刻会同他人发生冲突,会为解脱自为之我并保护其纯净性而斗争——这就是自省自白);然而这个他人能够成为冒名者和替身,如果任他活动而又失控的话,不过与这个他人一起却能够天真单纯地、热烈快活地过上一生(的确,他正是把一切托付给命运,受他支配的生活往往能成为听从命运安排的生活)。在我们通常回忆自己过去的生活时,积极活动的常常就是这个他人,我们是以他的价值语调回忆起自己(在回忆童年时,这个他人就是体现于我们心中的母亲)。平心静气地回忆自己遥远的过去,这种讲法就已是审美化了的,在形式上接近小说故事(从未来含义的角度回忆,就是忏悔的回忆)。一切关于过去的记忆,都是审美化了的记忆,而关于未来的记忆——却总是道德的记忆。

　　这个令我着迷的他人,与我的自为之我并不发生冲突,因为我在价值上没有脱离开他人的世界,我是在集体中理解我自己,即在家庭中,在民族中,在人类文化中。这里他人的价值立场在我心中是有权威的,他能够讲述我的生活而又得到我内心的完全赞同。只要生活处在与他人的集体同一个不可分的价值整体中,那么它与这一他人世界共有的一切因素,都只能在可能的他人对这一生活感知的层面上来理解、构建、组织。对生活的理解和构建,在这里好像是这个他人向诸多他人(向后代)讲述这个生活故事;可能出现的叙述人的意识、叙述人的价值关联域,可以组织行为、思想和情感成为生活,只要这些因素在价值上是属于他人世界的。生活中上述的每一因素,都可以在叙述的整体中——这个生活故事中得到体验,都可以讲得出来。我对自己生活的观照,不过是他人、后代、亲人、熟人对这一生活的回忆而由我预先推断出来而已(生活传记的涵盖面往往是很不相同的);能组建起生活的价值同组建起回忆的价值,是同一些价值。这一他人不是我为了自私的目的而杜撰出来的,他是确实为我所承认并决定我生活的一种价值力量(就像我童年时母亲那种决定我生活的价值力量);正因此,这一他人才成为描述我生活的有权威而又有内在根据的作者;这里不是我利用他人作为手段,这是我心中存在着的有价值的他人,是处于我心中的一个人。这是起指挥作用的,是我内心中抱着珍爱态度而又有威望的他人,并不是我,不是我把他人贬低为一种工具(不是他人的世界在我心中,而是我在他人的世界里,参与到这一世界);不存在寄生性。主人公和叙述人在这里能轻而易举地互换位置:是我来讲述我所亲近的他人,一个与我在世上,在家庭、民族、人类中过着同一种价值生活的他人,还是他人讲述我,我反正是要进入故事之中,并与他人用同样的语调、同样的外表形式。我作为叙述人不把自己同这一生活分隔开来,在这一生活里他人是主人公,而世界是他们的环境;我讲述这一生活时,仿佛与它的主人公发生了同化。当我讲述自己的生活,而其中的主人公是我眼中的他人,我会一步步融入生活的形式结构之中(我不是自己生活中的主人公,但我参与了这一生活),站到主人公的位置上,用自己的叙述囊括整个的自己;从价值上感知他人的形式,在我与他人一致时就移到了我自己身上。于是叙述人变成主人公。如果他人世界在价值上对我具有权威性,他就会把我作为他人而同化(当然是在他具有权威性的那些方面)。我生平的很大部分是我从亲人的他人话语,通过他们的情感声调了解到的,如出生、家世、童年时家庭和国家的一些事件(总之是孩子所不能理解或不能感知的一切)。所有这些因素,对复现我的连贯可解的生活图画以及这一生活所在的世界图画,是必不可少的;我作为自己生活的讲述人,是从这一生活的其他主人公嘴里了解到所有这些因素的。没有他人讲述这些,我的生活不仅内容上缺乏完整和明了,而且内部会是支离破碎的,没有完整的传记价值。因为,我内心所体验的我的生活片段(从传记整体看是些片段),只能构成自为之我的内在整体(设定的未来的整体),自省自白的整体,但不是传记的整体,因为我内心体验的生活所潜含的,只有设定的自为之我的整体。这种内在的整体原则不适合传记的叙述,我的自为之我什么也讲述不出。不过,这个为传记所必需的他人价值立场,是距我最近的立场,我通过我生活中各个主人公(即他人),通过这一生活的讲述人,直接地加入这个价值立场中去。这样,生活的主人公就可以成为生活的讲述人。总之,只有密切而有机地从价值上参与到他人世界之中,才可使由生活到传记的自我客观化具有权威性和效能,才能在我心中巩固他人(即我的生平的可能作者)的立场,使之成为并非偶然之物(这也巩固了自己的外位的立足点,而这一立足点的支柱就是可爱的他人世界,是我自己不与之脱离也不与之对立的他人世界,是我心中他性的价值存在所具有的力量和威力,是我心中人类本性的力量和威力;但这不是幼稚而漠然的本性,而是在价值上为我承认和获得形式表现的本性;不过这一人类本性也不无某些自发性)。

随着传记世界的范围(展现含义价值语境的广度)不同,随着权威他性所具有的性质不同,以传记价值角度来感受和加工生活,可能有两种基本类型。我们把第一类称作惊险英雄型(文艺复兴时代,"狂飙突进"时代,尼采主义),第二类称为社会生活型(感伤主义,部分地还有现实主义)。我们首先研究一下传记价值的第一种类型的特征。惊险英雄传记的价值基础是:立志当英雄,在他人世界里出人头地;立志得到别人的爱;最后是立志体验离奇惊险的生活,体验外在和内心生活的多样性。所有这三种为传记主人公本人组织生活和行为的价值,在颇大程度上又成为审美的价值,可以组织作者对主人公生活的艺术描绘。所有这三种价值都具有个人主义性质,但这是幼稚单纯的个人主义,不脱离他人世界却参与到他性的存在之中。需要这一他性存在并以其权威性壮大增强自身的力量(在与人抗争型的自省自白里,有自为之我单独地与他人的对立,而这里却不存在这种对立)。这种幼稚单纯的个人主义,是与幼稚单纯的寄生性相联系的。现在我们来谈谈第一个价值:追求英雄的生活,要在他人世界里出人头地,追求名声。

追求名声可作为线索组织幼稚主人公的生活,名声也可组织对主人公生活的叙述,这就是褒扬。对名声的追求意味着在文化史(哪怕是本民族的文化史)中来理解自己,在人们的意识中确立和建构自己的生活,不是只在内心只为自己成长,而是在他人心中并为他人而成长,在当代人和后代人的近期世界中占据一定位置。当然,对于能在未来中对自己进行价值观照并从未来视角支配自己行动的个人,未来在这里同样可起到组织的作用。不过这不是绝对含义上的未来,而是时间上的历史未来(即明天),不是否定现时而是有机地延续现时的未来,这不是自为之我的未来,而是他人即后代的未来(当纯粹含义上的未来支配个人时,一切审美的生活因素对他本人都不复存在,不再具有重要性,因而传记价值对他也不复存在)。把他人英雄化,建造一个英雄的殿堂,参与其中并把自己摆进去,从那里根据自己企盼的未来,控制支配照他人模式创造的自身形象——这就是在英雄化了的人类历史中对自身的有机感受,是对自己参与这一历史的感受,是对自己在其中成长变化的感受。这样的感受,以及自己的劳动和生活在这一历史中得以溯源、理解和阐释,便构成了传记价值里的英雄化因素。(寄生性在这里强弱不等,要视纯客观的含义价值对个人起多大的作用;追求名声和感受自己对英雄史实的参与,可能仅仅是一种感人肺腑的伴奏曲,而劳动和生活还是受纯含义价值所支配,也就是说,时间上的未来只不过给含义上的未来抹上一层薄薄的阴影。在这种情况下,传记便要瓦解,变成客观的业绩报告或自省自白。)

爱情是第一类传记价值的第二个因素。渴望被人爱慕,在可能的他人的爱恋意识中感受、观照、从形式上构建自己,力求使他人的情爱成为推动和组织我的生活(指其中一系列因素)的力量,这些也都意味着在他人的爱恋意识的氛围里得到成长。如果说英雄化的价值决定着个人在社会、文化历史(gesta①)中的基本要素和事件,决定着生活的基本目的追求,那么爱情则决定着生活中情感的波澜和纠葛,从而在价值上说明并展现生活全部的外在和内在细节。

我的躯体、容貌、衣着,心灵的各种隐秘和表露,生活的种种琐事和小节,所有这些在英雄史实层面上对人类或民族不可能具有价值意义也得不到反映的东西(即历史上无足轻重却在生活上环境里屡有发生的东西),到了他人的爱恋意识中就获得了价值的分量,得到思考、理解而成型;一切纯个人因素的形成和变化,都取决于我想在他人的爱恋意识中成为怎样的人,取决于预想中的我的形象,应在这爱恋意识中从价值上创造的我的形象(当然,这里不包括在我的外表、容貌、姿态、生活方式当中已被日常生活和礼俗决定了和规定了的东西,亦即同样被他人的价值意识所决定和规定了的东西;爱情在生活的这些超历史方面加进了个人的和强烈情感的形式)。

热恋中的人情感上沉迷于他人的爱恋意识,总希望在一定的价值取向上竭力超越自身(心爱的女人在形式上组织内外生活的作用,以抒情方式表现生活的作用,见于 dolce stil nuovo②:波伦亚学派的奎多·奎尼泽尔,但丁,彼特拉克)。主人公的生活在他本人看来也渴望成为美好的生活,在沉迷于他人的爱恋意识时甚至在自身感觉到了自己的美好。不过爱情浪花也会溅入主人公生活的英雄业绩之中,拉乌拉的名字与桂冠联系到了一起(Laura-lauro)③,预想中后代人眼里的形象与情人心中的形象交织到一起,后代人构建价值的力量与情人的价值力量交织到一起,这些因素在生活中彼此加强,在传记中融合成

---

① 拉丁语:业绩。——译者
② 即"愉悦的新体",这是介乎中世纪游吟者诗歌的抒情风格和文艺复兴时代爱情诗之间的一种过渡阶段的诗体,形成于托斯康纳(托斯康纳是意大利的一个省,首府是佛罗伦萨。——译者)。——原编者
③ 众所周知,彼特拉克一生最重要的事件是在卡庇托林因诗歌成就而获桂冠。他以为лавр(桂冠)一词象征着美名远扬,此词同他的恋人的名字恰好谐音,这对他的想象有巨大的影响。——原编者

一个主题(特别在抒情诗中)——彼特拉克的诗体自传就是如此。

现在转到传记价值的第三个因素:主人公积极地接受曲折离奇的生活。这是追求体验生活中的本事性,正是离奇的本事性,而不是明确的完整的情节故事;是感受实在的确定的人生状态,它们的交替和多样,但这种交替不能决定也不能完成主人公,这种生活的本事性不具有任何完成的功能,一切依然是未完成而开放的。这种生活的离奇性所带来的欢乐,当然不等于纯生物学上的生命力;单纯的欲念、需求,生物学上的欲望只能产生行为的事实,而不会产生对行为的价值意识(更不会从形式上完成行为)。当人生经历在价值上得到思考并获得了内涵的时候,我们看到的生活离奇性就已是从价值上被肯定了的一系列人生业绩,是人生成长过程的现实内容。在意识的这一价值层面上,就连求生的斗争(生物的自我保护和机体的适应)在价值上得到肯定的世界(有着此一太阳的此一世界)里,在特定的条件下,也会变成惊险的价值(这种惊险价值几乎完全不掺有客观的含义,这是把生活单纯作为一种离奇本事性价值来对待的游戏,这里的生活摆脱了在统一而唯一存在事件中的任何责任)。冒险者的个人主义是幼稚而单纯的,惊险的价值要求有一个被肯定了的他人世界,冒险英雄扎根于这一他人世界,受这一世界的价值存在所支配。一旦他失去这块土壤,失去他性的价值氛围(此一地球,此一太阳,这些人们),惊险的价值也就要死亡,它将没有可呼吸的空气。冒险不可能有理智,含义价值会使它瓦解,或者使它成为绝望的行动(胡来和拼命)。在上帝的世界里,在上帝的土地上和天底下,也就是在圣徒生活的地方,当然也不可能有惊险的价值。生活的离奇性在价值上原本就是相反相成的:欢乐和痛苦,真理和谎言,善和恶不可分割地融合在生活原始本事性的统一流程中,因为决定着行为的不是含义语境,不是截然对立的自为之我,而是支配着我的他人,是在我心中的他性的价值存在(当然,这不是对价值漠不关心的自发的自然力,而是处于人内心的价值上得到肯定和形式上得以体现的自然本性。从这个意义上说,善确有善的价

231

值,恶确有恶的价值,欢乐确有欢乐的价值,痛苦确有痛苦的价值。不过,协调它们的还是生活实有的内容本身、我心中的他性存在即人性存在本身的那最重的价值分量。由于这个原因,上述善恶等价值含义不会变成永无完结的、唯一决定和确定生活的力量。因为这里的基础并不是面对含义上的未来而意识到自己在统一而唯一的存在事件中占据唯一的位置)。

组织着主人公生活及惊险行为的这一具有价值的离奇本事性,同样也组织着对他生活的叙述,组织着纯惊险形式的无尽的故事;因为天真的作为读者的作者对情节性和惊险性的追求,并非外在于天真主人公的生活追求。

以上就是冒险英雄的传记价值所具有的三个基本因素。当然,在一定的具体形式里这个或那个因素可能占优势,但第一类型的传记里总都具有这三种因素。这一形式最接近对生活的幻想。只不过这里的幻想者(如《白夜》主人公那一类),是失之天真单纯而开始反思的传记主人公。

第一类传记主人公还具有特殊的价值尺度,有着传记生平的美德:勇敢、诚实、宽容、慷慨等等。这是朴素的具体实现了的道德:上述美德能克服自发而无所谓好坏的自然存在(生物的自我保护等等),为的是获得价值上得到肯定的存在(他性的存在),文化的存在,历史的存在(积淀于存在之中的含义,在他人的世界里则弥足珍贵;含义在存在之中能取得有机的成长)。

第一类的传记生活,犹如慢步舞曲(快步舞曲则是抒情诗),这里一切内在的和外在的东西力求在他人的价值意识中相互重合,内在的东西想成为外在的,而外在的东西想成为内在的。以第一类传记的基本因素为基础而产生的哲学观,是尼采的审美化哲学,部分的还有雅各比[①]的观念(但这里有宗教因素——信仰);以生物学为依据的现代生命哲学,也是靠第一类传记价值的融入才得以存在的。

---

① 雅各比(1743—1819),德国作家、哲学家。——译者

我们再来分析第二类传记——社会生活传记。第二类中没有历史作为组建生活的力量；主人公得以参与并在其中生活的他人之集体，不是从历史层面上展现的（历史之人），而是从社会层面上展现的（社会之人）；这里是活人的集体（现在活着的人们），而不是已故主人公和将要出世的后代之集体；在这后一个集体中，今天活着的人们和他们的各种联系，只不过是短暂的一刻。用历史观点来看人的群体，处在价值中心的是历史文化的价值，后者组建着主人公及其英雄生活的形式（不是幸福和满足，纯洁和真诚，而是伟大、威力、历史意义、功勋、名声等等）。从社会观点上看，处于价值中心的则是社会的价值，而首先是家庭的价值（不是留给后代的历史声誉，而是在同时代人中的"好人缘""诚实和善良的人"）。这种价值组建着私人生活的形式，"日常生活"、家庭或个人生活的形式，其中包括所有天天可见的细枝末节（不是事件，而是日常生活）；这一生活中最为重要的事件，就其意义来说，也不会超出家庭生活或个人生活的价值层面，而在这个层面上又限于自己或亲人的幸福或不幸（亲人在社会之人的范围里包括可以是极广的）。这一类型中不存在惊险的因素，这里占优势的是记述的因素，即对普通事物和普通人物的喜爱，他们创造着充实而有价值的平常生活（第一类传记写的则是伟大的当代人、历史人物和伟大的事件）。这类传记中对生活的爱，是对心爱人物、事物、状态和关系的常驻感到欣喜（这不是置身于世界中并在世界中具有意义，而是与世界同在，观照并反复地体验世界）。在社会传记的价值语境中，爱情当然相应地发生变化，它已经不是与桂冠相联系，而是与这一语境中特有的其他价值联系到一起，不过它组织和构成生活细节以及非含义性因素的功能，在他人的价值意识层面上却还依然保留着（因为在自我意识的层面上是不可能理解和组织这些细节和因素的）。

在第二种类型中，叙述方式一般来说更趋个性化，而主要人物即讲述人，只是珍爱地进行观察，却几乎没有行动，不介入故事情节；他"每天"都在感受，于是把积极性全投在观察和叙述之中。

在第二类传记里往往可以区分出两个层面:(1)讲述人兼主人公本人。他是从内心加以描绘的,就像我们在自己所想象的和所回忆的主人公身上体验我们自己一样;他与周围其他人同化的程度很弱;与周围的人们不同,他被推向内心层面,尽管这层面的差别通常不为人所注意;他仿佛处在叙述的边缘上,忽而作为传记主人公纳入叙述之中,忽而要与作者即形式的载体相融合,忽而接近自省自白的主体(如在托尔斯泰三部曲《童年》《少年》和《青年》中,《童年》里几乎感觉不到有不同的层面,在《少年》特别是《青年》中就变得明显了;这里有主人公的自我反思和无法移易的心态;作者和主人公相互接近)。(2)其他出场人物。对他们的描述包含着许多外位的特征,这些人物不仅可以是性格,而且甚至是典型(这些外位于他们的因素出现在主要人物——讲述人、传记主人公的意识中,这使主要人物接近了作者)。他们的生活只要不与传记主人公兼讲述人的生活过分紧密地交织在一起,往往能有完整的故事情节。

传记建构中的双层面,表明传记世界已开始瓦解:作者具有了批评的态度,他的外位于一切他人立场变得愈加重要,他对他人世界的价值参与程度减弱了,他人的价值立场的权威性也在下降。传记主人公变得能看、能爱,却不是在生活;与之对立的他人开始在价值上与他分离,被纳入了高度外位性的形式里。传记价值的两种基本类型就是如此(传记价值还有一些辅助性因素:家族、家庭、民族、民族属性的根据,超含义民族典型性的根据,阶层、时代及其超含义典型性,风情特色。传记世界中有关为人父、为人母、为人子的思想。社会生活传记和现实主义;在当代语境中表现以至穷尽自己和自己的生活。把当代的价值语境从过去和未来中抽象出来。自报章、杂志、记录、科普、当代舆论等等价值语境中看"生活"。社会生活型传记价值与权威性外位形式及其统一体——作者、风格——的危机)。

传记形式就其基本类型来说就是这样。现在来明确地表述一下传记中主人公和作者的关系。

作者在创造主人公及其生活时所依据的价值,正是主人公赖以生活的价值。作者原则上不比主人公富有,他没有多出主人公生活中拥有的外在的因素可用于创作,作者在自己创作中只是延续主人公生活中内在已有的东西。这里不存在审美视角与生活视角的原则对立,不存在这种区分,因为传记是个混合体。主人公在自己生活中能看到什么,能希望自己有什么,作者也就只能在他身上看到什么,只能希望他有什么。主人公怀着冒险的兴趣体验自己的惊险奇遇,作者在描绘这些奇遇时也怀着同样的对惊险遭遇的兴趣;主人公有意识地作出英勇的行为,作者也就从同样的角度把他英雄化。作者描绘主人公时所依据的价值,以及主人公的内在潜力,也正是支配主人公生活的那些价值,因为他的生活具有幼稚单纯的审美性质(起支配作用的价值是具有审美性的,确切些说,是混合性的),作者的创作在同样程度上具有幼稚单纯的混合性(作者的价值不是纯粹的审美价值,不与人生价值相对立,即不与认识伦理价值相对立);作者不是纯粹的艺术家,主人公也不是纯粹的伦理主体。主人公相信什么东西,作为艺术家的作者也就相信什么东西;主人公认为什么是善,作者也认为它是善的,而不用自己纯审美性的善与主人公相对立。在作者看来,主人公没有遭受原则性的含义挫折,所以也不应在外位于他整个生活的完全另一条价值道路上得到解救。主人公的死这一因素是需要考虑到的,但它不会使生活失去意义,它不能作为超含义理由的可靠依据;尽管会有死亡,生活并不要求新的价值,它所需要的只是按照实际的经过把它记录和固定下来。因此,在传记中作者不仅赞同主人公的信仰、观念和爱心,而且在自己的艺术创作中(混合性创作)也依据着主人公在其审美生活中所依据的那些价值。传记是有机时代的有机产物。

在传记中作者是幼稚的,他同主人公有亲缘关系,他们可以交换位置(因此他俩在生活中才可能是一人,即属自传性质)。当然,作者作为艺术作品的一个因素永远也不会同主人公重合。他们是两个人,但相互之间没有原则性的对立,他们的价值语境是同质的,生活统一体的载体主人公同形式统一体的载体作者,同属一个价值世界。作者这个完成着形式统一体的负载者,无须克服主人公的生活上(认识和伦理上)的含义反抗;主人公在自己生活中在价值上则受到可能的作者(他人)的控制。他们两人(主人公和作者)都是他人,属于同一个权威的他人价值世界。在传记中我们并不超出他人世界;作者的创造积极性也不引导我们越出这个界限,这一积极性完全处于他性的存在之中,与主人公的幼稚的消极性相应。作者的创造不是行为而是存在,所以本身不能自足而必有需求。传记的行为具有某些片面性:这里有两个意识却不是两种价值立场,有两个人却不是我和他人,而是两个他人。主人公原则上具有他性,但这一原则特点没有得到表现,从非含义方面拯救过去这一任务没有充分明确地提出来。这里也是两个意识相遇,但它们是和谐的,它们的价值世界几乎完全吻合,作者的世界里原则上没有超视,原则上不存在两个意识相互对立的自我界定(一个意识在生活层面上自我界定为消极的意识,另一个意识在审美层面上自我界定为积极的意识)。

诚然,传记作者在自己内心深处还是不想等同于自己,也不想等同于自己的主人公。他不把自己全部都交付给传记,而是在内心留下一条可以超越现实的通道,他自然靠着自己在现有存在之外的超视而生活,不过这一超视在传记本身内部没有得到正面的表现,但它仍得到某种负面的表现;作者的超视因素移到主人公身上和他的世界里,从而使他们不可能封闭和完成。

传记世界是个不封闭和未完成的世界,它没有从统一而唯一的存在事件中孤立出来而获得稳定的原则性边界。当然,这种对统一事件的参与是间接的,传记直接参与的是一个最切近的世界(家族、民族、国家、文化),而这个最切近的世界,这个主人公和作者共属的世界,也就是一个他性的世界,在价值上多少得到浓缩,因而也有些被孤立出来了;但这种孤立是自然而幼稚的,是相对的,却不是原则性的、审美性的。传记——这不是作品,而是在一个原则上开放的、天然自足的、价值上权威的最切近的世界里一种审美化了的有机而幼稚的行为。传记的生活和传记式的生平叙述,总是充溢着幼稚的信仰,这一信仰的氛围热情怡人。传记是极端坦诚的,但这是幼稚的坦诚(没有危机);传记要求有一种外在于它而包容它的良好积极性,但这不是作者的积极性,作者本人与主人公一起都要求这种积极性(因为他俩都是消极的,他俩同处于一个存在世界里),这一积极性应处在整个作品之外(因为作品没有充分完成也没有孤立出来);传记同自省自白一样,指引人们审视自己身外之物。(传记价值既被他性所控制,是不能自足的,负载传记价值的生活是岌岌可危的,因为它没有充分的内在依据;一旦精神觉醒,它要抗拒,便只好对自己不真诚。传记和古希腊罗马文化:[2 词不清]悲剧是孤独之他人。)

　　传记的任务是写给参与同一他性世界的亲近读者的,这个读者持有作者的立场。取批评态度的读者,在一定程度上视传记为一种艺术构建和最终完成的半成品。这样来接受传记,通常能充实作者的立场以达到完全的价值外位,并注入更加重要的起完成作用的外位因素。

　　显而易见,如此理解和表述的传记,是某种理想的形式,是具体传记作品或具体非传记作品的传记部分所追求的一种极限。当然,持批评态度的作者可能模仿传记的形式。

　　如果作者不再是幼稚的作者,不再完全地植根于他性世界中,如果主人公和作者的亲缘关系被切断,如果他对主人公生活持怀疑态度,那么他就可能成为纯粹的艺术家;他将每时每刻以外位的完成性价值与主人公生活价值相对立,以不同于主人公从内心感受的原则上另一种不同的观点来完成主人公的生活;在这里,讲述人的每一行每一步都努力利用原则性的超视,因为主人公需要有外在的理由。当主人公转而外向的时候,作者的观点积极性将从本质上包容并明确主人公的原则性的含义边界。这样,主人公和作者之间将出现原则的界限。显而易见,传记不能产生整体的主人公,主人公在传记价值的范围内是不可完成的。

传记是一种赠予,我接受传记,是作为他人送给他人的赠品。但我是幼稚而平静地把握传记的(因此,具有传记价值的生活多少有一些命中注定的性质)。自然,传记中视野和环境之间的界限是不稳定的,不具原则性的意义;而移情因素有着极其重要的意义。传记就是如此。

三、抒情主人公和作者。内在之人的抒情客体化可能成为自我客体化。在这里主人公和作者也是很接近的,不过外位因素多掌握在作者手中,它们具有更为重要的意义。上一章我们业已确信,节奏原则上是外位于体验生活的心灵的。内心生活从自身内部来看,是非节奏性的,而且我们可以说得更广一些,它是非抒情性的。抒情形式是自外部引入的,所表现的不是体验者心灵对自己的态度,而是他人对这一心灵的价值立场。这就使得作者的价值外位立场在抒情诗中成为一种原则的立场,强化价值的立场;作者应该彻底利用自己外位于主人公的优势,但尽管如此,作者与主人公的接近在抒情诗中明显可见,较之在传记中并不逊色。不过,如果说在传记中正如我们所见,他人世界,我生活中诸主人公的世界,会把我这个作者同化,即使除同意主人公之外无可与强大而权威的主人公相抗衡(作者似乎比主人公贫乏),那么在抒情诗中情况恰恰相反:主人公几乎无可与作者相抗衡;作者仿佛渗透到他的全身,只让他在内心深处留有完全潜在的一种独立的可能性。作者对主人公取得了完完全全的胜利,主人公已全然无能为力(这一胜利在音乐中就更为彻底,这里几乎是纯粹的他性形式,其中几乎感觉不到可能的主人公在纯生活上的对立)①。主人公内心的一切仿佛全部外向而诉诸作者,为作者所把握。体验主人公时感受的事物因素、含义因素,亦即可能阻碍充分实现审美完成的因素,在抒情诗中几乎是全都不存在的。所以主人公才轻而易举地达到自我重合,能等同于自己(甚至在哲理诗中,含义和事物也都潜在地蕴含于感受之中,不给主人公提供与自己不相重合的机会,不让主人公进入开放的存在事件里;这是一种被体验的思想,它只相信自己实有的存在,

---

① "这一切"即是意识。——作者附言

在自身之外则无所求,也无所见)。是什么东西赋予作者对主人公有如此至高无上的权力?是什么东西使得主人公内在地如此贫乏(可以说是微不足道)?是什么东西将体验从存在事件中如此彻底地孤立出来?换言之,是什么东西在抒情诗里使作者及其创作的价值立场对主人公变得如此权威,以至于可以产生抒情的自我客体化(主人公和作者在作品外实为一人)?(人们会觉得,抒情诗中没有两个统一体,而只有一个统一体;作者和主人公的两个圆圈是重叠在一起的,他们的两个中心也是重合的。)有两点可解释这一权威性的由来。

1.抒情诗排除了写人的空间外显和空间完满的全部因素,也不把整个主人公全都固定和局限于外部世界里,因而就不能让人鲜明地感觉出人在世界上的有限性(浪漫主义关于精神无限性的辞藻最符合抒情诗形式的诸因素)。其次,抒情诗不以完整而清晰的故事情节来决定和限制主人公的人生活动。最后,抒情诗不求创造主人公的完整性格,不给主人公整个心灵世界及全部内心生活勾画出明确的界线(它只写主人公的一个因素,即心灵的情节)。这第一点造出幻觉,似乎主人公在自我保护,他有着内在的立场,他经历着纯粹的自我体验;这个因素又造成假象,似乎在抒情诗中主人公只与自己打交道,也只为了自己,似乎他在抒情诗中孑然一身,而不是被他人控制。这种幻觉使得作者容易进入主人公的内心深处,完全地控制他,将自己的积极性贯注于他的全身;主人公很是随和,整个地服从于这一积极性。然而作者要想从他这内在而亲密的立场上控制主人公,自己先得精细到对主人公取得纯粹内心的外位性,从而放弃利用空间上的和外在时间上的外位性(外在时间的外位性,是明确表述完整的故事情节所不可少的),放弃利用与这种外位性相联系的外在的超视和超知;先得精细到占据纯价值的立场,也就是说要处于主人公的内心意向之外(但不是处于主人公整个人之外),处于他的不断进取之我的身外,处于他那可能的纯粹对自我的立场之外。这样一来,外在独自的主人公,在内部价值上却成了并非孤独的一身。渗透进他内心的他人,使之摆脱了对自己的价值立场,不让这一立场成为唯一能构建和组织主人公内心生活的力量(忏悔、求助和超越自我的力量);而这种力量会使统一而唯一存在事件永远处于设定的状态,在这里主人公的生活只能表现在行为中,表现在客观的自省自白和祈祷中(抒情诗中的自白和祈祷,自己仿佛诉诸自身,开始平静地满足于自身,欢快地等同于自己的实有现况,而无求于身外,无求于事件的来日。忏悔得到抚慰,不是在忏悔的语调中,而是在肯定的语调中;求助和乞求得到抚慰,但也不需实际上的满足)。这样一来,这第一点从主人公方面揭示出:主人公内在地受到他人同样内在的价值立场的控制。

2. 作者的权威是合唱的权威。抒情诗的控制就其基础讲是合唱的控制。(这是取得了合唱的肯定、合唱的支持的一种存在。不是我心中的无动于衷的自然性在歌唱,因为自然性只能产生欲望的事实、行动的事实,但不能产生事实的价值表现,不管这种表现是多么直接可见;这种价值表现只是在他人的合唱中才能强大有力,不是在自然性物质性上,而是在价值上强大有力,能起到战胜和控制的作用。在这里这一价值表现从单纯实有、物质实有的层面上转到了另一个价值层面上,转到了从外部得到肯定的、情感上得到认可的存在中。)抒情诗——这是用他人的感情的眼睛从内部看自己,通过他人感情的声音听自己:我与众多他人一道,又是为了众多他人,而在一个他人身上听见了自己。抒情的自我客体化,是受音乐精神的控制,是音乐精神熏陶浸润的结果。音乐的精神,可能的合唱——这就是从内部(在自身之外,在自身内在生活的作者之外)创作自己内心生活的坚定而权威的立场。我在感情激动的他人声音中听到自己,我把自己化入他人讴歌的声音中,在其中找到了对待自己内心激情的权威立场;我通过可能存在的爱恋心灵之口来讴歌自己。这个从外部听到的、能在抒情诗中组织我内心生活的他人声音,是个可能出现的合唱,是个同合唱相协调的声音,是在自身之外感觉到合唱附和的声音(在绝对寂静和空旷的环境中,这个他人声音不可能如此强劲有力,一个人并完全独自地破坏绝对的静寂,是可怕而且罪过的,这会蜕化为一种狂叫,它令自己恐惧,又令自己厌恶自己,讨厌自己烦人的赤裸裸的存在。独自而又擅自地打破宁静,要招来不可推卸的责任或者显得无由的蛮横。声音要歌唱,只能在温馨的氛围中,在可能有合唱附和的氛围中,在声音原则上不独处的氛围中)。可以成为抒情诗的,还有对自己的幻想,但这种幻想必须掌握了他性的音乐,并因而具有创作上的效能。而且抒情诗充满了深刻的信任感;这一信任感蕴藏于抒情诗强大而权威的、能珍爱而肯定生活的形式中,蕴藏于作者之中,即完成性形式统一体的载体之中。要想使自己的体验升华为抒情诗,必须在这体验中感觉到自己的天然的价值性,而不是自己的责任,必须在自己内心感觉到一个他人,必须在可能有的他人合唱中感觉到自己的被动性;这一合唱从四面八方把我围拢起来,从而遮蔽了统一而唯一存在事件的直接显见的设定性质。我还没有退出合唱,作为它的主角的主人公,我还有着来自合唱的心灵上的(他性的)价值凝聚力,但已感觉到了自身的孤独——这是一种悲剧主人公(孤独的他人)。在抒情诗中,我则整个地处在合唱中,只用合唱说话。当然,爱情在抒情诗里的组织作用是特别大的,为任何一种艺术形式的价值所不可比;这里的爱情几乎排除了一切客观的、含义上的对象性因素,而只是组织内心生活纯粹自足的过程。这就是女性之爱,是遮蔽着个人和群体、社会存在和历史存在(教堂和上帝)的女性之爱。需要一种热烈的令人窒息的爱恋氛围,以便能凝聚提炼出纯粹内在的,几乎不含实物的,有时甚至是任性的心灵活动(只有在他人的爱中才能任性而为,这是在浓郁甜蜜的爱情气氛中放纵自己的愿望;罪孽在上帝眼里往往是一种恼人的任性)。甚至写无望之恋的抒情诗,也只能活动和存在于可能之爱的氛围里,寄望于预期的爱情。(爱情诗和悼亡诗的典型性和示范性。爱情特具的永生。)非孤身的东西即为抒情诗中的孤独。

　　抒情诗可能有一种特殊的形式解体,这是由于他人外位于我的价值立场削弱了自己的权威性,对可能出现的合唱附和减少了信任,由此导致羞于看到抒情诗中的自己,羞于看到抒情诗的激昂情调,羞于像抒情诗那样袒露胸怀(抒情诗的造作、讽刺和抒情诗的放肆)。这仿佛是一个声音感到自己脱离了合唱而出现梗阻。(据我们的观点看,在所谓合唱诗和个体诗之间不存在截然的界线,任何抒情诗都得靠相信可能有合唱的附和才能生存,区别只可能是修辞因素和形式技巧上的特点。只有在对合唱的信任削弱了的地方,才会出现重要的差异,那里抒情诗便开始瓦解了。表现个人只有在信任、珍爱和可能的合唱附和的氛围中,才会得到正面的肯定而不致自感汗颜。离开了他性就谈不上表现个人。)这种情况发生在颓废派诗作中,也出现在所谓现实主义的抒情诗中(海涅)。在波德莱尔、魏尔兰①、拉弗格②的作品中可找到范例;在我国以斯鲁切夫斯基③和安年斯基④为最,他们是合唱之外的声音。抒情诗中可能有一些独特的迷狂形式。当主人公开始摆脱他人即作者的控制(他人不再有权威),当含义因素和对象因素获得了直接的意义,当主人公突然发现自己面对设定含义而身处统一而唯一的存在事件之中,每逢此刻,抒情诗的圆圈便不再能封闭起来,主人公开始不再等同于自身,他开始看到自己赤身裸体而无地自容,于是天堂遂告瓦解。(别雷⑤的散文抒情诗部分地就杂有某种迷狂性。通过自惭形秽组织起来的散文抒情,可在陀思妥耶夫斯基作品中找到例子。这种形式接近于愤世嫉俗的自省自白。)抒情诗及其内部主人公与作者的关系,就是如此。作者的立场强大而且有权威,主人公及其生活意向的独立性则微乎其微,他几乎不是在生活,而仅仅是反映到积极的作者(即控制着主人公的他人)的心灵之中。作者几乎无须克服主人公的内心反抗,只要再迈出一步,抒情诗就得成为对可能有的作者施以可能有的爱抚而无实指内容的空洞形式(因为唯有主人公才

---

① 魏尔兰(1844—1896),法国象征派诗人。——译者
② 拉弗格(1860—1887),法国象征派诗人。——译者
③ 斯鲁切夫斯基(1837—1904),俄国诗人,作品充满宗教神秘主义色彩。——译者
④ 安年斯基(1855—1909),俄国诗人。——译者
⑤ 别雷(1880—1934),俄国作家,早期诗歌具有神秘主义色彩。——译者

能负载内容,负载散文的价值语境)。从存在事件中孤立出来,在抒情诗中是做得最彻底的,但这一点没有必要予以强调。朗诵诗和吟唱诗的区别,在这里对我们来说无关宏旨;这一区别表现为主人公在含义和对象方面的独立程度不同,但这不是原则性的区别。

四、性格作为主人公和作者相互关系的一种形式问题。现在我们应该转到性格上,仅仅从主人公和作者相互关系的角度加以考察;至于性格构成中的审美因素,我们当然不拟分析,因为这类因素同我们的问题没有直接关系。所以我们在这里不能对性格作出多少完整的美学论述。

性格较之我们迄今为止所研究的主人公各种表现形式,有着明显而本质的不同。无论在自省自白中,在传记中,还是在抒情诗中,主人公整体都没列为基本的艺术创作任务,它不是艺术观照的价值中心。(主人公总处于观照的中心,但不是他的整体,不是他全面而终结的确定性。)在自省自白中根本不存在艺术创作的任务,所以整体、给定而实有的整体也没有审美的价值。在传记中,基本的艺术任务是写出作为传记价值的生活,主人公的生活;但不是以他内心和外表的确定性、他个性的完整形象为基本的目标。重要的不在于他是什么人,重要的是他经历了什么,他做了什么。诚然,传记也知道一些能确定个人形象的因素(英雄化),但其中没有任何一个因素可以论定个性,不能完成个性;主人公之所以重要,是因为他有过一定的、丰富而全面的、具有历史意义的生活;处于观照的价值中心的,就是这一生活,而不是主人公的整体;这一生活本身及其确定性,只是主人公特征的一个方面。

描绘主人公整体的任务,在抒情诗中同样也不存在:这里处于观照价值中心的,是内心状态或者是一个事件,而后者绝不仅是体验主人公的个性特征。主人公只是体验的载体,而体验本身却不能把主人公作为一个整体来论定并最终完成。由于这个原因,在已分析过的主人公与作者相互关系的所有形式中,才可能都那么接近(在作品之外,可能就是一个人),因为在所有这些形式中,作者的积极性都不用于建立和处理主人公的明晰而重要的边界,随之也就不建立和处理作者与主人公之间的原则界限。(重要的是同样兼容主人公和作者的那个世界,它的诸多因素及其状态。)

我们把主人公和作者相互关系中实现下列任务的形式称作性格,把特定个性作为主人公整体来加以塑造,而且这应是一项基本的任务:主人公从一开始就作为一个整体而存在,作者的积极性从一开始便顺着主人公的重要边缘勾勒运动;这里一切都是描绘主人公特征的因素,一切都具有性格描写的功能,一切都归结于、服务于回答一个问题——他是怎样的人。十分明显,这里有两个判断价值的层面,两种理解价值的语境(其中一个从价值上包容并克服另一个):(1)主人公视野以及视野中每一因素(行为、对象)对主人公本人具有的认识和伦理的人生意义。(2)作者兼观照者的语境。在这个语境中,所有上述因素均成为描写主人公整体的特征因素,都具有界定和限制主人公的意义(生活变成了生活的方式)。作者在这里是持批判眼光的(当然是作为作者),因为他在创作的每一时刻都需利用自己对主人公的全方位外位性的特权。而同时,主人公在这个相互关系形式中,同样是在最大限度上保持独立性,富有生命力,具有自觉的意识而且顽强,以便坚持自己纯生活的认识和伦理的价值取向;作者整个地与主人公这一生活积极性相抗衡,把它译成审美的语言,针对主人公的生活积极性的每一因素提出外位的艺术界定。这里作者同主人公的关系处处都具有坚强、重要、原则的性质。

性格的塑造可以从两个基本方面着手。我们把第一个方面称作古典型的性格塑造,第二个方面称为浪漫型的性格塑造。第一类型的基础,是命运这个艺术价值(我们在这里赋予这个词完全确定的有限意义,其内容将在下文中阐明)。

命运——这是个性存在的全面规定性,它自然地预先决定着个人生活的全部事件,这样一来,生活只是实现(完成)从一开始便积淀在个人确定存在之中的东西。个性从自身内部依照目的来构建自己的生活(他思考、他感觉、他行动),实现着他生活所追求的物质和含义价值:他之所以这样行动,是因为应该、正确、需要、愿意、想这样,如此等等;而事实上他只是实现着自己命运的必然性,即实现自身存在的规定性,实现自己于存在中面貌的规定性。命运——这是由内在目标驱动的生活遗留在存在中的痕迹而得到了艺术的体现,是完全由内心领悟的生活积淀于存在之中而获得的艺术表现。留于存在中的这种积淀,同样应有自己的逻辑,但这不是生活本身的目标逻辑,而是驾驭着形象统一体及其内在必然性的纯艺术逻辑。命运——这是独特的个性,即个性存在的本质规定性,后者决定着个人的全部生活,全部行为。在这一方面,就连思想行为也不是从其客观理论意义的角度上加以界定的,而是从它的独特个性角度界定的,即视其为这一确定个人所特有的思想,视其为由这一个人的存在所预先决定了的思想。同样的,一切可能的行为都由独特个性所预先决定,又都在实现这一独特个性。个性的生活进程本身,他的全部事件,最后还有他的死亡,都被视为必然性,是由他的确定个性即命运所预先决定了的;从命运所体现的性格这个层面上看,主人公之死不是结束,而是完成;而且生活的每一因素都获得了艺术意义,成为艺术上所必不可少的东西。显然,我们对命运的这种理解,不同于通常的十分宽泛的理解。例如,从内心体验的命运,作为某种非理性的力量,作为超越目的、含义、意愿之外而决定我们生活的力量,就不是我们所理解的命运具有的艺术价值。要知道,这样的命运不会帮助我们把自己的生活全部组织成必然的艺术整体,倒是会起完全消极的作用,要瓦解我们的生活,因为这一生活需要或说希望受到目的、含义和对象的价值的驾驭。当然,对这个命运力量也可能会有深刻的信仰,视它为上帝的旨意;上帝的旨意可以被我接受,但自然不能成为替我安排我生活的形式。(可以暗自庆幸自己的命运,但要把它作为必然的、内在统一的、完成了的艺术整体来直接观照,像我观照主人公命运那样,那是做不到的。)我们不理解上帝旨意的逻辑,而只是信仰它;我们出色地理解主人公命运的逻辑,但绝不因此就信服它(当然这里是说对命运的艺术理解和命运的艺术说服力,而不是说认知的可信性)。命运作为一种艺术价值,是外位于自我意识的。命运是能调整、安排和统一所有外位于主人公的诸因素的一种基本价值;我们利用对主人公的外位性来理解和观察他的命运整体。命运——这不是主人公的自为之我,而是他的存在,是已经给予他的东西,是他的实际状况;这不是设定之他的形式,而是给定之他的形式。古典型性格就是作为命运来塑造的(性格中不可能有任何偶然的东西)。(古典型主人公在世界上占据特定的位置,在主要方面是已经完全确定了的,因而他已经死去。其后他的整个生活都是作为一种可能的人生历程来塑造的。主人公所做的一切,在艺术上都不可用他的道德意愿、自由意志来解释,而须用他的已确定的存在来做依据;他所以如此行动,是因为他是这样一个人。主人公身上对我们来说不应有任何不确定的东西;要做的一切,要发生的一切,都展开在事先给定和规定的范围里而不越雷池一步;所发生的事,是应该发生而不能不发生的事。)命运是对含义过去进行艺术处理的形式。对古典型主人公,我们从一开始便是在过去中观照他,这里已不可能有任何的发现和启迪。

应该指出,为了塑造作为命运的古典型性格,作者不应过分凌驾于主人公之上,也不应利用自己外位性中纯时间的优势和偶然性的特权。古典型的作者利用的是外位性中的永恒因素,因此,古典型主人公的过去便成为人的永恒过去。外位性立场不应成为一种特殊的立场,自以为是的和标新立异的立场。

(亲缘关系还未割断,世界是清楚的,没有人相信奇迹。)

对古典型主人公的世界观,作者态度是武断的。他的认识伦理立场应是无可争议的,确切些说,是根本不需讨论的,否则就会加进过失和责任的因素,艺术的统一体和命运的整体性就会遭到破坏。主人公变得逍遥自在,于是可以对他做道德的裁判,他身上不再有必然性,他也可以成为另一个样子的人。当在主人公身上加进道德过失和责任的时候(因而也就加进了道德的自由,摆脱了自然的和审美的必然性的自由),主人公便不再等同于自己,而作者的外位性立场就最重要的方面说(使他摆脱过失和责任,超越含义观照主人公)已然丧失,不再可能在艺术上从外位给以完成。

诚然,过失在古典型性格中是存在的(悲剧主人公几乎总是有罪过的),但这不是道德的过失,而是存在的过失:过失应是存在的力量所使然,而不是道德自责含义力量所决定的(是反对上帝神祇的过失,不是反对含义的过失,是反对宗教崇拜的过失,如此等等)。古典型性格内部的冲突,是不同的存在力量(当然是指他性存在中的自然价值的力量,而不是指物理因素,也不是心理因素的力量)的冲突和斗争,而并非理念含义之间的冲突和斗争(责任和义务在这里也是自然价值的力量)。这一斗争是个内部的戏剧性过程,从不越出现有的存在,这不是道德意识中理念含义的辩证过程。悲剧的过失完全处于现有存在的价值层面上,潜在于主人公命运之中。所以,可以让过失完全脱离主人公的意识和认识(道德过失则应内蕴于自我意识之中,我应该意识到我自己的过失),而进入他家族的过去(族系是他性存在的自然价值范畴)。主人公可以犯某个过失却不懂得这过失的利害;无论如何,过失是处于存在之中,是一种力量,而不是在主人公自由的道德意识中首次产生,主人公不是产生过失的完全自由的始作俑者,这里不可能越出价值存在的范畴。

古典型性格是在什么样的价值基础上形成的呢?命运作为有正面价值的、能从艺术上完成和调整他人生活的力量,在怎样的价值文化语境中才可能出现呢?族系是已认定的他性存在中的范畴,它能把我纳入自己现实的价值范围中去;这个族系的价值,也就是命运的价值(对作者具有的价值)产生的基础。我不是启动生活,我从价值上说不是一个负有责任的生活肇始者,我甚至不可能有一种价值立场以便积极地开创有价值含义的、负责的生活。我的行为和评价,只能以已然实现、已然评定的生活为基础;行为系列不是从我身上开始的,我只是继续这个系列而已(包括思想行为、情感行为、事业行为)。我处于族系(指狭义的族系,民族,整个人类)中父子、母子间绵延不绝的关系之中。在"我是谁?"的问题中,还包含着一个问题:"我的双亲是谁,我属哪个家族?"我只能成为实际已有之我,我不能摒弃我已有的重要存在,因为这已有的存在不是我的,它属于母亲、父亲、家族、民族、人类(不是我之民族,而是民族之我)。

我的族系(父系或者母系)所以可贵,不是因为这是我的族系,换言之,不是我将它变得弥足珍贵(不是说它成了我的价值存在的一个因素),而是因为我属于这个族系,属于母系或父系;从价值上说,我本人不属于我,在价值上我无以同我的族系分庭抗礼。(我在自己身上从价值上只能排斥和克服那种无条件属于我的东西,只同我有关的东西,我违背族系传统的东西。)存在在族系价值范畴上的规定性,是无可争辩的,这一规定性就依附在我身上,我在自己身上不能与它相抗衡;对我自己来说,脱离开族系我在价值上是尚不存在的。道德上的自为之我,是没有族系之分的(基督徒感觉自己是没有族属的,直接以上苍为父,就会破坏人间世系的权威性)。在这个基础上,命运便对作者产生了一种价值力量。作者和主人公还同属一个世界,在其中族系的价值还是十分强大的(它有着不同的形式,如民族、传统等等)。在这个方面,作者的外位性是受到限制的,它没有扩展为对主人公世界观念和世界感受的外位性,主人公和作者没有什么可争论的;不过这里的外位性倒是特别稳定而强大(争论会动摇外位性)。族系的价值使得命运成为从审美上观照和完成人物的具有正面价值的范畴(对人物无须要求道德上的主动精神);当一个人自己从自身开始进行具有价值和理念含义的行为系列时,当他在道德上为自己、为自己的为人承担过失和责任的时候,这时命运这一价值范畴就不适用于他,也不能完成他。(勃洛克①及其长诗《报应》。)(在这一价值基础上,忏悔不可能是全面的,不可能贯穿我整个人;这里不可能出现纯粹的自省自白;只有无族无根的人们似乎才会有包容无遗的忏悔。)古典型性格基

---

① 勃洛克(1880—1921),俄国诗人。长诗《报应》完成于1910至1921年间。——译者

本上就是如此。

我们来谈谈第二种类型的性格塑造——浪漫型。与古典型不同，浪漫型性格是自作主张的，价值上是主动的。而且，由主人公负责地开创自己生活的价值和含义系列这一点，具有极其重要的意义。恰恰是主人公独自而又绝对积极的价值含义取向，他在世界中的认识伦理立场，是作者应该从审美上加以克服和完成的。以族系和传统为前提的命运价值，在这里是起不到艺术上完成的作用的。是什么东西使得对浪漫型主人公的一切外位的界定获得艺术上的统一和完整，获得内在的艺术必然性呢？这里最适宜的一个术语，也恰是浪漫主义美学的术语："观念价值"。这里展现的主人公的个人特性，不是命运而是一种观念，或者确切些说，是观念的化身。主人公以自身根据为目的发出行动，实现着对象和含义的价值，实际上是在实现着某种观念，某种必要的生活真谛，自身的某种原型，上帝对它的构想。由于这个缘故，他的人生道路，他的生活事件和要素，常常还有他的物质环境，都带有一些象征性。主人公是漂泊者、流浪汉、探索者（拜伦、夏多布里昂的主人公，浮士德、维特、亨利希·封·奥弗特丁根等等），那么他的价值含义探索的全部因素（如他希望、他热恋、他认定真理等等）便都得到外位性的界定而成为实现某种观念的整体艺术历程中的某些象征性阶段。抒情因素在浪漫型主人公身上不可避免地会占有很大的位置（女人的爱情，如在抒情诗中那样）。积淀在浪漫型性格中的那一含义取向，也就不再是权威的了，只是供作抒情的再体验。

作者对浪漫型主人公的外位性，无疑不如对古典型那么稳定。这一立场的弱化，导致性格的瓦解，界限开始模糊，价值中心从边缘移至主人公生活本身（成为认识伦理的取向）。浪漫主义是无尽的主人公形式：作者对主人公的反馈进入主人公内部，改变着主人公；主人公把作者对他的一切外位性界定都接了过去，使其服务于自己，服务于自我发展和自我界定；这一自我发展因此而变成无尽的了。与此同时，不同文化领域之间的界线也开始消失（关于整体的人的见解）。这里出现了迷狂和讽刺的幼芽。作品的统一性往往与主人公的统一性相重合，外位性因素变成偶然的和零碎的因素，丧失了自身的整体性。或者作者的整体性成为一种显然的假定，成为一种风格模仿。作者开始期待主人公自己作出发现，试图在自我意识内部不靠上帝、不靠听众、不靠作者而作出只有通过他人方可作出的内心袒露。

　　古典型性格瓦解的产物就是感伤主义和现实主义的性格。在这里都是外位性因素开始削弱主人公的自主性。其途径或者是强化外位性中的道德因素，或者是强化认识因素（作者开始从新的思想和理论高度审视自己的歧途上的主人公）。在感伤主义中，外位性立场不仅用于艺术上，而且用于道德上（当然要损害艺术性）。所有怜悯、感伤、愤怒等这些伦理价值的反应，由于把主人公推向作品之外而破坏了艺术上的完整。我们开始把主人公当成一个活人来作出反应（这就是读者对最早的感伤主义主人公的反应：苦命的丽莎①、克拉丽莎②、格兰迪逊③等，在某种程度上还有维特；对古典型主人公不可能有这样的反应），尽管他在艺术上远不如古典型主人公那么动人。主人公的不幸已不是命运使然，而纯是恶人制造的，强加给他的，主人公是被动的，他只会忍受生活，他甚至不是自己亡故，而是别人把他害死。对倾向性作品来说，感伤主义的主人公最为适合，它便于唤起非审美性的社会同情或社会仇恨。作者的外位性立场几乎完全失去重要的艺术因素，从而接近于伦理之人对自己亲友的外位性立场（我们在这里完全不涉及幽默，后者是感伤主义的强大的纯艺术力量）。在现实主义中，作者在认识方面的超识把性格降低为作者的社会或其他某种理论的简单图解，他把主人公及其生活冲突（主人公们哪能顾得上理论）当作例子，用来解决自己的认识问题（至少作者要针对主人公提出某个问题）。这里，问题性的方面不体现在主人公的身上，而是构成外位于

---

① 系俄国作家卡拉姆津（1766—1826）同名小说的女主人公。——译者
② 系英国作家赛缪尔·理查德逊（1689—1761）的作品《克拉丽莎·哈罗》中的女主人公。——译者
③ 系赛缪尔·理查德逊的另一部作品《查尔斯·格兰迪逊》中的主人公。——译者

主人公的作者本人的积极的认知超识。所有这些因素都削弱了主人公的自主性。

身份形式，虽则有时恰是性格解体的产物，却占有特殊的地位。由于身份是个单纯的东西，也就是说处于艺术观照中心的，只是确定的对象状态和含义状态，摆脱了身份的载体即主人公的确定性，所以身份已经超出我们研究的范围。而当身份只是性格的解体时，它不包含有任何本质上的新东西。作为主人公和作者相互关系的形式之一，性格的基本特征就是这样。

五、作为主人公和作者相互关系一种形式的典型问题。如果说性格的所有类型是造型美（显然最具造型美的是古典型性格），那么，典型则是绘画般的优美。如果说性格的确主要根据世界观的最终价值，要直接与最终价值联系起来，要表现人在世界中的认识伦理原则，而且似乎直接靠近存在的边缘，那么，典型则是远离世界边缘的，它表现的是人对已被时代和环境所具体化局限化的价值取向，对财富即已化为存在的含义所持的立场（含义通过性格的行为第一次化为存在）。性格居于过去，典型存于现在；性格的周围环境带有一些象征性质，典型周围的对象世界只是物体的杂陈。典型是集体个性的消极立场。在主人公和作者之间的这一种相互关系形式中，本质的一点在于：作者靠外位性所获得的超视中，认识因素具有重要的意义，这自然不是纯科学的认识，不是推论的因素（虽然它有时甚至也获得推论的展开）。我们把这样利用认识超视一方面称为直觉概括，另一方面视为直觉的功能制约。事实上，作者在构建典型时其外位性的认识因素就是朝这两个方面发展的。显而易见，创造人物形象典型性的直觉概括，要求对主人公持有一个坚定、从容、自信、权威的外位性立场。实现典型化的作者如何才能获得这种权威和坚定的立场呢？这要靠他对所描写世界在内心深处决不参与，要使这一世界从价值上说对他仿佛已是物化：这个世界对作者来说从一开始便整个地处于存在之中，它只是存在而已，却不意味着什么，它整个地一览无余，因而完全没有

251

什么权威性，它不能以任何有价值分量的东西与作者抗衡，它那些主人公的认识伦理立场是全然不可接受的。正因此，作者的从容、力量和信心，与认识主体的从容、力量很相似；而主人公，即审美积极性的对象（另一主体），则开始接近认识的客体。当然，在典型身上是达不到这一极限的，所以典型依然是艺术形式，因为作者的积极性仍然是以人为对象而施与他的身上，由此事件依然是审美的事件。典型化的概括，当然是一个明显外位性的因素；最难以典型化的就是自己。施与自身的典型化，在价值上要被视为是一种辱骂；在这一方面，典型性比起命运具有更强的外位性。我不仅不能在价值上接受自己的典型性，而且无法想象我的行为、举止、话语不是追求某种目的和物质价值（哪怕是最直接的价值，即财富），而仅仅是在实现某种典型，这一切都不可避免地是由我的这一典型性所预先决定了的。这种典型化的外位性几乎是带有侮辱性的，正是这种近乎侮辱的性质，使得典型这一形式适用于讽刺的任务。人们有目标追求的、有内在含义的、希望成为客观价值的生活要积淀于存在之中，而讽刺的任务通常就在于寻找生活在存在中外位性的尖刻而又屈辱的积淀。不过讽刺要求主人公要更顽强些，因为还得同他作斗争，而对从容自信的典型化观照来说，就大可不必了。

　　除了概括的因素之外，还存在着直觉可感的功能制约这一因素。典型不仅与其周围世界（周围事物）紧密交织，而且在其一切方面都受周围世界所制约，典型是周围部分环境的必不可缺的因素（典型不是整体，只是整体的部分）。这里外位性中的认识因素可能达到很高的能力，直至由作者发现制约着主人公的行为（他的思想、情感等等）的因果因素：经济的、社会的、心理的、甚至生理的（如艺术家是医生，而主人公是病人）因素。当然，这是典型加工的极端情形。不过典型一般都要描绘成某一确定的对象整体（制度、习俗、结构机制等等）不可分割的局部，必定为这一整体所制约，产生于这一整体。典型要求作者应高出主人公，在价值上完全不参与主人公的世界；作者因此总是持完全批判的眼光。主人公的自主性在典型中是相当低的,一切发人深省的问题性因素全由主人公语境转入作者的语境。这些因素是围绕着主人公并联系主人公展开的,却不是在主人公心里展开的,将它们结为一个整体的是作者而不是主人公,主人公负载的是人生认识伦理的统一体,而后者在典型中被削弱到了最低限度。把抒情因素注入典型中当然是不可能的。从主人公和作者相互关系的观点上看,典型这一形式就是这样。

六、圣徒传。对这一形式我们不可能详细讨论,这超出了本文的主题。圣徒言行是直接在教会世界中完成的。所记录的每一言行都应对这一教会世界具有意义;圣徒的一生是皈依上帝的一生。

皈依上帝的生活,应该纳入传统的形式里,作者的虔敬态度不允许个人的首创精神,不允许个人选择表现方法;因为这里的作者要摆脱自己,摆脱自己由个人承担责任的积极性;形式因此也就成为传统性的和假定性的东西(这里得到肯定的假定形式,从原则上就与对象不相符合,而且意识到了这一点却又不求符合。不过,事先就不求符合还远远不是迷狂的表现,因为迷狂是个性的行为,它内含一种愤世嫉俗的因素。圣徒传形式传统上就是假定性的,为无可争议的权威所肯定,乐于接受现成的表现方法,哪怕它并不贴切,因而也乐于接受现在的感知者)。于是,圣徒外位因素的统一性,不是积极利用自己外位性的作者所具有的个人统一性;圣徒的外位性是放弃首创精神的驯顺的外位性(因为并不存在本质上外在的因素以便完成人物),屈从的外在性是求助于传统上推崇形式的外位性。对圣徒传的传统形式的研究,当然不属于我们的任务,这里只想概括地讲一点意见:圣徒传也像圣像画一样,避免导致局限对象而又将其过分具体化的外位性,因为这些因素总是会降低权威性。应该排除一切对该时代、该民族(例如圣像画中基督的民族典型性)、特定社会状况、特定年龄来说具有典型性的成分,排除面貌、生活中一切具体的东西,排除生活的细节与详情,排除行为时间和地点的准确标志;这一切能加强这一个性于存在中的确定性(包括典型性、性格,甚至具体的生平),从而便要降低这一个性的权威性(圣徒的言行似乎从一开始就在永恒中进行)。需要指出,起完成作用的外位性因素既然具有传统性和假定性,也就在很大程度上有助于削弱这些因素的限制作用。在阐述圣徒言行时,还可能用一种象征的传统方法。(这是描绘奇迹和最高宗教事件的问题;在这里驯顺地放弃追求形式符合对象,放弃追求个性特点,而要遵循严格的传统,是特别重要的。)在需要描述和表现对终极含义的深入领悟时,顺从传统的假定形式是必不可少的(浪漫主义者要么将作品中途辍笔,要么用圣徒传或神秘剧的传统形式来结束作品)。总之,放弃自己对圣徒的至关重要的外位性立场,顺从纯粹的传统形式(在中世纪是遵循唯实论)对圣徒传的作者来说是具有代表性的(陀思妥耶夫斯基作品中关于仪表风度的思想)。

主人公的思想含义整体所取的表现形式就是这些。当然,它们与作品的具体形式并不相同。我们在这里表述的,是它们的抽象的理想的方面,是作品具体方面所追求的极致。很难找到纯粹的传记,纯粹的抒情诗,纯粹的性格和纯粹的典型。通常我们所见的,是各种理想因素的结合,是各种倾向的并存而以这一或那一因素为主(当然也并非所有形式相互都可结合的)。在这个意义上我们可以说,在某一具体作品内部,作者和主人公相互关系的事件往往有几个方面:主人公和作者相互斗争,或者彼此接近,或者分道扬镳;不过要充分地完成作品,必须要两者截然分开而由作者获胜。

第六章　作者问题

在这一章里我们要概括地总结一下,然后对作者这个艺术事件的参与者作出更为确切的界定。

一、我们在本书开头就已确认,人是艺术观照中起组织作用的形

式与内容的中心,而且是在世界上具有实际价值地位的这个人。艺术观照的世界是超越设定性和含义之外围绕此人而组织、配置、完成的世界,是此人的价值环境;因为我们看到,以他为中心,对象因素以及一切关系(空间上的、时间上的和含义上的关系)都在艺术上获得了意义。世界围绕此人的这一价值配置和浓缩,构建了他的审美现实,这现实不同于认识伦理的现实(行为的现实,统一而唯一的存在事件的现实),但当然不是对认识伦理现实无动于衷。其次我们认定,我和他人有着深刻而原则性的价值差别,这一差别具有事件的性质;离开这一差别,不可能存在任何价值上有分量的行为。我和他人的范畴是首次使得一切实际的评价成为可能的基本价值范畴;而评价因素,或者确切些说,是意识的价值立场,不仅见于狭义的行为之中,而且存在于每一个体验甚至最简单的感觉之中:生活就意味着在每一生活因素中占据价值立场,在价值上立住脚跟。再次,我们对从价值上意识自身,对在存在事件中由我来意识他人,作了现象学的描述(存在事件是现象学的概念,因为对人的意识来说,存在是作为事件出现的,而且人的意识也是在作为事件的存在中实际上活动和生活的),并且坚信,只有他人本身才可能成为艺术观照的价值中心,进而成为作品的主人公。也只有他才能获得重要的形式加工并得以完成,因为,用于价值上完成的全部因素(空间的、时间的和含义的因素),在价值上是外位于积极的自我意识的,不处于对自身的价值立场的层面上。我如果对自身来说依然是我时,就不可能在具有审美意义而浓缩的时空中成为积极的人,在这个时空中,对我本人来说,我的价值并不存在,这里不能创造我,不能从形式上加工我,也不能界定我。在我的价值上的自我意识世界里,我的躯体和我的心灵都不具有审美的意义,躯体与心灵也不具有在整体之人的身上有机的艺术的统一,它们不能由我的本人的积极性在我的视野内构建;因而我的视野不可能平静地封闭起来,作为我的价值环境而包围着我;因为在我的价值世界中尚没有我这个稳定而等同自身的实有存在。对自身的价值态度,在审美上完全是不具效能的，对自己来说我在审美上是没有现实性的。我只可能是艺术加工和完成这一任务的承担者，但不能成为这一任务的对象即主人公。审美观照表现在艺术中，具体地也表现在话语艺术创作中。这里伴随有严格的隔离，正如上述，观照本身已潜存这种孤立隔离的可能性以及一定的有限的形式方面的任务，这一任务要借助一定的材料（这里是话语材料）来完成。基本的艺术任务，是通过话语材料（话语成了艺术话语，因为是受这一任务所支配），在一定的话语作品形式中，借助一定的手法而实现的。作品形式与手法不仅为基本的艺术任务所决定，而且也为该材料（话语）的特性所制约，这材料必须适应艺术目的的要求（这里就该由专门美学发挥作用了，专门美学要考虑到该种艺术的特点）。（这样便从审美观照进入艺术之中。）当然，专门美学不应该脱离开基本的艺术任务，不应该脱离开作者对主人公的基本的创作立场，正是后者从本质上决定着艺术任务。我们业已看到，我本人作为一个确定之人，只可能成为一种陈述类型，即自省自白的主体（而不是主人公），这里起组织作用的力量是对自身的价值立场，因而这类陈述完全是非审美性的。

在所有审美形式中，起组织作用的力量是他人这一价值范畴，是对他人的态度；这一态度得到价值超视的充实以便从外部完成主人公。只有在价值的自我意识不够纯粹的地方，只有在这一自我意识为他人意识所控制，在权威的他人身上（在他人的珍爱和关注中）意识到自己的价值的地方，在超视（外位因素的总和）极为有限并且不具原则性而又软弱无力的地方，作者才能接近主人公。这里的艺术事件发生在两个心灵之间（几乎是在一个可能的价值意识范围内），而不是在一个精神和一个心灵之间。

所有这一切决定了艺术作品不是没有事件意义，没有价值分量的纯理论认识的客体和对象，而是生动的艺术事件，即统一而唯一的存在事件的一个重要因素。对作品正是应该这样理解和认识，通过它自身价值生命的原则本身，通过它的生动的参与者，而不应将其视作先已失去生机的东西,贬低为仅仅实有的一个话语整体(不是作者对材料的态度,而是作者对主人公的态度,才具有事件性而富有意义)。这也决定了作者(艺术观照和创造行为的载体)在存在事件中的立场。总的说来,也只有在这存在事件中,一切创造才可能有分量,才可能是严肃的、有意义的、负责任的。作者在存在事件中采取负责的立场,同这一事件的诸种因素打交道,因而他的作品同样也是事件的一个因素。

主人公、作者兼观众是作品事件中基本的活的因素,作品事件的参与者。只有他们二者能成为肩负责任的人,只有他们能够赋予作品以完整的事件性,并真正地使作品参与到统一而唯一的存在事件中去。我们对主人公及其各种形式,已作了足够的分析:主人公的价值他性、他的躯体、他的心灵、他的整体性。这里则须较为确切地阐明一下作者。

世界的一切价值都可进入审美客体,但须具有一定的审美系数,作者的立场及其艺术任务必须放在世界之中联系所有这些价值来加以理解。须要完成的不是话语,不是材料,而是全方位体验的存在,艺术任务在于构筑一个具体的世界:以活的躯体为价值中心的空间世界,以心灵为中心的时间世界,以及最后,是含义世界,三者在具体的相互渗透中构成统一体。

对主人公及其世界的审美创作立场,意味着将主人公视作必有一死之人(moriturus),意味着对主人公从含义上努力实现拯救性的完成持对立态度。为此需要在人的身上及其世界中清晰地看到他本人对自身原则上看不到的东西(当他囿于自身之中而认真体验自己生活之时),意味着不是从生活角度而是从另一角度——超越生活的积极角度来观察主人公。艺术家正是善于超越生活而积极观察的人,不仅是从内部参与生活(实际的、社会的、政治的、道德的、宗教的生活),并从内部理解生活,而且要从外部珍爱生活;在外部即在对自己来说并不存在生活的地方,在生活变得外向并需要外位的和非含义的积极性的地方。艺术家的神奇之处就在于他有着至高的外位性。但这种针对他人生活事件以及这一生活世界的外位性,当然是对存在事件的一种特殊的但有据的参与形式。发现从外部把握生活的重要立场——这就是艺术家的任务。艺术家和一切艺术也正以此来构建全新的世界观照,来塑造世界形象、世界现实的血肉之躯;而这一点没有任何其他一种文化创造所能企及。而世界的这一外在(以及内在而外露)的规定性,这一在艺术中得到最好表现和巩固的规定性,总是伴随着我们对世界和生活的激情思维。审美活动把含义遍布的世界汇集浓缩成为一个完成自足的形象,为世界上川流不息的东西(亦即为了世界的现在、过去,它的实况)找到一种足以使其鲜活,足以保护其身的情感等值物,找到一种价值立场以便使世界上川流不息的东西获得事件性的价值,获得重大意义和稳定的规定性。审美行为在世界新的价值层面上产生出存在来,于是就诞生出新人和新的价值语境,亦即思考人类世界的层面。

作者作为积极的创造者,应该处在他所创造的世界边缘上,因为一旦他闯入这一世界,就会破坏它的审美稳定性。作者对描写世界的立场,我们总是可以根据他如何描写来判定,如怎样描绘外貌,他是否写出了完整的外位的外貌形象,外貌轮廓是否生动、真实、刚毅,主人公同周围世界交织得是否紧密,事件的解决和完成是否充分、真诚、富有情感,行动是否从容而明快,主人公们的心灵是否能活灵活现(抑或只是精神徒劳无益地凭自己的力量化作心灵)。只有在保证所有这些条件的情况下,审美世界才是稳定而自足的,在我们积极的艺术观照下能够始终不变。

二、内容、形式、材料。作者把目光投向内容(主人公的生活风云,即认识伦理的积极活动),他构建并完成这一内容,为此而利用一定的材料(在我们这里就是话语材料),使其服从于自身的艺术任务,即完成这一认识伦理积极活动的任务。从这一点出发,可以在艺术作品中,或者确切些说,是在这一艺术任务中区分出三个因素:内容、材料、形式。形式不能脱离开内容而得到理解,但它也不能不受制于材料的特性以及由这一特性所制约的手法。形式一方面受到该内容的制约,另一方面也受到材料特性及材料加工方法的制约。纯属材料方面的艺术任务,只是一种技巧实践。艺术手法不可能仅仅是加工话语材料(语言学所指的词语)的手法,它首先应是加工一定内容的手法,只是此时要借助一定的材料。如果以为艺术家只需要语言,只需要了解运用语言的手法,而艺术家也只把语言仅仅作为语言来接受,亦即从语言学家手里接受语言(因为只有语言学家才把语言仅仅作为语言而与之打交道),是这个语言鼓舞着艺术家,他运用语言完成着一切可能的任务,而不越出语言一步,如完成语义学的、语音学的、句法学的任务等等,那么这就太天真了。的确,艺术家要加工语言,但不是作为语言来加工;他要克服单纯的语言,因为语言不应作为语言学的规定性(形态学的、句法学的、词汇学的确定内容)来接受,而只能作为艺术表现手段。(话语应该不再让人感觉是话语。)诗人并非在语言的世界里创造,他仅仅是利用语言而已。艺术家在材料方面的任务,是受基本的艺术任务所制约的,它可以归结为对材料的克服。不过这种克服具有正面的意义,完全不是追求幻象。要克服材料中可能有的非审美的特性:大理石应该不再作为大理石而存在,亦即不再作为特定的物理现象而存在,它应该表现躯体的优美形式,而又绝不造成形体的幻觉,材料中的一切物理特性正是作为物理特性而被克服。在文学作品中我们应否把词语作为词语来感受,即作为其语言学的规定性来感受呢?我们应否把词语形态作为形态学特征,把句法形式作为句法特征,把语义序列作为语义特征来感受呢?文学作品的整体本质上是否就是话语整体?无疑,文学作品也应该作为话语整体来加以研究,而这是语言学家的事;不过,这个话语整体既是作为话语来接受的,它因而也就不是艺术的整体。但是将语言作为物理材料来克服,这完全是一种内在的过程,不是通过否定达到的,而是通过朝一定的需要的方向实现内在的完善。(语言本身对价值是漠不关心的,它向来只是一个奴仆,从来也不构成目的,它服务于认识、艺术、实际的交际等等。)初涉研究领域的人们会幼稚地认为,就连创作的世界也是由科学抽象的要素构成的。原来,我们一贯在用散文①说话而没有意识到这一点。朴素的实证主义认为,我们在世界里(即在世界的事件里,因为我们是在世界里生活、行动和创造)是与材料、心理、数学的数打交道,而这些都同我们行为的含义和目的相关联,能够说明我们的行为之所以是行为,我们的创造之所以是创造(如柏拉图作品中的苏格拉底)。然而实际上,这些概念仅能解释世界的材料、世界事件的技术手段。世界的这一材料,是内在地为行为和创作所克服。这一朴素的实证主义如今也进入人文科学之中(对科学性的幼稚理解)。但是,需要理解的不是技术手段,而是创作的内在逻辑,首先是需要理解价值含义的构成(创作活动就是在这一结构中进行的,并在其中从价值上意识到自己),需要理解创作行为从中获得意义的那一语境。作为艺术家的作者,其创作意识从来也不与语言意识相重合,语言意识只是一个因素,只是材料,完全受纯艺术任务所支配。我理解为道路,理解为人世旅途的那一东西,居然仅是一系列语义(当然,语义系列确也存在,问题是占什么地位)。这样理解只能是脱离艺术任务,脱离文学作品。要么除非语义学不算语言学的一个门类,而且无论作何理解也不能成为语言学科(只要是属于语言学科就只能如此)。编纂一部分门别类的语义辞典,还绝非意味着研究文学创作。而这一研究的基本任务,首先应是确定艺术创作任务及其真正的语境,即提出并实现这个艺术任务的那一价值世界。我们生活、行动、创造于其中的世界,是由什么构成的呢?是由物质和心理构成的吗?文学作品是由什么构成的呢?是由词语、句子、章节,或许是页码、纸张构成的吗?在艺术家从事积极创作的价值语境中,所有这些因素都不是第一位的,而是第二位的,不是它们从价值上决定这个语境,而是受这个语境所决定。这倒不是否定研究这些因素的权利,而是给这一研究指明在实际理解真正的创作时它所应占的地位。

总之,作者的创作意识不是任何广义上的语言意识,语言意识仅

---

① "散文"此处系指日常会话等领域的语言,与诗歌的韵文相对。——译者

仅是创作中的一个消极因素,即被内在地加以克服的材料。

三、以文学材料的语境来偷换作者的价值语境。我们现在已经明白,艺术家对待话语本身的态度,是第二性的派生的因素,受制于第一性的他对内容的态度,即对生活和生活世界的直接现实、对生活中认识伦理的直接现实的态度。可以说,艺术家借助于话语来加工世界,为此话语要内在地克服其语言特性,从而成为表现他人世界,表现作者对这一世界态度的产物。严格意义上的语言风格(作者对语言的态度,及受这一态度所制约的运用语言的方法),是作者艺术风格在这种材料特性中的反映。(艺术风格是对生活及生活世界的态度以及受这一态度所制约的对人及其世界进行加工的方法。)艺术风格发挥作用,不是靠利用话语,而是靠利用世界的诸因素、世界和生活的诸价值。艺术风格可以定义为构建和完成人及其世界的手法总和,正是这个艺术风格又决定着对材料、话语的态度;而为了理解这一态度,当然应该了解话语的特性。艺术家直接面对作为世界事件之因素的事物,这一点随后(这里当然不是指时间顺序,而是指价值等级)决定着艺术家对词语(作为纯语言因素)指物意义的态度,决定着如何运用语音因素(声音形象)、情态因素(情态本身在价值上就是属于事物的,是指向事物的,而不是指向词语的,尽管这事物在词语之外未出现)、描绘因素等等。

以材料偷换内容(或者只是这样一种倾向),会取消艺术任务,把它降为第二位的完全受制约的因素,亦即归结为是对话语的态度(在这种情况下,当然总是要掺进对世界的态度这个第一位因素,却不加分析。否则的话也就无话可说了)。

不过,用来偷换作者实际价值语境的,可能不是话语的、语言的语境(指语言学上的概念),而是一种文学语境,艺术话语语境,亦即为完成先前某种艺术任务已经加工过的语言(当然,这就需要设想在绝对的过去曾经有过初级的创作行为,它不是发生在文学语境上,因为那时还没有文学语境)。根据这一见解,作者的创作行为全部发生在纯粹的文学的价值语境上,丝毫也不越出这个语境,它的全部因素都只可在这一语境上理解。从价值上说,创作行为在这里诞生,在这里完成,也在这里消亡。作者发现了文学语言,发现了文学形式(整个是一个文学的世界而不存在任何别的东西);这里产生了他的灵感,他的创作激情,他要在这一文学世界中创造新的形式组合,而不越出这个世界一步。的确有一些作品是在纯文学世界里冥思苦想而酝酿产生出来的,但这些作品由于艺术上毫无价值而很少引起人们讨论(其实,我不敢绝对地肯定说可能有这种作品)。

作者在自己的创作中要克服纯文学性的旧形式、旧习惯、旧传统的纯文学性的抵抗(这些无疑是存在的),却从来不会遇到其他性质的抵抗(如主人公及其世界在认识伦理方面的抵抗)。而此时作者的目的是用纯文学的要素建立新的文学性的组合,而且要使读者也仅仅依靠通常的文学手法为背景来"感觉"作者的创作行为,亦即同样丝毫也不超出从材料角度理解的文学,不超出这一文学的价值含义语境。而真实的作者创作的价值含义语境(它才能揭示其作品的意义),绝不等同于纯文学性的语境,更何况这一语境又是从材料角度加以理解的。纯文学性语境连同自身价值一起,当然是进入前指的真实语境的,但它在其中绝不是决定的因素,而是被决定的因素。创作行为不能不在文学材料的语境中积极地确立自身,在其中也占据价值立场,且无疑是重要的立场。不过这一立场是受作者在存在事件中,在世界诸种价值中更为基本的立场所决定的。在价值上,作者首先确立对主人公及其世界(即生活的世界)的立场,而他的这一艺术立场也决定着他在文学材料方面的立场。可以说:艺术上观照和完成世界的形式,决定着外在的文学手法,而不是相反;艺术世界的建构决定着作品的布局(顺序、分段和完成、语群衔接),而不是相反。需要与旧的或者并不旧的文学形式作斗争,需要利用它们并组合它们,需要克服它们的抗力或者以它们为支柱,但这一切的基础是最重要的、决定性的、第一位的一种艺术上的斗争,是与生活的认识伦理取向及其巨大的顽强性所做的艺术斗争。这里是创作行为最为着力之处(与这一行为相比,其余的一切都只是手段),这里是每个艺术家在自己创作中的最为着力之处,即如果他的确而且认真地是位首创艺术家,也就是与生活原型中认识伦理的自发力、混乱性(是从审美角度上说的自发力与混乱性)进行直接的交锋与斗争,只有这种交锋才能产生纯艺术的火花。每一艺术家在他的每一部作品中,都得一而再再而三地在艺术上赢得[1词不清],一次又一次地从本质上确证自己的审美立场。作者直接地与主人公及其世界接触,并且只是根据对主人公的直接的价值上的态度来确定自己的艺术立场;也只是从对主人公的这一价值态度中,形式方面的文学手法才第一次变得至关重要,获得了含义和价值分量(对表现事件性显得必不可少而且十分重要),事件性的过程也进入文学材料的领域之中。(杂志语境、杂志上的斗争、杂志上的生活和杂志上的理论①。)

　　具体的文学材料(形式)的手法(更不要说语言学手法,语言要素,如词语、句子、象征、语义系列等)任何的交织组合,都不能仅从狭义审美的规律性、文学的规律性(这种规律性总是具有反映的、第二性的、派生的性质)角度就理解成是风格和布局(除了有意地进行艺术实验之外)。换言之,不能只从作者一人及其纯审美能力的角度加以理解(这一点也适用于抒情诗和音乐),还必须考虑到含义内容,考虑到主人公生活在含义上、认识伦理上的自身规律性,他那作为行动者意识的含义规律性。因为一切具有审美意义的因素,其间所包容的不是虚空,而是行动者生活的顽强而自有规律性(审美上无法解释)的含义取向。作品并非是分解成一系列纯审美的因素、布局的因素(尤其不是语言学的因素,如带有感情色彩的象征性词语,按照语言象征联想规律联系起来的词语),似乎它们之间是按照纯审美规律、布局规律联系在一起;不,艺术整体本身体现着一种征服,而且是一种重要的征服——征服某一必然的含义整体(可能有的意义重大的生活整体)。在艺术整体中存在着两种权力,以及由这两种权力建立的相互制约的

---

① 作者这一提纲挈领式的说明,可参照《文学作品的内容、材料与形式问题》一文中类似的思想加以理解。——原编者

两种法规；每一成分都要在两种价值体系中加以确定，而在每一成分之中这两种体系都处于价值上的重要而紧张的相互关系中，这个成分的力量创造着每一成分的和整体的事件性的价值分量。

艺术家从来不是一开始就作为艺术家而行事的，即不可能从一开始就只同审美的因素打交道。有两种规律性驾驭着艺术作品：主人公的规律性和作者的规律性，内容的和形式的规律性。在艺术家一开始就与审美因素打交道的地方，所得的作品就是编造的、空洞无物的作品，它什么也不克服，实际上也不创造任何有价值有分量的东西。塑造主人公，不能从头至尾只利用纯审美的因素，不能"制作"(сделать)主人公，那样他就没有生气，不能令人"感觉"(ощущаться)到他的纯审美的价值。作者不能杜撰主人公，这样的主人公面对作者确立并加工他的创作行为没有任何的自主性，作为艺术家的作者，早在其纯艺术行为之前就预见了实在的主人公，他不是从自己心里产生主人公，这样的主人公是不能令人信服的。当然，我们指的是可能有的主人公，即尚且不是主人公，审美上还未加工完成，因为作品的主人公是已经获得了重要艺术形式的、亦即这是一个实在的他人，作者先期所见的正是这一实在的他人[①]，审美上的完成也正是用于这一他人身上才获得价值分量。艺术活动会遇到某种顽强抗拒的(富有弹性而无法穿透的)现实，他不能不考虑这一现实，又不能把它完全地融于自身之中。正是主人公这一非审美性的现实得到加工完成而进入他的作品中。主人公(一个他人意识)的这一现实，正是艺术观照的对象，这个对象使这一观照获得了审美的客观性。当然，这不是自然科学意义上的现实(实际的和可能的现实，无论是物理上的还是心理上的)，这个现实是与作者自由的创作幻想相对立的，这里说的是一种内在的现实，是生活的价值含义取向。在这一方面，我们要求作者要使他塑造的形象具有价值上的真实性，具有价值上和事件性的分量；我们要的不是认识性的也不是实践经验性的真实，而是事件性的真实(不是物

[①] 我们当然不是指主人公在某地某时的经验上的先期存在。——作者

理性的,而是事件性的可能的运动):这可能是价值含义上的生活事件,尽管在物理上和心理上这种事件是完全不可能的,是完全不真实的(这里将心理学理解为自然科学的一个分支)。正是从这样的要求来衡量艺术的真实性、客观性,也就是看是否忠实于对象,即人的认识伦理的生活取向,这样来衡量情节、性格、状态、抒情旋律等的真实性。我们应该在作品中感觉到事件性的现实存在正在剧烈地反抗;在没有这种反抗的地方,在无法进入世界的价值事件的地方,作品便流于杜撰,艺术上全然没有说服力。当然,判断审美的客观性不可能有普遍的客观标准,这方面能有的只是直觉的可信性。透过艺术形式和艺术完成的诸多外位性因素,我们应该生动地感觉到一个可能的他人意识,这些因素正是外位于它、钟爱地完成它。除了我们的创作意识或共同创作意识之外,我们还应该生动地感觉到我们视为他人而施以创作积极性的另一意识。感觉这个意识,就意味着感觉形式,感觉形式的救助作用,感觉形式的价值分量,即感觉美。(我说的是感觉,就是说,在感觉时可以不从理论上、认识上获得明确的认识。)不可把形式施于自身,我们若把形式施于自己,就会在自己眼中成为他人,即我们已不再是自己,不再能凭自己活着,我们将受制于人。而如此施于自身(当然并不贴切),在某些抒情诗和音乐以外的一切艺术领域里,都要损害形式的重大意义和价值分量,在这时要想深化、拓宽艺术观照是不可能的:因为马上会暴露出虚假来,接受也就变得消极而勉强。在艺术事件里有着两个参与者:一个是消极而现实的,另一个是积极的(兼为观照者的作者)。其中一个退出,便会破坏艺术事件,留给我们的只是虚幻的艺术事件——一种假象(艺术上的自我欺骗),这种艺术事件不是实有的,没有真正地完成。艺术的客观性是艺术之善,而善不可能是无对象的,不是在真空中具有分量,应该有个他人在价值上与之相对立。某些艺术种类被称作无对象的艺术(图案、阿拉伯纹饰、音乐)。这样说只是在以下的意义上是正确的:这里不存在确定的对象性内容,可分有和限定的内容;不过我们所说的能赋予艺术客观性的那种对象,当然还是有的。我们在音乐中感觉到一个可能的、内在无法完成的、纯生活意识在顽强表现,也正因为这样,我们才意识到它的力量,我们视它的价值分量以及每一新的进展都是一次胜利,一次征服;当我们感觉到这种可能的认识伦理的努力,这种自身内在不会完结的却又有生有灭的努力(这种努力犹如无尽的忏悔和祈祷,犹如原则上的和确有理由的永恒不安)时,我们也就感觉到一种巨大的事件性优势,即可以成为他人,可以外位于另一可能的意识,也就感觉到自己具有赠予、解决和完成的可能性,自己从审美上实现形式的力量。我们创造音乐形式,不是在价值真空中,也不是在其他的音乐形式中间(音乐中间的音乐),而是在生活事件之中;也正是这一点使得音乐形式成为严肃的、富有事件性的、有分量的形式。(纯风格性的阿拉伯纹饰,我们在风格背后总是感觉到可能的心灵。)总而言之,在无对象艺术中存在着内容,亦即可能的生活所表现的事件性的顽强态势,不过这一内容没有获得对象性的区分和界定。①

总之,在单纯的形式世界里,形式是没有意义的。文学作品借以实现自己并确定自己内涵的那个价值语境,并不仅仅是文学语境。艺术作品应该掌握主人公的价值现实,主人公的事件性现实。(心理也是这样一种技术性的非事件性的因素。)

四、传统和风格。我们把加工和完成主人公及其世界的手法以及受其制约的加工和调整(内在地克服)材料的手法,合而为一统称为风格。那么风格与作为个性的作者是什么关系呢?风格与内容,即与被完成的他人世界又是什么关系呢?传统在兼有观照者的作者的价值语境中具有怎样的意义呢?

风格要达到充分的统一(重要而有力的风格),必须有生活的认识伦理的能力,驾驭生活的设定性必须是无可争议的——这是第一个条件。第二个条件,外位性立场应是无可争议而又充分有力的(我们将会看到,归根结底是一种宗教式的信仰,即生活不是孤独的,它的活动

---

① 外在于积极性中的价值满足感。——作者附言

和发展不是在价值的真空中),艺术在整个文化中应占有牢固而无可争辩的地位。偶然性的外位立场不可能有自信,风格不可能是偶然的东西。上述两个条件紧密地联系在一起并互为制约。重要的风格会囊括一切艺术门类,要么就全然不存在,因为它首先是观察世界的风格,其次才是加工材料的风格。显然,风格要依靠生活中认识伦理的价值语境的稳定统一性,所以,它排除了内容创造方面的标新立异。(例如古典主义不追求创造新的认识伦理价值,不作纯生活方面的新努力,而把全部精力放在审美完成的因素上,放在潜在深化传统的生活取向上。浪漫主义中内容的标新立异,现实主义中内容的现代性。)内容创作中的不自然状态及标新立异,大多已经标志着审美创作的危机。作者(автор)的危机是:重新认识艺术在整个文化中的地位,在存在事件的地位;任何传统上的地位都变得没有道理;艺术家是某种确定了的东西——不可当艺术家,不可完全地陷入这一有限的领域;不是要在艺术中超越他人,而是要超越艺术本身;不接受这一文化领域中内在的标准,不承认各个文化领域的规定性。浪漫主义及其创作整体性和人的整体性思想。希图直接地在统一的存在事件中以其唯一参与者身份行动和创造;不善于屈身为劳动者,不善于通过他人来确定自己在事件中的位置,不善于把自己与他们摆在一起。

作者(авторство)的危机也可能出现在另一方面。外位立场本身发生动摇而显得无足轻重,作者外位于生活并完成生活的权利受到质疑。一切稳固的外位形式都开始瓦解(首先是在从陀思妥耶夫斯基到别雷的小说中;对抒情诗来说,作者的危机从不具有很大意义,如安年斯基等);生活只有从内部来看才可以理解也才有事件性的分量,即我以我的身份来感受生活,是体现为与自身的关系,是通过我的自为之我这一价值范畴。因为理解便意味着向对象移情,用他本人的眼睛去审视他,放弃外位于他的重要视角;一切从外部把握生活的力量,都变得不很重要而且带有偶然性,对任何的外位性都产生了深刻的怀疑(宗教中与此相关而出现上帝的内心化,上帝和宗教都成为心理因素,不理解教堂是一种外化的机构，总的说是过高估价从内部所见的内在之物）。生活极力要潜入自身内部，遁入自己内在的无限性中，害怕边界，力求消除边界，因为它不相信来自外部的加工力量具有重要性和善意，不接受从外部观照的视点。在这种情况下，边界文化（这是自信而深刻的风格所必不可少的条件）就成为不可能的事了，至于生活的边界，本来同它便无事可做，一切创造的力量都离开边界，听其自然了。审美文化就是边界的文化，所以，它要求有拥抱生活的充分信任的温馨氛围。而为了自信地又有据地创造和加工人的内外边界，他所在世界的边界，前提是要有外在于此人的坚定而可靠的立场；处在这一立场上，精神能长时间地驾驭自己的力量而自由行动。显而易见，这就要求氛围凝聚有重要的价值性，如果没有这种价值的凝聚，如果外位立场偶然而脆弱，如果对所体验生活的价值理解全都在这生活内部实现（指个人实际的、社会的、道德的生活等），如果生活的价值分量只有在我们进入其中（移情于其中），站到它的视角上，通过我的范畴才能实际地体验，那么，就没有可能在人与生活的边界上为价值的创造而放慢进程作长时间的驻足，这时只可能对人和生活作滑稽的模仿（消极地利用外位性因素）。见于讽刺性和喜剧性（当然不是在幽默中）作品中的对外位因素（超视、超知和评价因素）的消极运用，在很大程度上是由于从内部体验的生活（道德的、社会的生活等）具有特殊的价值分量，而价值上的外位却降低了作用（或者甚至完全地贬值），是由于外位立场因而也是生活的非含义外在形象，丧失了自己的依据和支柱。这种非含义的外形变得毫无含义可言的外形，也就是对可能的非审美含义来说，只是一种消极的东西（在积极的完成过程中，非含义的外形则会成为审美的价值），成为一种揭露性的力量。生活中的外位性是靠传统来支撑的（外形、外貌、姿势等，日常习俗、礼节以及其他），这些随着传统的瓦解会变得毫无意义，生活从内部能打破一切的形式。丑的范畴之运用。浪漫主义塑造形象运用矛盾的逆喻法：突出内里与外形、社会地位与本质、无尽内容与有限表现之间的矛盾。人和生活的外形变得无处栖身,不存在构建这种外形的有据的立场。(风格是世界外形的统一而完整的画面:外在之人,他的衣着、他的姿态与环境的结合。)世界观支配着行为(而且一切从内部来看都可以理解为行为),保证着行动者生活含义取向的统一、责任的统一、自我超越的统一、生活克服自身的统一;而风格则保证世界外位面貌的统一、世界外在反映的统一、世界外向的统一、世界边界的统一(边界的确立和组合)。(世界观确立并总括人的视野,而风格确立并总括人的环境。)讽刺性和喜剧性作品中消极利用外位超视因素(借助存在进行嘲讽)的更详尽研究,以及幽默的特殊地位,已不属本文的范围。

作者(авторство)的危机还有一个方面的表现:外位性立场可能开始向伦理立场转化,从而丧失自身的纯审美特征。对生活的纯粹现象性、纯粹直观性,对在现时和过去之中从容完成生活,兴趣趋向减弱;不是绝对未来,而是近期的社会未来(甚至还有政治未来),是未来中最近的强制性道德要求,破坏着人及其世界的边界的稳定性。外位性变成病态的伦理外位性(被侮辱和被欺凌的人成为观照的主人公,这当然已不是纯粹的艺术观照的主人公)。不存在自信而从容、稳定而丰富的外位立场。没有为此所必不可少的内在的有价值的从容(从容指明智而素谙生死之道,指出于信任而对认识伦理的紧张状态不感无望)。我们所指的不是心理学上的从容概念(心理状态),不是单纯的实有的镇定,而是确有根据的从容。这种从容是意识的一种有据的价值取向,是审美创造的条件;从容是信任态度在存在事件中的表现;这是一种负责的、应付裕如的从容。必须简单讲一讲审美外位性与伦理外位性(道德的、社会的、政治的、实际生活的外位性)的不同。审美外位性和孤立的因素,对存在的外位性;存在由此而成为纯粹的现象;对未来的摆脱。

内在的无尽性的突然爆发而不得安宁;生活具有其原则性。填补空虚的唯美主义,是危机的第二个方面。主人公的丧失;单纯玩弄审美的因素。对某种可能的重要审美取向的风格模仿。创作者的个性如离开风格便会丧失自信,被视为不负责任的个性。个人的创作只有在风格之中得到传统的确证和支持,才可能是负责的创作。

生活的危机不同于作者的危机,却往往与它相伴;生活的危机,是让文学主人公住进生活中,是生活脱离了绝对未来,是把生活变成无合唱无作者的悲剧。

作者参与存在事件的条件,他的创造立场获得力量和依据的条件就是这样。无法证明自己在存在事件中的不在场。如果这个 alibi① 成了创作和表述的先决条件,那就不可能产生出任何负责的、严肃的和意义重大的作品。某种专业方面的责任也是需要的(在一个自主的文化领域中),因为不可能直接在上帝那里创作。但这种专门化的责任只能建立在一种深刻的信任上,即相信有个维护文化的至高力量,相信有个至高的他人对我的专门责任负责,相信我不是在价值真空中行动。没有这种信任,便只能是徒然的觊觎了。

作者实际的创作行为(以至于一般的行为)总是在审美世界的边界(指价值边界)上,在给定现实的边界上(给定现实是审美的现实),在躯体边界上,在心灵边界上进行,在精神中进行;但精神尚不存在;对精神来说,一切尚待来临;现有的一切在它看来都已成过去。

还需要简单说说观众与作者的关系问题,这在前几章有所涉及。作者对读者来说是有权威的,是必不可少的;读者不是把作者视作一个人、一个他人、一个主人公、一种存在的规定性,而是视作一个需要遵循的原则(只有研究作者的生平时才把他变成主人公,变成存在中确定的人,可以观照的人)。作者作为创造者的个性,是一种特别的、非审美性质的创造个性;这是从事观照和建构的积极个性,而不是被观照和被建构的个性。只有在我们把作者加工创造的主人公的独特世界同作者联系在一起时,或者作者部分地客观化而成为叙述人的时候,作者才能构成真正的个性。对我们来说,作者不能也不应被视为一个人,因为我们处于作者之中,我们移情到了他的积极观照之中。只有到艺术观照结束的时候,即当作者不再积极地引导我们的观照时,我们才把在他引导下所体验的我们的积极性(我们的积极性也就

---

① 即法律上的"不在场"的证明,作者借用它来说明审美创造的条件。——译者

是他的积极性)客观化为某个人、作者的个性面目;作者的这个面目我们往往乐于纳入他所创造的主人公世界里去。不过这个客观化了的作者,这个不再是观照原则而已成为观照对象的作者,不同于作为传记主人公的作者(传记在科学上是相当不受原则约束的形式)。从作者其人的个性中来解释他的创造确定性,以存在来解释创造积极性,这种做法在多大程度上是可行的,这决定着传记作为一种科学形式所特有的地位和方法。作者首先应该从作品的事件中,作为事件参与者,作为读者在作品中的权威引导者来加以理解。在作者所处时代的历史世界中来理解作者,理解作者在社会集体中的地位,理解他的阶级状况。在这里我们已经超出了对作品事件的分析而进入历史领域;纯历史研究不能不考虑到所有这些因素。文学史研究的方法论已超出本文的范围。在作品内部,对读者来说,作者是应予实现的诸创作原则的总和,是积极施于主人公及其世界的外位性观照因素的统一体。作者其人的个性化,已是读者、批评家、史学家的派生性的创作活动了,这个创作活动独立于作为积极观照原则的作者之外,它使作者本人变成了被动者。

第七章　俄国文学中作者与主人公问题(缺)

卢小合　译

话语创作美学方法论问题

　　本文试图以普通的系统美学为基础,对诗学的基本概念和基本问题,作一方法论的分析。

　　我们研究的出发点是几部俄国的诗学著作。它们的基本论点,我们将在开头几章中予以详述,然而,对它们的各派及单部著作,我们不准备从总体上、从其历史价值上予以考察,也不拟加评价。因为,对我们来说,首要的只是这些基本概念和论点的纯粹系统美学上的价值。对诗学著作做任何历史性的或介绍性的评述,也不属于我们的任务。因为在纯以系统美学为目的的研究中,只有理论原则和证据才具有意义,而那种评述有时难于剀切中理。我们同样竭力避免不必要的旁征博引。在非历史性质的研究中,引证通常不具有直接的方法论意义,而对一篇系统性的简短文章来说,就完全是多余的了,这种旁征博引对内行的读者纯属累赘,而对外行又无所助益。

　　本著作分为两部,第一部在于阐明文学作品的基本因素,即形式、内容与材料的意义,阐明文学作品与审美对象先决性的区别,与此相关,与技巧和特别是创作中的审美因素的区别。第二部研究诗歌的审美对象,与作为被组成的语言材料的外观性的作品的区别,以及两者之间必不可少的联系。

第一部 文学作品的形式、内容与材料问题

第一章 艺术学与普通美学

一、目前俄罗斯的艺术学领域,正进行着极其严肃而富有成效的探索。近几年来,俄国学术界,特别是诗歌领域中,有价值的艺术理论著作屡见不鲜。简直可以说,俄罗斯的艺术学,与前一时期相比,正呈现出某种欣欣向荣的景象,而此前的艺术领域成了种种高谈阔论的避难场所。那种高谈阔论对学术毫不负责,却又故作高深。有些看来深刻而且有益的思想见解,却无法归于某一学科之中,即在客观的认识系统里不可能觅得一席之地,所谓"随感式的发现",通常便在论及一般艺术问题或者某一艺术作品时借机发挥出来,之间仅有外在的偶然的逻辑关系。一种进入审美领域的并不十分科学的思维,出于误解有时也竟自称为哲学思维,因为感到自己与艺术有着亲缘关系(尽管并无充分的根据),往往就攀附到艺术身上。

现在的情况发生了变化。承认只有科学的思维才是可取的,在艺术研究领域也已广泛为人们所接受。几乎可说已有另一个极端出现,即以科学性为时髦,表面上追求貌似的科学,在真正的科学尚未诞生时草率而自负地标榜科学性。因为处心积虑要尽快创建一门科学的企图,往往导致研究课题水准的严重下滑,研究对象变得贫乏,甚至研究对象(在我们这里是艺术创作的对象)被别的东西所偷换。下面我们将会看到,年轻的俄罗斯科学有时也难以幸免。在文化创造的某一

领域里创建一门科学而又能保存对象的全部复杂性、完整性和特殊性，是件极其困难的事。

尽管近几年来问世的俄罗斯诗学著作，无可争辩地有益而且重要，它们中间大部分所持的总的学术立场，不能认为是完全正确的、令人满意的。这特别是指所谓形式方法或形态学方法的一些代表人物的著作，但也包括虽非完全采用这一方法却与之有某些共同前提的一些研究著述，B.M.日尔蒙斯基教授出色的论著就是一例。

这些诗学著作的学术立场之所以不能令人满意，归根结底是因为他们构建的诗学对普通系统的哲学美学所取的态度不正确，或者至少是在方法论上缺乏明确的态度。这是艺术学所有门类在学科初创时所犯的通病，即对普通美学采取否定态度，从原则上拒绝它的指导。在给艺术科学下定义时，往往就是把它同原本便不科学的哲学美学对立起来加以比较。建立某一艺术门类的理论体系（我们这里是指话语艺术），却脱离开一切艺术总的本质问题，这是现代诗学著作呈现出的一种趋势。

如果把艺术的本质问题理解为艺术的形而上学观，那么，的确不得不承认，只有摆脱这类问题，研究才能具备科学性。所幸的是，如今根本无须再同形而上学作严肃的争论了。而诗学孜孜以求的独立性，却获得了完全另一种含义，一种对它更为可悲的含义。这一含义可以归结为：无须认识、无须系统阐明审美在人类文化总体中的特殊性的条件下，觊觎建立起单独一门艺术的科学。

类似之觊觎，实际上是无法兑现的；如果不能系统地理解审美，既不理解它与认识和伦理的不同，又不理解在文化整体中与它们的联系，那么甚至连从大量其他话语作品中区分出诗学研究的对象，即用话语表现的艺术作品，都是不可能的。当然，研究家们每次总是会提出一套系统的看法，但却完全缺乏辨析的态度。

有时人们相信这种理解可以直接从研究对象中得出，文学理论的研究者不必去考察处于审美概念背后的系统哲学，他可以在文学自身中发现这个哲学。

诚然,审美因素是艺术作品本身所固有的,无须哲学家去杜撰它。但只有系统哲学以其自身的方法才能科学地理解审美的特殊性、审美同伦理和认识的关系、审美在人类文化整体中的地位,最后还有它的适用范围。对审美的理解,不能通过直觉或经验的途径从艺术作品中予以获取,那样的理解将是幼稚的、主观的和脆弱的。为了取得可信而精确的自我界定,审美必须与人类文化整体中的其他领域进行相互的界定。

任何一种文化价值、任何一种创作观点,都不能也不应停留在简单的实录纯粹的心理事实或历史事实的水平上。只有在整体的文化内涵中进行系统的界定,才能使文化价值克服单纯的存在性。艺术的自主自立是以它同文化整体的关联,以它在整体中既特殊又必要,且又不可替代的地位为基础、为保证的。否则的话,这种独立性就纯然成了随心所欲;另一方面,又会给艺术强加上与它的纯事实性格格不入的目的和使命,因为艺术对此无以抗衡,单纯的事实只能任人利用;事实和单纯事实性的特征,是不会有发言权的。为了获得发言权,艺术必须成为含义;而在没有进入整体,没有接受整体的规律之前,艺术是不能成为含义的,因为孤立的含义是 Contradictio in adjecto①。要克服艺术研究领域中方法论上纷呈的歧说,不能走创造新方法的路子,即再加一种独特的利用艺术事实性的方法,参与到多种方法的共同斗争中去,而应该在人类文化的整体中通过系统哲学来论证艺术事实及艺术的特殊性。

没有系统的哲学美学作基础的诗学,从根本上便成为一种脆弱的偶然的东西。以系统观阐发的诗学,应该是话语艺术创作美学。这一定义强调了诗学对普通美学的依赖性。

二、由于缺乏系统哲学的、普通美学的指导,由于对其他艺术,即对人类文化整体的一个门类从方法论上缺乏经常的、深思熟虑的关

---

① 拉丁语:形式逻辑中限定语与被限定语的矛盾,或译自相矛盾。——译者

注,结果现代俄罗斯诗学①把学科任务理解得过于简单化了,对研究对象的认识过于肤浅而且片面。只有研究话语艺术创作的皮相,才感到得心应手。而对那些能把艺术引上人类文化整体的康庄大道的问题,对那些脱离了广阔的哲学视野便无法解决的问题,则都拒而不谈。诗学被束缚在语言学身上而不敢越雷池一步(如大多数形式主义者及B.M.日尔蒙斯基),而有时干脆成为语言学的一个分支(如B.B.维诺格拉多夫)。

诗学同任何专门的美学一样,除了普通美学诸原则之外,还应关注材料的性质,这里指的就是话语的性质。语言学作为一门辅助学科,当然是必不可少的。但在这里,它却占据了完全不应有的领导地位,几乎取代了普通美学所具有的地位。

这一现象,对那些把自己同美学对立起来的各种艺术学科来说,都是非常典型的。它们大多不能正确地评价材料在艺术创作中的意义,而过高估价材料因素是基于某些原则性考虑的。

当时一个经典的口号甚嚣尘上:没有整体的艺术,只有分门别类的艺术。这一论点实际上把艺术创作中的材料提到了首位。因为正是材料区分着不同的艺术,而如果在美学家意识中,材料在方法论上跃居首位,就会使各门艺术都孤立起来。但材料何以会位居首要,这在方法论上是否合乎情理呢?

艺术学试图在摆脱普通的哲学美学的条件下创立科学的艺术理论,这时它发现材料是进行学术探讨的最坚实的基础。要知道,着眼于材料可造成极似有益的经验科学的印象而十分诱人。事实确乎如此,空间、质料、花卉、声音——所有这些是艺术学家(以及艺术家)从数学自然科学的相应学科中得来的;词语则是他从语言学获得的。于

---

① 近期的俄罗斯诗学及文学的方法论著作中,无疑也出现了在我们看来较为正确的方法论立场;A.A.斯米尔诺夫的《文学科学的途径和任务》(《文学思想》,1923年第11期)的出色论文,值得我们特别注意。后文中我们完全附议此文的许多论点和结论。——作者

是在艺术学的土壤上产生了一种倾向:把一种材料的形式,视为一种艺术的形式,艺术形式不过是体现着自然科学及语言学规定性和规律性的那种材料的组合,仅此而已。这或许能使艺术学的论断成为实证科学的论断,有时,也许可直接作数学式的证实。

这样一来,便得出了一个具有普通美学意义的出发点。根据我们前面所讲的情况,从心理上和历史上看,这个出发点是完全可以理解的,但未必是合理的,在系统观上是站不住脚的。我们把上面所说的稍加展开,可把这一出发点作这样的归纳:审美活动施于材料,它只赋形于材料,因为具有审美意义的形式是材料的形式,这个材料就是自然科学或语言学所理解的材料。当艺术家们声称他们的创作体现着价值,针对世界,针对现实,涉及人,涉及社会关系,涉及伦理的、宗教的或其他价值的时候,这些不过是一种隐喻而已,因为事实上属于艺术家的只有材料:物理学数学上的空间,质料,声学中的声音,语言学里的词语;因之艺术家的审美立场只能是对此种确定的材料而发的。

这一带有普通美学性质的出发点,在各个门类的艺术理论中,默默地或直言不讳地成了许多著述以及整个流派的基石。我们因此有权说,存在一个被人们不加分析地奉为圭臬的特殊的属于普通美学的观念,我们称它为材料美学。

材料美学可以说是企图独立于普通美学之外的一些艺术学流派为研究工作而建立的假说。无论形式主义者或B.M.日尔蒙斯基,都以此为依据,因为这正是使他们联合在一起的出发点①。

这里有必要指出,所谓形式方法无论历史上或系统观上,都与形

---

① 我们十分明确而尖锐地表述出来的这一出发点,往往采用较为和缓的形式。典型的例子就是B.M.日尔蒙斯基的说法,其中举出了题材因素,然而题材在他看来也不过是材料的一个因素(词语的意义)而已;有些艺术门类中,材料不含有题材这一因素,题材也就不复存在了。——作者

式美学无任何关联(形式美学指的是康德、海尔巴特[1]等人的美学,与之不同的是内容美学,如谢林、黑格尔等人的美学),也不是处在走向形式美学的轨道上。在普通美学的层面上,可以把形式方法界定为我们所指出的材料美学的一种,应该说是有些简单化的粗糙的变种。这一材料美学的历史,就是 Kunstwissenschaften[2] 史,是为摆脱系统哲学争取独立而斗争的历史。

在评价艺术学著作时,必须把材料美学这一完全不能接受的整体观点(我们将要在下文证实为何不能接受),同那些具有学术价值的纯粹具体的局部的结论,予以严格地区分开来。尽管整体观点是不对的,但具体论断还可能具有科学意义,当然,是在艺术创作受到该材料的特性所制约的情况下[3]。

可以说,材料美学作为研究工作的假说,本是无害的。而且,倘在方法论上明确意识到它的使用范围,只用于研究艺术创作的技巧,那么它甚至还是有效的。但若企图以它为基础理解并研究整个艺术创作、艺术的审美特性和意义,那就绝无益处而不可行了。

三、材料美学一旦不把自身的追求局限在艺术创作的技巧方面,就会导致一系列原则性的错误,遇到难以克服的障碍。我们将分析其中最重要的几点。在下文的分析中,我们研究材料美学而不涉及各个艺术门类的学科,把材料美学视为一个独立的普通美学的观点。它实际上也正是这样一种见解,也正应该作为这样一种见解加以探讨和评述,看它能否符合任何普通美学理论所必须具备的那些要求。

1.材料美学无法说明艺术形式的根由。材料美学关于形式的基

---

[1] 海尔巴特(1776—1847),德国哲学家、心理学家,西方近代美学中形式主义的创始人。——译者
[2] 德语:不同门类的艺术学。——作者
[3] 在形式主义者的著作中,除了完全不正确的论断(主要是泛论性的)之外,往往会发现许多有学术价值的观点。如 B.M.日尔蒙斯基的《韵律·它的理论和历史》,Б.В.托马舍夫斯基的《俄罗斯诗律》,都具有极高的学术价值。在西欧乃至俄国的美学文献中,话语艺术作品的技巧研究,无不发轫于材料美学。——作者

本论点,招致诸多疑问,总体上是没有说服力的。

形式在这里只是被理解为材料的形式,而材料又只取它的自然科学的属性,即数学的或语言学的规定性。如此理解的形式,便成了某种纯粹外部的、不含价值因素的材料配置的方法。形式具有的感情意志的张力,则根本得不到解释;形式要表现作者和观照者对材料之外的某种东西的评价态度,这一特点也根本得不到解释。这种通过形式(如节奏、和谐、对称及其他形式因素)来表现的情感和意志,是如此强烈而积极,很难解释为是对材料所取的态度。

任何感情如果失去了能说明其含义的对象,便会沦为赤裸裸的实际心理状态,脱离文化而孤立的状态。所以,形式所表现的情感如毫无所指,不过是心理物理机体的一种状态而已,它不含任何可以打破纯然心态的意向,这样的情感会流于一种单纯的快感,最终只能被作为纯粹的愉悦来阐释和理解。例如,可以这么说:在艺术中材料通过形式加以组织,目的是使材料激发起心理物理机体的欢愉感和欢愉状态。材料美学远非总要得出这一结论,但它顺理成章地必然导致这一结论。

如果把艺术作品视为经过组织的材料、视为物件,那么它的意义仅是物理与心理状态的激发器,或者它只能有某种实用的功能。

俄国形式方法如同任何粗浅学派一样,有着始终一贯的特点和某种虚无的成分,使用"感觉(ощущать)"形式、"制作(сделать)"艺术作品等等这样的术语。

当一个雕刻家雕刻大理石时,他无疑要对有着物理属性的大理石进行加工,但作者的艺术积极性,就价值而言,并非针对大理石,艺术家所实现的形式也并非属于大理石,尽管这一实现过程一刻也离不开大理石。再说这个实现过程同样一刻也离不开雕刻刀具,而刀具是绝不会作为一个因素进入艺术客体的。创造出来的雕塑作品的形式,乃是具有审美意义的人及其躯体的形式,因为创作和观照的意向是指向这个方面的。至于艺术家和观照者对大理石这个特定物体的态度,只具有次要的派生的性质，受制于某种第一性的态度，即对事物价值所取的态度，在这里就是对人体的价值所取的态度。

诚然，未必有人会像我们这样在大理石身上如此认真地贯彻材料美学的原则（而且实际上大理石作为一种材料，具有更加专门的、更加狭窄的意义，不同于人们通常在材料美学中赋予"材料"这一术语的含义）。但从原则上说，类似的情况，概莫能外；如不指大理石而指声学里的声音，或是语言学里的词语，只不过这时的情况变得更加复杂，不是一眼看去就显得那么荒谬而已。当材料是语言学里的词语，亦即人文科学的对象时，情况当然会更加特别。

通常存在着隐喻的表现形式，如艺术形式讴歌某人，美化、改变、维护、肯定某人或某事等等，还具有某些科学真理的成分。其原因恰恰就在于：有艺术价值的形式，除了它所依附的并与之密不可分的材料之外，实际上总还要指称某事，对某事作价值判断。看来必须要有内容的因素，以便更深入地理解形式的内涵，而不是简单地归之于粗俗的享乐主义。

可要知道，确实存在着一种自由的、不受约束的美，存在着无对象的艺术。对这种艺术来说材料美学看来是完全合理的。

这一问题我们暂且不作详细的探讨，这里仅想指出以下一点：自由的艺术之所谓自由，只是说它自身的内容摆脱了纯粹认识的规定性和对象的区分性，譬如音乐。但即使在自由的艺术中，形式也同样不具有同材料（发声学里的声音）的直接的第一性的关系。

总的说来，应当严格区分（可常常不是这么回事）两个东西：一是内容——下文我们要讲到，这是艺术客体中必不可少的因素，一是认识性质的对象区分性——这是艺术客体中非必需的因素。摆脱了概念的规定性，绝不等于摆脱了内容，无对象也不意味着无内容。其他一些文化领域中存在着这样的价值，它们原则上就不可能具有对象的区分性，也不能用明确固定的概念加以限定。例如，道义行为达到顶峰时，它所实现的价值只可以实行而不能用恰当的概念加以表现和认识。音乐不具备对象的规定性和认识的区分性，但却有着深刻的内容，因为它的形式有助于我们超越声学发音的界线，而又绝非使我们堕入了价值的荒漠；这里的内容，根本上是伦理性的（还可以说，音乐形式所包容的道义力量可能具有一种自由的、未设定的指实性）。如果音乐无内容，只是经过组织的材料，那它充其量只是一个物理发声器，用来激起心理上、生理上的快感罢了。

因此，即使在无对象的艺术中，形式也未必能论证成材料的形式。

2.材料美学不可能阐明存在于审美客体和外在作品之间的重要区别，这一客体内部的分有和联系同作品内部材料的分有和联系两者之间的重要区别，并且处处都表现出混淆这两者的倾向。

对作为一门科学的美学来说，艺术作品当然是认识的对象，但对作品的这一认识立场是第二位的，第一位的应是纯艺术的立场。审美分析的直接目标不应是作为感性实体（这种感性实体只有经过认识才能把握）的作品，而应是作为艺术家和观照者审美活动的对象的作品。

于是，审美分析的对象就应是施于作品身上的审美活动（观照）的内容。

下面我们把这一内容直接叫作审美客体，以区别于外在的作品本身；对外在作品还可有其他分析角度，首先是基本的认识角度，即受概念制约的感性接受。

理解审美客体的纯艺术特点，理解审美客体的结构，下文我们将把这结构（структура）称为审美客体的建构（архитектоника），是审美分析的首要任务。

其次，审美分析应研究作品第一性的、纯认识的实体，在完全不需考虑审美客体的条件下理解作品的构造，因为美学家应该又是几何学家、物理学家、解剖学家、生理学家、语言学家，正如同艺术家在一定程度上不得不做的那样。例如，对待用话语表现的艺术作品，就应该把它作为语言的现象来理解它的全部要素，亦即采取纯粹语言学上的角度，毫不涉及作品所实现的审美客体，而只局限在支配作品材料的科学规律的范围之内。

最后，审美分析的第三个任务，是理解外在材料的作品，实现审美客体的作品，作为审美建构的技术手段的作品。十分清楚，第三个任务实现的前提，是对审美客体的特殊性、对材料作品的非审美实体进行认识和研究。

实现第三个任务时，须要运用目的论的方法。

按照目的论理解的作品结构，即实现审美客体的结构，我们将称之为作品的布局（композиция）。作为物质的作品中具有特定目的的布局，与审美客体静止的、自足的艺术存在，当然绝不是同一回事。

也可以把布局界定为：构成艺术感受的诸多因素的总和。

材料美学没有从方法论上非常明确地意识到自身的第二性的实质，也没有能够首先把自己的对象彻底审美化。所以材料美学从未同真正的审美客体打过交道，也就根本不能理解它的特点。材料美学囿于自己的基本出发点，只能把作品视为经过组织的材料，更进一步便无能为力了。

严格地说，材料美学能够应付裕如的，只有我们指出的审美分析的第二个任务，那其实还算不上对作品本质的审美研究，而是把它作为自然科学的对象或语言学的对象。把作品当作一个完整的布局、完整的目的来加以分析，对材料美学来说也难以做到令人满意，因为并不理解审美客体的特殊性。研究者生动的审美观照，当然会导引出这个审美客体，但完全缺乏分析态度，也没有明确的方法论意识。

我们指出的三个因素是：(a)审美客体；(b)作品非审美的材料实体；(c)按照目的论所理解的材料布局。由于对这三者不加区别，材料美学中于是出现许多模棱两可、含糊不清之处，而这几乎涉及整个艺术学领域，并往往导致结论的 quaternio terminorum[①]：有时指审美客体，有时指外在作品，有时又指布局。研究主要在第二和第三两个因素之间摇摆不定，从一头跳至另一头，毫无逻辑上的连续性可言。不

[①] 拉丁语：含混。——译者

过最不可取的是，把作品有特定目的的布局不加分析地、径直地宣布是艺术价值的所在，是审美客体本身。艺术活动（及观照）在这里被认识性判断所取代、被蹩脚的（因为没有明确的方法论）技巧分析所偷换。

3.在材料美学的著述中，不可避免地经常混淆建构形式（архитектонические формы）和布局形式（композиционные формы），而且建构形式从未得到过原则上的明确的阐说和应有的评价。

材料美学的这一弊端，是由其自身理论的实质所决定的，在它那里是无法克服的。当然，这个弊端是同我们在第一、二两项中指出的特点紧密相关的。

下面举几个例子来说明建构形式和布局形式在方法论上的不同。

审美个性纯粹是审美客体本身的建构形式，如事件、人物、艺术描绘的事物等等都要个性化。作者、创造者的个性同样也属于审美客体，却带有特殊的性质。然而，这个含义（即纯审美含义）上的个性形式，绝不能加在被视为组织起来的材料的作品身上，如一幅画、整个语言作品等等。赋予它们以个性，只是一种隐喻的说法，即把隐喻视为一部新的微型文学作品，而它们成了这个作品的客体，实际上把它们给诗化了。

一切审美上完成了的作品所具有的自足自在的形式，也纯粹属于建构形式。这一自足自在的形式，尤其不能属于作为组织起来的材料的作品；后者是目的论性质的布局整体，其中每一要素以及整个作品都追求一定的目标，实现着某种事物，服务于某种目的。举例说，只有敢于采用极为大胆的纯属浪漫色彩的隐喻，方能把作品的话语整体称作是自足自在的。

长篇小说（роман）是组织话语手段的一种纯粹的布局形式。依靠这个布局形式可以在审美客体中实现建构形式，而建构形式从艺术上完成某一历史事件或社会事件。这个建构形式是史诗叙事的一种变体。

戏剧（драма）是一种布局形式（对话、场次等），但悲剧（трагедия）和喜剧（комедия）则是完成事件的建构形式。

当然，也可以说喜剧和悲剧是戏剧的布局形式的两个变体，这时指的是话语材料的布局配置手法，而不是认识和伦理的价值。因为术语既不固定也不完整。应该指出，每一建构形式都是由一定的布局手法实现的。另一方面，一些最重要的布局形式（例如体裁形式），在所实现的客体中都可觅得与之对应的重要的建构形式。

抒情形式（форма лирического）是一种建构形式，但存在着抒情诗的各种布局形式。

幽默、英雄化、典型、性格都是纯建构形式，不过它们无疑是由一定的布局手法实现的。叙事长诗（поэма）、中篇小说（повесть）、故事（новелла）则是纯粹的布局形式、体裁形式。章回、诗节、诗行是纯粹的布局切分（虽然对它们可作纯语言学的理解，即不涉及它们的审美功能）。

节奏（ритм）可作两个方面理解，既是建构形式，又是布局形式。节奏作为配置声音材料的形式，通过体验可以接受、可以聆听、可以认知，因为它是布局的形式；而作为一种情感取向，节奏则属于它要实现的内在的愿望与张力的价值，因此，它是建构的形式。

在我们毫无系统地胪列出来的这些建构形式之间，当然存在着至关重要的层递关系，对此我们在这里不拟讨论。对我们来说重要的是，与布局形式相反，这些建构形式全部包括在审美客体之中。

建构形式乃是审美个人的心灵与肉体价值的依存形式，是自然界（作为审美个人环境）的形式，是事件（表现为个人生活、社会、历史等方面）的形式。它们全都是努力的结果，是奋斗的业绩，不为任何目的服务而心安理得地自在自足；这是审美存在及其特殊性所具有的形式。

组织材料的种种布局形式，带有目的论性质、从属性质，仿佛具有某种不稳定性质，对它只能作纯技巧的评价，即看它们能否圆满地实现建构任务。建构形式决定着布局形式的选择,例如,悲剧形式(事件的形式,有时是个人的形式,即悲剧性格)就选用相应的布局形式——戏剧形式。当然不应由此得出结论说,建构形式是现成齐备的东西,可以摆脱布局形式而得以实现。

在材料美学的范围内,要从根本上严格区分布局形式和建构形式,是绝不可能的;往往出现一种倾向,完全融建构形式于布局之中。这一倾向的极端表现,则是俄国的形式主义方法。在这里,布局形式和体裁形式力图涵盖整个审美客体,加之,语言学形式和布局形式之间的严格差别,也被一笔抹杀了。

有时人们把建构形式归于题材,而把布局形式归于修辞,归于布局谋篇(这里的"布局"一词,比起上文我们赋予它的意义,要窄得多),即使这样,情况从本质上说也相去无几。这时,两类形式并存于作品之中(对审美客体和外在作品不加区分),相互间的不同仅仅在于两者是分别配置材料的不同方面而已(如 B.M.日尔蒙斯基的著作就是这样)。这里对布局形式和建构形式同样不从方法论上作原则的区分,同样不理解它们完全属于不同的层面。不仅如此,人们还认为某些艺术(如音乐)不包含主题的因素,这样一来,在主题艺术和非主题艺术之间就形成了一道不可逾越的鸿沟。应该指出,日尔蒙斯基理解的主题同审美客体的建构远不是一回事。诚然,大部分建构形式可以进入主题题材之中,但还不是全部,而且一并进入主题题材的,还杂有某些与审美客体格格不入的东西。

基本的建构形式是整个艺术,乃至整个审美领域所共有的。它们使这一领域形成一个整体。布局形式在不同艺术门类之间,因建构任务相同而存在着类似性,但在这里各种材料的特征充分发挥了自身的作用。

正确地提出风格问题(它是美学最重要的问题之一),在不对建构形式和布局形式作严格的区分的情况下,是绝对不可能做到的。

4.材料美学不能解释艺术外的审美幻象:自然界的审美观照,神话中、世界观中的审美因素,以及一切称之为唯美倾向的东西,即把审美形式不恰当地强加在伦理行为(个人生活的、政治的、社会的行为)领域以及认识领域(如尼采一类哲学家的半科学的审美化思维)。

所有这些艺术外审美幻象的现象,一个典型的特征就是缺乏一定的组织起来的材料,因之也就没有了技巧。这里的形式在多数情况下没有客体化,也不固定。正因为这样,对艺术外审美幻象的这些现象,从研究方法上说,不可能清晰而全面地揭示其独立性和特殊性,因为它们芜杂、不稳定,是混合型的。审美只有在艺术中才能完全实现自身,所以,美学家应以艺术为目标。从自然美学或神话美学切入创建审美理论,从方法论上说是荒谬的。但美学应该阐释清楚这些混合而非纯正的审美形式,因为这一任务对哲学对生活都是十分重要的。这一任务可以成为检验任何审美理论有效性的试金石。

而材料美学凭其对形式的理解,面对类似现象恐怕会束手无策。

5.材料美学不能说明艺术史。对某种艺术史进行有效的研究,前提应是为这种艺术建立起较为深入的美学,对此当然不应有丝毫的怀疑。但须要特别强调一下系统的普通美学所具有的奠基性意义(这已超出了普通美学对创建任何一种专门美学所起的作用),因为,唯有这个普通美学能够看到、能够说明艺术同一切其他领域文化创造的至关重要的相互界定、相互作用的关系;唯有它能够联系整个文化,在文化形成的整个历史过程中,观察和说明艺术。

历史不认识孤立的事物序列,因为孤立的事物序列本身是静止的,这种序列中诸要素的交替只能是诸序列的系统划分或机械的排列而已,但绝不是一个历史的过程。只有阐释了该序列事物与其他序列事物的相互作用和彼此制约,方能形成历史的视角。必须不再只是自身才能进入历史。

材料美学不仅把文化中的艺术孤立起来,而且也把每种艺术都孤立起来,不是将作品视为艺术生命,而是把它当作物体、当作组织起来的材料,所以充其量只能说明某种艺术的技巧手法发生演变的年代顺序,因为孤立的技巧根本不可能形成历史。

以上就是形式美学基本的不可避免的缺点,不可逾越的障碍。所有这些在俄国形式主义方法中都表现得相当鲜明。这是由它所固有的粗浅的普通美学观和某种宗派主义的偏激造成的。

我们所指出的全部五个缺点,归根结底起因于本章开头提及的方法论上的错误观点,即可以不依赖系统的哲学美学而建立艺术理论,其结果便使科学性失去了坚实的基础。而失去了科学基础的美学理论沉沦于主观主义的汪洋大海之中,为了从这大海中自救,艺术学便力求到熟知该门艺术所用材料的一些学科中去寻觅栖身之地。这恰如过去的那种情形(其实现在有时也还是如此),艺术学为了同样的目的依附于心理学甚至生理学。但这样的解救纯属假象,因为这里的观点只有在不超出这一救命学科的时候,才是真正科学的,一旦它越过这个界线成为美学本身的观点时,便又会同样地被它想摆脱的主观性和偶然性的浪潮所吞没。如今陷于这种境地而不能自拔的,首先就是艺术学关于材料在艺术创作中的地位的基本论点。这是一个普通美学的论断,所以不管愿意与否都要经受普通哲学美学的检验。只有这个哲学美学才能肯定这个论断,但它也能推翻这个论断。

我们前面分析的几点,使得材料美学的出发点变得十分可疑,也在一定程度上指出了如何较为正确地理解审美的本质及审美要素的本质。在普通美学的层面上阐明这一思想,但主要是联系话语艺术创作,便是以下几章的任务。

在界定内容因素并正确确立材料在艺术创作中的地位之后,我们也就会掌握对待形式的正确态度,会理解到:形式一方面确实是属于材料的、全靠材料实现的,并依附于材料;另一方面它又从价值角度帮助我们超越作为经过组织的材料的作品,超越作为实物的作品。这些将会阐明和坚定我们在上文作为假说和看法所提出的全部见解。

第二章　内容问题

一、某一文化领域(如认识、道德伦理、艺术等领域)作为一个整体所构成的问题,可以理解为是这一领域的边界问题。

这样或那样一种可能的或实有的创作视角,只有与其他的创作视角联系起来的时候,才会显得确实需要、必不可少。因为只有在不同视角的边缘上才产生对这一视角、对它创作特色的迫切需要,这一视角也才能为自己找到可靠的根据和理由。就其自身内部说,离开与文化整体的密切关联,它不过是一个赤裸裸的事实,而它的特色也只会流于随意性和任性。

然而,不应把文化领域看成是既有边界又有内域疆土的某种空间整体。文化领域没有内域的疆土,因为它整个儿都分布在边界上,边界纵横交错,遍于各处,穿过文化的每一要素。文化具有的系统的整体性,渗入文化生活的每个原子之中,就像阳光反映在每一滴文化生活的水珠上一样。每一起文化行为都是在边界上显出充实的生命,因为这里才体现文化行为的严肃性和重要性。离开了边界,它便丧失了生存的土壤,就要变得空洞、傲慢,就要退化乃至死亡。

在这一含义上我们方可说,每一文化现象、每一单独的文化行为,都有着具体的体系;可以说它连着整体却是自立的,或者说它是自立的却连着整体。

只有在这一具体的体系中,即同文化整体的直接关联和定位中,现象才不再是简单的存在、赤裸裸的事实;它有了分量,有了含义,仿佛成为某种单体,在自身中反映着一切,自身又被一切所反映。

实际情况确实如此,任何一个文化创造行为,都不是同全然与价值无关的、纯属偶然和紊乱无序的物质打交道。物质和混沌本来就是相对的概念。相反,文化创造行为却总是面对某种已获得价值评价又整顿有序的事物,而今它要对这个事物负责地确立自己的评价立场。例如,认识行为所接触的现实,是已用前科学思维的概念加工过的现实,而更主要的是经过了伦理行为(指实际生活的、社会的、政治的行为)的品评和调节的现实。认识行为接触的现实,又是受到宗教思想支撑的现实。最后,认识行为还以经过审美加工的事物形象作为出发点,从对事物的观照入手。

这样,认识预得之物,不是 res nullius①,而是伦理行为(及其全部变体)之现实,是审美观照之现实。对这个现实,认识行为处处都应该确定一种认真的立场。这一立场当然不应是偶然的邂逅,而是可以用认识及其他领域的本质加以系统地说明的。

上面说的也适用于艺术行为,因为艺术行为同样不是在虚空中进行的,而是处在由负责精神支配的相互界定过程中,处在这一过程的凝重的价值氛围中。艺术作品作为物品,能心安理得、无动于衷地同一切其他物品在空间和时间上截然分开:一座半身雕像或者一幅画依照物理原理要把其他一切东西排除在它所占有的空间之外;阅读一本书,从一定的钟点开始,占满几个小时,在一定的时刻结束。此外,一本书本身要被硬封面从各方面紧紧包裹起来。然而,当作品与被认识了的现实、通过行为施以了评价的现实,处于紧张而积极的相互决定的关系中时,作品便活了起来,具有了艺术意义。作为艺术品的作品栩栩如生,获得了意义,当然不是发生在我们的心理上。在心理上作品仍不过是一种经验性的存在,是受到时间限制并服从于心理规律的一种心理过程。作品获得生命与意义,是发生在同样活生生的、具有意义的世界里,也是在认识的、社会的、政治的、经济的、宗教的诸方面之中。

人们通常把艺术同现实加以对立,或者把艺术同生活予以对立,并且寻求它们之间某种本质的联系,这是完全合乎情理的。但这一点需要更加精确的科学表述。与艺术相对的现实,只可能是认识的和伦

---

① 拉丁语:无主之物。——译者

理行为的现实(包括其一切变体),即经济的、社会的、政治的以及道德本身的生活实践。

应该指出,在通常的思维中,与艺术相对立的现实(在这种情况下,人们其实爱用"生活"一词)已在很大程度上被审美化了,这已经是现实的艺术形象,不过是一个混杂的不稳定的形象而已。人们在责难一种新艺术与现实相脱节时,实际上往往是把这艺术与旧艺术、"古典艺术"的现实相对比,误以为这是某种中性的现实。然而,严格而鲜明地与审美世界相对立的,应该是未被审美化的现实,亦即认识和行动未被融合的现实。应该记住,这个现实只有在审美直觉中才能成为具体的统一的生活或现实;而要成为应有的系统的整体,则只能是在哲学的认识之中。

同样还应防止不正确的、方法论上站不住脚的短视行为,它在非审美世界中随心所欲地只关注某一种因素。例如,有人拿自然科学本质的必然性来与艺术家的自由和想象相提并论,尤其经常只提社会因素或现实政治因素,有时则只提出实际生活中朴实而易变的现实。

还应时刻牢记,不能把任何自在的现实、任何中性的现实来与艺术相提并论,因为,当我们谈论现实、拿现实与某种东西作比较时,我们便已经在界说它、评价它。只是我们自己需要了解这一点,需要弄清评价的实际方向。

所有这些可以简述如下:现实与艺术相比较,只能是某种善或真与美的比较。

二、每一文化现象都是具体的、成体系的,亦即针对它面临的其他文化方面的现实,必取某种重要的立场,因而也就参与到文化固有的整体之中。但认识、行为、艺术创作三者对既成现实的态度,却有着深刻的差别。

认识不理会对存在所作的伦理评价和审美成形,而是对它采取排斥态度。从这个意义上说,认识事先仿佛一无所知,只能从头开始,或者更准确地说,认识之前已有某种重要东西的先在因素,被抛在认识之外了，而归入历史的、心理的、个人经历的等其他事实范围中，从认识本身观点看，成了偶然的东西。

已得评价和审美成形也不进入认识的范围。现实在被纳入科学时，要扔掉身上一切评价外衣，以便成为裸露而纯粹的认识现实；在这个现实里只有整体的真理才是至高无上的。文化整体中诸要素的相互界定阐释，只是在系统哲学的整个认识活动中才有积极的意义。

存在着一个供科学探索的统一世界，存在着一个统一的认识现实；在这一现实之外任何东西都已没有认识的意义。这个认识现实是没有完结的，是永远开放的。一切需要认识的事物，都由其本身来阐明，而且（就其任务说）是全方位的阐明。因为一切事物在抗争，仿佛违抗认识、尚未认识的东西，其抗争也是为了认识，也纯然是认识的课题，而全然不是认识外的某种价值，如某种善的、神圣的、有益的东西等等；认识不会遇到这种价值方面的抗争。

诚然，伦理行为的世界和美的世界，本身会成为认识的对象，但这时它们绝不把自己的评价和自我合法性带进认识之中。为了获得认识的价值，它们必须完全服从认识的整体和规律性。

可见，对先已存在的行为和审美观照的现实，认识活动完全采取一种否定的态度，并借此实现自己纯粹的特色。

认识的这一基本性质，决定了它的下列特点：认识活动要考虑已有的先于它的认识成果，但对行为和艺术创造的现实，对其历史的规定性，却不采取任何什么独立的立场。不仅如此，单独的、个别的认识行为及其在个别的个人的学术著作中的表述，从认识本身的观点上看，是毫无意义的，因为在认识世界中原则上不存在单独的行为和单独的作品；必须引入其他的观点，才能找到研究的视角，才能使历史上单独的认识行为具有重要性，使孤立的终结的个人的学术著作获得重要性。与此同时，正如我们将在下面见到的，艺术的世界却必须分解成一个个单独的、自足的、有个性的整体，即艺术作品。每一件作品对认识现实和行为现实都确定有其独立的立场。这就赋予了艺术作品一种内在的历史性。

伦理行为对先已存在的认识和审美观照的现实所持的态度,则略有不同。这一态度通常表述为:要求对现实的应分(долженствование)态度。这里我们不拟对这一问题进行研究,我们只是指出,这种态度也带有否定的性质,虽然与认识领域中的情况相去甚远①。

我们转而谈谈艺术创造。

审美截然不同于认识和行为的基本特点,是它的易感性、积极接受的特性:审美行为所面临的、已经认识了的并由行动评价过的现实进入作品之中(更准确地说,是进入审美客体),在这里成为必不可少的结构要素。我们在这个含义上可以说:现实生活不仅在艺术之外,而且在艺术之中,在其内部,而且保持着自己全部的价值分量:社会的、政治的、认识的等等价值分量。艺术是丰富多彩的,它不是枯燥乏味的,也不是专业性的东西。艺术家只有作为匠师才是个专门家,即是说仅仅对材料而言才是专家。

当然,审美形式把这个已经认识过和评价过的现实转移到了另一种价值层面上,使它服从于新的整体,以新的原则对之加工调整,即把它个性化、具体化,把它隔离出来并加以完成,但却不取消它的认识性和评价性;实现完成功能的审美形式,正是以这一认识性和评价性为自己的奋斗目标。

审美活动并不创造一个全新的现实②。艺术不同于认识和行为,认识和行为要创造自然界和人类社会,而艺术是讴歌、美饰、回忆这个已有的认识和行为的现实,即自然界和人类社会,丰富它,充实它。而

---

① 应分与存在这两者的关系具有冲突的性质,在认识内部不可能出现任何冲突,因为那里不可能遇到另一种价值的异体。会发生冲突的也不是科学原理,而是科学家,并且不是作为 ex cathedra(拉丁语:权威。——译者),而是作为伦理行为主体;对这一主体来说,认识是一种认识的行为。应分与存在之间的差距只是从应分的角度上看才有意义,亦即只对发出伦理行为的意识有意义,只是为它而存在。——作者

② 审美的这种似乎派生的性质,当然丝毫也不会贬低它的独立性与特殊性而使其逊色于伦理和认识;审美活动创造自己的现实,认识和行为的现实在其中得到积极的接纳和改造,审美的特殊性就在于此。——作者

且艺术首先要创造融合这两个世界的具体直觉的统一体,即把人融入作为其审美环境的自然界,把自然人化,把人自然化。

把伦理的和认识的因素纳入审美客体内部,正是审美的特有的善意所在,它的亲切所在,因为审美仿佛不作选择,无所赞同,无所废弃,无所排斥和回避。这些纯属消极的因素,在艺术中只见于对材料的态度上。艺术家对材料是严酷无情的:诗人毫不怜惜地删掉词语、抛弃形式和表达法,精选为用;大理石在雕刻家的凿刀下碎屑四溅。而无论是心灵的人还是肉体的人,却都得到了丰满充实,因为伦理的人由被积极肯定的自然界而获得丰满,自然的人则从伦理的含义中得到充实。

在人类关于世界、关于人的思考中,几乎所有(当然不是宗教的,而是纯粹世俗)乐善好施的、纯朴宽厚的、知足常乐的一类范畴,都带有审美性质。人类这一思维的恒常倾向也具有审美性质,那就是:把应有的、规定的东西想象成已有的、已存在某处的东西。这一倾向创造出神话思维,在很大程度上也创造了形而上学思维。

艺术创造的新形式,是作为一种新的评价态度,即对已有的认识和行为现实所采取的评价态度。因为在艺术中我们能认出一切,能回忆起一切(在认识中我们什么也认不出来,什么也回忆不起来,这与柏拉图的说法[①]相反)。正由于这个原因,新颖别致、独出心裁、出人意料、自由想象等因素,在艺术中才具有如此重要的意义;因为这里有一个能认得出、能产生共感的认识和行为的世界,构成了可以令人感到新颖、独到、自由的背景。正是这个世界以新的面目、新的声音出现在艺术中;正是针对这一世界,艺术家实现着自由的活动。认识和行为是第一性的,即它们首先创造了自己的形象,因为认识的东西不是在新的条件下被人辨认出来的、回忆起来的,而是首次被人阐明界定的。这里的一切,从一开始就是新的,所以这里说不上新颖,这里的一切,都

[①] 指柏拉图的"知识就是回忆"一语,见《美诺篇》。——译者

是 ex origine①，所以这里谈不上独到。

我们指出的审美特点，即积极接受和具体融合自然界与人类社会，还为我们解释了审美同哲学的特殊关系。我们在哲学史上观察到一种经常去而复来的倾向——用具体直觉的、仿佛确实存在的审美观照的整体性，来偷换系统观上给定的认识与行为的统一性。

要知道，认识和伦理行为的统一，存在和应分的统一，这种具体生动的统一，是我们在直接的观照中，在我们的直觉中获得的。那么，这种直接式的统一，是不是哲学所寻求的统一呢？对思维来说，这的确是一个巨大的诱惑。这一诱惑导致在哲学科学的康庄大道旁边出现一座座个人的艺术哲学直观的孤岛（尽管这类艺术哲学的直观有时略显精致）②。在这些唯美化了的直觉理解中所得的 quasi③-哲学的统一体，同其世界和文化的关系，犹如艺术作品中整个审美形式与内容的关系④。

美学的最重要任务之一，是找到研究审美化了的哲学原理的方法，创造以艺术理论为基础的直觉哲学理论。材料美学无法完成这样的任务，因为它轻视内容，根本无法研究哲学中的艺术直觉。

三、认识和伦理行为的现实，带着自己被认识被评价的特点进入审美客体，并在这里实现了具体直觉的联合、个人化、具体化、独立化以及最后的完成，总之是借助于一定的材料获得全方位的艺术外化。我们完全同意传统的用语把这个现实称为艺术作品的内容（更精确的说法是审美客体的内容）。

---

① 拉丁语：有出处，有来源。——译者
② 认识与行为在审美直觉上的统一，还有另一种特殊的变体，这就是神话。在神话中，伦理因素比认识因素更占优势，加之这认识因素几乎不具区分性，并且这里较之直觉哲学中有更大的审美外化的自由（如从生活独立出来或隔绝开来的程度更强，神话情节性更强，自然也远远不及艺术的；审美主体化、审美人格化以及其他某些形式因素也更突出），其结果，神话比直觉哲学更接近艺术。——作者
③ 拉丁语：貌似。——译者
④ 哲学可以利用直觉的整体形象作为辅助手段，就像几何学利用平面图那样，也作为富有启发性的假说。在日常生活中，我们也都处处借助于类似的直觉形象。——作者

内容是审美客体的必不可少的结构因素,与之相对的是艺术形式。离开这一相关性,艺术形式就根本没有任何含义。

形式倘若离开与内容的关联,即离开与世界及其要素的关联(这个世界是以认识和伦理行为为对象的),它就不可能获得审美的意义,也就不能实现自己的基本功能。

作为艺术家的作者的立场及其艺术任务,只有在世界中,只有联系认识和伦理行为的全部价值时,才可能得到理解,而且也应该这样去理解。因为得以融合成一体的,得以个性化、整体化,得以独立与完成的,不是材料,而是现实所具有的并被全面感受的价值,是现实的事件。材料不需要结合,因为它本身没有被割裂;它也无须最后完成,它对此不感兴趣,因为它必须参与到行为的价值和含义中,才会需要最终完成。

审美上有意义的形式,乃是对认识和行为世界所采取的本质态度的表现,然而这一态度不是认识性的,也不是伦理性的。艺术家不是作为事件的直接参与者而介入事件的,那样的话,他仿佛就成了一个认识者,一个进行伦理行为的人。艺术家是位于事件之外而采取一种本质的立场,他是一个观照者,没有利害的关系,但是理解发生的一切所具有的价值含义。他不是感受发生之事,而是在产生同感,因为不在一定程度上参与共同评价,便无法观照事件,无法观照正是作为事件的事件。

这种外位(但不是冷漠态度)使得艺术家能以其积极性从外部去融合、雕饰和完成事件。从认识自身和行为自身的内部去实现这个融合和完成,原则上是不可能做到的。因为认识的现实既不能在确信自身的情况下与应分融为一体,而应分也不能在保留着自己特点的条件下,与(认识)现实融为一体。这就要求在认识者意识之外和应分者及行动者意识之外,有一个重要的价值立场;只有站到这个立场上,才有可能实现这个融合和完成(而从认识和行为内部来实现,这最终的完成同样是做不到的)。

通过直觉实现融合和完成的审美形式,从外部加之于内容身上,这个内容可能是被分割的，并且经常是该有而未兑现的（内容受到分割，内容仅是规定该有而尚未有，这些情况只有在艺术之外才会实际存在，在伦理感受的生活中才会实际存在）。这样，审美形式便把内容纳入了一个新的价值层面中，纳入了隔绝开来的、最后完成的、价值上自足的美的存在。

认为形式从外部包容内容，把内容外化，亦即体现内容——这些经典的传统术语，基本上仍是正确的。

四、现代诗学中否定内容是审美客体的基本因素，表现为两种倾向，不过有时却不严加区分，也无十分明确的表述：(1)内容只是形式的一个因素，就是说认识伦理价值在艺术作品中只具有纯粹的形式意义；(2)内容只是材料的一个因素。下一章我们论及材料时将简要地分析一下第二种倾向。现在来谈谈第一种情况。

首先应该指出，内容进入艺术客体是完全有外形的，完全被体现出来的，反之它便是蹩脚的无诗意语句，一个没有融于艺术整体的因素。在艺术作品中找不出某种是纯粹的内容的真实因素；同样，realiter[①]不存在纯粹的形式。内容和形式相互渗透，不可分割，然而对审美分析来说，又是不能融合的，亦即分属于不同性质的价值：为使形式具有纯粹的审美意义，它所统辖的内容应该有某种认识和伦理意义；形式要求内容蕴含有非审美的价值，没有这种价值，形式就不能作为形式而实现自己。但是否基于这点就可以说内容是纯粹的形式因素呢？

全然否定内容时却保留"形式"这个术语，这在形式逻辑上、术语上是荒谬的。因为形式是相关于内容而存在的概念，内容恰恰不是形式，这姑且不说。当然，类似见解还有着方法论上更大的危险性：内容在这里，从形式角度上被理解为可替代物，即内容中的认识伦理价值同形式完全不相干，在艺术客体中完全是偶然的东西；形式把内容完全给相对化了——这便是视内容为形式因素的观点所具有的含义。

问题在于实际上确有类似情况在艺术中出现：形式可能丧失其与

[①] 拉丁语：实际上。——译者

内容中认识伦理价值的基本关系,而内容则可能被贬为"纯形式因素";内容的削弱,首先是降低了形式的艺术意义,因为形式丧失了一个最重要的功能——直觉地把认识与伦理融为一体。这一功能极为重要,特别是在话语艺术中。孤立的功能、完成的功能也都被弱化了。当然,即使在类似情况下我们也还是要同内容打交道,这内容仅是作为艺术作品的一个结构因素而已(要知道,不然的话,根本就不存在艺术作品了),但这里的内容是二手货,是弱化了的内容,结果我们也只能同弱化了的形式打交道。直截了当地说,我们指的就是所谓的"文学"。这个现象值得探讨一下,因为某些形式主义者倾向于把"文学"看作是唯一的一种艺术创作。

有的文学作品确实不同"世界"发生联系,而只是与文学语境中的"世界"这个词打交道。这种作品诞生、生活、消亡在杂志里,一步不离现代期刊的字面,也没有任何东西引导我们能超越作品之外。对这种作品来说,内容中的认识伦理因素,作为一个结构因素总是作品所必不可少的;但这个内容因素并非直接取自认识世界和伦理行为的现实,而是撷自别的艺术作品,或是仿照别的作品构建的。问题当然不在于存在着艺术的影响和艺术的传统,这些即使在最高水平的艺术中也一定会有的。问题在于同所把握的内容有怎样的内在关系。在我们上述的那类文学作品中,内容未经艺术家的辨认和共感,而是出于外部的纯属"文学"的考虑而摄入的;在这里不是艺术形式与内容的认识伦理的价值面对面地走到一起,倒应该说是一部文学作品同另一部作品走到了一起,它在模仿另一作品,或在追求"奇异化",在另一作品的背景上让人"感觉"到自身的新颖。这里的形式对内容的基本的价值,是漠然置之的。

除了先期存在认识与行为的现实之外,话语艺术家还面对着先期存在的文学;他不得不为维护或者反对旧的文学形式而斗争;他要利用它们,组合它们;他要克服它们的抗争或者寻求它们的支持。但是,纯文学语境范围内的这一运动和斗争,须建立在一个基础之上,那就是艺术家与认识和行为的现实所进行的更加重要的、决定性的、最基本的斗争。因为每一个艺术家在自己的创作中（如果这种创作富有意义而且严肃的话），总如同一个首创者，他对认识和行为的非审美现实，至少是对他纯个人的伦理和生平经验，必须直接地确定一种审美立场。无论是整部艺术作品，还是它的某个因素，仅仅从抽象的文学规律的观点上看，都是不能理解的；而是必须要考虑其意义方面，亦即认识和行为所能具有的规律性，因为具有审美意义的形式所把握的，不是什么虚空，而是顽强不息、自成规律、内蕴含义的人生追求。在艺术作品中，仿佛有两种权力及由这两种权力支配的两种法律程序：作品的每一要素都可在内容和形式这两种价值体系中加以界定，因为每一个重要因素中都体现出两种体系间的相互作用，这是至关重要的涉及价值判断的相互关系。不过，审美形式当然要全方位地涵盖行为和认识所能有的一切内部规律性，将这个规律性纳入自身的统一体中，因为只有在这种条件下我们才能说这个作品是一个艺术品。

五、在艺术创作及艺术观照中，内容是如何实现的呢？对这些美学问题我们在这里应作一简单的说明。下述的论说不带详尽无遗的性质，只是提出问题而已。而且我们全然不想在这里涉及如何借助特定材料从布局上实现内容的问题。

（一）应严格区分认识伦理因素（它确属内容，亦即是该审美客体的构成因素），以及就内容而发的见解和伦理评价，这些并不进入审美客体。

（二）内容不可能是纯粹认识而完全不含伦理因素的东西。甚至可以说，伦理因素在内容中具有首要的意义。艺术形式单纯靠概念和见解是不能实现自我的，因为纯粹的认识因素在艺术作品中不可避免地会成为不可融合的异物而孑然孤立；一切已然认识的因素都必须与人的行为世界相联系，与行动者的意识密切相关，只有这样它才能进入艺术作品。

视内容为认识性的理念整体，为一种思想、一个主旨，则最为大谬不然了。

（三）艺术创造和艺术观照把握内容中的伦理因素，是直接通过共同的感受或者通过移情和共同评价，而绝不是通过理论上的领会和阐发，因为理论上的领会和阐发只能是实现移情的一种手段。只有作为事件的行为(这里的行为可以是思想、事态、情感、愿望等等)，从行动者自身意识内部活生生地完成的行为事件，才是直接带有伦理性的东西；因为艺术形式要从外部给以加工完成的，正是这种行为的事件，而绝不是行为事件的理论诠释①，如伦理的判断、道德准则、箴言、法庭裁决等等。

伦理行为的理论诠释、伦理行为的表述是把行为转到认识层面上，即转变为第二性的因素。然而艺术形式，如讲述行为的故事，或歌颂行为的英雄史诗，或描写行为的抒情诗等，则与行为本身的第一性的伦理本质打交道，通过与自由自在的、情感丰富的、积极行动的人的意识的共同感受来把握这个伦理本质。第二性的认识因素却只能起到次要的手段作用。

必须强调一下，艺术家和观照者所与之共感的，绝不是人的心理意识(与人的心理意识共感，从此语的严格意义上说也是不可能的)，而是遵循一定伦理原则的行动者的意识②。

那么，对内容作审美分析的任务和潜能又是什么呢？

审美分析首先应揭示审美客体内在蕴含的内容成分，而丝毫也不超出这一客体的范围，揭示这一内容是怎样由创作和观照加以实现的。

---

① 理论诠释(теоретическая транскрипция)，直译为"理论音译"。транскрипция，纯是语言学上的术语，它来自西文的"TRANSCRIPTION"，指的是标音或音标：一是对某一语音作音位学上的详细描述，二是指拼写，把音标用字母表述出来。巴赫金借用这一语言学上的术语来阐明自己如何理解艺术形式对行为事件的关系。——译者

② 移情和同感中参与品评，本身并不带有审美性质。移情这一行为的内容是伦理性质的，因为这是他人的意识在人生实践中或道德方面所确定的一种价值取向(即情感意向)。对移情行为的这一内容，可以从不同方面来理解和加工：可以把它变成认识(心理学或哲学伦理学)的对象，它能够引出伦理行为(移情的内涵大多被人理解为好感、同情、救助)，最后还可以把它变成审美加工的对象。我们将在下面较为详尽地讨论所谓"移情美学"。——作者

我们考察一下内容的认识因素。

认识性的辨认因素，无处不在伴随着艺术创作和艺术观照的活动，但在多数情况下，是同伦理因素根本不能分开的，也不可能用判断恰当地表达出来。认识世界可能构成统一的整体以及认识世界的必要性，似乎在审美客体的每一因素中都可感受到。然而认识世界并未在作品自身中得到充分的实现，而是与伦理追求的世界结合在一起，完成了两个世界的独特的、直觉的统一。这两个世界的统一，正如我们已经指出的，乃是审美活动本身一个重要的因素①。例如，诗歌作品的每一词语背后、每一句子背后，都感到可能存在一种散文意义、散文倾向，亦即可以整个地归属到统一的认识世界中去。

认识因素仿佛是从内部说明审美客体，它犹如一股清澈的水流，注入伦理追求和艺术加工的醇酒之中。但这个认识因素远非总能变得浓郁而达到作出一定判断的程度：一切都处在辨识之中，但这不是一切都能获得认识而形成相应的概念。

如果没有这种无孔不入的认识活动，那么审美客体，亦即艺术创造和艺术接受的对象，就会脱离与经验（理论经验和实践经验）的全部联系，犹如全身麻醉状态下内心活动全部停止一样，什么也想不起来，说不了话，也不能加以评价（可以评价麻醉状态，但不能评价内心活动）。同样地，艺术创作和艺术观照一旦全然脱离认识活动的整体，不能被认识所阐明，也不能从内部加以辨识，那就干脆陷入了一种无知觉的孤立状态，对这一状态知道它发生过，根据经历的时间说，只是 post factum②。

审美客体的这种内部透视，在语言艺术领域中能从辨识上升到一定的认识水平，达到深刻的理解，这种理解通过审美分析是可以获得的。

尽管从审美客体的内容中能分析出来这种或那种认识见解，如伊

---

① 下面我们将阐明作者创作个性的一个作用，就是作为艺术形式的一个基本因素。正是在作者的统一活动中，认识因素和伦理因素得以结合在一起。——作者
② 拉丁语：过去事实。——译者

凡·卡拉马佐夫①讲到孩子们遭受苦难的意义、天国的寂寞等所表明的纯哲理观点，或者安德烈·包尔康斯基②关于战争、关于个人在历史中的作用等哲学历史和社会方面的见解，但研究者应该记住，所有这些见解不管本身是如何深刻，在审美客体中并非作为认识因素而独立存在；艺术形式不是属于这些见解，也不是直接地去完成它们；这些见解必须与内容的伦理因素、与行为世界、与事件世界联系在一起。例如，前面提到的伊凡·卡拉马佐夫的见解，所履行的纯粹是刻画人物的功能，是伊凡人生道德立场的必不可少的一个因素，并同阿廖沙的伦理立场和宗教立场发生关系，因而被纳入事件之中；实现完成功能的小说艺术形式，正是针对这个事件而发的。安德烈·包尔康斯基的见解同样是表现他的伦理个性及其人生立场，从而被纳入所描写的事件中去，这还不是他个人的生活事件，而是社会、历史事件。于是，认识的真理成了完成伦理行为的一个因素。

如果所有这些见解，不是以某种方法与人的行为的具体世界不可分割地联系在一起，那它们便会成为孤立而无诗意的东西，这在陀思妥耶夫斯基的创作里时有所见，托尔斯泰作品里也出现过，如小说《战争与和平》的结尾处，认识性的、哲理性的历史见解，完全掩盖了它同伦理事件的联系，演绎成了理论文章。

对所发生的事情的描述中，从自然科学或心理学角度所作的阐释中，也有认识的因素，但它以稍为不同的方式与伦理事件相联系。胪列伦理与认识因素在审美客体的内容整体中可能存在的一切联系方式，不属于我们的任务。

然而，在强调认识因素与伦理因素的联系时应该指出，伦理事件并没有使进入事件的见解相对化而失去价值，伦理事件对见解的认识深度和广度以及真理性，并不是漠不关心的。例如，"地下室的人"生活中的道德事件，是陀思妥耶夫斯基给以艺术加工并完成的，但这道

---

① 系陀思妥耶夫斯基的《卡拉马佐夫兄弟》中的人物。——译者
② 系列夫·托尔斯泰《战争与和平》中的人物。——译者

德事件却需要人物的世界观具有认识的深度和坚定性，而世界观是其人生态度的一个重要因素。

　　审美分析首先要在可能和需要的范围内区分出内容的理念因素，明确其纯认识的价值，然后进一步理解理念因素与伦理因素的联系及其在内容统一体中的意义。当然，可以把分析出来的这种认识因素当作独立于艺术作品之外的理论研究和评价的对象；这时认识因素已不属于内容以及整个审美客体的统一体，而是属于某种哲学世界观（通常是作者的世界观）的纯认识整体。此类的研究著作具有重大的科学哲学的和历史文化的意义；但它们已不是审美分析本身，而且应该严格区别于审美分析。至于这类著作采用的独特方法，我们不拟讨论。

　　现在谈谈分析内容中伦理因素的任务。

　　这一分析的方法是十分复杂的，因为审美分析作为一种科学分析，应设法把伦理因素显现出来，而审美观照把握这一因素的方法，是通过共感（移情）和共同评价。为了阐释伦理因素，不得不摆脱艺术形式，首先不考虑审美的个性化，因为必须把纯粹伦理的个性同艺术体现这一个性的具有审美意义的心灵和肉体区别开来，也还必须排除最后完成人物的一切因素。这样一种阐释的任务难度极大，有时（如在音乐中）则是完全不可能的。

　　作品内容的伦理因素，通过转述可以传达，部分地也能加以阐释。因为可以换一种说法来讲述作品中得到艺术完成的感受、行为和事件。如果能正确地从方法论上理解面临的研究任务，那么这种转述可以在审美分析中起到巨大作用。实际上转述虽然还保留着艺术形式——讲故事的形式，但这形式已大为简化，并降为一种简单的移情手段而尽可能地排除了一切使作品孤立、完成和消解的形式功能（诚然，讲故事的形式不可能把形式功能全部排除），其结果，虽然移情成分弱化了，显得苍白无力，但共感对象的纯伦理性、未完成性、与存在事件整体的联系、道义性，却反而表现得更加鲜明；共感对象同整体的种种联系，先前被形式所舍弃，现在也清晰地表现出来。这也使得伦理因素容易转化成认识性见解的形式,即转化为伦理的(狭义理解)见解、社会学的和其他的见解,换言之,是在可能的范围内把伦理因素加以纯理论的诠释。

许多批评家和文学史专家掌握着高超的技巧,能通过方法论上深思熟虑的半审美性的转述形式,揭示出伦理的因素。

纯理论的诠释,从来也不能充分把握作品中全部的伦理因素,只有移情才能做到这一点。但理论诠释能够并且应该努力接近这个永远也达不到的极点。伦理行为这个因素,要么付诸实现,要么作艺术上的观照,但从来不可能给以贴切的理论表述。

审美分析在可能的范围内阐释出由艺术形式最后完成的内容中的伦理因素之后,还应该去理解审美客体整个内容的意义,亦即正是这一艺术形式的内容;而形式,正是这一内容的形式,理解活动完全不需超出作品的范围。不过,伦理因素也像认识因素一样,可以分离出来,作为独立研究(哲学伦理研究或社会学研究)的对象;又可以把它作为现实评价、道德评价或政治评价的对象(这些已是第二性的评价,而不是审美观照所需的第一性的共同评价)。例如,社会学方法不仅把审美观照中被共感共评的伦理事件从其社会层面上加以阐释,而且要超出审美客体的范围,把事件置于更广阔的社会历史联系之中。这类著作有着重大学术意义,对文学史专家来说,甚至是绝对必要的,但它已超出了审美分析本身的界线。

伦理因素的心理学阐释,与审美分析同样并无直接关系。艺术创作和艺术观照所要打交道的,是伦理主体、行为主体,以及他们之间的伦理社会关系。艺术创作和艺术观照最后完成的艺术形式,也是把价值取向加诸他们身上,所以,艺术创作与观照绝不是同心理主体以及他们之间的心理联系打交道。

我们暂且不对这一论点作更深入的发挥,但应指出,在某些情况下(如在接受音乐作品时),对伦理因素作集约的深化理解,在方法论上是完全许可的;然而对它作粗放的宽泛理解,就会破坏该艺术形式。

伦理因素的深度是无止境的，不用担心破坏它的界线，因为作品没有也不可能为伦理因素的深度预设极限。

那么，内容分析在何等程度上具有严格的普遍的科学性呢？

原则上说达到高度的科学性是可能的，特别当相关学科（哲学伦理学、各种社会科学）本身的科学性达到了尽可能高的程度时。但事实上，内容分析十分困难，而且一般又难以避免一定程度的主观性，这是受审美客体自身的本质所决定的。但研究者学术上的分寸感，可使他走得不至于太远，并对自己分析中的主观成分预作说明。

对内容进行审美分析的方法，基本特征就是如此。

第三章　材料问题

一、在解决材料对审美客体具有什么意义这一问题时，应对材料作出完全准确的科学界定，不能增添与这一定义格格不入的任何因素。在材料问题上的模棱两可，尤其在话语美学中是司空见惯的：对词语(слово)一词的理解真是莫衷一是、随心所欲①。对词语的玄奥态度（其表现形式当然是非常讲究的），特别常见于一些诗人自己的诗学著作中（在我国有 B.伊万诺夫、A.别雷、K.巴尔蒙特），因为诗人用的是审美化了的词语，而把审美因素理解为是词语本身所固有的，这样便把词语变成了一种臆想的或玄奥的东西。

如果企求把文化所固有的一切，即全部的文化价值（认识的、伦理的和审美的价值）都加诸词语身上，那么接着便轻而易举地会得出结论：文化中除了词语便别无他物，整个文化充其量不过是语言现象，无

---

① 此句的原文是"угодно, вплоть до'слова, которое было в начале'"（"随心所欲，直到'源初词'"）。所谓"源初词"，即该词使用的原始状态，一词多义现象。沃洛希诺夫在《马克思主义与语言哲学》一书中，也谈到话语起源时的这种多义性与歧义性现象。——译者

论学者或诗人都同样地只与话语打交道。然而，倘若我们把逻辑学、美学或者仅仅是诗学融入语言学中去，那我们既要破坏了逻辑的和审美的特殊性，也要在同等程度上破坏了语言学的特殊性。

要想理解词语对认识、艺术创作(其中包括诗歌创作,这是我们最感兴趣的)所具有的意义,必先理解词语的纯语言学本质而完全撇开探索艺术创作、探索宗教仪式等等的任务,虽然词语是服务于艺术创作和宗教仪式的。诚然,语言学对科学语言、艺术语言、宗教语言的特点并非漠不关心,但在它看来,这些特点纯属语言本身所具有的语言学特征。而要理解这些特征对艺术、科学、宗教的意义,语言学不可能不借助于美学、认识论及其他哲学学科的原则指导,正如认知心理学应依赖于逻辑学和认识论,艺术创作心理学则依赖于美学。

语言学之所以是科学,是因为它掌握着自己的对象——语言。语言学的语言是用纯属语言学的思维来界定的。而单个的具体的表述(высказывание)①,则总是处在包含价值含义的文化语境中(科学的、艺术的、政治的及其他的语境),或者处在个人生活的某一境况中。只有在这些语境中,单个的表述才有生命力,才有意义：它是真是假、是美是丑、是真诚还是狡诈、是坦诚、是卑鄙、是富有权威等等,中性的表述是没有的,也不可能有。但语言学在表述身上看到的,只是语言现象,只把它归于语言统一体,却绝不归于概念、人生实践、历史、人物性格等等。

历史上的这个或那个表述,不论对科学、对政治、对某个人的生活具有何等意义,在语言学看来,这不是含义上的发展,不是看待世界的新观点,不是新的艺术形式,不是罪行,也不是道德功勋。在语言学看来,这只是语言现象,或许是一种新的语言结构。而词语的含义,它的指物意义,对语言学来说,仅仅是语言学所理解的那种词语的一个因

---

① 俄语词 высказывание 是 высказывать(ся)的动名词,意为说出自己的意见、表达等,是巴赫金超语言学中的核心术语,所指范围甚广,可以表示加入了主体评价因素的一个词、一个句子,甚至一篇论文、一本小说等。以前有译为"言谈""话语"的,现改译为"表述",保持了词源的意义与动名词特点。——译者

素;这个因素是从词语实际存在的饱含意蕴和价值的文化语境里合理地提炼出来的。

情况只能是这样:语言学把词语的纯语言因素孤立起来,解放出来,建立一种新的语言统一体及其具体的类别,这样才从方法论上掌握了自己的对象,亦即对非语言学价值漠不关心的语言(或者不妨说,语言学创造出一种新的纯语言学的价值,任何表述都可归属于这一价值)。

只有彻底摆脱玄学倾向(指把词语实体化,实际上使词语物化),摆脱逻辑主义、心理主义、唯美主义,语言学才能清楚显示自己的对象,从方法论上予以定位,这样使自己第一次成为科学。

语言学不是在自己的所有部门里得到平衡发展,从方法论上把握住自己的对象的:在句法学中它刚开始把握自己的对象,步履十分艰难;语义学领域中目前成效甚微,还根本没有建立起一个部门来研究较大分量的词语整体,如长篇的人生表述、对话、演说、论著、长篇小说等等,因为这些表述同样可能而且应该作为语言现象而用纯语言学方法加以界定和研究。诗艺和修辞学,以及它们的现代变体——诗学,对上述这些现象的研究,不能认为是科学的。原因正如前述,混淆了语言学观点和与之格格不入的逻辑学、心理学、美学的观点。研究长篇词语整体的句法学(或者作为语言学分支的结构学,以区别于实行艺术作业或学术作业的结构学)还有待于建立;因为语言学至今在科研上还没有发展到超越复句。复句是语言学施以科学论证的最长的语言现象。从而造成一种印象:语言学所理解的方法论上纯而又纯的语言,到这里突然中断,马上出现了科学、诗歌等等。其实,纯语言学分析还可延续下去,尽管这很困难,尽管极容易受到诱惑而引进与语言学格格不入的视点。

只有当语言学充分地、以极纯正的方法把握了自己的对象之后,它才能卓有成效地为话语创作美学服务,而自己也无所畏惧地利用美学提供的帮助。在这之前,"诗语""形象""概念""判断"之类术语,对它既是一种诱惑，又是巨大的危险。它担心这些术语不是没有道理的，因为在过去很长的时间里，语言学被这类术语弄得失去了方法论上的纯正清晰，这种情况今后还将持续下去。

二、严格依照语言学理解的语言，对诗歌的审美客体来说，具有怎样的意义呢？问题完全不在于诗歌语言有哪些语言学特征（有时人们太热衷于讨论这个问题了），问题却在于：语言学含义上的语言整个地作为材料，对诗歌有什么意义。这个问题则纯属审美性质了。

语言之于诗歌，就像语言之于认识和伦理行为一样，就像语言在法律、国家等领域的客观化一样，只是一种技术因素。正是在这一点上可以判定，语言对诗的意义，与自然科学的自然（物理学数学上的空间，质料，声学中的声音，等等）作为材料（而不是内容）对造型艺术的意义，两者是完全一样的。

然而诗歌在技术上运用语言学的语言，采用的却是完全特殊的方法：诗歌所需要的，是整个的语言，是全面的，包括其全部因素的运用；对语言学含义上的词语所具有的任何细微色彩，诗歌都不是无动于衷的。

除了诗歌之外，没有一个文化领域需要整个的语言：认识活动完全不需要词语语音在质和量上的复杂特征，不需要形形色色的语调，不需要感受发音器官的动作等等。其他文化创作领域的情形亦是如此：它们都不能没有语言，但只取用其中的一小部分。

语言只有在诗歌中才显示出自己的全部潜能，因为对语言的要求在这里达到了极限：它的所有方面都被调动起来，趋于极致。诗歌仿佛要榨干语言的脂膏，而语言也就在这里大显身手。

但是，诗歌尽管对语言有如此高的要求，却还得克服这个语言，这个语言学所界定的语言。对一切艺术共有的原则来说，诗歌也不例外：艺术创作受材料的制约，但又是对材料的克服制胜。

语言学所界定的那个语言，不能进入话语艺术的审美客体。

这一点在一切艺术中概莫能外，因为材料的非审美性（与内容不同)是不进入审美客体的,例如,物理学数学的空间、几何学的线条和图形、动力学的运动、声学的音响等等。同这些材料打交道的,是艺术匠师和美学家,而不是第一性的审美观照。这两个方面应作严格的区分。艺术家在创作过程中不能不与物理学、数学和语言学打交道,美学家也不能不同物理学、数学、语言学发生关系。但由艺术家完成的被美学家研究的这项庞大的技术工作(没有它就不会有艺术作品),却不进入由艺术观照所创造的审美客体,亦即不进入审美存在本身,不属于创作的最终目的;因为这些在艺术接受时就全被排除了,正像楼房完工后拆除脚手架一样①。

为避免误解,我们在这里给艺术中的技术方面作一完全准确的界定:为了创作自然科学意义上或语言学意义上的艺术作品所完全必不可少的工作,我们称之为艺术中的技术因素;已完成的艺术作品作为实物,它的所有成分都可归于技术方面;但这个技术因素不直接进入审美客体,不是艺术整体的组成部分;技术因素是产生艺术印象的要素,但不是这一艺术印象亦即审美客体中有审美价值的内容。

三、我们是否应该在艺术客体中去感受词语——指的是语言学所界定的那个词语呢?我们是否应该去感受形态学的、句法学的词语形态,语义学的语义序列?我们是否应该把艺术观照中的诗歌整体当作话语整体来接受,而不是当作某种事件、某种意向、内心状态等已完成的整体呢?

当然,语言学分析会找出词语、句子等,物理分析会发现纸张、一定化学成分的印刷颜料,或者会发现物理学的声波,生理学家会发现感知器官及中枢神经中的相应过程,心理学家会发现相应的情绪、听觉感受、视觉表象,等等。专家们得出的所有上述这些科学论断,特别是语言学家的见解(心理学家的见解则远不那么重要),是美学家在研究作品非审美方面的结构所必需的。但美学家也好,任何一个艺术观

---

① 这当然不是意味着,审美客体早在作品诞生之前就已独立地现成地存在于某处。这种假设纯属荒谬。——作者

照者也好,都十分清楚,所有这些因素都不进入审美客体,不进入我们直接给予审美评价(是否美、是否深刻等等)的客体。所有这些因素只能在美学家的第二性的学术阐释中得到反映和界定。

如果我们试图取普希金的《回忆》一诗来确定一下审美客体包含着什么:

> 当常人嘈杂的白日归于沉寂,
> 城市那无声的广场,
> 爬上朦胧的夜色……

等等,那么我们能说,进入审美客体的成分有城市、夜色、回忆、忏悔等。我们的艺术积极性直接指向这些价值;我们内心的审美意向,也针对的是它们;因为正是回忆和忏悔这一伦理事件,在这部作品中获得了审美的表现和完成(将伦理事件孤立出来并加以虚构,这一因素亦即选取片断现实的因素,同样属于艺术表现的范围)。获得审美表现和完成的,绝不是词语、不是音位、不是词素、不是句子,也不是语义现象,这些都处于审美接受的内容之外,即处于艺术客体之外。这些只为第二性的美学的科学解释所需要,因为会出现这样的问题,艺术接受的上述内容,是受外在作品非审美结构的哪些因素所制约,又是如何受到制约的。

为了弄清材料以及外在作品中材料的组织对审美客体具有何等意义,美学应该明确艺术观照中纯审美的内在成分是什么,亦即明确审美客体。美学在这样做时,它针对诗歌必然会发现,语言学意义上的语言,是不进入审美客体内部的,是被排除在外的;而审美客体本身却是由表现为艺术形式的内容(或者说是包含着内容的艺术形式)构成的。

艺术家在词语上下大功夫,最终目的是克服词语,因为审美客体是在词语的边缘上,在语言的边缘上生成的。不过,对材料的克服具有纯粹内在的性质，因为艺术家摆脱语言学意义上的语言，不是通过对语言的否定，而是通过对它作内在的完善：艺术家仿佛用语言自身的武器来制胜语言，通过从语言学上加以完善的途径，迫使语言超越自身。

诗歌中内在地克服语言，与认识领域中对语言的干脆否定迥然不同，如不用词语而用代数表示、利用约定性符号、采用简写法等等。

不仅在诗歌中，而且在一切艺术中，内在的克服是对材料所取态度的形式界定。

话语创作美学同样不应绕过语言学意义上的语言，而是利用语言学全部成果来理解诗人创作的技巧；这种理解的基础，一方面是正确认识材料在艺术创造中的地位，另一方面则是正确认识审美客体的特殊性。

四、作为艺术观照内容的审美客体及其艺术结构，正如我们已指出的，是完全新建的一种存在，不是自然科学上的存在，也不是心理学上的存在，当然更不是语言学上的存在。这是一种特殊的审美存在，它通过克服作品的材料性质、非审美性质而生成在作品的边缘上。

词语在诗歌作品中[①]一方面组织成单句、繁句、章节、场次等整体，另一方面又创造出主人公外形、性格、身份、环境、行为等的整体；最后，创造一个经过审美加工和完成的伦理生活事件的整体。在这种情况下，词语已不再是词语、句子、诗行、章节了，因为审美客体的实现过程，即实现艺术任务本质内容过程，便是语言学意义上和布局意义上的词语整体不断转化为审美建构的已完成的事件整体的过程；这时理所当然的，语言学意义上和布局意义上的词语间一切联系和相互关系，都变成语言外的建构意义上的事件联系。

对审美客体及其建构的更为详细的研究，不是本文的任务。我们在这里只是简要地谈谈现代俄国诗学中与形象理论相关而产生的一

---

① 作者使用 поэзия、поэтика（诗歌、诗学）这类术语时，沿袭欧洲古典文论传统，泛指一切文学作品与文学理论，而不限于有韵之诗。——译者

些误解,它们同审美客体的理论有着十分重要的联系。

波捷布尼亚①美学所论的"形象",在我们看来是难以接受的,这是因为它总令人联想起不少多余而不确的东西,所以尽管旧时传统的形象很令人敬佩,诗学还是放弃为好。但对形象乃是诗歌创作的基本因素这一点提出批评(这是某些形式主义者发难的,而 B.M.日尔蒙斯基加以明确的发挥),在我们看来,方法论上是完全站不住脚的,然而在现代俄国诗学中却又十分典型。

这里否定形象的意义所依据的理由是:在我们对诗歌作品的艺术接受中,出现的并非是作品所写事物的清晰可辨的视觉表象,而仅仅是视觉表象中一些偶然易变而又主观的片断;依据这些片断建立起来的审美客体,当然是完全不可能的。所以,不会出现甚至原则上不可能出现明确的形象。比如说,我们应如何想象普希金那首诗中的"城市"(град)呢？是国外的还是俄国的城市？是大城市还是小城市？是莫斯科还是彼得堡？这要由每个人主观随意性地去设想了,作品没有给我们作出任何暗示,而这种暗示对建立一个唯一的具体的城市视觉表象是必不可少的。不过,既是这样,那么艺术家就根本不是同事物打交道,而仅仅是同词语打交道了,这里便只是同"城市"一词打交道,仅此而已。

艺术家只同词语打交道,因为只有词语是作品中某种确定的、实有而无可争辩的东西。

类似的见解,对还没有完全摆脱心理主义倾向的材料美学来说,是十分典型的。首先应该指出,这种见解也完全可以用于认识论领域中(人们已不止一次这么做了),因为学者同样只与词语,而不与事物、不与概念打交道;要知道,可以轻而易举地用类似方法证明:学者的心理中也不存在任何概念,只有一些飘忽不定的、主观的、偶然的印象和片断的表象。这里不折不扣地是陈旧的心理主义唯名论在艺术创作

---

① 波捷布尼亚(1835—1891),乌克兰和俄罗斯语文学家,精研诗学,其"形象"理论曾受到什克洛夫斯基的批判。——译者

研究中的复活。还可以同样令人信服地证明：就连语言学意义上的词语，在艺术家和学者的心理中也并不存在；非但如此，心理中除了心理映象之外便一无他物；而心理映象本身，从认识、伦理、审美的任何意义方面看，也都是主观的、同样是偶然的、与事物完全不相符的。应该把心理如实地理解为心理，这是经验心理学研究的对象。这一对象只能用心理学方法来研究，具有自己的纯属心理学的规律性。

虽然心理中的一切只属于心理学，而且完全不可能用心理方法准确地感受自然界、化学元素、三角形等等，却还存在着一些客观的科学，在这里我们能接触到自然界、元素、三角形等等一切，而且科学的思维正是研究这些事物本身，以它们为目标，确定它们之间的联系。在我们所举的例子里，诗人就是同城市、回忆、忏悔、过去和未来等打交道，把这些视为伦理的和审美的价值，而且诗人这样做时还出自一种审美上的责任心。其实在他心里并无任何价值存在，有的只是心理感受而已。由此可见，这篇作品中的审美客体包含有以下成分："城市广场""夜色""一连串的回忆"，如此等等，但不是视觉表象，不是通常的心理感受，也不是词语。进一步说，艺术家（以及观照者）指的不是别的，而恰恰是"城市"（град），此词的教会斯拉夫语形式所表现的细微意味，标志着这个城市的伦理审美价值，使这一价值获得了重大的意义；这一细微意味成了具体价值的表征，并以这种身份进入审美客体。换言之，进入审美客体的不是语言学的形式，而是它的价值意义（心理美学则说：是与这一形式相对应的情感意志因素）。

审美客体中的这些成分，组成了一个统一的有价值的生活事件，而且是获得了审美形式并最终完成了生活事件（在审美形式之外，它只是伦理事件，这种伦理事件，从自身内部原则上说是不能最终完成的）。这一伦理审美事件是完全确定的，艺术上也是不容歧解的。我们也可以把它的成素叫作形象，但不是理解为视觉表象，而看作是获得了形式的内容因素。

应该指出，即使在造型艺术中也无法看见形象。仅仅靠眼睛就在雕像身上看出人，看出伦理审美价值的人，看出形象，是不可能的；从雕像的形体中看出他的价值、外貌表情等等，这当然也是完全不可能的。一般说来，为了看见某种东西，听见某种东西，亦即某个确定的事物或者只是某种重要的价值，单凭外部的感觉是不够的，只有"视而不见的眼睛和听而不闻的耳朵"（巴门尼德①语）是不够的。

总之，审美要素（我们暂且称它为形象）既不是概念、不是词语，也不是视觉表象，而是一种特殊的审美成品；这个审美成品在诗歌中是借助于词语实现的，而在各种造型艺术中是借助于诉诸视觉的材料实现的，它既不等同于材料，也不等同于材料的组合。

围绕着非语言的审美客体，以至所有的非材料的审美客体，所以会出现类似上述所分析的种种误解，最终的原因在于人们毫无道理地希求为审美客体找到一个纯经验的等价物，甚至是如同物品一样在空间和时间上限定的替代物；或者甚至希求把审美客体全盘变为认识过程中的经验。在艺术创作中实际存在着两种经验因素：一个是利用材料的外在作品；一个是创作和接受中的心理过程，即感觉、表象、情感等等。在前一个因素里我们看到的是自然科学的、数学的或语言学的规律性，在后一个因素里我们看到的是纯粹心理学的规律性（如联想、联系等）。研究者固守这两个因素不放，唯恐越出雷池一步，总以为再走一步，就只有玄奥或神秘的东西了。但把审美客体全盘经验化的企图总是不能如愿以偿的，而且正如我们所说的，这在方法论上是完全站不住脚的，因为重要的恰恰在于理解审美客体自身的特殊性，理解审美客体诸因素间纯审美联系的特殊性，亦即审美客体建构的特殊性。但无论是心理美学还是材料美学，都无力实现这一点。

我们无须担心审美客体既不能在心理中也不能在材料的作品中找到，它不会因此就变成了某种神秘的或玄奥的东西。处在同样情况的，还有纷繁多样的行为世界，还有伦理的存在。国家在何处？在心理中，在物理学数学的空间里，抑或在立宪文件上？法又在何处？尽

---

① 巴门尼德（约前570—前480），古希腊早期哲学家。——译者

管如此，我们却能负责地对待国家，对待法。而且，这些价值能够对经验的材料和我们的心理深入地理解并进行调整，同时也就帮助我们克服了赤裸裸的心理主观性。

艺术客体所进行的非审美的经验化和心理化，这一倾向也是产生上文所提出的那种把内容理解为材料（即词语）的一个因素的原因。依附于词语的内容，作为词语的一个方面，与音位、词素等等相提并论的内容，从科学性上看，似乎更具可感性和物质性。

作为一个必不可少的结构因素的内容问题，我们不准备再加讨论。我们只想说明一点，人们通常倾向于把题材因素（有些艺术中没有题材因素，而另一些艺术中存在着题材因素）理解为是事物的区分性和认识的规定性。这一因素的确不是一切艺术所共有，但它无论何时也不能以自身穷尽内容。然而在其他情况下（如在 B.M.日尔蒙斯基著作里，虽然它并不排斥对题材的第一种即较为狭义的理解），现代诗学几乎把整个审美客体，它的非材料方面的特殊性，它的所有事件方面、建构方面的成素，全都归于题材之中。但就在同时，这个不加分析囊括一切的审美客体，又被塞进语言学意义上的确定的词语之中，与音位、词素和其他因素平列起来。这便无可置疑地从根本上破坏了审美客体的纯洁性。但如何把题材所指的事件世界（获得了形式的内容）与语言学含义上的词语协调起来构成统一的整体——诗学并未对这个问题作出回答，甚至没有从原则上提出这个问题。而实际上，广义的题材世界同语言学的词语，分属完全不同的层面，有不同的衡量尺度。还应该补充一句，题材把审美客体和内容大大地理论化了，因为对伦理因素及相应的情感忽略不提，根本就不区分什么是纯伦理因素，什么是它在认识形式中的显现。

这样，材料在艺术创作中的意义，可作如下界定：材料就其自身非审美特性来说，不进入审美客体，但作为具有审美意义的一个要素，它又是创造审美客体必不可少的技术因素。

由此绝不应得出结论说，在美学中对作为纯技术因素的作品材料结构的研究,是无足轻重的。材料研究在专门美学中的意义十分重大,正如材料作品以及作品的创作对艺术家和对审美观照所具有的意义一样。我们完全赞同如下的见解:"技巧在艺术中就是一切";我们对此的理解是:审美客体实现的途径,只有通过创造材料的作品(艺术之外的审美观照之所以混杂不清,就因为这里缺少较为完美的组织材料,例如人们在观赏自然时)。在作品诞生之前,在脱离作品的时候,审美客体都是不存在的;它首先是与作品一道产生的。

在把"技术"①一词应用于艺术创作时,不应强加给它某种令人不快的意味:技术在这里不能也不应脱离审美客体,正是这一客体使技术生机勃勃,使其所有因素行动起来。所以,在艺术创作中技术绝不是机械的东西。它有可能变成机械性的东西,是在蹩脚的美学研究著作中,这类著作抛弃了审美客体,把技术变成了独立自足的东西,并且使它脱离了目的和含义。正是为了同这样的研究相对抗,应该强调作品中材料的组织只具有从属的性质,纯技术的性质,这样做的目的不在贬低它,相反是为了理解它,赋予它以生机。

这样,正确地解决材料的意义问题,不会使材料美学的著作成为赘疣蛇足,丝毫也不降低它们的意义,而是给这类著作指出原则和正确的方法论定向。当然,它们则应放弃囊括整个艺术创作的企图。

须要指出,对某些艺术门类来说,审美分析几乎只能限于研究技术这一方面,当然,应有明确的方法论,即把技术只作为技术来研究,音乐美学就属于这种情况。音乐的审美客体产生于发声学之乐音的边缘上,审美分析不研究这个客体,如果就单独作品而论,几乎是讲不出什么来的,除非是指出它的最一般的特点。超出对音乐作品的材料结构所作的分析,研究者的论断在大多数情况下就是主观主义的了:要么是自由地将作品诗意化,要么是随心所欲的玄奥解说,要么是纯心理学性质的议论。

---

① 俄语 техника(技术)一词用于文学,是指创作的技术方面,有时亦可译成"技巧"。——译者

阐释音乐作品可能有一种特殊的方法，就是有明确的方法论原则的主观的哲理分析。这种阐释会有重大的文化意义，但自然缺乏严格意义上的科学性。

在这里，哪怕是大体上阐明对材料布局结构的分析方法，如同我们对内容分析的方法所做的那样，我们也是完全无法做到的。这只有在更为详尽地了解了审美客体及其建构方法之后才有可能，因为是它们决定着布局结构。这里我们只能限于上面所说的意见了。

第四章 形式问题

一、艺术形式是内容的形式，但它全由材料实现，仿佛紧固在材料上。所以，形式应从两个方面去理解、去研究：(1)从纯审美客体内部，这时它是建构形式，它的价值在于表现内容(可能的事件)，并从属于内容；(2)从作品的整个材料布局内部：这是对形式的技术方面的研究。

在第二方面的研究中，形式无论如何也不应解释为材料的形式(这会导致根本性的曲解)，形式仅仅是用材料实现自己，借助于材料实现自己；在这一方面，形式除了受制于自身的审美目的外，还受到这种材料的特性的制约。

本章是把形式作为建构形式来进行的审美分析方法的一篇简短导论。(形式只理解为"技术"，已是司空见惯的了。这在形式主义、在艺术学中的心理主义，莫不皆然。我们却要在严格的审美层面上来考察形式，视它为艺术上有意义的形式。)[①]本章的基本问题是：形式既然整个是用材料实现的，又怎么成了内容的形式，对内容具有价值？

---

① 本段文字原见巴赫金的文集《文学与美学问题》(1975)中的《文学作品的内容、材料与形式问题》一文。根据现今采用的《话语创作美学方法论问题》的版本，未见这段文字。译者用括弧标出这段文字，保留下来，以供参考。——译者

或者换言之，布局形式(即材料的组织)是如何实现建构形式，即认识价值和伦理价值的结合与组织的？

形式必须转而表现积极的审美主体那种有价值内涵的创造积极性时，才能不再被视为一种实物，才能超越材料作品(即组织起来的材料)之外。我们在上面(第一章里)已经谈到形式的积极性这个因素，这里须作更详细的研究①。

我在形式中发现我自己，发现自己价值上形成的有效积极性，我鲜明地感觉到自己所创造的客体的活动，而且不仅是在第一性的创作过程中，也不仅是在我自己创作的时候，还有在艺术作品的观照中。因为我必须在一定程度上意识到自己是形式的创造者，才谈得上实现艺术上有意义的形式本身。

这一点正是艺术形式与认识形式的本质区别。认识形式没有作者兼创造者②，因为我是在客体身上发现认识形式的，我在认识形式中既感觉不到自己，也感觉不到自己的创造积极性。这就决定了认识思维带有一种特殊的不得不为的性质，因为认识思维虽是积极的，但它感觉不到自己的积极性，原因在于感觉只能是个体的，属于具体的人。或者更准确地说，感到我自己的积极性这一点不属于思维本身的指物内容，而是作为主观心理的附属现象被排除在外，仅此而已。要知道，科学作为研究事物的客观整体，没有作者兼创造者③。

作者兼创造者是艺术形式的基本因素。

我必须感到形式是我对内容的一种积极的有价值的态度，才能从审美上感受形式：我在形式中并且通过形式讴歌、叙述、描绘，我用形式表现自己的爱、自己的主张、自己的理解。

---

① 把形式理解为积极性的表现，完全不是与艺术学背道而驰的，但它只能在系统美学中才能得到可靠的论证。——作者
② 文中常见的 автор-творец 一词，实指艺术作品的创作者，故译为作者兼创造者，以区别于非艺术作品的作者。——译者
③ 学者兼作者要积极组织的，只是外在的叙述形式；科学著作的独立性、完成性和个体性，则可表现出创造者的主观的审美积极性，但不进入认识世界的内部。——作者

内容则与形式相反，是某种消极而需要形式的东西，是为人所接受而自己又能包容别人的东西，是被人领悟、被人固着、受人珍爱的东西，如此等等。一旦我在形式中不再是积极的，为形式所消解和完成的内容就立即起来反抗，显露出自己纯认识和伦理的价值；这就意味着艺术观照从此结束，代之而来的是纯粹伦理的共感或认识的思索，是理论的赞同或异议，是实践上的肯定或反对。例如，对小说不从艺术角度接受时，可能掩盖了形式，使内容的认识主题或伦理取向变得积极起来，譬如，与主人公共感他的惊险遭遇、人生荣辱，甚至可以把音乐贬低，当成自己幻想时随意思考一些普通伦理问题的简单伴奏，把重心移到非艺术的接受上去。

由于我们只不过是看到了些什么，听到了些什么，我们还没有接受到艺术形式。必须把所见、所闻、所说的成为表现我们自己积极的价值关系的东西，必须以创造者的角色进入所见、所闻、所说的东西之中，以此来克服形式的非创造性的、特定的材料性质，它的物性，因为这时形式已不再生活在我们之外而仅仅是被接受的、经过认识梳理过的材料了。形式变成一种富有价值的积极性的表现，这种积极性渗透到内容之中并实现着内容。如我在阅读或聆听诗歌作品时，我没有把作品置于自身之外，亦即不把它只视为他人的话语，听一听，理解了意思（实际的或认识的含义）就够了。我是在一定程度上把作品当成了我本人讲述他人的话语，我自行把握着节奏、语调、声音的抑扬顿挫、叙述的内在手势（创造性的动作）、隐喻的表达功能等等，仿佛这些也准确地表现着我本人对内容的价值关系；换言之，我在接受作品时关注的不是词语，不是音位，不是节奏，而是连同词语、音位、节奏一起，积极地关注内容，我领悟它、体会它、完成它（而抽象出来的形式本身，不能独立自足，但形式可以使内容具形而独立自足）。我在形式中变得积极，并通过形式于内容（是认识和伦理性质的内容）外部采取一种价值立场。这样一来，才第一次有可能使形式对内容的全部审美功能得以完成，一般说也才有可能实现这种审美功能。

这样看来，形式乃是作者兼创造者和接受者（他也参与形式的创造）对内容所取的积极的价值态度的表现。作品中有一类因素能使我们在其中感觉到自己、感觉到自己对内容的积极的价值态度，它们借助这一积极性能克服自身的材料属性，所有这类因素，都应属于形式。

二、形式既然以话语来表现对内容的主观的积极态度，它又是如何成为能完成内容的创造性的形式呢？是什么东西使得话语的积极性，乃至一般的积极性（这个积极性实际上从不超越材料构成的作品，而只是产生并组织这一作品）变成使认识伦理内容具形[①]的积极性，而且这一形式应完全能完成对这一内容的具形？

在这里我们不得不简略地谈谈形式对内容的第一功能——孤立（изоляция）或隔离（отрешение）。

孤立和隔离不是针对材料、不是针对作为实物的作品而言的，而是针对作品的意义、内容而言的；作品内容从它与整个自然界、整个存在的伦理事件之间的某些必然联系中脱离出来，摆脱联系的这种隔离，不会使被孤立出来的内容丢失原已确认的认识及伦理评价。被隔离出来的东西，人们靠理智和意志可以追忆辨认出来，但这时它却可能得以个性化了，并成为原则上已经完成了的东西。因为在严格归属于自然界并包容在自然界整体中的情况下，使之个性化是不可能的；而在不可逆转地发展着的统一的存在事件中，使之完成也是不可能的，因为必须把内容同未来的事件隔离开来，才能完成这个内容（使之自足而实有，成为自足的现实）。

作品的内容犹如统一而开放的存在事件中的一个片断，而形式把它孤立出来，使之摆脱了对未来事件的责任；这个片断因此从整体上说是自足而静止的，是已经圆满完成了的，同时又使孤立出来的自然界也如自己一样变得自足而静止。

从整个自然界里孤立出来，就意味着消除了内容的全部物体因

[①] 作者惯用оформление一词表示赋予艺术作品以特定的形式，为行文方便，有时译成"具形"，即给予或获得特定的形式。——译者

素。物体性的形式只是在自然科学提出存在着统一的自然界这一学说之后，第一次成为可能的形式，因为没有这一学说为基础，便只能从灵气说和神话角度来接受客体，亦即视它为生活事件中的一种力量和一个参与者。孤立再次导致物体性的消解，因为被孤立的物体是 contradictio in adjecto[①]。

所谓艺术中的虚构(вымысел)不过是孤立的正面表述，事物被孤立出来因而也就是虚构出来的，亦即不是统一的自然界中实有的，也不是存在的事件出现过的。从反面来看，虚构和孤立是一样的；从正面来看，虚构强调的是形式所特有的积极性，强调作者的因素，因为在虚构中，我鲜明地感到自己在积极虚构事物，感到我的外位给了我自由，能畅行无阻地赋予事件形式并完成事件。

虚构的对象，只能是事件中主观上认为有价值有意义的某种东西，某种对人有价值的东西，但不虚构物体。虚构的物体是 contradictio in adjecto。

即使在音乐中，孤立和虚构从价值含义上说也不可能是指材料，因为孤立的不是发声学的声音，虚构的也不是布局序列中的数学上的数字。被隔离的、虚构而不可逆转的是对事件的追求，是对价值内涵的专注情绪；这种专注的张力因隔离而毫无阻碍地消解，成为平和而完成的东西。

形式主义者所谓的"奇异化"，基本上不过是孤立功能的一种方法论上不够明确的表述而已。这里大多数情况下，把孤立功能不正确地归之于材料：词语通过破坏其一般的语义序列的途径而变得奇特，但有时奇异化也用来指称事物，只不过对此作了简单化的心理学的理解，说这是使事物脱离开人们普通的感受(普通的感受当然也同特殊的感受一样地偶然和主观)。可是实际上，孤立乃是把事物、价值和事件从不可或缺的认识和伦理序列中隔离出来。

孤立首次使艺术形式的正面实现成为可能，因为这里可能实现

---

① 拉丁语：自相矛盾的说法。——译者

的,不是对事件的认识态度,也不是伦理态度,而是有了可能为内容自由地造型;我们感知事物、感知内容的积极性得以解放,这种感知的全部创造力得以解放。因此,从反面来说,孤立也是形式获得个体性、主观性(不是心理学上的主观性)的条件,孤立使得作者兼创造者成为形式的基本因素①。

另一方面,孤立功能提出并界定了材料及其布局组织所具有的意义。材料成了一种假定性的东西,因为艺术家加工材料时,是在加工被孤立现实的价值,并以此内在地克服了材料却又不越出材料的范围。词语、表述不再等待、不再期望自己身外有任何现实的东西,如现实的行为或现实的对应物,亦即真正地实现什么或验证什么的真实性(克服主观性);话语凭借自身的力量就把起完成的功能的形式注入内容,例如,抒情诗中的请求(经过审美的组织)开始变得内向而自足,不需要别人来满足(仿佛表现形式本身就满足了这个请求),诗中的祈祷不再需要上帝听见诉苦,也不期待救助,忏悔无须得到宽恕,如此等等。形式仅仅利用材料,就可填补任何事件和伦理的缺陷,直至使之圆满地完成。只有借助于材料,作者得以对内容(认识和伦理价值)采取一种创造性的有效的立场;作者仿佛进入被孤立出来的事件中成为它的创造者,却没有成为参与者。这么一来,孤立使得话语、表述以至一切材料(发声学的声音等)成为在形式方面具有创造力的东西。

三、艺术家和观照者的创造个性是如何进入材料即话语中的?这一创造个性首先把握词语的哪些方面呢?

我们在作为材料的话语中区分出如下几个因素②:(1)话语的声音方面,即它本身的音乐因素;(2)话语的指物意义(及其全部细微色彩及变体);(3)话语中的联系因素(纯属话语内部的关系和相互关系);(4)话语的语调因素(从心理学讲是情感意志因素),是一种价值

---

① 孤立当然是这种积极性的第一个产物,因为孤立可说是进入作者领地的行动。——作者
② 我们在这里是通过布局实现艺术形式的这一角度来考察语言学的词语的。——作者

取向，表现了说话者多样的价值关系；(5)积极的话语语感，积极地产生有意义的声音的感觉(这里包括一切动作因素：发音、手势、脸部表情等等，以及我个人发自内心的用话语、表述体现某种价值上和含义上立场的积极性)。我们要强调一下，这里说的是应能感受到产生表意话语的积极性，这不是以纯粹的器官运动产生话语的物理现象，而是产生某种含义和评价，即感觉到完整的人在活动、在占据某种立场；这活动既包括了机体，也包括了表意的积极性；因为产生出的话语，必是它肉体和精神的具体的统一。在最后这第五个因素中反映着所有前四种因素；它是前四种因素与说话者个人发生联系的那一侧面(即感到声音、含义、联系和评价的生成过程)。

作者兼创造者以及观照者这种生成的积极性，驾驭着话语的一切方面，正是借助所有这些方面他才能实现针对内容起着完成功能的形式；另一方面，它们又全部为表现内容服务。在每一个因素中，创造者和观照者感觉到自己的积极性，即选择、创造、确定、完成的积极性，同时他们又感觉到自己施加积极性所指向的某种东西，先于这种积极性的东西。但主导的因素、构成能量的焦点，当然是第五个因素。其后按重要性排列，依次是第四即评价因素，第三即联系因素，第二即意义因素，最后是第一即声音。声音仿佛把其余的全部因素都纳入自身，成为诗歌中整体话语的载体。

对认识性表述来说，话语的物质意义、指物意义是主导的因素；它力求在认识的客观事物整体中找到必不可少的位置。在认识的表述中，事物整体主导着并决定着一切，把与它无关的一切都加以无情地抛弃；其中，所说的话语要采取一种积极的立场这个过程，也感觉不到了，因为这不属于事物整体的范围，也不会作为创作者的主观意志和情感而贯穿其中。对于实现认识话语的统一体来说，这个积极性是最无济于事的了。

在话语行为(判决、同意、原谅、祈求)中，对话语积极性的感觉绝不是一个主导因素；话语行为属于伦理事件整体的成分，在这个整体中它只被视为一个必须的和应有的行为。

只有在诗歌中,对产生意义表述的积极性这一感觉,才成为构形的中心,成为形式整体的载体。

由被感觉到的生成积极性这一聚焦点辐射出来的首先就是节奏(最广义的理解,包括诗歌节奏和散文节奏),以及通常非指物性的任何表述序列;这个序列要求说者不断返回自身、返回到统一的行动着的生成着的自身。

以类似往复为基础的统一的序列,即使往复的是相近的含义因素,也是不断回归自身的、反复体验自身积极性的统一体;这里的重心不在已复返的含义上,而是在往复运动本身,在于生成这个含义的运动(内在的和外在的运动、心灵的和肉体的运动)在往复进行。

实现着形式的一切布局因素所以能成为整体,即形式的整体,首先是作品所以能成为一个表述整体,原因不在于说了什么,而在于如何说,在于话语活动时时刻刻能感到自己是一个完整统一的活动,而不依赖于内容本身在对象和内涵方面的完整统一。不断重现、往复、构成联系的,不是含义因素;含义因素不能直接地、客观地这么做,亦即与话语的个性主体完全隔离开来。不断往复、重现、构成联系的,是相对的积极性因素,是对话语活动的真切的自我感觉的因素。这一话语活动没有在对象中失去自身,而是一次次地在自身、在自己身心的高度紧张状态中感觉到了自己主观上的完整统一;这不是对象的统一,也不是事件的统一,而是领会、把握对象和事件的统一。这样,作品的开头和结尾,从形式统一体的角度看,便是活动的开始和结束;由我开始,又由我结束。

认识的客观统一体是不会有结束的——作为一种正面意义的结束,因为只有科学家能有开始和结束,而科学是没有开始和结束的。科学家论文的结尾、开头以及大量的章法因素,反映的是作者主体的活动,亦即属审美因素而并不渗透到开放的、无始无终的认识世界中去。

话语整体的一切布局上的切分,如章、段、诗节、诗行,只是作为文章的分解所表现的形式。而话语生成活动的各个阶段,则是统一的努力活动的不同时期,是达到了一定程度的完整性的因素(但不是内容本身的完整性);不是内容内部决定的因素,而是自外部把握内容所达到的积极性因素,是由作者施于内容的活动中确定出来的因素。诚然,虽然这些因素在很大程度上渗透进内容,从审美上恰如其分地具形了内容,但不是强加于内容之上的。

因此,审美形式的统一,是行动着的人的身心所持立场的统一,是行动着的完整的自立的个人所持立场的统一。一旦这种统一移入活动的内容之中,变成认识对象的统一体、事件含义的统一体,那么形式便不再成其为审美形式了;例如,节奏、完成性语调和其他形式因素,就会丧失自己的使内容具形的力量。

然而,这个生成声音表意的话语活动,这个感觉到自身也感觉到把握着自己整体的活动,却又不囿于自身,不以自身为满足,而是超越行动者的机体和心理,面向外界,因为这一活动是爱、是颂扬、是贬抑、是讴歌、是哀哭,如此等等,总之是确定的价值关系(在心理学上具有一定的情感意志色调)。要知道,这里生成的不单纯是声音,而是有意义的声音;生成话语的活动,渗透到话语的语调方面,并在其中意识到自身的价值,通过对语调的积极感受来驾驭评价[1]。按照我们的理解,话语的语调方面,就是话语表现说话者对表述内容的多种评价态度的能力(在心理层面上则是说话者多种多样的情感意志的反应)。而且,话语的这一方面不管是在诵读时真的化为语调,还是被当作一种可能性来接受,反正在审美上它总是举足轻重的。作者的积极性变成所作的评价的积极性,而评价给话语的一切方面都抹上了一层感情色彩:话语或是咒骂,或是爱抚,或是淡漠,或是凌辱,或是美化,等等[2]。

---

[1] 我们在下文中指出的作者和观照者的积极性把握各种话语因素的顺序,绝不等于实际接受和创作的顺序。——作者
[2] 我们指的是作者的纯属审美评价的语调。它不同于伦理性质的所谓"真实"的语调,即实有的或可能的主人公的语调,主人公感受事件是从伦理角度出发的,并与之有切身的利害关系,却不是从审美的角度出发的。——作者

其次，生成的积极性掌握着话语的重要联系（比拟、隐喻；布局上利用句法联系、重复、排偶、疑问式；布局上利用从属关系和并列关系；等等）；对联系的积极性所作的感受在这里也是一种组织因素，但感受，在价值上说是已经确定了的。如，比拟或隐喻都须以统一的评价积极性为依据，就是说，联系包含着话语的语调方面，后者当然对指物意义并不是漠不关心的（从心理层面上说，隐喻、比拟以及其他诗化了的话语联系，是以话语的情感意志的相互关系及近似性为基础的）。这里的统一不是由逻辑思想实现的，而是靠对评价积极性的感受来创造的。这不是事物间的必然的联系（它把情感意志的主体抛在一边，不需要这个主体）；这是纯属主观的联系（它需要情感意志的主体主观上的统一）。不过，比拟和隐喻也可能要求事物间的一致和联系，以及伦理事件的统一；在这个背景上更显得出隐喻和比拟的创造积极性，因为隐喻和比拟包含着顽强抗争的认识伦理意向，在隐喻和比拟身上所表现出来的评价也就真的能使事物具形而使其物性消解。如果把隐喻从作者对联系和形成的积极性感受中抽取出来，隐喻就要死亡，即不再是诗化的隐喻，或者变成神话（隐喻如果是单纯的语言隐喻，能够十分出色地服务于认识性表述的目的）。

话语间一切句法联系，要想成为布局的联系并在艺术客体中能够实现形式，都应贯穿着作者对联系积极性的整体感受；这一积极性所施的对象，也是由话语联系所实现的，是属于认识或伦理性质的事物间和含义间的联系的统一体，话语间一切句法联系，还都应贯穿着对外部的认识伦理内容的领会、理解以及紧张感知的一致性。

话语具体的指物意义同样被创造者主体的选择词义的积极性感受所控制，被他那特殊的语义首创精神所控制（这种精神在认识领域中不可能存在，因为这里不能别出心裁，选择的积极性是被排除于认识世界之外的）。这种选择的感受是指向被选择物，统辖着被选择物本身的认识伦理规律。

最后，积极性感知还统摄着话语的声音层面。话语的声音本身在诗歌中的意义并不很大,产生声音的动作(这动作在发音器官中最为活跃,它牵动着整个机体),要么在阅读过程中真正实现,要么在聆听时可以共感,要么只被当作一种可能的东西来接受;总之,这个生成声音的动作比听见的声音有着无与伦比的重要性。听到的声音几乎被降到了辅助的角色:唤起相应的生成动作,或者起着更加表面的服务性作用,即充当含义、意义的符号,最后还可能成为语调的基础,因为语调需要词语的音长,不过语调对它的音质不感兴趣,也还可成为节奏的基础,节奏当然带有动作性质。在长篇小说中,以至在一切卷帙浩繁的散文作品中,音位的辅助性功能——表义、引起动作、成为语调的基础,几乎全部都让给了文字。诗与音乐的重要区别就在这里。在音乐中,创造声音的动作较之发出的声音只占有次要的地位;声乐是个例外,它在这方面接近诗,虽然这里声音因素比在诗中还是重要得多。不过创造性动作在音乐中还是本身固有的,所以我们可以说,创作者——表演者——听众的内在的创造积极性,作为一个因素也进入艺术形式之中。

  在器乐中生成声音的动作几乎完全不再是自身固有的了,因为琴弓的运动、手击键盘、吹奏乐器必需的奋力等等,在很大程度上处在形式之外。只有与这一动作相伴的精神贯注,犹如消耗能量而凝聚的力,完全脱离双手的运动或敲打的内心固有的感受而融入声音之中,并在其中得到净化,再为有心的听者所领悟,成为人的内心积极性和奋斗力量的表现,仿佛已同生成有价值有意义的音符的机体和乐器完全分离。在音乐中,一切具有布局意义的因素,都渗透到发出的声音之中。如果在诗歌中实现着形式的作者是说话的人,那么在音乐中他就是直接发出声音的人,但不是演奏者(用钢琴、小提琴等演奏的人),指借助乐器生成声音的动作。音乐形式的创造积极性,是发声本身的积极性,是乐音的有价值运动本身的积极性。

  诗歌中用来表明调整声音的音质术语"选音(инструментовка)"[①],应该说是一个最不妥当的术语。其实,要调整的不是词语的读音,而是

[①] 指诗歌作品中有意选用某些音位,以达到特殊的音响效果。——译者

发音方法、发音动作。当然,这个发音方法要反映到声音中去,如同反映在文字上一样。

内在的创造机制并非在一切种类的诗歌①中都具有相同的意义。它在抒情诗中是最大的,在这里内部生成的声音,并且能感到自身统一而有效的激奋,这个机体因之被吸引到形式之中。在长篇小说中,内在机制参与形式的程度是最低的。

当然,即使在长篇小说中,生成话语的积极性依然是驾驭形式的基本因素(如果这一长篇小说是真正艺术品的话),不过,这里的积极性几乎完全排除了器官的、机体的因素,它是纯粹精神方面的生成积极性,是选择意义、联系、评价态度的积极性;这是对大片话语、整章、整部,最后甚至整个小说进行精神观照和把握,直到最终完成的内心努力。这里表现特别突出的是紧张地始终把握评价态度的积极性,把感情贯穿始终的积极性。这里进入形式的,是它的基本因素,即内心积极的创作者个人:他要看、要听、要评头品足、要联想、要选择(尽管外在感官和身体器官实际上并不产生生理上的需要),他在整个小说中从头至尾贯穿着自己统一的积极性,体现着一种完整的有效的理性的内心向往②。

四、形式的统一,是作者兼创造者积极的价值立场的统一。这一立场是通过话语(话语采取的立场)实现的,但却属于内容。话语、只有话语所采取的这一立场,所以能卓有成效,能创造性地全面完成内容,全靠内容的孤立,即靠其非现实性(确切地说,哲学上严格地说,这是一种特殊的、纯审美性质的现实)。孤立是形成意识所迈出的第一步,是形式送给内容的第一件礼品,这之后才可能有形式的其他礼物随之而来,那已都是正面意义的能丰富内容的礼物了。

---

① 巴赫金沿袭西欧古典用法,把有韵无韵的都看成诗歌。这种做法源于古希腊。——译者
② 应该严格区分作者——形式创造者的这种创造积极性与消极的模仿行为(实有的或可能的)。这种模仿行为有时往往是伦理层面上为达到移情、共感所需要的;这正如需要区分伦理语调与审美完成语调一样。——作者

从布局上实现形式的全部话语因素，都变成作者对内容的创造立场的表现手段，因为附着于材料的节奏，超越材料的范围，作为对内容的一种创造立场而开始向内容渗透，把内容转换到一个新的审美存在的价值层面上。长篇小说的形式调整着话语材料，在成为作者立场的表现手段之后，创造出一种建构形式，而这种建构形式调整和完成事件，不受统一的、永远开放的存在事件的制约。

这一点正是审美形式的一个深刻的特点：审美形式是我的机体运动的积极性、评价的和理解的积极性，与此同时，它又是同我对立的事件及其参加者（指他的个性、他的躯体和心灵）的形式。

作为主体的个人要能感受到自己是个创造者，只是在艺术领域中。积极含义上主观的创造个性，是艺术形式的基本要素；在这里他的主观性获得一种特殊的客观化，成为具有文化价值的创造性的主观性；也是在这里，有机体（躯体）的人与内在的（心灵的和精神的）人实现了一种特殊的统一，但这种统一是内心被感受到的。作者作为形式的一个基本因素，是完整的个人发自内部而又经过组织的积极性；这个完整的个人全面实现着自己的任务，不期望任何身外之物来帮助完成；而且这里指的是完整个人的全部积极性，从头到脚，无所不包，因为他需要整个的人：一个呼吸（匀称）的人，一个活动自如的人，一个眼观四周、耳听八方的人，一个博闻强记的人，一个有爱心善解人意的人①。

这个从内部组织起来的创造者个人的积极性，本质上不同于从外部组织起来的主人公的消极个性。主人公作为艺术观照的对象，肉体和心灵都是确定不移的。他的确定性是可见的、可听的、外化于形的确定性；这是人的形象，是他外现了的个性。而创造者的个性，既看不见，也听不到；对它只可从内部感受，从内部组织，使之成为可见、可听、能活动、善记忆的积极性；成为能塑造而非被塑造的积极性，然后它才会反映到具形的对象中去。

---

① 只有在方法论上严格地理解、研究作为审美客体要素的作者，才能赋予从心理学角度、传记角度、历史角度来研究作者提供方法论基础。——作者

审美客体是包容了创造者自身的创造物,因为创造者在客体中发现了自身,并鲜明地感觉到自己的创造积极性。或者换个说法,审美客体是经过创造者本人自由而亲切地共创呈现在他自己眼中的创造物(这当然不是无中生有的创造物,它须以认识和行为的现实为前提,不过是加以变形并使之具形而已)。

━━━━━━

美学的基本任务是研究审美客体的特殊性,而绝不能设想用实现审美客体的半途中的某个中间环节来取代它。首先就应该综合地、整体地理解审美客体,理解形式和内容之间本质的、必不可少的相互关系,因为形式是内容的形式,内容是形式的内容;理解它们相互关系的特殊性和规律性。只有在这种理解的基础上,才能为单部作品的具体审美分析确立正确的方向。

综上所述,有一点是应该明确的:审美客体不是物体。既然我可以在它的形式(更准确地说是内容的形式,因为审美客体是具形的内容)中感觉到自身是个积极的主体,我可以作为它的必不可少的基本因素进入其中,那么它的形式当然不可能是物体的形式、事物的形式。

艺术创造的形式首先形成的是人,而世界仅仅是把它作为人的世界,或者使它与人处于十分密切的直接的价值联系中,以致附着在人身上而丧失了自身的独立价值,仅仅成为人生价值的一个因素。由此,形式对内容的关系在统一的审美客体中带有特殊的人物性格,而审美客体是创造者和内容两者各自作用与相互作用所构成的某种特殊的事件。

在话语艺术创作中,审美客体的事件性质特别鲜明,形式和内容的相互关系在这里几乎带有戏剧性;作者(肉体的、心灵的、精神的人)进入客体也特别明显。不仅形式和内容的不可分割性显而易见,而且它们的不可融合性也分外明显。而在其他种类的艺术中,更多的是形式渗入内容,似乎在内容中得到物化,因而更难与内容分离,自身也更难获得抽象的独立的表现。

  这个原因可以在诗歌材料即话语的性质中得到印证。借助话语，作者(说话的人)可以直接采取自己的创作立场；而在其他艺术中，总有异体作为技术中介进入创作过程，如乐器、凿刀等，此外，材料也不是那么全面地占据整个积极活动的人。经过这些异体的中介，作者兼创造者的积极性被限制在某一专门的方面，变成了片面的积极性，所以，更难脱离开它所具形的内容了。

卢小合　译

戏剧家托尔斯泰

一

　　托尔斯泰的戏剧作品按写作年代可分为两组。第一组包括《一个受传染的家庭》和《虚无主义者》。这两个剧本托尔斯泰写于60年代,正值他新婚宴尔(1862年),享受着家庭幸福,处于经营家业最鼎盛的时刻,也是他酝酿并着手实现最伟大的作品《战争与和平》的时期。1863年几乎是托尔斯泰危机前生活中的最辉煌时刻:这时他是一个热衷经营而又屡屡取得成功的地主,是一个幸福欢乐的成家人,是一个朝气蓬勃的艺术家。

　　托尔斯泰的其他戏剧作品,从《黑暗的势力》(1887)到《万恶之源》(1910),都属于第二组。所有这些作品是他经历了所谓的"托尔斯泰危机"之后写成的。那时他已放弃自己的地主业务,认为自己过去的艺术风格有违真实,并离家出走。

　　所有第二组的剧本(也应包括《一个沦为乞丐的贵族老爷》,1886年),只是不久前才为人们所知,当时这些作品没有公之于世。这也是不难理解的。它们的艺术价值微乎其微。它们构思粗率,又没有加工,带有应时而作、偶然为之的性质。那么,这些作品成为艺术上的败笔,原因又在哪里呢?

　　问题在于:戏剧的形式在当时与托尔斯泰的基本艺术追求大相径庭。托尔斯泰从其文学生涯伊始,作为卢梭和早期感伤主义者的追随者，便反对和抨击任何的虚礼习俗，而首先是艺术的虚假，不管它以什么形式表现出来。戏剧形式必须满足舞台表演的要求，它最难摆脱陈规。托尔斯泰后来对戏剧的基本写法所作的批评，见于托尔斯泰《艺术论》一文；而对戏剧虚假的揭露，则已在《战争与和平》的一个场面中表现出来了——那是一段著名的文字，描写歌剧在茫然不解的观众眼中会是个什么样子。

但除了他否定艺术的虚假之外，还有一个更深刻的原因，使得戏剧的虚假同托尔斯泰的艺术追求格格不入。这就是托尔斯泰作品中作者话语的特殊安排和它的极其重要功能的发挥。他的作者话语力求获得完全的自由与独立。这不是对主人公对话的旁白说明而仅仅造成一个舞台和背景，也不是对他人声音、对叙述者（"故事"体）的风格模拟。托尔斯泰需要这样一个自由而重要的叙述话语，是为了实现自己的作者观点、作者评价、作者分析、作者裁判、作者自白。托尔斯泰的这一史诗般的话语，充满自信和力量，满怀爱心地描绘着，把自己的分析渗透到心理的最深角落，而与此同时，却又在主人公感受之外表现出一个真实的作者现实。作者话语还没有怀疑自己的这个权利，没有怀疑自身的客观性。作者的立场是自信而又坚定的。

后来，托尔斯泰的整个生活和创作作了社会再定位，这时的叙述话语丧失了原来的自信，意识到了自身的阶级主观性：它失去了任何史诗般的描绘力量，作者所剩的只是纯粹否定性的道德禁忌。正是史诗般的叙述话语所出现的这一危机，使托尔斯泰看到了积淀在戏剧形式中的新的重要潜能。戏剧形式因此在这时才变得符合他的基本的艺术任务。

但正因为如此，这些写于60年代而不具艺术意义的剧作，成了异常珍贵的材料，帮助人们理解托尔斯泰对待60年代的态度，对待激荡着60年代的种种思潮的态度。

托尔斯泰对60年代的社会思想生活的态度，是十分复杂的，至今还未得到充分的研究。如果说屠格涅夫的每一部长篇小说都是对当代某种特定需求的明确无误的应答,那么,托尔斯泰的作品看来同当前重大的问题是格格不入的,对激动着他同时代人的一切社会问题显得无动于衷。

然而,实际上托尔斯泰的创作,也像任何其他艺术家的作品一样,当然完全受着他那个时代的制约,受这一时代社会阶级力量的历史对比所决定。托尔斯泰全部作品同时代任务的深刻联系,甚至同当时最迫切问题的深刻联系(这一联系主要表现为论争的性质),今天正为文学史家所揭示[①]。不过这种联系似乎巧妙地隐含在托尔斯泰的作品之中,对我们20世纪的读者来说,只有通过特殊的文学史的探索才能弄清楚。

例如,《家庭幸福》(1859)的今天读者,未必会直接认识到这部作品是对当时迫切的"妇女问题"所作的生动反映,是与"乔治·桑主义"的针锋相对的论争,也是对俄罗斯激进知识分子的代表人物在这一问题上所维护的更加极端观点的针锋相对的斗争。与此同时,《家庭幸福》又是对蒲鲁东[②]和米什莱[③]轰动一时的著作的正面回应。

这就是说,60年代的剧作,即《一个受传染的家庭》以及部分地还有《虚无主义者》,向我们揭示了托尔斯泰对60年代基本的社会思想现象所持的真实的主观评价。这是抨击19世纪60年代社会活动家的一篇檄文。这里鲜明而激烈地表现出托尔斯泰对无政府主义者、对"妇女问题"、对农民的解放、对自由雇佣劳动、对揭露文学的真实态度。如果我们记得这些剧本写于《战争与和平》的构思之初,那么我们就会明白,它们在多大程度上能够澄清这部"历史性史诗"与60年代社会和思想斗争的实际联系。我们在这些写于1863年的喜剧中看

[①] 这方面论述丰富的有 Б.М.艾亨鲍姆所著的《列夫·托尔斯泰》,第1卷(50年代),列宁格勒,激浪出版社,1928年。——作者
[②] 蒲鲁东(1809—1865),法国小资产阶级经济学家,无政府主义创始人之一。——译者
[③] 米什莱(1798—1874),法国具有理想主义的历史学家、思想家,主要著作有《法国历史》《法国革命史》。——译者

到，托尔斯泰是如何拒绝自己的时代生活，如何拒绝动荡中的社会制度，何等疏远同时代的人们，对当时一些基本的世界观问题的提法是何等反感。这一切恰恰发生在他迈进自己具有历史意义的史诗创作的门槛上。《一个受传染的家庭》的文学史价值就在这里。

这部剧作的基本主题是"妇女问题"（在这一点上它可以说是对《家庭幸福》的注释）。但围绕着妇女问题还涉及60年代所有其他迫切问题，结果在我们面前展现了一幅毁坏宗法制家庭和宗法制关系的画面。新的人们和新的思想进入普里贝舍夫地主的家中，感染了他本人和他的家庭。托尔斯泰把60年代的社会运动描绘成某种传染病。托尔斯泰的传记作者 П.И.比留科夫，自述担心错误评价托尔斯泰对60年代的态度，曾征询托尔斯泰本人，于是便获得了下面的答复：

"至于我那时对整个社会动荡不安的态度，那么我应说明（这正是我的一个优点或者一个缺点，但总是我固有的特点），我一向不由自主地拒绝外来的影响、传染病式的影响。如果说我那时很激动、很兴奋，那是由于我自己特殊的、个人的、内在的动因，由于把我引向了学校、引向与民众交往的那些动因。"①

按照托尔斯泰的观点，生活正是在而且应该在永恒而自然的宗法制形态中度过。"信念"和"思想"都不能改变生活，因为那仅是一个表层，下面隐匿着基本的自然欲望和道德取向。所谓的"信念"，只能给人们遮盖起真实的关系。《一个受传染的家庭》的主人公、地主普里贝舍夫，一个顽固不化的农奴主，企图掌握所有的新观点，成为一个现代人。他欺骗自己，违背自己的本性和常情，而竭力使自己相信所有新的东西都比旧的好得多。

然而，如果以为托尔斯泰在一切方面都同情普里贝舍夫这个农奴主，那就大错特错了。但托尔斯泰理解这个坦率的农奴主，正如他同样理解那些不愿为老爷干活却竭力从他那里多捞取土地和优惠的农

---

① 参看 П.И.比留科夫著《Л.Н.托尔斯泰传》，第1卷，莫斯科—列宁格勒，国家出版社，1923年，第198页。——作者

民一样。他所反感的只是所谓的"信念",根据他的看法,信念这种东西只会歪曲对事物的健康而清醒的切实理解。托尔斯泰不是农奴主,他懂得解放农民的必要性,而且是一种积极的进步的历史必然,但他不肯接受必然要取代被破坏的封建关系的资本主义新关系。在他看来,农民和地主可以在共同劳动和共同经济利益的基础上,建立这样一种相互关系,它既带有原来的宗法制性质,但同时在经济上又卓有成效①。托尔斯泰期望这种宗法制关系也能在家庭中得以保留,并用这一办法来解决当时迫切的"妇女问题"。但现实不能不与托尔斯泰的这些观点发生冲突。资本主义的新关系一旦发挥效力,就驱散了一切幻想。而托尔斯泰为了找到体现自己宗法制理想的等同形式,就不得不求助于父辈和祖辈的生活,求助于家史。

在《一个受传染的家庭》中对60年代人们和思潮的描写,是粗糙而抨击性的。这里不宜对它作文学史方面的分析。就我们而言,重要的只是指出这一喜剧对理解托尔斯泰创作的社会倾向所具有的意义。对文学史专家来说,《战争与和平》中许多"永恒的"形象所贯穿的和具有的社会评价,变得越来越清楚,越来越明显了。

《一个沦为乞丐的贵族老爷》,仿佛把60年代的戏剧创作同托尔斯泰危机之后的艺术探索连接在一起。这是把寓言戏剧化的初次尝试。从思想观点看,这似乎是对出走主题的最初预示。(这里不是自愿的出走。)诚然,这里还根本谈不上托尔斯泰后来的社会伦理的激进思想。一个穷困潦倒的贵族重新成了腰缠万贯的富翁,只是变得比较善良和俭朴罢了。

二

托尔斯泰在危机之后所写的全部剧作又可分成两组。《黑暗的势

---

① 康斯坦丁·列文的信念就是如此,他体现着托尔斯泰本人的经营方面和思想的探索。——作者

力》《教育的果实》和《万恶之源》可称作民间戏剧。无论就其语言还是就其基本的思想意图而言,它们一方面接近托尔斯泰的民间故事,另一方面又与他的社会伦理的和宗教的说教相契合。《彼得·梅塔尔》《活尸》和《光在黑暗中发亮》有着一个共同的出走主题,这也是一个深刻的自传性主题。在这一组作品中,原来的农民主人公被属于特权阶级的主人公所取代,他意识到了自己地位和自己生活带来的全部罪恶,企图彻底地割断与自身环境的联系。如果说,民间戏剧追求自身的极致——神秘剧的话(《黑暗的势力》),那么后一组戏剧则追求悲剧(特别是《光在黑暗中发亮》)。

《黑暗的势力》通常被认为是真正的农民剧。托尔斯泰本人也说,他想写一个适合民间剧团上演的剧本,并设想这个剧本可在简易舞台上演出。① 的确,托尔斯泰这个剧本在许多方面无愧于"农民戏"的别称。然而,倘若认为在对农民及其世界的描绘中没有渗进非农民的思想,那就错了。对农民和农民生活的描绘反映着托尔斯泰本人的思想探索,而这种探索远不是农民自身(当然,是指这一或那一部分农民)阶级意图的纯而又纯的思想表现。

当我们分析这个剧本时,首先令人惊异的是它这样一个特点:农民世界、这一世界的社会经济制度及其日常生活,在剧中似乎是绝对静止不变的。事实上,它只是给主人公们的"精神事件"提供一个静态的背景而已。对托尔斯泰来说,农村生活习俗仅仅是把善与恶、光明与黑暗之间的这种"全人类的""非时间性的"斗争加以具体化而已。社会经济制度和农民生活习俗是处在戏剧情节之外的;它们不构成冲突、运动、斗争,它们像恒定的大气压力一样,完全不为人们所感觉。罪恶、黑暗在个人心灵中萌生,又在心灵中消解。休塔耶夫说的一句话"一切全在你心里"成了这一剧本结构之基础。资本主义对农村的瓦解,反对富农恶霸和官吏的斗争,农民一贫如洗,人民无权的惨状——所有这一切在托尔斯泰的剧本中根本没有表现。而80年代的

---

① 参看《C.A.托尔斯泰娅回忆录》,《托尔斯泰年鉴》,1912年,第19页。——作者

农村正是这副景象。民粹派作家在70年代,特别在80年代所描写的也正是这些现象。诚然,他们从自己的立场上把农民生活中这些真正切身的主题或加以理想化,或作了歪曲,并以自己的民粹派思想重新对这些问题予以解释。或许托尔斯泰有意地在这个剧本中以自己所描写的乡村来抗衡民粹派文学中的乡村,以《黑暗的势力》来抗衡《土地的势力》(格列布·乌斯宾斯基的随笔),以自己的个人伦理的主旨来抗衡民粹派的社会伦理的主旨,以上帝和个人良心的思想来抗衡土地和村社的思想。

按照托尔斯泰的意思,《黑暗的势力》当然不是由经济和政治压迫所产生的愚昧的势力,不是历史形成的,因而也不会被历史所淘汰。不,托尔斯泰指的是恶控制个人心灵的永恒权力,因为权力总有一天要行使,一次罪过必然引出第二次,谚云"一爪被抓,全身受缚"。要战胜这种黑暗,只能靠个人良心之光。所以,他的这个剧本按其构思意图而言,是一出神秘剧。因而,社会经济制度也好,农民日常生活也好,精彩的深刻个性化的农民语言也好,仅仅是一种静止不动的背景,是服务于主人公精神事件的一个僵死的戏剧外壳。农民生活的真正动力(它也决定着农民的思想),在这里变得无足轻重,并被排除在戏剧情节之外。

因此,一个半疯的阿基姆老人在剧中成为光明的代表,就不足为奇了。这是一个沦为无产者的农民:他破了产,主要靠打零工为生(在城里清扫厕所)。他几乎丧失了对土地和农民世界的兴趣,他处在乡村与城市的夹缝中间。他已不属于什么阶级,几乎是一个疯癫的流浪汉。这类流浪汉在托尔斯泰生活中起过不小作用,他在亚斯纳亚·波利亚纳附近的大道上经常遇到他们。这些人全是脱离了真正的农民利益的农夫,他们还没有依附任何什么阶级或集团。不错,他们在自己的思想观念上还保留着农民的特点。不过,这种思想观念因为丧失了真实而能动的基础,就退化成为内心世界的一种静止而保守的宗教,这宗教纯粹是消极的,是与生活相抵触的。正是这个傻里傻气的流浪汉形象(虽说他同阿廖莎·戈尔绍克一样寄人篱下),渐渐占据了托尔斯泰思想体系的中心地位。因此,组织《黑暗的势力》这一剧本的中心思想(这一思想核心的话语载体是阿基姆)全然不是农民的思想。这是一个无阶级特色的人、切断了阶级联系的人、超越真实的阶级对立的人的思想体系。在这一思想体系中,融合着"忏悔贵族"(米哈伊洛夫斯基的用语)的意识形态色彩,融合着左右摇摆的城市知识分子的思想观念,最后,还融合着被托尔斯泰深刻揭示的无产化农民的思想色彩。就是这种思想成了《黑暗的势力》的基础。

这里必须指出一点。在托尔斯泰的宗教世界观中要注意到两种因素的斗争。一种因素就其思想内涵及其阶级本质来说,接近欧洲新教徒(加尔文教徒)的教派。这一教派珍惜世间的才华,崇尚有效的劳动,企盼美好的生活、经营的兴旺。另一种因素与东方宗教,特别是佛教诸教派,有着深刻的渊源关系。佛教主张云游四方,反对一切财富,反对任何入世有为。如果说第一个因素使得托尔斯泰与欧洲殷实的农民——管家人,特别是与美国的农场主——殖民者相似的话,那么,第二种因素便使他与中国和印度接近起来。这两种因素在托尔斯泰的世界观里进行着激烈的斗争,而取胜的是后者,即东方的、云游四方的因素。如果说70年代托尔斯泰关注的农民是殷实的房产主,如果说1870年托尔斯泰打算创作一部有关现代伊里亚·穆罗姆采的长篇小说,如果说在稍晚的1877年他构思了一部农民小说,描写向东部广袤大地进行殖民式移民,并想在这部小说中表现出"人民的思想",意指人民的征服力量[1],那么,我们发现到了1886年,托尔斯泰构建的民间戏剧则完全不是以这一"征服力量"为基础。阿基姆即使彻底脱离了自己的家乡,但他也永远不会成为新土地的殖民者,倒是要成为一个无家可归、云游四方的苦行僧,踯躅在俄罗斯的大道上。

托尔斯泰宗教思想中的这两种因素以及它们之间的斗争,是不容

---

[1] 参看《C.A.托尔斯泰娅日记·1860—1891》,萨巴什尼科夫出版社,1928年,第37页。——作者

忽视的。所以，托尔斯泰现象是一个复杂的现象：它既可能是富农性质的，又可能是"无家者"性质的（也可以说是流氓无产阶级性质的）。一些人把握了托尔斯泰那积极的新教因素，却不承认他的东方式激进主义及出世无为思想。另一些人则相反，关注他学说中的东方因素。后一种人能较为正确地理解晚年遁世的托尔斯泰。

在《教育的果实》中，我们仿佛看到托尔斯泰思想中的新教因素（也可说是清教徒因素）重新获得胜利。为了与地主老爷那种虚假的杜撰的生活相抗衡，需要眷恋土地的殷实的当家人，需要从事实际土地作业的农夫。不是个人良心的内在情况，而是土地问题和经济增长问题（"征服力量"），与城里受过教育的老爷们大搞招魂术把戏构成了鲜明的对照。在这里，正是作为物质财富的创造者的农夫，与碌碌无为的寄生生活的老爷形成鲜明的反差。

托尔斯泰最后的三个剧本是专写"出走主题"的。《彼得·梅塔尔》卖身为奴，以偿还他欠下的债（因为家庭不允许他交出全部财产）；费佳·普罗塔索夫老爷看到他周围生活全是一片虚伪（"要是当个头儿，坐在银行里，那太可耻了，太可耻了……"），自己充作"活尸"，以便不去干扰他人生活；还有，尼古拉·伊凡诺维奇·萨伦佐夫经历了一次离家出走未遂的悲剧。上述形象都体现了同一个思想：无论什么样的积极活动在现存社会条件下都是无能为力的，同时又揭示了一种否定斗争的思想，即无须进行任何实际的外在的斗争以改变这些社会条件。所有这些人都在解决个人脱离罪恶的问题，个人不介入罪恶的问题。他们也像彼得·梅塔尔一样，宁愿卖身为奴，也不愿加入实际斗争以消灭一切奴隶制度。不是现实本身的客观矛盾在这里决定着戏剧，而是脱离了本阶级的个人在其个人环境中所产生的矛盾决定着剧作。他们希望走的能使他们个人不陷入社会罪恶的路，正是东方苦行僧云游四方的那条大道。

卢小合　译

列夫·托尔斯泰《复活》序言

《安娜·卡列尼娜》成书(1877)之后过了十多年,托尔斯泰开始了他最后一部长篇小说《复活》(1890)的创作。在这十多年间有过一场所谓"托尔斯泰危机"——他的生活、思想和艺术创作的危机。托尔斯泰放弃了财产(交付给家庭),声称原先的信念和生活的观点是不对的,并否定了自己的艺术作品。

作家的同时代人对他的生活和世界观的这一转折,反应十分强烈,犹如也经历了一场"托尔斯泰危机"。可如今学术界对此持另一种看法。目前我们业已清楚,这一转折的基础还在托尔斯泰早期创作里就已奠定。那时,即在50年代和60年代,一些倾向已露端倪,后来于80年代在《忏悔录》、民众小说、宗教哲学论文以及人生道路的剧变中得以鲜明显现。但我们又知道,这一转折不应视作是列夫·托尔斯泰个人生活的事件,因为这种转变是由复杂的社会经济和意识形态过程所积聚、所促成的。这个过程完成于俄国的社会生活中,也就要求在另一时代成长起来的艺术家改变其整个创作趋向。于是在80年代,托尔斯泰的思想和艺术创作便发生了社会转向。这是对变化了的时代条件的必然回应。

托尔斯泰的世界观,他的艺术创作以及他的生活方式本身,从他步入文坛伊始就不同于那个时代占统治地位的流派,带有反其道而行之的对立性质。他最初是一个"咄咄逼人的拟古派",是18世纪传统与原则的卫道士,是卢梭和早期感伤主义者的维护人。他作为旧原则的赞同者,既维护地主宗法制及其农奴制的基础,又坚决反对新兴的自由资本主义的新关系。对50年代和60年代的托尔斯泰来说,甚至像屠格涅夫那样的贵族文学的代表人物,看来也过于民主化了。以宗法制方式组建起来的庄园,宗法制的家庭,以及在这种形式中发展起来的全部人与人的关系,一种半理想化的而又失去某种历史具体性的关系,成了托尔斯泰思想与艺术创作的中心。

作为一种真实的社会经济形式,宗法制庄园处在偏离历史大路的一旁。但托尔斯泰没有对行将灭亡的封建地主之家的生活作感伤主义的描绘。如果说衰败中的封建主义以浪漫主义情调进入《战争与和平》,那么,当然不是这种浪漫主义成分给这部作品定下了基调。宗法制以及与之相联系的社会关系在托尔斯泰作品中由种种形象、体验和情感汇合成一曲丰富多彩的交响乐,还有对人的天性和生命的特殊理解。所有这一切在托尔斯泰的创作中,从一开始就是半真实半象征的一块画布,时代自身借助艺术家之手把另一社会图景、另一关系之线编织进这一画布之中。托尔斯泰笔下的庄园,不是现实中农奴主的保守世界,不是敌视新兴生活的、对新生活中的一切不闻不见的封闭世界。相反,这是艺术家的不乏某些假定性的一种立场;这一立场中自由地渗进了60年代其他社会的时代之声。这正是俄国思想生活中最具多声和激烈的时代。托尔斯泰的创作道路,只有从这种带有半模拟性的封建庄园出发,才能一直走到农家的茅舍。所以,对新兴资本主义关系的批判,对伴随这种关系而来的人们心理和投其所好的思想的批判,在托尔斯泰创作中也是从一开始便较之农奴主庄园有着更加广阔的社会基础。而托尔斯泰艺术世界的另一侧面,即对人们的物质、心灵生活的正面表现,以及贯穿在危机前他所写的作品中那种奔放的生活激情,在很大程度上是这些年里汹涌直上历史舞台的新兴社会力量和社会关系的表现①。

那个时代本身就是这样。与垂死的农奴制相对立的,是新兴社会集团的一个界线尚不清晰的思想世界。资本主义还未能使各种社会力量各就各位,反映它们意识形态的声音还相互混杂、彼此交织,尤其在艺术创作中更是如此。当时的艺术家可能有着广阔的社会基础,尽管这个基础自身已蕴含着内部矛盾,是潜伏而尚未揭露的矛盾,就像它们在当时经济中未被彻底揭示一样。时代充满了矛盾,而它的意识形态,特别是艺术观念,许多方面还是幼稚的,因为矛盾还未揭开,还未具有现实意义。

正是在这一广阔的、但还无明晰分野的矛盾所潜伏的社会基础上,耸立起托尔斯泰那丰碑般的艺术作品。这些作品同样充满了那些内在的矛盾,同样是幼稚得还不理解这些矛盾,因此而成为博大精深、蕴蓄着种种不同社会内涵的形象、形式、观点、评价的作品。托尔斯泰的史诗《战争与和平》是这样,他的所有中短篇小说也是这样,他的《安娜·卡列尼娜》也还是这样。

从70年代起分化便已开始。资本主义已然定局,以无情的坚定性使各种社会力量各得其所,区分出不同意识形态之声音,使它们营垒更加分明。这一过程在80和90年代变得更加剧烈。这时俄国思想舆论界彻底分化。根深蒂固的贵族地主阶级的卫道士、形形色色的资产阶级自由派、民粹派、马克思主义者彼此分清界线,营造各自的思想体系。这些思想体系在日益尖锐的阶级斗争进程中变得越来越鲜明。创造个性如今必须毫不含糊地在这一社会斗争中确定自己的立场,才能保持创造的个性。

艺术形式也经历了潜在矛盾要分化要凸现的内在危机。一部史诗可以把尼古拉·罗斯托夫世界和普拉东·卡拉塔耶夫世界,皮埃

---

① 因而,托尔斯泰虽在许多方面接近斯拉夫主义,却又能为50年代至60年代的平民知识分子所理解,同他们很接近(较之屠格涅夫),如车尔尼雪夫斯基、涅克拉索夫等人。后者在托尔斯泰的创作中能听出与自己十分相近的社会音调。——作者

尔·别祖霍夫世界和老公爵包尔康斯基①世界,在同等的艺术接受角度上连接起来;或者在一部长篇小说②里,列文既当地主又在农民的上帝那里找到安宁以摆脱自己内心的忧虑。这一切在90年代初已是不可想象的了。所有这些矛盾,就像它们在客观的社会经济现实中所显现和激化一样,在作品自身中也显现出来,激化起来,从而由内部打破了作品的统一。

在托尔斯泰的思想本身以及他的艺术创作所经历的这一内部危机过程中,他开始试图把思想和创作转向宗法制农民。如果说过去据以否定资本主义和批判整个都市文化的立场一直是旧式地主的半虚假的立场,那么现在它已是一个守旧的、同时丧失了某种最新历史具体性的农民立场。托尔斯泰世界观中有些因素,从一开始就倾向于农民这个封建主义世界的第二极,因而也最激烈地、最不妥协地对抗周围整个的社会政治和文化现实,此刻便完全控制了托尔斯泰的整个思想,迫使他毫不留情地抛弃一切与这些因素相抵牾的东西。托尔斯泰这位思想家、道德家和说教家,善于改变自己以适应新的社会状况,于是按照列宁的说法,成为千百万农民自发势力的表达者。列宁说:"作为俄国千百万农民在俄国资产阶级革命前夕的思想和情绪的表现者,托尔斯泰是伟大的。托尔斯泰富有独创性,因为他的全部观点,总的说来,恰恰表现了我国革命是农民资产阶级革命的特点。从这个角度来看,托尔斯泰观点中的矛盾,的确是一面反映农民在我国革命中的历史活动所处的各种矛盾状况的镜子。"③

然而,如果说对农民采取如此激进的社会定向的改变,在作为思想家和道德家的托尔斯泰的抽象世界观中还能做到的话,那么在他的艺术创作中情况就复杂得多,也困难得多。难怪从70年代末起,他的

---

① 上述人物均为《战争与和平》中的人物。——译者
② 指长篇小说《安娜·卡列尼娜》。——译者
③ 《列夫·托尔斯泰是俄国革命的镜子》(1908),译文引自《列宁论文学与艺术》,人民文学出版社,1962年,第283—284页。——译者

艺术创作开始退居道德和宗教哲学论述之后。托尔斯泰在放弃自己旧的艺术风格之后,竟未能形成新的艺术形式以适应他改变了的社会立场。80与90年代在托尔斯泰创作中,是紧张探索农民文学形式的年代。

农舍和它的世界,以及农舍看待世界的角度,从托尔斯泰开始创作时起就存在于他的作品中,不过它在这里只是一段插曲,仅出现在另一社会阶层主人公的视野中,或者用于充当映衬、艺术对比的次要成分(《三个生命之死》)。这里的农民处在地主的视野里,从他(地主)的探索角度上表现出来。农民自身不去构建作品。不仅如此,托尔斯泰作品中对农民的处理,总是不让他成为情节的载体、事件的载体。农民是艺术家及其主人公关注的对象,寄予理想的对象,但不是组织作品的中心。1877年10月,C.A.托尔斯泰娅①记录了列夫·托尔斯泰以下重要的话:"描写农民的日常生活对我很难,但很有意思;可一旦我描述自己的生活,就感到如鱼得水。"②

创作一部农民小说的想法,早就存在于托尔斯泰的脑海中。托尔斯泰还在《安娜·卡列尼娜》动笔之前,于1870年就打算写一部长篇小说,取"伊利亚·穆罗梅茨"为主人公,他出身农民,但受过大学教育。这意味着托尔斯泰想塑造一类具有民间史诗精神的农民勇士。③ 1877年,当《安娜·卡列尼娜》脱稿之际,C.A.托尔斯泰娅又记下了列夫·托尔斯泰的一段话:

> 哎哟,真想快些、快些结束这部长篇(即《安娜·卡列尼娜》),好开始一部新的。我现在十分清楚,要想作品写得好,就得热爱作品中主要的、基本的思想。例如在《安娜·卡列尼娜》中,

---

① 指索菲娅·安德烈耶芙娜·托尔斯泰娅(1844—1919),是列夫·托尔斯泰的夫人。——译者
② 《C.A.托尔斯泰娅日记·1860—1891》,第40页。——作者
③ 《C.A.托尔斯泰娅日记·1860—1891》,第30页。——作者

我热爱家庭思想,在《战争与和平》中,由于1812年战争①,我热爱人民思想。现在我很清楚,在新的作品中我会热爱俄罗斯人民是一种征服力量的思想。②

这里讲的是关于十二月党人的长篇小说的新主旨,正是这部书应成为农民小说。康斯坦丁·列文的思想,即俄国农民的历史使命在于开垦广阔无垠的亚洲土地③,看来,应作为新作品的基础。俄罗斯农民的这一历史任务全要通过农耕和宗法制治家方式来实现。根据托尔斯泰的构思,有一个十二月党人去了西伯利亚的移民那里。这一构思已不是皮埃尔视野里那个无所作为的普拉东·卡拉塔耶夫形象,而更像农民这个真正的历史活动家视野里的皮埃尔。历史并不在于"12月14日"④,也不在于元老院广场上;历史在于深受老爷欺侮的农民的迁徙运动中。不过,托尔斯泰的这一构思一直未能圆满实现。他仅仅写了几个片段。

实现创作农民文学这一任务,还有另一种方法,那就是托尔斯泰在《民间故事》中采用的方法。这与其说是叙述农民的小说,不如说是写给农民的小说。托尔斯泰在这里的确成功地探索到了某种新形式,尽管它是同民间创作的传统体裁即民间寓言相联系,但就其修辞而论有着深刻的独创性。只是这种形式只能用于短小的体裁中。从那里不能发展成长篇的农民小说,或者农民史诗。

因此,托尔斯泰越来越远离文学,而把自己的世界观表现在文章、政论、思想家箴言集里(《每日一言》)等等。这一时期的全部艺术作品(《伊凡·伊里奇之死》《克莱采奏鸣曲》等)都是用他过去的风格写成的,但批判与揭露、抽象的道德说教占了绝对因素。托尔斯泰为创

---

① 指1812年的俄法战争。——译者
② 《C.A.托尔斯泰娅日记·1860—1891》,第37页。——作者
③ 参看《安娜·卡列尼娜》,第7部,第3章。——作者
④ 指1825年12月14日"十二月党人"的起义事件。——译者

造艺术新形式所进行的顽强而无望的斗争,处处都以道德家战胜艺术家而告终。这一斗争在所有这些作品中都打上了自己的印记。

正是在为改变艺术创作的社会取向而紧张奋斗的年月里,他开始了《复活》的构思。他这最后一部长篇小说的创作进展缓慢而艰难,障碍重重。

《复活》的构造与托尔斯泰先前的小说截然不同。我们应把最后这部小说归于一种特殊的体裁类型。《战争与和平》是家庭历史长篇小说(有史诗倾向)。《安娜·卡列尼娜》是家庭心理小说。应把《复活》确定为社会思想小说。就其体裁特征而言,它属于车尔尼雪夫斯基的《怎么办?》,或者赫尔岑的《谁之罪?》这一类型,而在西欧文学中属于乔治·桑的小说之列。这种小说是以一个理想的和应有的社会制度的意识形态命题为基础的。从这一命题出发,小说对所有现存的社会关系和社会形态进行了原则性的批判。伴随着对现实的批判或穿插其间的,还有形诸抽象判断或忏悔的对这一命题的直接论证,而有时则试图描绘成一种乌托邦的理想。

这样,社会思想小说的构建基础,不像社会生活小说那样,是各社会阶层的日常生活;也不像社会心理小说那样,是由特定社会关系所引起的心理冲突;而是表现了社会伦理理想的某种思想命题,正是从这一命题出发对现实予以批判性的描绘。

根据这些基本的体裁特征,可以说《复活》这部小说是由三个因素组成的:(1)对所有现存社会关系的原则性批判;(2)对主人公"精神事件"的描写,即对聂赫留道夫和卡秋莎·玛丝洛娃道德上的重生的描写;(3)作者的社会道德观和宗教观的抽象发挥。

所有这三种因素也存在于托尔斯泰先前的长篇小说中,但在那里它们还不能把整个小说结构包罗无遗。面对其他基本的建构因素,面对在半理想化的宗法制地主式的家庭生活方式条件下正面描绘人的内心和外在生活,面对描绘自然界和自然界生活,上述三种因素便退居到次要地位了。但是这里所说的一切,在《复活》这部新小说中已荡然无存了。我们不妨回顾一下康斯坦丁·列文对都市文化、对官僚机构和社会活动所抱的批判态度，不妨回忆一下他的心灵危机以及他对生活含义的探索吧！所有这一切在《安娜·卡列尼娜》整部小说中所占的比重，是多么微不足道啊！然而，正是这一点，也仅仅是这一点，构成了整个《复活》的基础。

与此相关的是长篇小说的布局结构。这一布局结构与此前的作品相比，显得异常简单。先前的作品中存在着几个独立的叙述中心，用彼此间牢固而重要的情节事实关系连接在一起。譬如在《安娜·卡列尼娜》一书中，存在着奥布浪斯基的世界、卡列宁的世界、安娜和沃伦斯基的世界、谢尔巴茨基的世界和列文的世界。其中对这些世界可以说是从内部以同样细密翔实的笔墨加以描绘的。只有一些次要人物是放在其他人物的视野里进行描写的；一些人处在列文的视野中，另一些人则在沃伦斯基或安娜的视野中，如此等等。但甚至像科兹内舍夫这样的人物，有时也以自身为中心，构成一种独立的叙述。所有这些不同的世界，以家族关系和其他重要的务实关系，彼此紧密地联系和交织在一起。而《复活》中的叙述，仅仅集中在聂赫留道夫周围，部分地在卡秋莎·玛丝洛娃周围；至于所有其他人物和整个其余世界，则都放在聂赫留道夫的视野中予以描绘。小说的全部人物，除了男女主人公外，彼此间没有任何联系；他们仅仅是从外部连接起来，都同因拜访他们、为诉案奔波的聂赫留道夫打交道。

这部长篇小说，可说是通过一连串严厉的批判目光审视的社会现实中的人物形象。这些形象是用聂赫留道夫内心和外在活动的线索维系的。作者援引福音书上的话语作为对其抽象的命题的佐证，圆满地结束了这部小说。

小说的第一个因素，即对社会现实的批判，无疑是最重要最有分量的因素。这也是对现代读者最有意义的因素。这里对现实的批判锋芒，所指极广，超过了托尔斯泰所有其他的作品：诸如莫斯科的监狱（布特尔卡）、俄罗斯和西伯利亚的羁押所、法庭、枢密院、教堂和神职人员、上流社会沙龙、官僚阶层、中下级衙门、刑事罪犯、教派信徒、革命党人、自由派律师、自由派和保守派法官、从部长到监狱长大大小小的行政官僚、上流社会的和资产阶级的贵妇人、城市平民，最后还有农民。所有这些都纳入了聂赫留道夫和作者的批判视野。某些社会范畴，如革命知识分子和工人革命家，在这里首次出现在托尔斯泰的艺术世界里。

托尔斯泰对现实的批判，也像他的 18 世纪伟大前驱者卢梭一样，是对人们构筑于自然之上的任何社会虚假习俗本身的批判，所以这种批判缺乏真正的历史性。

小说开篇向我们展现了一幅广阔而概括的城市景象，它窒息着外部的自然和人身中的天性。市政和都市文化的建设，被描绘为成千上万的人们聚集到一个地方，拼命毁坏他们赖以生存的土地，铺上碎石不让任何东西生长，清除任何露头的小草，把煤炭和石油烧得浓烟滚滚，砍伐树木，驱走一切动物和鸟类。就连来到面前的春天，虽使未被完全窒息的自然恢复了生机，却不能冲破社会虚伪和社会习俗的铜墙铁壁，城里人自己之所以杜撰这些东西，为的是可以对别人发号施令，为的是欺骗、折磨自己和别人。

这幅城市春天的画面，仁慈的自然与罪恶的都市文化彼此斗争的画面，广阔而纯然是哲理的画面，就其博大恢宏、微言古奥和近乎荒诞的无畏，毫不逊色于卢梭最精彩的篇章。这一画面为随后种种揭露定下了基调，包括对为人类所杜撰的监狱、法庭、上流社会生活等等的揭露。这里如同托尔斯泰往常的作品一样，叙述从最广泛的概括一下子转为细致入微的描写，准确地刻画出人们不易觉察的手势、偶尔得之的思绪、感触和话语。这个特点，即从最宽泛的整合急剧而直接地转为细致入微，是托尔斯泰所有作品所固有的；但在《复活》中它可以说表现得尤为鲜明，因此这里的概括更抽象，更具哲理意味，而细致入微则更为精微与凝练。

小说中的法庭场面写得最详尽也最深刻。这段描写在小说中是最为有力的部分。我们现在就来谈谈这个场面。

作为小说第一部题词的福音书引文,揭示出托尔斯泰的基本的思想主题:不能允许人对人的任何审判。这一命题首先为小说的基本情节结构所证实:聂赫留道夫在玛丝洛娃案件的审理中,合法地出任陪审员,亦即充当了卡秋莎的法官,而实际上却是导致她毁灭的罪人。按照托尔斯泰的构思,开庭场面还应表明所有其他法官也不配执法:庭长肌体发达,有一副好肚子,同家庭女教师关系暧昧;一位体面的法官,戴金边眼镜,因同妻子吵架而心情沮丧,在法庭上凭坏情绪行事;又有一位心慈面善的法官,患着胃炎;而副检察官功名心很重;一群陪审员贪图虚荣,扬扬自得,只会讲糊涂而武断的废话。没有一个配做法官的人,也不可能有这样的人;因为法庭本身,不管它是什么样的,全是人们恶意而虚伪的杜撰。法庭审理的整个程序是毫无意义的,是伪善的;对形式和陈规习俗的这种顶礼膜拜,也是毫无意义的、伪善的,正是这些形式和陈规习俗无可挽回地埋葬了人的真正本性。

作为思想家的托尔斯泰就是这样告诫我们的。但他所创造的描绘法庭的惊人艺术画面,给我们昭示了某种别的东西。

那么这整个画面意味着什么?这其实是对审判的审判,是令人信服的、名副其实的审判。这是对聂赫留道夫贵族老爷的审判,对法院官僚们,对市民陪审员,对产生阶级等级制度并由这一制度所产生的"司法"这一伪善形式的审判!托尔斯泰所创造的整个画面,是在80年代俄国现实的背景下,对阶级等级审判制度的一种可信而深刻的社会谴责。这种社会的审判是可能的而又不是伪善的;这不是对抽象的人所进行的道德审判,而是社会法庭对剥削阶级的社会关系及其载体——剥削者、达官显贵等的审判。这种审判的思想本身在托尔斯泰所创造的艺术画面的背景映照下,变得益发清晰而有说服力。

托尔斯泰的作品本都深刻渗透着社会审判的激情,但他那抽象的思想体系只承认自我的道德法庭以及社会的勿以暴抗恶。这是托尔斯泰的一个最深刻的矛盾,而他却无力去克服。这一矛盾在我们分析的社会法庭对法庭的真正审判中表现得尤为淋漓尽致。历史及其辩证法,历史的相对否定(其中含有肯定),是与托尔斯泰的思想完全格格不入的。所以他对法庭本身的否定成了绝对的否定,因而也是无出路的、非辩证法的、自相矛盾的否定。然而,他的艺术视觉和艺术表现则要聪明得多,在否定阶级的等级官僚法庭的同时,托尔斯泰却肯定了另一个法庭——社会的、清醒的、非形式主义的法庭,这里主持审判的是社会本身,审判的目的也是为了社会。

为了揭露法庭上所发生的一切的真正含义,或者确切些说,揭露法庭上所发生的一切真正的荒谬行为,托尔斯泰运用了特定的艺术手段,尽管这些手段在《复活》中不是新的,而对他先前的整个创作来说却是典型的。托尔斯泰描写这个或那个行为,采取一个仿佛初次见到此事又不知其意的人的视角,所以此人是从外部来接受这一行为,感知它的全部物质细节的。托尔斯泰在描写行为时,细心地避免使用我们在思索该行为时所惯用的词语。

与这一表现手法紧密相关的,还有另一种手法与之相补充,因而总是结合使用。托尔斯泰在描绘这个或那个社会虚伪行为(如宣誓、出庭、判决等)的外观时,总要向我们展现这些行为的人物的内心感受。而这些感受总是与行为不相吻合,完全属于另一层面,大多与世俗生活或心身状况有关。例如,一位法官在全体肃立的情况下庄严地登上法庭的高阶,同时聚精会神地数着自己的步数,思索着一种新药能否治好自己的胃病。这样一来,行为仿佛与人本身和他的内心生活割裂开来,变成某种机械的、不受人制约的、没有意义的力量。

最后,还有与这两种手法相结合的第三种手法:托尔斯泰总是不断向我们表明,这一脱离了人的、机械而毫无意义的社会形式,如何被人用来谋取个人私利,或满足卑微的虚荣心。其结果是,抓住这种内部已僵死的形式不放,保存并且捍卫它的,当然是那些有利可图的人。

例如，法官们的所思所感，与庄严的法庭程序、与身上的绣金制服完全不相匹配，但却以自己威严的外表而沾沾自喜，当然，也十分珍视由于地位所带来的利益。

所有其他揭露性画面，其中包括狱中祈祷的著名画面，都是以类似的方法构筑的。

托尔斯泰在揭露教堂仪式、上流社会客套、机关程式等等的虚伪习俗和空虚的内核时，同样采取绝对否定一切社会习俗的做法，而不管它是什么样的习俗。这里，他的思想观点丧失了任何历史辩证法。而实际上，他的艺术画面所抨击的只是那种坏的习俗，那种丧失自身社会效能而被统治集团用来维护阶级压迫的习俗。其实，社会习俗也可以是有用的，是交际的必要条件。要知道，说到底人类词语就是一种习俗的社会记号，托尔斯泰运用得出神入化。

托尔斯泰的虚无主义，扩大到了否定整个的人类文化，认为这是虚假的东西，是人们杜撰的东西。这种虚无主义同样是他不理解历史辩证法的结果。历史辩证法之所以要埋葬死者，是因为有生者来取代。托尔斯泰只看到了死者，他以为历史的天地将变得虚空无实。托尔斯泰的目光只是紧盯着瓦解的东西，紧盯着不能也不应继续存在的东西；他只看到剥削关系，及这种关系所产生的社会形态。而那些积极的形态，那些在被剥削者营垒中成熟起来的、由剥削本身促成的形态，托尔斯泰是视而不见的，感觉不到的，因而也不相信它。他自己的说教，是说给剥削者本人听的，所以他的说教必然具有纯粹否定的性质，即采取断然禁止和非辩证的绝对否定的形式。①

这一点也说明了为什么托尔斯泰在自己的小说中对革命知识分子和工人运动分子同样给予了批判揭露性的描写。即使在这一世界里他也只看到罪恶的习俗、人为的杜撰；他发现的仍然是人们的外在形式和内在世界之间的那种差异，仍然是利用这一僵死形式所获得的私利和虚名。

---

① 参看 Г.В.普列汉诺夫著《卡尔·马克思和列夫·托尔斯泰》(1911)。——作者

托尔斯泰是这样描写民意党活动分子微拉·博戈杜霍夫斯卡娅的：

"聂赫留道夫开始问她（博戈杜霍夫斯卡娅当时在狱中。——巴赫金）是怎样落到目前这种地步的。她在回答他的时候，兴致勃勃地讲起她自己的案情。她的话里夹着许多外来语，例如宣传、解体、团体、小组、基层小组等等。显然，她充分相信这些外来语是人人都懂得的，可是聂赫留道夫从来也没有听说过。

"她对他讲个不停，显然充分相信他很想知道，而且也乐于知道民意党的全部秘密。然而聂赫留道夫瞧着她可怜样的脖子，瞧着她稀疏而蓬乱的头发，却暗自惊讶，不明白她为什么要做这种事，要讲这种事。他觉得她可怜，然而这完全不同于农民梅尼绍夫的可怜。梅尼绍夫，一张苍白的脸，一双白得像土豆芽一样的手，自己没有半点儿罪过却被关进臭烘烘的监狱里。她最可怜的地方却在于她头脑里满是明显的糊涂思想。她分明认为自己是英雄，在他面前卖弄自己，而这正是她最可怜的地方。"[①]

农民梅尼绍夫那个自然的不含虚假成分的世界，在这里被用来映衬革命活动的虚假的、人为杜撰的、充满虚荣的世界。

对革命领袖诺沃特沃罗夫的描写，则具更多的否定性。对他来说，革命活动、政党领袖地位以及政治见解本身，都不过是满足自己贪得无厌的虚荣心的手段而已。

研读《资本论》第一卷的工人革命家马尔凯尔·康特拉季耶夫，盲目崇拜自己的导师诺沃特沃罗夫；他在托尔斯泰的笔下，是一个不能独立思考的人，盲从于人为虚假的科学认识。

托尔斯泰就是这样批判和揭露了一切虚假的人类交际形式，他认为这些虚假形式是代表都市文化的人们制造出来的，为的是"折磨自己也相互折磨"。无论是这些剥削形式的卫道士，还是它们的破坏者，

[①] 译文据《列夫·托尔斯泰文集》第11卷：《复活》，汝龙译，人民文学出版社，1989年，引用时对个别文字做了调整。——译者

即革命者，在托尔斯泰看来都同样不能摆脱社会虚假的、人为杜撰的、根本不必要的东西所形成的绝境。这个世界上的一切活动，不管是保守的还是革命的，都同样地虚伪、有害，与人的真正本性格格不入。

那么，面对遭到否定的社会虚假的形式和关系所形成的整个世界，这部小说拿什么东西与之相抗衡呢？

在托尔斯泰先前的作品中，与之抗衡的是大自然、爱情、婚姻、家庭、生儿育女、死亡、新一代的成长、务实苦心的经营活动。但在《复活》中都没有了这一切，甚至不见有真正悲壮的死。与被否定的世界相抗衡的，是主人公聂赫留道夫和卡秋莎的精神事件，是他们道德上的复活，以及单纯否定和禁戒性的作者说教。

托尔斯泰是如何描写主人公们的精神事件的呢？托尔斯泰在描绘安德烈·包尔康斯基、皮埃尔·别祖霍夫、尼古拉·罗斯托夫，甚至列文时，展现了一幅幅内心生活的惊人画卷，充溢着心灵深处自发的追求、疑虑、犹豫、得意与颓丧、情感与心态的精微变化，我们在最后这部长篇小说中，已难得一见了。托尔斯泰对聂赫留道夫表现出非同寻常的矜持和淡漠。只有在描写青年聂赫留道夫以及他对卡秋莎·玛丝洛娃的天真初恋时，采用了原来的风格，而内心的复活态势，其实并未触及。取代了生动的心灵现实的，是关于聂赫留道夫感受所具有的道德含义的枯燥叙述。作者仿佛迫不及待地摆脱他目前不需要的、甚至反感的那一活生生的心灵体验。他想尽快地得出道德结论，引出公理，并直接联系到福音书文本。我们记得托尔斯泰曾在日记里说过，他讨厌描写聂赫留道夫的心灵生活，特别是他要娶卡秋莎为妻的决定。他又说，他打算以"否定和嘲弄"的口吻来描写自己主人公的情感和生活。嘲弄未能实现，他无法与自己的主人公分清你我；但理智上的厌恶，却使他不能全神贯注地去描写主人公的心灵生活，使他叙述心灵的话语变得枯燥乏味，缺少真正的爱怜和绘声绘色的表现。出自作者的对感受所作的道德总结，处处排斥着感受的生动流露，而这种流露是不能就范于道德范式的。

卡秋莎的内心生活,也写得如此矜持与淡漠,而且是通过作者的而非卡秋莎本人的话语和语调来描绘的。

其实,卡秋莎·玛丝洛娃的形象原本是作为小说中占主导地位的角色来安排的。聂赫留道夫这种"忏悔贵族"形象,这时在托尔斯泰看来几乎是个喜剧人物。难怪在前引的那段日记中谈及对他应予以"嘲弄"的描写。所有正面的叙述都应围绕着卡秋莎的形象进行。她本来能够而且应该使聂赫留道夫的内心事件,即使他的忏悔,变得黯然失色不光彩,就像使"地主老爷的事件"变得不光彩一样。

卡秋莎拒绝了聂赫留道夫想同她结婚的要求:"你打算用我来拯救你自己,你在尘世的生活里拿我取乐还不够,你还打算在死后的世界里用我来拯救你自己。"

这里卡秋莎一针见血地点破了"忏悔贵族"的利己主义本性,他那全部心思集中在一个"我"字上。聂赫留道夫的整个心态,最终的唯一目标,就是这个"我"字。这个自我中心思想决定他的全部感受、他的全部行为、他的整个新生的念头。整个世界、整个现实生活及其社会罪恶的存在,在他看来,已无关紧要了,对他的心态来说,目标只是一个:他想以她来拯救自己。

卡秋莎不是一个悔过的人,这不仅因为她作为牺牲品,无过错可悔,而且首先因为她不能、也不想只顾一个内在的"我"。她所观照的不是自身,而是自己的周围,是她周围的世界。

托尔斯泰在一篇日记中这样写道:

> (致科涅夫斯卡娅)在复活之后,卡秋莎曾有过这样一个时期,她常常狡黠而懒懒地微笑着,仿佛忘记了一切她早先认为是真理的东西:因为她只觉得开心,她想生活下去。

这在心理分析上是极具力度和深度的精彩一笔,十分遗憾,在小说中几乎完全没有得到发挥。而在小说中,卡秋莎也不可能给自己内心的复活抹黑,集中全力去应付托尔斯泰强迫她去寻找的那个纯粹否定性的真理。她不过向往生活而已。十分清楚,托尔斯泰无法把小说的思想意识或自己对现实的绝对否定之批判强加在玛丝洛娃这一形象身上。因为无论是这个思想意识还是绝对否定的(quasi①—非阶级的)批判,恰恰都来源于"忏悔贵族"这个"我"字。组织这部长篇小说的中心,应是聂赫留道夫;对卡秋莎的描写便显得悭吝而乏味,而且整个儿是在聂赫留道夫的探寻角度上构筑起来的。

我们现在转而谈谈第三个因素:思想命题。长篇小说正是建立在这一命题之上的。

这一命题的组织作用已从上述所说的一切中看得十分清楚。小说中绝对不存在任何一个人物形象是对思想命题持漠不关心的态度。单纯为了欣赏人和物,为了欣赏他们而描绘他们,这在托尔斯泰的《战争与和平》中,在《安娜·卡列尼娜》中都有出色的表现;但在这部新书中他却不允许自己这么做。每一词语、每一修饰语、每一比喻语都在强调这一思想命题。托尔斯泰不仅不担心倾向性,而且以无比的艺术勇气,甚至挑战式地强调自己作品中每一细节、每一词语的倾向性。

为了证实这一点,只需把聂赫留道夫醒后的场面,他的梳洗打扮,喝早茶等(第三章)与《安娜·卡列尼娜》开篇描写奥布浪斯基醒来后内容完全相同的段落作一对比就行了。

在奥布浪斯基醒来的画面中,每一细节、每一修饰语肩负着纯粹描绘的功能,因为作者只是要向我们展示自己的主人公和事物,不假思索地沉浸在自己的描绘中。这种描绘之所以有力量,之所以淋漓尽致,全在于作者欣赏自己的主人公,欣赏他的朝气蓬勃和精力充沛,欣赏他周围的物品。

而在聂赫留道夫醒后的场面中,每一词语实现的已不是描绘功能,而首先是揭露、谴责或忏悔功能。整个描写都服务于这些功能。

这一画面的开头是这样的:

---

① 拉丁语:"准""半"之义。——译者

正当玛丝洛娃随着押解兵走了很长的路,累得筋疲力尽,快要走到地方法院那所大厦的时候,她养母的侄子德米特里·伊凡诺维奇·聂赫留道夫公爵,当初诱奸过她的那个人,正躺在一架高大的、铺着羽绒褥垫的、被单已经揉皱的富有弹性的床上,穿着干净的、胸前皱褶熨得很平的荷兰细麻布睡衣,敞着领口,吸着纸烟。

"诱奸者"醒来躺在舒适甜美的被窝里,在这里,直接与玛丝洛娃狱中晨起、步履艰难地走上法庭,形成了鲜明的对比。这一对比立即使整个描写具有倾向性,并决定着每一细节、每一修饰语的选择:因为它们全都应为这一揭露性的对比服务。床铺的修饰语是:高大的、富有弹性的、铺着羽绒褥垫的;而对睡衣的修饰语是:荷兰细麻布做的、干净的、胸前皱褶熨得很平的(这里包含着多少他人的劳动!)——这些全都用来强调表现社会意识形态功能。所有这些实际上不是在描绘,而是在揭露。

接下的所有描述都是如此构建的。例如:聂赫留道夫用冷水冲洗"肌肉发达、脂肪丰满的白净身体",穿上"干净的、熨平的衬衣衬裤和一双擦得像镜子那样亮的皮鞋",等等。处处都精细地强调了每一份细小的舒适无不包含着大量的他人劳动,强调用的话语,如"准备妥当","清洗干净";"淋浴准备妥当","一身早已洗刷干净的衣服已经放好在椅子上","镶木地板昨晚已由三个农民擦亮";等等。聂赫留道夫简直是在穿戴他人耗费在他身上的劳动,他的一切陈设都饱含着他人的劳动。

这样所做的修辞分析,不难发现他的风格处处带有一种着意为之的倾向性。思想命题对风格构成所具有的意义是显而易见的。它又决定着小说的整个结构。我们不妨回想一下,不能允许人对人的审判这一命题,是如何决定法庭审理的描写手法。审判的画面、宗教仪式的画面以及其他画面,都写成了作者某些观点的艺术佐证。其中的每一细节都从属于充当命题证据这一功能。

尽管有这一极端的且又毫不掩饰的倾向性,这部长篇小说完全没有成为一部充满乏味感的、有成见的、毫无生气之作。托尔斯泰以独具匠心的高超手法解决了构建社会思想小说的任务。可以直截了当地说,《复活》不仅对俄罗斯,而且对西方说来,都是一部最彻底、最完美的社会思想小说的典范。

思想命题在构建长篇小说中所具有的形式方面和艺术方面的意义就是这样。那么这一命题的内容是什么呢?

这里不是研究托尔斯泰的社会伦理和宗教世界观的地方。所以,我们只能简单地谈谈这一命题的内容。

长篇小说是以福音书引文开头(题词)也以它结束(聂赫留道夫阅读福音书)。所有引用的篇章都应加强这样一个基本的思想:不仅不允许人对人的审判,而且也不允许以任何活动来改正现存的邪恶。上帝是生活的主人,由上帝意志派到世上的人们,作为劳工理应履行自己主人的意志。这一意志体现在禁止将任何暴力施与他人的戒律中。人只能作用于自身,作用于自己内心之"我"(寻求天国,天国只在我们心中),其余的也将迎刃而解。

当这一思想在长篇小说的最后篇章中展现给聂赫留道夫时,他恍然大悟,该如何战胜笼罩在他四周、为他在小说中自始至终亲眼目睹的邪恶。战胜它只能靠无为,靠勿以暴抗恶。"如今在他,就有一个思想照这样变得清楚起来,那就是为要摆脱这种骇人听闻的、使人们受苦的恶势力,唯一毫无疑义的方法仅仅是使人们在上帝面前永远承认自己有罪,因而既不能惩罚别人,也不能纠正别人而已。他现在才明白,他在各处大小监狱里亲眼目睹的所有那些骇人听闻的恶势力,以及人们制造那种恶势力所表现的镇静自信的态度,无非是起因于人们打算做一件不可能做到的事:他们自己就坏,却居然要纠正坏事……"

"'可是事情总不可能这样简单吧?'聂赫留道夫对自己说,而与此同时,他又毫无疑义地看出来,尽管他已经习惯了与这相反的答案,因而起初觉得它奇怪,可是这个答案却是确切无疑的,对那个问题来说不但是理论上的解答,而且也是最切合实际的解决。这永远会遇到一种反驳,那就是该怎样对待作恶的人呢,难道可以白白放过他们而不加以惩罚吗?然而这样的反驳现在却不会使他张皇无措了。"①

托尔斯泰那组织长篇小说的思想就是这样。

对这一思想的揭示,不是采用抽象道德的和宗教哲学论述的形式,而是利用艺术描绘,通过具体的现实生活材料,并且联系聂赫留道夫具体的具有社会典型性的人生道路而进行的。这样便以无与伦比的鲜明性揭示出这一思想的社会阶级根源和心理根源。

小说的中心思想所要回答的问题,作品中是怎样由聂赫留道夫的生活提出来的呢?

要知道,从一开始就折磨着聂赫留道夫并给他出了一道难题的,与其说是社会的邪恶本身,不如说是他个人参与了邪恶的事实。聂赫留道夫的全部感受和探索,从一开始便正是集中在个人参与了横行的邪恶这个问题上。如何终止这种参与,如何从如此耗费他人劳动的享乐中解脱出来,如何从剥削农民的土地所有权中解放出来,如何从只为巩固奴役制度而履行社会职责中摆脱出来,然而首先且最为重要的是:如何为自己可耻的过去,为坑害了卡秋莎赎回罪过?

这个个人参与作恶的问题,掩盖了客观存在的邪恶本身。这使得社会邪恶与个人忏悔、个人完善的任务相比较,成为某种从属的、第二位的东西。客观现实连同它的客观任务,于是被包括忏悔、净化、个人道德复活的主观任务在内的内心态势所消融、所吞没。从一开始便注定要发生问题的偷换:客观邪恶问题为个人参与作恶的问题所取代。

小说的思想恰恰是要回答这最后的根本问题。所以这一思想不可避免地要属于内心事件的主观层面上,因为这是问题提出本身就已

---

① 译文据《列夫·托尔斯泰文集》第 11 卷:《复活》,汝龙译,人民文学出版社,1989年,第 607—608 页。——译者

预先决定了的。小说的思想给已忏悔的剥削者指出一条主观的出路，而对没忏悔的剥削者则呼吁他们去忏悔。至于被剥削者的问题，根本无须提起。他们不是活得很好吗？没有任何的罪过，应该羡慕他们才是呢。

托尔斯泰在创作《复活》期间，恰好是试图把小说重点移向卡秋莎的时候。他曾在日记中写道：

> 今天闲游。顺便拜访了康斯坦丁·别雷的家。真叫人可怜。然后穿过村子。他们那里不错，可令我们赧颜。

农民们饿得四肢浮肿，百病缠身，自然可怜，但他们很舒坦，因为他们不羞愧。羡慕在社会邪恶的世界里良心无愧的人，这像一条红线贯穿在托尔斯泰这一时期所写的日记和书信中。

长篇小说《复活》的思想命题是针对剥削者而发的。它整个是从腐化垂死的贵族阶级中、从那些悔过人物所面临的任务中生发出来的。这些任务没有任何的历史前景。行将灭亡的阶级的代表人物，在外部世界中没有自己存在的客观土壤，也没有历史的事业和使命，所以他们便沉浸在个人的内心事件中。诚然，在托尔斯泰抽象的思想观念中也存在着一些重要的因素，把他与农民阶级联系起来，但思想观念中的这个方面并未进入小说，也不可能组织那种集中在忏悔贵族聂赫留道夫个人周围的材料。

总之，长篇小说的基础，是托尔斯泰的也是聂赫留道夫的一个问题："像我这样属于统治阶级的个人，单枪匹马地如何能摆脱而不参与社会的邪恶？"对这个问题的回答则是："无论是外在的还是内心的，你都不要参与邪恶，为此你去实行那些纯属否定的戒律吧！"

普列汉诺夫在分析托尔斯泰的思想时，说得完全正确：

> 既然不能够在自己的视野里以被压迫者代替压迫者，换句话

说,从剥削者的观点转到被剥削者的观点,托尔斯泰自然要把自己的主要努力放在从道德上矫正压迫者上面,提醒他们不要重复恶行。正因为如此,他的道德说教就具有否定的性质。①

托尔斯泰以惊人的笔力所描绘的阶级等级制度下客观的恶行,在小说中被纳入了行将灭亡阶级的一个代表人物的视野里;他在内心事件的旅途上寻找出路,亦即在客观上历史上无所作为的旅途上寻找出路。

下面简单谈谈《复活》这部小说对现代读者的意义。

我们看到批判性因素在小说中占有主导的地位。我们还看到,对现实的批判性描绘所具有的真正的构形力量在于对现实的审判激情,这是一种有艺术感染力的和公正无情的审判。这种描写的艺术重心,比起笼罩在人物内心事件和小说抽象思想命题上的种种悔恨、宽恕、勿以暴抗恶的色调来,更加朝气蓬勃,更强大有力,也更富革命性。正是艺术上的这一批判因素,构成了长篇小说的主要价值。托尔斯泰在描述中精心锤炼而成的艺术批判手法,迄今仍是难以超越的典范。

我们的苏维埃文学近来正孜孜不倦地努力创造社会思想小说的新形式。这或许是我们现今文学中最重要、最迫切的一种体裁。社会思想小说,归根结底是社会倾向性小说,是一种完全合理的艺术形式。对它的这一纯粹艺术上的合理性采取不承认态度,是一种早就应该铲除的浅薄的唯美主义的幼稚偏见②。不过,这的确是长篇小说中最困难最冒险的一种形式。在这里太容易走上一条阻力最小的道路,亦即搬出思想来敷衍搪塞,把现实变成一种对思想的蹩脚图解;或者相反,把思想描绘成旁白说明,写成抽象的结论,等等,而这种旁白说明和抽象结论,又不能内在地同描绘融为一体。以明确的社会思想命题为基

---

① 《卡尔·马克思和列夫·托尔斯泰》(1911),译文见《普列汉诺夫哲学著作选集》,第5卷,三联书店,1984年。——译者
② 倘若不是这样,得有一半英法长篇小说被排除在文学之外。——作者

础,从下到上地组织整个艺术素材,而同时又不使那生动具体的生活变得死气沉沉、枯燥无味,这是一件十分困难的事。

　　托尔斯泰以高超的技巧解决了这一任务。《复活》作为社会思想小说的典范,会使当代的文学探索受益匪浅。

卢小合　译

附录

发言与讲座[1]

（1924—1925年，篷皮扬斯基记录）

讨论篷皮扬斯基所作的迈尔斯文章摘要时的发言

图比扬斯基[2]：迈尔斯打破了牛顿的"我不虚构假设"，他使用从研究本身推导不出的各种假设。正如在许多的心理玄学著作中一样，这是科学和非科学的混合。把虚构的东西用作假设，以解释各种现象。然而，如果说他给世界勾勒出一幅神秘的图画，那他为什么不用神秘方式来改变意识呢？不论是迈尔斯还是列夫·瓦西列耶维奇，都缺乏哲学修养。通灵术的探求和哲学的探求交替出现，这在过去的文明进程中源远流长，没有理由认为这种交替将不再继续下去。

康拉德[3]：迈尔斯的观点可能近似斯宾格勒的观点，尽管整体上或许

---

[1] 这份笔记多半写于1924年5月底到6月初，从1923年中到1924年中，篷皮扬斯基热心研读有关元心理和伴随心理现象的著述，对里歇、詹姆斯、柏格森等的著作，对创建于1882年的"心理现象研究会"的文献都写下了文摘。在1923年到1925年间的笔记中，对最著名的心理现象研究者迈尔斯（1843—1901）的《人类个性》一书所作的摘要最为详尽。1924年春巴赫金来到列宁格勒，涅维尔学派重新开始了自己的活动，听取并讨论过篷皮扬斯基所作的文摘。这里发表的就是篷皮扬斯基对讨论《人类个性》一书摘要所做的记录。——原编者

[2] М.И.图比扬斯基是东方学家，谢尔巴茨基和奥尔登堡的学生。他研究佛教和印度教，是由孟加拉语翻译泰戈尔作品的第一位译者。——原编者

[3] Н.И.康拉德（1891—1970），东方学家、院士。——原编者

是完全错误的,但个别的见解是对的。整个现代文明都倾向于肯定心灵现象的存在。迈尔斯的书至多只能算是这一思潮中的一家之言。术语是多余的,材料(如招魂术的材料)不具有通灵术的意义(严肃的意义),结论是随意作出的。他仅仅根据偶然发现的一些事实来了解广阔的现实世界,这些事实不仅纯属偶然,而且不能提供任何假设。比如,当代德国的学者们在研究物化现象时,现已放弃使用任何的假设。总之,这本书不堪一击,可这一思潮是正确的、具有重大意义的。

巴赫金: 在迈尔斯的书中,应该把经验方面和价值方面区别开来。在经验方面,一切取决于他在多大程度上使用了所有的事实,取决于在何等程度上正确地确定了诸如天才与迷惑力之间的联系。但对迈尔斯来说,重要的是第二个方面。在这里核心是关于个性的学说。这里也有一系列因素总是相互交错,如法律因素、美学因素、宗教因素等等;因此,每个问题都得联系这些因素来加以考察。例如,宗教上的永生(价值)问题①,被生命延续的真实性问题所偷换。生物学上的主体自称是宗教上的主体,其实这里是生物学问题,只是提到了最高层面上的生物学。

艺术创作中的主人公与作者

(巴赫金的系列讲座)②

1. 方法论引论。

---

① 从价值的角度看永生的问题,巴赫金在《审美活动中的作者与主人公》一文中有所论述。——原编者
② 此篇多半是1924年7月的记录。从讲座名称、提纲和内容上看,这是简述巴赫金写于维捷布斯克的文章《审美活动中的作者与主人公》。该文的开头部分未能保存下来,因此,据这份记录可以大致了解缺失的内容。与此同时,记录又像《话语创作美学方法论问题》第一部分(写于1924年)一文的简述,可以推测此文是根据《审美活动中的作者与主人公》开头部分加工而成的。——原编者

2. ……①。
3. 空间里的主人公（躯体）。
4. 时间中的主人公（心灵）。
5. 主人公与作者的相互关系。

Kunstwissenschaft②有一种倾向，即建立独立于普通哲学美学之外的单独的艺术学科。事实上，"科学性"具有两个准确的标准（基本的）：与经验的关系和与数学的关系。这是自然学科的科学性。在仅有的两种科学性中间另一种则是人文学科③的科学性，它取决于同经验的关系，同含义和目的的关系。这里所指的经验也是另一种，它的强大有力极为重要。前一种经验已完全形成，而后一种经验尚在形成之中，于是不加分析地把实证的科学性加于艺术创作，但始终如一地这么做终究是不可能的，所以实际上不能一以贯之。首先就是以材料为对象，似乎这可以把审美家的活动同实证科学的工作联系起来，并可吸引非专家的兴趣。昨天是以心理学材料为对象，今天则是以诗学的材料为对象。收获的全是"早熟的"科学性的成果，得出的结论虽然不可计数，却是些个别的见解，且谈不上真实性。不过就连"形式方法"（实际上是材料方法）离开目的论也寸步难行④；要那样的话，形式主义者们自然无法超出纯语言学的范围。不过，形式主义者们是以折中态度引入目的论的，他们依靠的还是材料，即规律性的成果。由此需要阐释材料的地位问题。一个总的问题是：审美客体的构成，以及材料在其中所处的地位，因此我们不可避免地要提出普通美学的问题，只有它才是懂行的。

第一章

具体系统性的概念。每一个文化现象都在边缘上。认知所见的，

---

① 以下有省略。——原编者
② 关于艺术的科学（德语）。——译者
③ 巴赫金始终关注着人文学科的特殊研究方法问题。——原编者
④ 以下可参见《话语创作美学方法论问题》第一部分。目的范畴是新康德主义（包括柯亨）最重要的范畴之一。——原编者

不是冷漠的材料,而是被行为、信仰等赋予了价值的存在。每一现象在其每一方面都与相邻的文化领域划清界限。然而,在这一点上审美不同于其他领域:审美活动是积极主动的,因为它的对象是已被行为赋予了价值的存在,是已经被认识了的存在;它不仅不摆脱这种认识和评价,而且还以此为参照。从这一主动态度来讲,审美与宗教颇为相似。这也使诸如"艺术应该改变生活"这种十分流行的要求具有了意义,这的确是积极的态度。正是这个已被认知和评价的现实,巴赫金称之为内容。内容并非具体的什么东西,而是一个切面,在这个切面上艺术中的一切都可得到纯认知和纯审美上的延续。内容是一种可能的(无尽的)平常的语境,但这语境总是被形式所禁锢;认知者、行动者整个是消极的。而美学的问题也正在于解释如何把世界固定下来①。

有据的平静问题②

(巴赫金的报告)

一个祈祷、仪式和祈盼等变得举足轻重的世界,理解它的形式就是宗教哲学的任务之所在③。宗教一开始既然是作为问题提出的,它

---

① 这一章的内容,可参看作者的文章《话语创作美学方法论问题》。——译者
② 记于1924年7月。《有据的平静问题》这一报告可以认为是从《审美活动中的作者与主人公》一文中摘取出来,以建构宗教的哲学。"покой"(平静)一词除了通常的用法外,不仅用作物理概念,而且还在伦理学中用来描写人的道德状态。但在这里,"有据的平静"这一概念具有了特殊的含义,是反映宗教经验的一个最重要的范畴。——原编者
③ М.И.卡甘指出,在柯亨看来,"祈祷和深情地呼吁上帝,都是宗教问题"。见卡甘著《格尔曼·柯亨》(俄文版),第122页。——原编者

365

也应该把自己的教义作为一个问题提出来①,也就是说,不应把教义当成教条。然而,不可避免地到一定时候,宗教本身就会成为教条。宗教意识赖以生存的形式,是一个事件②,这是宗教意识形成的第一步。但是,要弄清事件这一概念的双重性,就必须通过历史事件与个人隐秘事件的比较。就私人事件而言,我的参与最为重要,而宗教事件显然属于参与这个范畴。我存在着,犹如处于事件之中,即在事件进程的唯一一点上参与。宗教的封闭性全然不是物理上的封闭性。我是不可磨灭的,我在存在中的唯一位置是不可能消除的。如同物理上的封闭性一样,教条的形而上学会把宗教封闭性转变成一种物质化的东西,而其实它仅仅是事件性的参与。这样一来,宗教意识便成了良心,即不是道义上的应分,而是唯一的应分,因为在整个世界除我之外不再有人能够完成我应该完成的事情。而道义上的应分是一种法规上的应分③。而我们这里所指的应分只能以不可重复性为出发点,并且良心的折磨也不是因为未能遵循法规,而是源于其独一无二的目标。也由于这个原因,不可能概括出宗教的规范;由此产生了费尔巴哈所未能理解的基督徒的准则,即把十字架留给自己而把幸福施于他人。对基督徒来说,我与他人之间隔着万丈深渊,我与他人④的分野是整个的分野,也是不可逆转的;参与性意识正是来源于这种截然的分野。由此可见,试图从道义上来理解仪式、祈祷等是多么徒劳无益。如果脱离宗教的这个基本事实(即自己与他人分离),那

---

① 柯亨认为,提出问题是认识的最主要特性:"科学事实和科学都是作为问题提出来的","存在始终充满问题,从未完全猜透"。见卡甘著《格尔曼·柯亨》(俄文版),第114、116页。——原编者
② 事件是巴赫金道德哲学中的基本概念,参见《论行为哲学》。——原编者
③ 关于普遍道德法规所表现的应分与行为哲学中的应分有何区别的问题,可参见《论行为哲学》《审美活动中的作者与主人公》以及《话语创作美学方法论问题》第一部分。——原编者
④ 在这里(即在宗教哲学中),巴赫金道德哲学的基本建构原则是我与他人的相互关系。我与他人的相互关系本是柯亨伦理学的一个成分,在这里也得到了新的阐述。——原编者

么任何一种宗教现象都是不可解释的。譬如,用各种道德原则(实为各种法律原则,它们都是伦理学的逻辑)根本不可能对忏悔作出解释①。

在道德意识看来有两人存在的地方,对宗教意识来说则有第三者存在,即可能有的评判者。让我们设想一下,一个宗教上合理的收税人,如果把自己所作所为的理由全部内向化了,那他立刻就显得不合理了。这样,只有出现一个第三者才能为他辩护。不过法利赛人把这第三者意识纳入了自身,收税人则通过第三者打破了关于自己人格的可能神话②。当小孩说"小嫩手"的时候,他显然是从母亲那里获得了自己的价值,因为小孩不具备独立的自我价值意识。来自外部的对我的评价莫不如此,如在国家的人口登记中和日常生活中(我在桌旁就座的位置就是评价)。一旦僵化为教条,这些就成了"自然权力"的神话成分。我从内心中未婚妻或未婚夫的身份里(即在他人的爱中)同样可以获得对自己的评价。这里也有可能存在神话成分,就好像占有著作权的情形一样(在审美中的双重作者)。自己在天国获得的注册也是可能被篡夺的,除非预先便决定完全由上帝对我作出评价而不管我是否将为天国接纳。

只有开始忏悔③的时候,精神才开始真正地存在,亦即当出现原则上不一致的时候;因为一切有价值的东西都外在于我,我只是一个否定的对象,只是恶的载体。托尔斯泰日记,乞求流泪的赐予。最后要找到自己真正的存在,即最终领悟到我的实实在在的个性,摆脱这一个性中的一切神话成分。我是坏透了,但却有人需要我成为一个好人。在我忏悔的时候,我是在确立一个人,正是在这个人身上我发现

---

① 关于道德存在无法用理论术语来加以表述和解释的问题,可参见《论行为哲学》《审美活动中的作者与主人公》以及《话语创作美学方法论问题》第一部分等文。——原编者
② 关于收税人和法利赛人的寓言,可参见《新约·路加福音》,第18章。——原编者
③ 忏悔是巴赫金道德哲学中最重要的概念之一,可参见《审美活动中的作者与主人公》。——原编者

了自己的罪孽。这就是有据的平静，它不带任何虚构的色彩。平静或者是由于自我满足，或者是由于信任。正是不安应该把我从自我满足的平静（即审美的神话成分带来的平静）中解脱出来；这种不安通过忏悔能够变成信任。事业重于自由，这里（指信仰）涉及的要比自由（即保障）更为重要①。

但是，在某些时候我们必然会遇到一个具体的上帝问题。

巴赫金的讲座②

第一讲　引言

分问题讲，依据先验是美学③；涉及空间问题，关系到整个柏格森。

要评价系统哲学，只能从系统哲学本身出发；对它作评价首先就要求有系统的立场。通常描述的相互关联是杂乱无章的，从方法论上说也是不能令人信服的；甚至在新康德主义中也有一个学派，将其立足点置于系统哲学之外（如李凯尔特）。这都是些幼稚的相互关联。还可以把系统哲学视为一种文化工作，视为一种体现于历史的事实。在这个意义上谈系统哲学，也可用非系统的方法，这就是历史心理学

---

① 关于信仰、自由及其相互关系，参见《审美活动中的作者与主人公》。——原编者
② 写于1924年10月至11月。没有第七、八、九三讲的记录。所存笔记基本上是讨论康德《纯粹理性批判》的开头几章。据 И.И.卡纳耶夫回忆，巴赫金曾开过康德的专题讲座，可能这正是讲座的记录。巴赫金在这里评述了欧洲哲学的主要问题。由于那一时期巴赫金特别关注马堡学派取得的成就，因此，讲座涉及他与柯亨之间观点上的一致与分歧尤其值得注意。他还特别探讨了哲学体系的类型，为此利用了《论行为哲学》中对行为意识的视野逻辑的研究经验，以及在《审美活动中的作者与主人公》和《话语创作美学方法论问题》第一部分中对审美意识活动的研究。——原编者
③ 指康德的《纯粹理性批判》第一部分先验美学。——原编者

或精神心理学①的角度。可以提出这样的课题:从历史主体内部看系统哲学的问题。

那些未能融入主体整体之中的因素(植树的老人),甚至不以人类的存在为前提。这些因素原则上是外位的②(难怪在一般人的意识中哲学通常就是关于死亡和永生等问题的思考)。对外位于意识的因素,还可通过形而上使之实在化(古典的柏拉图主义),记录下它们,赋予它们以存在的范畴。不过,记录下问题并不意味着解决问题。而虚无主义千方百计想维护自然主体的整体性,所以从根本上否定有不可融合的因素存在。即便如此,虚无主义也还给医生提供肉体。这里的肉体与柏拉图的理念迥然有别,但它毕竟存在着,甚至充斥了当代意识。一般来讲,要摆脱外位因素的实体存在恐怕是个无法实现的任务。

如此看来,所有见解(积极地或是消极地)都以超知为基础,不是从自然的人出发,而是从历史的人出发,这就把一切从主观的整体移向了客观的整体。当然,主观的整体(记忆!)并不是不需要了,它依然存在,只是又有了一个事物整体与之并存。事物的整体一直存在于思维之中,不过是作为形象存在。例如人同自然界。然而要知道,这一形象整个地建立在我的统一立场上。我们丝毫没有超出这个自然的人的范围。康德的了不起就在于打破了这个统一体,因为它仅仅是自然主体的整体。对哲学来说,一切的相互关联都是同样性质的。客观性(现实性)③并不存在于自然界中和意识之中,而是在历史中和文化中。客观性和文化活动中的不断客观化,不是形象中也不是记录过程中的客观化,而是文化活动中的客观化。与主观的整体(需要加以把握的整体)同时,还存在着定理本身的客观整体,这就是康德提出的意识的客观性问题。主观的整体仅仅是为实现实际的文化所需要的一

---

① 狄尔泰(1833—1911)在其著作中对历史心理学或精神心理学作了详细分析。——原编者
② 外位性(或外在性)(вненаходимость),是《审美活动中的作者与主人公》中分析审美意识所用的主要范畴之一。——原编者
③ 括号内为篷皮扬斯基所注。——原编者

个技术因素。思维的整体应理解成是科学的整体。意志的整体是一种整体,而意识的整体只是文化整体的一个形象,这个文化整体原则上不能在个别人的意识中得到实现。这一点应纳入定义之中。我作为主体,任何时候也不能获知任何东西。学者一旦要变成贤哲,即变成一个想建立主观的意识整体[①]的人,他便立刻不再是学者了。主要的危险就在于形象只代表一种附属物而非更多的东西。忘记了意识的整体只不过是一种形象而已,这对哲学来说是主要的危险所在。

第二种危险是把文化的整体浓缩成了文化的形象(比如在美学和各门社会学科中,种种"建树"所具有的客观的实际含义),重新回到柏拉图之前那种原始的假设上去,它们其实早已被哲学自身所推翻。把自己的客体性幼稚地加以客观化。不论浓缩发生在形象的哪一个方面,其过程只是一种,形象遮蔽了客观的联系。

客观性仅仅是文化形成的客观性。康德是用历史意识代替了实际意识(及其空隙)。但是,从方法论上如何保证意识具有历史性呢?统一的历史道路和不同的历史阶段。只有贯穿一切历史阶段的目标取向,才是哲学的对象。每一个思想都含着两个因素,其一是问题的因素,其二是论断的因素。在问题方面思想是自我说明的,在科学的认知中区分这两者比较困难。而在道德领域里,论断的形式最为诱人。——所有的历史阶段原则上都是平等的。而启示的哲学——发现的哲学、惊喜的哲学、意外收获的哲学,却与这一点相矛盾。这种哲学不懂得一切历史阶段都是平等的。

这甚至也不是论断,论断使自己完全脱离开问题,而只是接近于论断的见解,在这样的见解中,论断因素不处于文化的整体中,而是处于该意识的整体中。历史阶段封闭着历史的进程,论断也不再成为论

[①] 这里还指现代欧洲理论哲学中的"理论主体、历史上非真实的主体、一般意识、科学意识、认识论的主体"等,可参看《论行为哲学》《审美活动中的作者与主人公》。——原编者

断。每一个思想都可以根据下面的问题来进行评价：对思考者来说，脑海里想象到的形象是贤哲的形象呢，还是说这形象只具有技术性的意义？这一区别表现得无处不在，甚至也反映在思维方式上。任何领悟启示的哲学因素，都会把问题性挤掉，但要忘掉这个问题性是不可能做到的。即便面对的是主观的见解，也应该确信其判断属于某个整体。正因为如此，这些哲学因素的希望注定要落空：它们既想成为一种方法论，又想获得主观上的完成。这个核心是有害的，这当然不会损害黑格尔和谢林的价值。是宣称自己已被认知或已被证实呢，还是要求人们相信或者进行检验呢？对此这些哲学因素自己也不清楚。贤哲变得可疑了（不无原因），而对其他形式的睿智我们已不再相信。怀疑主义的态度，就是对不合我意的一切不肯信任。但是有一条原则是确定无疑的，那就是看思想在哪方面运作——是"探求结论"呢，还是加以"论证"？哲学总是充满片段的领悟，而人智学的有益之举就在于它收集起这些零星的发现。

第二讲

只有从系统哲学自身的内部出发，才能对它进行唯一的哲学性的讨论。不过，也还可能从哲学史的角度来说明系统哲学。为什么除系统哲学外还可能有其他类型的探讨？原因有三个：一是思维本身所具有的形象性。柏拉图的 Resp.①：思维仅仅是视野的补充。柏格森同样想使思维复归于原始的形象性，复归于统一的视野之中。非系统的哲学正滥觞于这一视野逻辑。是审美形象的内在逻辑创造并推动着一系列的哲学理论。美学应该为这些学说建立类型学。二是领悟启示，人们力图赋予它以哲学的形式。这里已经不应是美学而应是宗教哲学来展示其纯粹的形式，亦即教义形式。肉体与心灵之人，无处不想使哲学服从自己的目的，以致扭曲根本不可能完成的思想。三是现实

———————
① 拉丁语：国家。——原编者

作为检验哲学观点的终审裁定。应该从这一现实中排除它的权威性。最起码的假定性的权威性,也会表现出确凿可信的样子;这就要牵涉到事实所在的那个唯一性视野的问题。很小的权威可对现实起到很大的作用,将现实引入宗教的世界不是道理上,而是实际上。而如果排除这种权威性,那便只剩下实际的行为了。这就仅仅成了对现实的一种需求。这种对现实的需求恰好导致形而上学;后者整个是行为的依据,因为行为总是需要现实的。对行为来说,问题全在于现实的存在和现实的性质(然而对宗教而言,问题完全不在于天国是否存在,而在于我会不会进入天国)。现实的先决作用,与形象性和领悟性融为一体,是一切哲理的基础。因此有可能进行一系列有意义的工作:把大哲学家(如费希特)用理论形式阐发的东西,返回来再译成形象、启示和道德。摆脱纯粹的认识,一个最典型的特征就是先验的东西和经验的东西混杂在一起(这种做法从费希特开始,扩展到了德国的整个唯心主义)。

上述这一切使非系统哲学获得了说服力。在非系统哲学中,实际的意识力图成为唯一的意识(après nous le déluge)①。把方法神话化,这是对纯粹思维的又一种可能的危险;在这里方法变成了阐释哲学问题的英雄,并且还想立即获得奖赏。冒险变成了英雄(弗赖堡学派)。

科学作为设施,作为历史事实,它的权利问题。此外,康德以精密科学作为讨论的对象,于是出现了科学本身是否符合事实的问题:随着科学本身的变化,是否应该经常不断地重新审视批判主义?所有这些疑问,都是由于没有理解康德的批判态度。而康德的着眼于科学的事实,纯粹是为了提出问题,他甚至没有肯定过科学本身的存在,他不是把科学当成基点,反而使科学本身成了问题。当哲学与事实发生关系时,这已经不是历史的事实了。从事实出发并不意味着依赖事实,因为早有泰勒斯把自然界都问题化了。那么康德为什么恰恰把科学

---

① 法语:只要我们安全,哪管洪水滔天。——译者

问题化了呢(而不是接受,不是 durée① 的直觉等)？这种问题化当然纯粹是假设性的,并没有以事实为前提,因为康德根本不想把自然科学的似乎已然公认的正确性作为出发点。有一点值得怀疑:为问题化所选择的事实是否正确？科学是否是最佳的选择？是否还有其他什么东西会更合适呢？……

可这是什么样的问题化呢？是内在的问题化,也就是以科学的认知为依据的问题化;其结果,哲学就是科学对自身的一种反照;没有旁观者的法庭。

第三讲

分析康德以科学为目标的问题。有三种反对意见:(1)科学是历史事实,那么是否可以把历史事实作为研究的对象？(2)一般来说,要有某种东西作为前提。哲学似乎从一开始就受制于某种先决条件,仿佛哲学要决定于对科学的需要。康德好像预先便选定了数学和自然学科,并且选择是基于实用的考虑,他说:"我们最好同数学打交道,而不是同形而上学。"所以康德主义是以哲学外特定的事实为前提的。(3)科学的相对性是否也把哲学相对化了？所有这些反驳都没有领悟到这样一个事实,即把科学作为研究对象绝非以科学为依据,而是使之问题化。但可能有人反驳说:康德选择科学为对象是否正确。这种反驳是不能成立的,因为要反驳就只能提出另一种问题化来与之抗衡。科学的这种问题化是内在于科学本身的,康德并不问科学是否有益于道德、宗教和社会等等(科学界人士常常不理解这一点,他们以为哲学家讨论他们的科学是从某种另外的"哲学"角度出发的)。柯亨的错误在于:构成问题的不是对艺术的认知,而是艺术本身;而忘记了伦理学和美学的第二性本质,使哲学家囿于门户之见;伦理学使国家

---

① 法语:绵延,是柏格森的术语。——译者

之类本身（而不是关于国家的学说）问题化了，伦理并不支配国家，反而本身成了国家的俘虏。对康德哲学具有历史局限性的反驳：只需要求有不受制约的哲学，那么就已经将对象问题化了，对哲学来说别无他求。

只有一个马堡学派还依然使用康德《纯粹理性批判导言》中的术语，但他们丢弃了作为心理因素的 Anschauung① 和作为判断中抽象因素的 Begriff②，这样就抛弃了 Anschauung、Begriff 和 Urteil③ 三者的对立；只剩下一个 Urteil；判断的位置只是在其他判断之中，即在体系之中。判断倾向于进入体系，判断的位置当然不在我的心理之中。判断之多，是不计其数的；一旦判断的数量受到限制，我们就已经离开了科学。只有在判断的无穷语境中才可能理解一个判断。以科学为对象就是以判断的体系为对象，并且这种体系原则上是开放的、不受限制的。当然，为什么是判断呢？为什么在柯亨那里感觉被排斥到体系的最边缘？因为感觉只有在主观的整体中才是第一位的；它要进入科学，只有通过判断的系列。我的感觉可能处于我生活的中心，但在科学中它的地位极其低微，这里它只是一个问题而不是回答。这就是为什么感觉在哲学初期只出现在没有严格目标的地方。在康德哲学中直觉同样如此，是对正确立场的偏离，是用科学意识偷换科学。康德左右应战的，都是心理学的课题，而不是哲学课题。我们既不赞成从心理学角度也不赞成从历史角度给科学下的定义，总之，我们不接受给科学所归属的那种存在下的定义。我们自己来界定这种存在。认知能建立一种特殊的存在类型④，即哲学的存在、文化。这种特殊的存在不等同于自然科学的存在、历史的存在和心理的存在。但应该避免用理念存在这一术语，因为它具有形而上的性质；时空的因果关系似

---

① 德语：观照、观察。——译者
② 德语：概念。——译者
③ 德语：判断。——译者
④ 参见 М.И.卡甘著《格尔曼·柯亨》（俄文版），第 118—122 页。——原编者

乎存在于意识之中；总而言之，要谨防把存在加到那种原则上只有独特的哲学存在的东西身上。我们应该谦虚一些，把判断只留在科学之中，不给判断这一概念添加超出我们需要的东西，不要丰富这个概念。

第四讲

只有从科学事实出发才能发现认识的心理构成。而唯一正确的途径是在科学内部与主体相接触。在哲学的初始阶段甚至不会产生接受的问题和有关主体意识的其他问题，所以康德以判断为出发点的做法是完全合理的。物理学和其他学科中的判断来源于物理学和其他学科本身，而与需要整体性的主体意识无关。然而，在先验美学中康德便已改变了《纯粹理性批判导言》中的立场，于是产生了对时空直觉的需求。其结果，我们仿佛是从主观意识的内部获得客观的整体，而实际上，问题的提出就是以存在客观整体性为前提的。倘如我们一开始就取主观认识的道路，那么便会因附加有伦理的、宗教的和审美的因素而立刻使道路变得崎岖不堪。总之，认识就是客观的判断体系；对判断来说，唯一的环境就是其他的判断；离开其他判断，这个判断就根本不再是判断了。只有在其他判断的体系内部，这个判断才有生命力。这种简化的做法在哲学发展的初始阶段是必要的，因为这时对判断的任何充实丰富，都要损害到其他的发展阶段；不讲究方法论而过早地多头并举，就会窒息以后的全部研究。

综合性和先验性是康德的判断进一步所具有的特征。综合性意味着非教条性，即不是现成的、只需加以分析的东西。"原来是""已经存在"——符合认知的基本倾向，即把自己作为实有的东西进行描写，这是一种消极的倾向。应该扩大综合与分析这两个概念。同分析的联系无须新建，它是事先就在的。康德想说的是：没有哪一种启示本身就包含有判断在内。就认知而言，问题在于要重新生成判断。综合性的判断就是建立一种从未为认识所预知的联系。认识整个是综合性的,而分析仅仅是一种技巧,分析不构成认识的特征,分析性判断从根本上说并不是判断。

《导言》中对先验性的理解是非常纯粹的,它不是指前经验性(既非时间上的"之前",亦非价值含义上的先验性"高出一筹")。先验性在《导言》中仅仅是指在判断体系中方法论上的优先地位。先验性同样也能获得任何其他的含义,但那不是在初始的阶段。

这样,判断体系获得了问题化,判断之间的联系第一次确立起来,并且得到了如下的论据。

康德证明空间先验性的第一个论据(即为了感受事物等已经需要有空间)[1]就说明,他的出发点是主观意识的取向,是视野,即不是以科学(如几何学)为出发点。第二个论据是:要想脱离空间即直观是不可能的[2]。"我们要不要检验一下,是否果真不可能……?"这样的争论颇为幼稚,究其原因,是康德对问题的提法本身就有缺陷;可不可以设想——这完全不属于可不可以使用的问题。照此看来,第二个论据也同样源自躯体与心灵的取向。

第三个论据区分推论和直观[3],却还不如亚里士多德的公式,因为康德显然不是使用科学中已有的概念。康德把空间视为事物而总处在空间表象的边缘上;这一精彩的审美视角说明康德所指的始终是由不同部分组成的视野空间,同时康德却不知道几何学上的整体空间;所以"美学"这一名称意外地找到了根据。为能把人这个概念与个别的人相区别,就必须从概念中引申出一类个别的人。空间直觉作为区别于其他有效概念的某种范畴,失去了意义,只剩下了一个空间的概念。

第四个论据涉及空间的无限性[4],这一论据也同样源自一切概念

---

[1] 康德:《纯粹理性批判》,载《康德文集》,第3卷,莫斯科,1964年,第130页。——原编者
[2] 同上。——原编者
[3] 同上。——原编者
[4] 同上。——原编者

所具有的无限性。我们是否可以把空间想象成有限的东西？这是一个无关紧要的问题。要把空间从其余的一切中孤立出来，是没有任何根据的。这只能通过直觉而进入科学的认识。这是对观照逻辑的准确描述，但不是对科学逻辑的准确描述。

建议在哲学中使用空间性和时间性这两个术语，而把空间和时间留给美学①。在直观逻辑和科学逻辑之间有一条鸿沟，不可能从一个逻辑中引出另一个。除了视野逻辑即主体逻辑之外，康德没有讲出任何东西。

第五讲

只是后来康德又回到正确的立场上：再说空间，它在科学中有什么作用。

应该排除空间的主观性，因为几何学完全不提空间的主观性问题②。至于说一切出现于经验中的东西，在空间上都有定位，那是另一个问题。空间是现实的③，因为一个事物要没有确定的空间，就无法承认它是现实的。存在于自然界的一切，都不可避免地需有确定的空间位置。观念上的空间并不是经验的空间，而是先验的空间④（从经验的角度看，独角兽等是观念化的东西）。先验的观念性告诉我们，空间为经验和知识所必需（并且也仅为此所必需），所以超出空间范围的存在是毫无意义的。空间整个地受到经验世界的制约。

时间在康德那里同样取自整体的主观视野⑤。康德所取的并不是用以进行计算的那个时间（因为计算不要求有时间的形象）。然而，音

---

① 巴赫金在分析审美意识的时候使用"空间"和"时间"概念，但与柯亨在伦理学和美学中一样，不是使用时空概念的直义，自然科学上的含义，而是用于隐喻的、形象的含义上。——原编者
② 康德：《纯粹理性批判》，第 132 页。——原编者
③ 康德：《纯粹理性批判》，第 134 页。——原编者
④ 同上。——原编者
⑤ 康德：《纯粹理性批判》，第 135—137 页。——原编者

乐的时间就不同了，它完全是时间的形象。相对论只同这种（审美的）时间发生联系。这正是借以建构审美形象的那个空间和时间。

数学系列不是时间系列，数的连续性靠时间表现，而这里的时间仅用为形象（从技术上）；但康德论证数与时间的关系时并不把这作为形象。

第六讲

（1924 年 11 月 16 日）

柏格森理论引出的结果，是把整个文化都解释成上层建筑。认识本身从已有的哲学基础来看，似乎是偶然得来的。这当然还算不上是一种反驳，只是从心理学角度将柏格森的理论归于"贫乏"的理论[1]。当然，柏格森主义是从主体开始的。而主体是同一模式中的一份（在生理学和心理学上是能产的一份），主体的意识也同样是同一模式中的一份。显而易见，对主体的这种理解不会令柏格森满意，也不会令带有这类倾向的一切哲学满意，这种哲学需要不带前提条件的主体。柏格森需要的是非经验化的主体，而且他获得这一主体所用的方法极为简单：通过移情，通过与该主体的重合。用康德主义的术语来解释，这便意味着：要取得现实的可靠性，只有等同于现实。柏格森甚至走得更远：就连我和你、我和物都已然是上层建筑。而最本源的是不加任何区分的统一的现实。这就使柏格森接近了神秘主义（就像任何直觉主义一样），因为这种移情行为已经不属于我一个人，而是历史生活或宇宙生活的事实（譬如在迈斯泰尔·爱克哈特那里，基督在心灵中的永生）。主体对现实的把握如果导致他丧失了自己的定位，那就已经是神秘主义。返回到自己的定位便是一种倒退。而物理学家既不失去自己的定位和唯一的位置，又通过文化和科学参与到生活中。不

---

[1] 关于柏格森可参看《论行为哲学》和《审美活动中的作者与主人公》两文。——原编者

过对柏格森来说,这是一条倒退之路。文化这一角落在他看来,是对真理本质的曲解。为了贬低这个角落(证明我们经验的无足轻重),他举出了泥蜂①等著名的例子。直观成了最高的价值,这一价值要靠忘却整个文化来达到。文化只是微小的上层建筑,只要一与现实接触,就会互解。柏格森所说的个别主体,并不是世界为实用性认知而分裂的结果;这是宇宙的主体,而现实就是宇宙主体的体验;这一点使得与柏格森的争论变得极为困难。也许粗糙的人类中心论是"可能"的经验世界的唯一写照。在界定现实的时候,不可能以虚构主体的真实和可能的经验为根据。我们只能求助于科学中的时间,而非并不存在的时间体验;时间是不可能体验的,它本身是科学实验的一个先决条件。

逻辑顺序不受时间前提的制约。时间不能进入逻辑系列之中,时间依靠的是质上的评价,因为我们需要时间的整体,以便可以对时间的各个因素作出评价。逻辑的顺序同样与时间的顺序毫不相干(结论并非在前提的"时间之后")。伦理价值的超时间序列,只能附庸于时间序列上,是一种抽象的联系,两者必须加以严格的区分(从低到高或者相反)。在宗教领域内,伦理系列的等级区分……〈字迹不清〉②时间之中(首先是上帝,然后是世界)。相比之下,数的系列不倾向于有时间,而伦理系列则明显倾向于控制时间。因此,上面讲到的附庸关系是无可置疑的(心理时间的生成与此却截然不同,生理时间与哲学没有瓜葛)。

---

① 柏格森以黄翅母泥蜂对外界作出的行为反应为例,说明了人如何直觉地观察生活。——原编者
② 可读作"反映到"。——原编者

第七讲、第八讲、第九讲

巴赫金在讨论图比扬斯基报告时的发言①

М.И.图比扬斯基的报告②

  Wunschtheorie③的批判已经过时,因为 Schell④ 预见不到心理分析⑤的产生。神佑启示作为母体环境(启示可"缓和"理性与感性之间的失衡)。正是这种助力是宗教所不能接受的,也是在宗教里不可能有的。奇迹和启示之所以不可能存在,并不是它们违背了自然法则;自然法则所以存在,倒恰恰是为了使奇迹和启示不可能发生。不可能出现启示和奇迹的原因有三个,其一是为了让世界存在:如果奇迹得以实现的话,那么世界便要失去意义。只有在排除奇迹和启示的条件下,世界才能获得理性的含义,才能拥有自己的面目。其二是为了使人能够存在,就不应该有奇迹和启示的存在;不然的话,道德准则虽然会得到遵守,却是出于恐惧和期望,道义的个人要被一个优秀的傀儡所替代,行为的动机也会发生变化,以致使道德不复存在。为什么灵魂在获得超生以前必须经受勒忒河水的洗涤?人周围的力场会改变其在世上行为的整个性质。"宽恕得到保护……"。假如破坏这种宽恕,那就太过残忍和不明智了。其三是为了维护人与上帝之间的关系,也不该有奇迹和启示;因为若对奇迹和启示多少有一点信心,信仰便无可说也不存在了。为了使宗教成为可能,两个世界间必须隔着一

---

① 写于 1925 年 10 月,与下一篇 1925 年 11 月 1 日的发言同属 1925 至 1926 年冬天涅维尔学派对目的论的研究。巴赫金对这一问题所持的态度,符合东正教的传统,是受他当时已有的论著的实质所决定的。——原编者
② 指 М.И.图比扬斯基。当时 М.И.卡甘正在莫斯科。——原编者
③ 德语:愿望论。——译者
④ 舍里·格尔曼(1850—1906),天主教神学家。——原编者
⑤ 1924 至 1925 年冬,涅维尔学派讨论心理分析法。在篷皮扬斯基当时的研读书目中,列有弗洛伊德和其他心理分析学者的主要著述。——原编者

个黑夜。求助的立场是孩子的立场,而提供这种帮助则是母亲的立场。那么,这两个世界之间的联系在哪里呢?现在我们给一个正面的回答:有三方面的联系,(1)对生活、个人和历史的普遍领悟,"上帝用静静闪光的冥河(即勒忒河。——译者)抹去了自己两个世界的界线""未升起的星辰啊,你闪耀吧!""我们从黑暗中开出花朵迎接它们"。(2)歌颂彼岸世界的神话,悄悄的关系——我拉住了衣角。(3)实用理性的公设。

巴赫金的反驳

　　为什么只有失去自然法则,世界将要面目全非?为什么即使没有启示,世界也不会失去自己的确定性?启示与自然法则在同样程度上能说明世界。不仅如此,即便不存在相互冲突的几种启示(其中只有一个是真理),世界和历史也同样会改变自己的面目。信仰和信心,只有抽象地来看,才可能使之对立起来。而就具体的内容来说,信仰和信心并不相互排斥。米哈伊尔·伊兹赖列维奇[1]既信任人又不信任人,寄望于人既太多(站到父亲的立场上)又太少(人了解上帝之后就不能再成为道义者……)。其实,在基督教教义中,信任与不信任完美地融为一体,这是基督教极为重要的一点。如果道德法则只能从其内部找到根据,那么对世界除了纯理性态度外不可能再有任何其他的态度。然而,米哈伊尔·伊兹赖列维奇却接受天启和耳语。不是不肯接受启示,而是典型的恐惧启示。整个这一立场的隐含动机就是恐惧。例如有些人害怕得到帮助,怕由此而应承担义务;这里正是害怕得到赐予并因之而欠情太多。基于这一点,在宗教周围总是出现对承担义务的恐惧。这是文化中典型的专门化现象,正是在这里(即新教中)产

---

[1] 指前面的发言者图比扬斯基。——译者

生了一种怕受惊扰的恐惧。当我有职业的时候,我要教堂干什么?这是不离开自己在世界中的位置而得到拯救的倾向。

1925年11月1日的发言

为了反对донатисты,奥古斯丁对内在经验进行了比对心理分析更富原则性的批判。"我是具有信仰的,主啊,帮我摆脱疑惑吧!"这话在内在经验中所揭示的,同心理分析所得的是同一个东西。这里不是要帮助信仰的对象,而是要帮助信仰本身的纯洁。启示的特点不在于帮助,而在于一个希望揭示自我的个人。启示的最重要的一个因素就是个体性。因此,在米哈伊尔·伊兹赖列维奇那里有关启示的各种问题甚至都不会涉及,如两个意识之间的关系问题,如类比上帝的问题;这些能从根本上改变问题的提法,因为个体性作为启示中的上帝形态,也适用于主体。启示的主体不是高超的意识,也不是单个人的意识,而是所有单个人的意识在一起。上帝的个体性和一切教徒的个体性,乃是宗教的一个基本特征,因而 argumentum ad hominem[①] 在宗教上是完全容许的,所以宗教的逻辑全然不同于哲学的逻辑:个体对个体的上帝的态度,正是宗教的一个特点,也是宗教的一个特殊困难;由于存在这一困难,才对宗教和启示产生一种特殊的恐惧,产生对个体目标的恐惧,也会产生这样一种愿望:只追求物质的东西,只追求含义,视其同罪恶无缘。惧怕上帝个人的现代新犹太教,正是以这种文化内在论作为自己的基础。这种文化内在论的特点,是努力作出权威的回答,而不是以自己个人的身份回答;要用统一的意识作答,要回答得系统,就像伦理道德等的主体那样。这是试图表演一场只有一个参与者的事件。然而在事件本身中都存在着原则上的不公正,原则上的

---

① 拉丁语:取决于人的证据。意即信仰的人有上帝,不信仰的人没有上帝。——译者

不合理。扮演本身就破坏了康德所指个人的统一性。由于在米哈伊尔·伊兹赖列维奇那里,启示中失去了个性,启示便获得了物质的特性,成了一种通报;启示的物化,忘记了赐予和赐予者,纯粹的问题性,需求的绝对化,要求本身的必要性——仅此而已。

凌建侯　译

题　注

《艺术与责任》

　　这是巴赫金最早发表的一篇文章,首次刊于《艺术日》上(涅维尔,1919年9月13日,第3—4页)。作者自彼得堡大学肄业后于1918至1920年间生活并工作在涅维尔。作者逝世后,由Ю.加尔佩林重刊于《文学问题》杂志上(1977年第6期,第307—308页),后收入论文集《话语创作美学》(1979年,莫斯科)。

《论行为哲学》

　　此文大约作于1920至1924年间,是巴赫金迁居维捷布斯克时期。当地《艺术》杂志于1921年3月号曾报道说:"М.М.巴赫金在继续写作关于道德哲学问题的著述。"书稿存于作者的文卷中,已散失不全。仅存部分由谢尔盖·格奥尔吉耶维奇·鲍恰罗夫题名为《论行为哲学》,于1986年首次发表在苏联科学院技术哲学和社会学问题学术委员会主编的《哲学与科学技术社会学》(1984—1985年年鉴)中。在刊出前言中,鲍恰罗夫对此文的主旨、内容、要点作了简要的说明。

　　1919年25岁的青年巴赫金发表第一篇文章《艺术与责任》,满怀激情地提出要克服艺术与生活之间由来已久的脱节,艺术与生活要相互承担责任。接着他就着手写一部规模宏大的哲学著作,计划包括经验世界的建构、审美行为和审美道德、政治道德、宗教道德等四部分

(见文中作者自述），但后来实际上并未完成。现在发表的残稿,只是此书的引论和第一部的开头。受当时学术界风气的影响,文章术语繁多,不少又出于自创；论证力求严谨细密而失之艰涩。由于文稿保存不好,字迹多处脱落不清。作者生前也没有为出版做整理定稿的工作。此文发表时有所删节,后经辨认、考订,恢复了原稿面貌。译文按新版本,补译了脱字、删句及一些段落,完全保留了未定稿的原样。

从文稿可以看出,早年巴赫金的理论兴趣并非局限于哲学美学。他晚年接受访谈时承认自己在20年代曾致力于建立一种道德哲学。此文提出研究人的行为和"行为世界""事件世界"；其中核心的道德范畴是"责任""应分",具体化为一种比喻:没有不在现场的证明；人没有道义的权利可以不在场,即不可置身于存在之外,不可逃避由生活中唯一位置所引发的唯一的责任,不可逃避自己独一无二的行为即生活。这一主旨贯穿全文,是针对世纪初"文化与生活两者恼人的不相融合"而发的。作者认为导致道义责任感沦丧的原因之一,是当时哲学思潮中一种致命的理论化倾向,因此文章的批评锋芒指向了抽象化了的认识论、伦理学、美学中的相关理论。与这种"理论化"倾向相对立,文章论证了思维与行为通过责任达到统一,并为此提出了"行为思维""参与性思维"等概念。作者认为：从事参与性思维的人,不可把自己的行为同行为的产物分割开来,这应是"行为哲学"的主要论点。文章的题名,就是由此而来。

《审美活动中的作者与主人公》

巴赫金这部著作,在其文稿档案中是不完整的,也没有标题（现在的标题为编者所加）。但从保留下来的基本部分亦可看出巴赫金这一巨著的完整面貌。

此文写于20年代前半期或中期,但没有完成。手稿中,《作者问题》一章之后写了下一章的标题:《俄国文学中作者与主人公问题》,但手稿就此中断。有可能作者在维捷布斯克时（1920—1924）就已动笔写作。1921年2月20日巴赫金从那里给他的老朋友哲学家 М.И. 卡甘的信中说:"近来我几乎全都在研究话语创作美学。"此文内容与作者20年代完成的两部著作密切关联:论文《文学作品的内容、材料和形式问题》(1924)和专著《陀思妥耶夫斯基创作问题》(1929)。1924年这篇论文的原则论断是:话语艺术创作的美学必须以普通哲学美学为基础;作者在本文中的立场亦复如此。可以说,在巴赫金这部早期著作中,话语创作美学扩展到了哲学美学的领域。

"作者"和"主人公"在这里是从普通哲学美学角度来理解的。对巴赫金来说,重要的首先是主人公和作者作为"审美事件"参与者不可分割的联系,重要的是他们在审美行为中的事件性相互关系和相互作用。事件范畴(巴赫金美学的中心范畴之一)由于巴赫金广泛地、可以说普遍地将对话理解为人类交际的决定性事件,获得了自己独特的巴赫金式的内涵。从这个意义上说,在论陀思妥耶夫斯基一书中,复调小说的终极整体便成为拥有充分权利的不同意识间相互作用的事件,而对这一事件"不能作通常的实际情节的解释"。

审美事件不是封闭在艺术作品框架之内的。对审美活动的这种广义的理解,以及对审美活动价值性质的强调,在论述作者和主人公的这部著作中是至关重要的。主人公及其世界构成审美活动的"价值中心",他们具有自己独立而"富有弹性"的真实性,不能仅仅归之于作者创作积极性的"创造",同样的,对作者来说,也不可能仅仅是客体或材料。文中批评了把生活价值归结为材料,从而导致"主人公的丧失"这种做法;作者脱离主人公而施于材料上的积极性,要变成纯粹的技术性活动。在前面提到的1924年论文中展开的与"材料美学"的哲学论争(这一材料美学最接近于"形式方法"),也贯穿在这部论作者和主人公的著作中(最明显地见于《作者问题》一章)。

如果说形式主义艺术学抛弃了主人公,那么,在19世纪末至20世纪初的美学中影响巨大的"移情"说,由于视审美活动为向客体(即向"主人公")的"移情",为对客体自我表现过程的共同感受,便丢失了有充分价值的作者；在这两种情况中艺术事件都受到了破坏。

此文与巴赫金论陀思妥耶夫斯基的专著有着深刻的联系。不过可以发现，作者与主人公在陀思妥耶夫斯基复调小说中的关系，按照巴赫金的理解，似乎与本文描述的审美活动的普遍条件相矛盾。而陀思妥耶夫斯基小说，他所创造的"艺术世界的新模式"，其决定性的创新之处，在巴赫金看来正是与上述这一特点相联系。陀思妥耶夫斯基的主人公，对作者的起完成作用的积极性给以积极的抗拒，作者则放弃自己在审美方面的特权，放弃自己原则上的"超视"。

在这篇论作者和主人公的著作中，形成了巴赫金美学的一系列基本概念，如外位性以及与之相联系的超视和超识，主人公视野和主人公环境。这些术语在巴赫金不同年代的文章中一直在积极应用。如果说本文中讲的是我和他人外位于现实的交际事件，作者和主人公外位于"审美事件"，那么，在他晚年一篇文章（《答〈新世界〉编辑部问》）中则谈的是当代读者和研究者外位于遥远的时代与文化。对待两人之间的关系和对待文化史范围内的现象所采取的统一的研究视角（这一统一视角又为分析所用的统一概念所加强），是巴赫金思想的一个显著特点。同样的，文中所研究的空间和躯体的情况，能够用来解释陀思妥耶夫斯基世界里作者和主人公相互关系中的精神问题，如巴赫金谈到，陀思妥耶夫斯基在"把思想、观念、体验等客观化时，从来不从背后入手"，"从不自人的后背去揭露他的面貌"；又如他说，无法窥见"内在之死"，就像不用镜子无法看到自己的后脑勺一样。这篇早期著作中所描述的最为普遍的诸种情形，后来成为作者分析语言、文学、文化各种现象的工具（镜子一说尤为常见）。在晚年的1970至1971年笔记里，作者重又对早期著作中的各种主题直接进行了思考。

这部著作未经巴赫金做出版的整理，这在文本中亦有反映：某些论点没有展开，有些地方只是提纲挈领的说明。手稿中的个别词语难以辨认。

本文第一部分《第二章》（片段）曾收入巴赫金《文学批评文集》

(莫斯科,1986年),其余部分收入《话语创作美学》一书(莫斯科,1979年)。个别章节在收入文集前曾在杂志上全文或摘要发表过。此文注释,除译注外均为《话语创作美学》一书编者所加。

《话语创作美学方法论问题》

　　此书仅存第一部《文学作品的形式、内容与材料问题》,写于1924年,是应当时《俄罗斯现代人》杂志(高尔基为其领导人之一)之约而写的,由于杂志关闭,因而当时未能刊出。20年代初,俄国文艺理论界曾就一般方法论问题进行过广泛的、尖锐的争论。巴赫金以独特的方式参与了讨论。论文对当时颇有影响的形式主义文学理论流派有所批评,其原则、方法,至今不失借鉴之处。

　　第一部部分曾发表于原苏联科学院世界文学研究所编辑的1973年的《语境》,后以经过编者改动的第一部标题作为书名,收入巴赫金的《文学与美学问题》论文集(莫斯科文艺出版社,1975年)。2003年莫斯科辞书出版社出版的《巴赫金文集》第1卷收入本书,经校订恢复了原著书名和第一部的标题。译文根据新的版本作了相应的补译与校订。

《戏剧家托尔斯泰》

　　此文载《列夫·托尔斯泰文学作品全集》第11卷,莫斯科—列宁格勒,1930年。

《列夫·托尔斯泰〈复活〉序言》

　　此文载《列夫·托尔斯泰文学作品全集》第13卷,莫斯科—列宁格勒,1930年。

《发言与讲座》

　　这里发表的材料,均出自 Л.В.篷皮扬斯基1923至1925年间的笔记本。从中不仅可以看出巴赫金早年的学术活动情况,也可以了解到涅维尔哲学学派的主要思想。该学派活动于1918年至1927年间。主要成员有巴赫金、Л.В.篷皮扬斯基、М.И.卡甘三人。卡甘留学德国,是马堡学派著名领袖Г.柯亨的学生。学派最初在涅维尔市(1918—1919),后转移到维捷布斯克和彼得堡。它的哲学思想主要渊源于康德、新康德主义,特别是马堡学派及其首领柯亨。本文所收记录,都属于彼得堡时期。而巴赫金早期的重要著作写于1921至1924年间的维捷布斯克时期。但它们的思想却肇始于涅维尔时期,与《艺术与责任》一脉相承。特别值得重视的是,巴赫金1924年秋天的系列讲座,那是在他写完自己的一系列理论著作后,对欧洲哲学发展史的分析。这个问题未见于他的其他著述中。